새로운 IB정상

새로운 비정상

아론 케리아티 지음

서경주 옮김

생 물 의 학 보 안 국 가 의 탄 생

The Rise of the Biomedical
Security State

THE NEW
ABNORMAL

일러두기

1. 본문의 각주는 모두 옮긴이가 작성한 것입니다.
2. 5쪽의 각주와 부록 정보는 편집부에서 정리해 제시한 것입니다.

위험한 상황이 조성되고 있는 것을
오래전에 감지했던 아내 제니퍼에게:

당신은 '새로운 정상'*을 견뎌 냈으며
나에게 그것과 맞설 수 있는
용기를 주었다.

* 반인륜적 코비드 백신 정책은 세계경제포럼WEF의 '새로운 정상'이라는 기획으로 실행되었다.
저자는 이 타이틀을 실제에 맞게 빗대어 '새로운 비정상'이라는 제목을 달았다.

차례

내가 역사를 기술하는 가장 중요한 목적은
고결한 행적을 남긴 이들이 잊히지 않도록 하고
사악한 언행을 한 사람들은 자자손손
악평을 두려워하도록 하는 것이다.

— 타키투스, 『연대기』, A.D. 117

뉘른베르크, 1947

이 책은 우리의 미래에 관한 이야기다. 그러나 나는 그리 멀지 않은 과거에 있었던 교훈적인 이야기부터 시작하려 한다.

1930년대 독일의 보건 의료기관들은 세계에서 가장 선진적이라고 널리 알려져 있었다. 하지만 독일 의료계와 사회에서는 미묘하면서도 중요한 변화가 수십 년에 걸쳐 진행 중이었다. 이러한 변화의 기점은 히틀러가 집권하기 전인 20세기 초 우생학 운동의 등장이었다. 우생학이라는 용어는 일반적으로 독일, 그중에서도 나치 통치 기간에 이루어진 대학살과 관련되어 있지만 우생학 운동은 미국과 영국에서 시작되었으며 나중에야 독일로 전해졌다.

번식을 통제함으로써 국민 보건을 관리하겠다는 발상은 19세기 후반 영미의 사회적 다윈주의자들로부터 나왔다. '인간 진화의 자기주도적 결정'이라는 의미를 갖는 우생학이라는 용어는 찰스 다윈의 이종사촌인 프랜시스 골턴 경Sir Francis Galton이 처음 사용했다. 그는 '자연 대對 양육'이라는 말도 지어냈다. 골턴은 우생학의 우수성을 고통스러울 정도로 느린 자연의 선택에 의한 진화 과정에 비교하여 "자연이 맹목적이고 느리며 무차별적으로 하는 일을 인간이 신중하고 빠르며 적절하게 할 수도 있다"[1]고 썼다. 우생학은 번식해도 좋은 사람과 번식해서는 안 되는 사람을 구분함으로써 미래를 제어하려는 노력이다.

오늘날 우리는 우생학을 지나치게 단순화된 형질 유전 개념에 근거한 사이비 과학으로 이해하지만 그 당시에는 여러 과학 분야를 하나로 통합한 최고의 과학으로 여겼다. 1921년에 열린 제2차 국제우생학회의 로고는 우생학이라는 과학을 사회학과 유전학에서 통계학, 경제학, 생물학, 심리학에 이르기까지 매우 다양한 분야를 통합한 나무로 묘사한다. 거기에 인구과잉에 대한 맬서스적 우려와 산업혁명으로 야기된 사회문제들을 해결하려는 선의의(매우 오도된 것이지만) 노력이 우생학 운동을 일으키는 데 일조했다.

국가가 합법적으로 인간의 번식을 통제하려는 첫 번째 시도는 미국에서 이루어졌다. 1907년에서 1970년대에 이르기까지 미국의 대다수 주에서는 아이를 낳는 데 '부적합'하다고 여겨지는 사람들에게 본인의 의사와 무관하게 불임수술을 허용하는 법을 제정했다. 이러한 불임수술은 대부분 주립 의료기관(나는 2017년부터 2021년까지 이런 의료기관의 윤리위원회 위원장을 맡았다)에 근무하는 정신과 의사에 의해 결정되었다. 의사들이 강제 불임수술의 심판자 역할을 한 것이다.
강제 불임수술을 받은 사람 중에는 미국 원주민, 흑인, 히스패닉, 이민자, 정신 질환자, 신체 질환자 그리고 빈민이 상대적으로 많았다. 여성의 난관결찰 수술이 남성의 정관절제 수술에 비해 의학적으로 더 위험하고 더 큰 상처를 남기지만 강제 불임수술을 받은 사람 중에는 여성이 남성에 비해 세 배나 많았다. 미국에서 합법적으로 이루어진 마지막 강제 불임수술은 1983년에 있었다. 수형자들에게는 이러한 제도가 더 오래 지속되었다. 캘리포니아주 감옥에서 2005년에서 2011년까지 수십 명의 여성이 강제 불임수술을 받은 사실이 폭로되자 캘리포니아주 의회는 마침내 강제 불임수술을 금지하는 법안을 통과시켰다. 2018년 《워싱턴포스트》는 "캘리포니아주 의회가 주 정부에 의해 강제 불임수술을 받은 사람들에 대한 배상을 추진한다"는 제하의 기사에서 이들 가운데 많은 사람이 아직 생존해 있다고 보도했다.[2] 이러한 미국의 흑역사는 대부분의 미국인들이 알고 있는 것보다 오래 지속되었다.

여러 주의 강제 불임수술법은 주로 1914년에 제정된 해리 로플린Harry Laughlin 법을 모델로 삼고 있다. 이 법은 '고아', '무능력자', '노숙자', '떠돌이', '극빈자'뿐 아니라 '지적장애', '정신이상', '범죄형', '간질', '주정뱅이', '환자', '시각장애인', '청각장애인', '기형', '마약중독자'[3]를 대상에 포함시키고 있다. 이러한 범주 가운데 많은 부분이 의학이나 병리학적 관점에서 볼 때 매우 모호하지만 '지적장애'와 '무능력'은 지금과 마찬가지로 그 당시에도 명확하게 규정되지 않았던 범주였다.

우생학 시대의 여타 공공보건 정책들도 인종적 차별과 인종에 따른 배제에 기반을 두고 있다. 짐 크로우Jim Crow 시대에 《애틀랜타 컨스티튜션Atlanta Constitution》에 실린 어떤 기사는 "'피치트리와 피터스 스트리트*의 선량한 주민들을 위한' 엄격한 위생법이 집행되지 않는다면 '생각 없거나 무식한 흑인이 집과 직장에 백인이 만들어 놓은 세심한 위생 조치를 무력하게 만들 것 같다'"고 주장했다. 이와 같은 인종주의

---

*   Peachtree and Peters Street: 미국 조지아주 애틀랜타의 중심가.

적 우월감은 그 시대의 다른 대중매체에서도 나타난다. 예를 들면 다음과 같은 기사다. "흑인들은 현재 벌어지는 일에 관심을 가지거나 선뜻 이해할 수 없다. 그들은 정규적인 채널을 통해 연락이 닿지도 않는다. 계속 연락이 닿지 않고 병을 치료받아 낫지 못한다면 그들은 계속해서 토양을 오염시키고 백인들 사이에도 질병을 끊이지 않게 할 것이다."[4] 공중보건 전문가들은 자기 자신이나 공동체의 최선을 위해 행동할 수 없다고 추정되는 사람들에게 필요하다고 생각되는 강제 수단을 요구했다.

미국에서는 우생학에 대한 지지가 대세였다. 20세기 초 우생학은 진보 운동에 폭넓게 수용되었다.[5] 우생학 관련 행사들은 록펠러, 카네기, 포드 그리고 켈로그를 비롯한 주요 재단의 지원을 받았다. 스탠퍼드, 예일, 하버드, 프린스턴 대학의 지식인들은 이 운동의 목표를 공개적으로 지지하고 적극적으로 참여했다. 스탠퍼드 대학의 초대 총장인 데이비드 스타 조던David Starr Jordan은 미국 사육협회American Breeder's Association의 초대 회장이 되었다. 이름만 보면 이 협회가 개나 말과 관계가 있을 거라고 생각하는 것도 무리가 아니다. 이 협회는 더 나은 인간을 번식시키는 사업에 중점을 두고 있었다. 조던은 1902년 「민족의 혈통The Blood of the Nation」이라는 장황한 논문을 썼다. 우생학을 드러내 놓고 지지한 사람들 가운데는 시어도어 루스벨트, 마거릿 생어*, 잭 런던, 알렉산더 그레이엄 벨, 우드로우 윌슨, (제2차 세계대전 때 유대인을 미국에 이주시키는 우생학 프로젝트를 시도했던[6]) 프랭클린 루스벨트 그리고 놀랍게도 장애가 있는 헬렌 켈러가 있다.

---

*   Margaret Higgins Sange: 미국의 산아제한 운동가, 성교육가, 작가.

1920년대 버지니아 출신의 가난한 젊은 여성 캐리 벅은 '선천적인 정신장애'라고 진단되어 강제 불임수술을 당할 예정이었다. 그가 버지니아주 법에 불복하고 연방법원에 제소한 벅 대 벨Buck v. Bell 사건은 1927년 대법원으로 넘어갔다. 대법원은 버지니아주의 우생학적 불임수술법을 인정하여 결국 캐리는 난관결찰 시술을 받았다. 마찬가지로 그의 여동생도 열세 살 어린 나이에 맹장 제거 수술이라는 이야기를 들었지만 실제는 강제 불임수술을 당한다.

오늘날 오명을 떨치고 있지만 법원이 공식적으로는 번복한 적이 없는 이 판결에 대한 다수의견에서 당시 영향력 있는 대법원 판사 올리버 웬델 홈스 2세Oliver Wendell Holmes Jr.는 다음과 같이 썼다. "열등하게 태어난 자식들이 범죄를 저질러 처형되거나 정신장애로 굶어 죽기를 기다리는 것보다는 사회가 나서서 무능하다고 판정된 사람들이 종족을 이어 가지 못하도록 막는 것이 여러 면에서 더 낫다. 의무적으로 백신을 맞히는 원리를 나팔관 제거에 적용하면 그걸로 충분하다." 홈스는 이어 "3대에 걸친 정신장애라면 더 말할 것 없다"[7]고 선언하는 것으로 대법원의 다수의견에 대한 그의 판결 이유를 마무리 짓는다.

:

1933년 독일은 비슷한 내용을 담은 미국 법을 본떠 '유전적 장애아 방지법'*을 제정한다. 이 법에 따라 독일은 1934년에서 1939년까지 35만 명에게 강제 불임수술을 실시한다. 미국에서 시행된 것보다 훨씬 더 무자비하고 효율적인 제도였다. 이렇게 기초를 다지고 나서 독일은 우생학적 논리를 한 단계 더 발전시켰다. 1922년 독일의 정신과 의사인 알프레트 호헤Alfred Hoche와 변호사인 카를 빈딩Karl Binding은 부적합자에 대한 강제적 안락사를 주장하는 『살 가치 없는 생명의 말살에 대하여On the Destruction of Life Unworthy of Life』**라는 책을 출판해 상당한 파장을 일으켰다.

이 책과 다른 영향력 있는 책들에서 나온 하나의 은유가 독일의 기성 의료계의 상상력을 사로잡았고 고대부터 의술을 지배해 온 전통적인 히포크라테스적 윤리를 약화시켰다. 독일 의사들은 치료를 제공하여 개인의 건강을 돌보는 대신에 '사회유기체', 즉 국민 전체의 건강을 책임지도록 장려되었다. 이것은 의료윤리에서 결정적이고 파멸적인 전환이었다. 의사들의 주된 본분은 더 이상 질병이나 장애로 약해진 환자를 돌보는 데 있지 않았다.

독일 의사들은 냉정한 공리적 정신에 따른 사회정치적 과업의 자발적 대리인이 되어 환자들을 의료진이 동정심을 갖고 돌봐야 하는 개인으로 생각하지 않았다. 사회유기체가 건강하지 못하거나 병든 것으로 판단되면 일부 사람들(예를 들어 인지나 육체적인 장애가 있는 사람들)을 전체 국민의 '암적 존재'로 여겼다. 그렇다면 이 암적 존재를 의사들은 어떻게 처리하는가? 그들은 건강한 유기체 전체를 보전하기 위해 암적 존재들을 제거한다.

---

* Gesetz zur Verhütung erbkranken Nachwuchses: 1933년 7월 14일 독일 나치 정부가 제정한 법으로 유전적인 정신박약, 조울증, 조현병, 간질, 장애를 앓고 있는 이들이 의무적으로 불임수술을 받도록 하는 내용을 규정했다.

** Die Freigabe der Vernichtung lebensunwerten Lebens: 독일어판 원제를 직역하면 "살 가치 없는 생명의 말살 허용(Allowing the destruction of life unworthy of living)"이다.

우생학을 강제 불임수술에서 비자발적 안락사로 확장하는 생각이
독일에서만 나온 것은 아니라는 점을 알아두어야 한다. 앞서 언급한 미
국 사육협회로 돌아가 보자. 1911년에 카네기재단은《인간 개체군에
서 이상 생식질生殖質을 절제해 내는 최선의 실행 방법에 관한 미국 사
육협회 우생학 분과위원회의 예비 보고서》를 내는 비용을 지원했다. 생
식질은 DNA를 발견하기 이전에 생물학적 유전 기전機轉을 의미하는 의
학 용어다. 미국 굴지의 재단이 의뢰한 이 연구의 권장 사항 8번이 안락
사였다.[8] 히틀러도 "쓸데없고 인류에게 해로운 자식을 낳게 될 사람들
의 번식을 막는 것에 관한 미국 여러 주의 법률을 흥미진진하게 공부했
다"[9]고 말했다.

1933년 히틀러가 권좌에 오른 직후 나치는 "유전적 질병으로부
터 독일 국민을 보호하기 위해"[10] 미국의 불임수술법을 본떠 우생학법
을 공포한다. 우리는 이러한 사실들을 곰곰이 생각해 봐야 한다. 국민
국가가 국민의 건강관리를 독단적으로 자임하는 법을 만든 첫 번째 사
례가 나치의 우생학법이다. 나치가 맨 먼저 독가스로 학살한 사람들은
강제수용소에 있던 유대인이 아니라 정신병원에 있던 장애인들로, 이
들은 1939년에 시작된 제3제국의 T4 안락사 프로그램*에 의해 살해되
었다.

집단학살용으로 매우 효율적인 기술적 장치인 가스실은 애당초
나치 정부가 설치한 것이 아니다. 가스실은 독일 의료계에서 나온 발상
이었다. 미국의 강제 불임수술과 마찬가지로 T4 안락사도 독일 의사가

---

*　　Aktion T4: T4 작전은 Tiergartenstraße 4(티어가르텐 4번지)의 약자로 이곳에 독일
　　　나치 정부의 안락사 프로그램 본부가 있었다.

집행 영장에 서명했다. 파괴적인 정권이 유대인과 다른 소수민족에게 관심을 돌린 뒤에도 이 살인 기계에 대해 표면적으로나마 공중보건상의 명분이 계속해서 적용되었다. 나치는 유대인을 '질병 전파자'로 악마화했다.

이것은 돌이킬 수 없는 출발점의 논리적 귀결이었다. 의사들이 병들고 쇠약한 사람들의 어려움을 돌보지 않고 사회계획의 집행자라면, 독일의 사례는 사회계획이 타락한 정권에 의해 오도되었을 때 어떤 일이 벌어지는지를 보여 준다. 히틀러 이전의 수십 년 동안 지배적이던 우생학적 이데올로기에 길들여진 많은 독일 의사들이 나치의 정책을 기다렸다는 듯 받아들였다. 의료직에 종사하기 위해 나치 당원이 될 필요가 없었지만 의사 가운데 45퍼센트가 자발적으로 나치당에 가입했다. 이에 비해 교사는 10퍼센트만이 나치 당원이었다.[11]

나치 당원 의사, 그중에서도 강제수용소에 있는 재소자들을 상대로 소름 끼치는 실험을 자행한 의사들은 전후 뉘른베르크 전범재판에서 정체가 드러났다. 당연한 일이지만 전 세계가 독일 의사들과 과학자들이 저지른 잔혹 행위를 규탄했다. 좀 불편하지만 이 재판에서 피고들이 주장한 것을 살펴보면 교훈을 얻을 수 있다. 집단처형장에 수용된 사람들을 대상으로 동의 없이 끔찍한 실험을 자행한 나치 의사들은 자신들이 한 일이 독일 법상 불법이 아니었다고 주장했다. 안타까운 일이지만 이런 주장은 거짓이 아니다. 이러한 법적인 난제를 다루기 위해 뉘른베르크의 법률가들은 "인류에 대한 범죄"라는 새로운 개념, 즉 "모를 수 없는 어떤 것" 그리고 "결코 정당화될 수 없는 어떤 행위"가 있다는 자연법적 주장을 들고나오지 않을 수 없었다. 의사와 과학자들의 명령을 따랐을 뿐이라는 주장은 적절한 변명이 될 수 없었다.

뉘른베르크의 피고인들은 또 죽음의 수용소 재소자들은 어쨌든 절멸될 예정이었으며 그들 가운데 다수는 음식과 잠자리 사정이 막사보다 나았기 때문에 병동에서 실험 대상이 되는 것을 원했다고 항변했다. 이러한 주장 역시 피고들의 혐의를 벗겨 주진 못했지만 사실이다. 무엇보다 피고들은 그 실험들이 과학 발전과 공익이라는 점에서 정당한 것이라고 주장했다.

오늘날 많은 사람이 나치 시대의 모든 의학적 실험은 거짓 의료 행위, 즉 요제프 멩겔레 같은 사이코패스들이 재소자들을 거리낌 없이 고문하기 위한 구실에 불과하다고 오해한다. 그들이 자행한 실험들 가운데 일부는 실제로 내놓을 만한 과학적 가치가 없지만, 더 곤혹스러운 문제는 나치 의사들 대부분이 유익한 실험도 했다는 점이다. 인정하기 거북하지만 이런 실험으로 적잖은 의학적 지식을 얻었고 그런 지식은 오늘날에도 활용되고 있다. 나치 의사들은 특히 군사의학에 적용하는 문제에 관심이 많았다. 총상을 입고 바다에 추락한 군인은 구조되기 전에 얼마나 오래 생존할 수 있는지, 고공에 있는 조종사들에게는 생리학적으로 어떤 변화가 일어나는지 등과 같은 질문에 답을 찾고자 했다.

그들은 이런 문제에 대한 해답을 얻으려고 재소자들을 얼어 죽을 때까지 얼음물 통에 넣어 두는 저체온증 실험이나 체내 장기가 치명적으로 파열될 때까지 부압실負壓室에 가둬 두는 고도 실험을 비롯한 끔찍한 방법들을 동원했다. 오늘날 발생학에 관한 문헌을 보면 수정된 난자가 나팔관을 거쳐 자궁에 착상하는 데 사나흘이 걸린다는 것을 알 수 있다. 어떻게 이런 사실을 알게 되었을까? 나치 의사들이 임신한 여성을 생체 해부했기 때문이다.

1946년 뉘른베르크 재판에서 의사 스물세 명이 인도주의에 반하는 범죄혐의로 기소되었다. 이 가운데 일곱 명이 사형을 선고받아 1948년에 형이 집행되었다. 미래에 이와 유사한 인권 유린을 방지하기 위해 연구윤리와 의료윤리의 핵심 원칙, 즉 연구 대상자 혹은 환자가 충분한 정보를 제공받고 자발적으로 동의해야 한다는 원칙이 1947년에 제정된 뉘른베르크 강령에 명시되었다. 이 강령의 10대 원칙 가운데 첫 번째는 다음과 같이 시작한다.

> 연구 대상자의 자발적 동의가 절대적으로 필요하다. 이것은 참여한 사람이 동의할 수 있는 법적 능력을 지녀야 하고 어떤 강압, 협잡, 기만, 협박, 압도 혹은 암묵적 형태의 제한이나 강요 없이 자유롭게 선택할 수 있는 상황에 놓여야 한다. 또한 분별력 있고 현명한 결정을 내릴 수 있도록 대상자에게 가해진 위험 요소들을 충분히 숙지하고 이해해야만 한다.[12]

뉘른베르크 강령은 국제법으로서의 구속력을 갖고 있지는 않다. 그러나 그 원칙들은 미국을 비롯한 대부분 국가의 법률에 영향을 미쳤다. 자유롭고 정보에 입각한 동의라는 원칙은 영향력 있는 세계의학협회WMA의 1964년 '헬싱키 선언'에서 한 걸음 더 나아갔다. 이 선언문은 동의 여부를 결정할 능력이 없는 어린이에 관한 연구를 위해 추가적 보호 규정을 명시했다. 아울러 부당한 외부의 영향력이 자유의사에 따라 동의할 수 있는 능력을 훼손하지 않도록 보장하기 위해 추가적 보호조치가 필요한 재소자, 장애인, 빈민 등과 같은 특별한 인구집단에도 관심을 기울였다.

미국에서는 뉘른베르크와 헬싱키의 사례를 적용하여 정보에 입각한 동의라는 원칙이 1970년대 미국 연방정부의 의뢰로 작성된 획기적인 문건《벨몬트 보고서》의 핵심이 되었다. 이 원칙은 이후 연방정부의 규정에 따라 미국에서 인간을 대상으로 하는 연구를 규율하는 '공통 규칙Common Rule'으로 성문화되었다.《벨몬트 보고서》로 모든 연구기관은 인간을 대상으로 한 연구를 감독하고 제대로 된 정보에 입각한 동의를 보장하는 제도 심의 위원회Institutional Review Board를 두게 되었다.

정보에 입각한 동의는 인간을 대상으로 한 연구를 규율하는 원칙으로 시작되었다. 하지만 20세기 후반에 와서 임상윤리와 의료 행위에서도 하나의 원칙이 되었다. 오늘날 미국의 50개 주 모두 약 처방, 진단 검사 그리고 모든 내과 및 외과적 치료에서 정보에 입각한 동의를 의무화한 법을 시행하고 있다. 동의를 얻는 것이 불가능하거나 생명이나 신체가 일촉즉발의 위험에 처한 응급 상황의 경우에만 일부 예외를 인정할 뿐이다. 동의할 능력이 없는 사람들은 부모, 후견인, 가장 가까운 친족, 혹은 법원이 지정한 보호자 같은 대리인의 동의를 얻어야 한다. 까다로운 사안의 경우, 정보에 입각한 동의라는 복잡한 문제를 다루기 위해 모든 병원에 윤리위원회가 설치되었다. 나는 2008년부터 2021년까지 어바인Irvine에 있는 캘리포니아 대학 병원의 윤리위원회 위원장을 맡아 정보에 입각한 동의와 결정 능력이라는 난해한 문제가 얽힌 수천 건의 사례를 논의한 바 있다.

：

시계를 빨리 돌려 2020년으로 왔다. 코비드 팬데믹 기간에 공중보건 의료기관들은 이른바 공공의 이익 증진을 위해 자유롭고 정보에 입각한 동의라는 원칙을 또다시 포기했다. 예를 들어 백신 의무 접종 조치는 응급 상황에서만 처방하도록 승인된, 즉 연방정부의 규정에 따르면, 아직 실험적인 약물을 개인에게 접종하도록 강제했다. 이미 수백만 명에게 접종했기 때문에 이런 새로운 유전자 조작 치료는 더 이상 실험적인 것이 아니라고 주장하는 사람들은 이와 같은 의학 실험이 현재 거대한 규모로 진행되고 있다는 것을 확인시켜 줄 뿐이다. 공공 및 민간 직장에서는 백신 접종 의무 규정을 만들었다. 이에 따르면 뉘른베르크에서 금과옥조로 여겼던 정보에 입각한 동의라는 권리를 포기해야 했다. 이 권리의 포기를 거부한 수십만 명은 일자리를 잃었다.

규제 당국이 비상사태를 선포할 수 있는 최소 조건을 의도적으로 설정하지 않은 상태에서 선포된 비상사태로 지배 권력은 주민 건강을 명분으로 정보에 입각한 동의를 포기하는 공리주의적 윤리를 수용하도록 강요했다. 지도자들은 주민 건강의 목표를 분명히 설정하지 않은 채 사회유기체의 건강을 위해 이러한 조치들이 필요하다고 우리를 설득했다. 심지어 치료 우선순위triage가 필요하지 않은 상황에서도 우리는 팬데믹 재난 상황에서의 치료 우선순위 결정을 위해 만들어진 비상 윤리 기준을 당연한 것으로 받아들였다. 이러한 위기 상황을 결정하는 기준은 기존의 비상사태를 유지할 타당한 명분이 사라진 3년이 지난 지금까지도 전 세계 보건정책을 지배하고 있다.

이러한 정책이 그들이 제시한 목표, 즉 바이러스 확산을 둔화시키거나 멈추게 하는 데 명백히 실패한 것만으로도 강압적 수단들을 중단할 근거는 충분하다. 게다가 특정 시기에 환자가 많이 발생한 일부 한정된 지역에서는 치료 우선순위를 분류할 필요가 있었지만, 이런 곳에서마저도 이런 강압적 수단을 완화하는 조치는 거의 이뤄지지 않았다. 공중보건 비상계획은 의료 역량을 가장 필요로 하는 곳에 분배하는 데 실패했다. 이런 것을 보면 공중보건을 위한다는 말은 구실에 불과했다는 것을 알 수 있다. 예를 들면 뉴욕시 엘름허스트Elmhurst 같은 지자체 병원에는 코비드 환자들이 몰려 죽어 나가는 상황에서도 인근 병원들은 병상이 수백 개씩 남아돌았다.

20세기 의료윤리의 보루인 정보에 입각한 동의를 토론도 별로 없이, 기성 의학계와 과학계의 반대도 거의 없이 어떻게 그리고 왜 서둘러 포기하게 되었나? 이전 세기 우생학 운동이 벌어졌을 때 과학, 의학 그리고 공중보건을 지배한 이데올로기인 냉정한 공리주의 윤리 의식이 우리 시대에 다시 수면 위로 떠올랐다. 우리의 공중보건기관들은 어떤 결과를 가져올지 고민하지 않은 채 그러한 이데올로기를 선뜻 수용했다. 내가 생물의학 보안국가로 명명한 1) 공중보건, 2) 감시와 통제의 디지털 기술, 3) 국가의 경찰권, 이 삼자의 위험한 동맹체제가 등장한 것이다. 즉 '생물의학 보안국가'의 등장이다. 앞으로 알게 되겠지만 생체보안과 감시라는 패러다임은 팬데믹 기간에 돌연 새롭게 등장한 것이 아니라 최소 20년을 두고 진화해 왔다. 이 책에서 설명하겠지만 미국의 코비드 대책은 뉴 애브노멀new abnormal, 즉 새로운 비정상으로 진입하는 사회적 변화를 보여 주는 시작일 뿐이다.

나는 여기서 이 체제하에서 우리가 예상할 수 있는 한 가지 사례만 언급하고자 한다(이 책 제3장과 에필로그에서 더 많은 사례를 밝힐 것이다). 20년 동안 과학자들은 자가-확산적인 전염성 백신을 조용히 개발해 왔다.[13] 국립보건원NIH은 이러한 연구를 지원해 왔다. 이 연구는 치명적 병균에서 추출한 DNA를 전염성이 있지만 덜 해로운 바이러스에 주입하거나 실험실에서 조작하여 병원성 바이러스의 치명성을 약화하는 것이다. 그 결과물로 만들어진 '백신들'은 전염성 호흡기 바이러스처럼 한 사람에서 다음 사람으로 전파된다. 이러한 기술을 이용하면 지역 인구집단 가운데 5퍼센트만 백신 주사로 면역력을 얻으면 족하다. 나머지 95퍼센트는 지역감염을 통해 사람에서 사람으로 전파되는 백신에 '걸리게' 된다.[14]

　　이 기술은 동의를 거부할 수도 있는 저항적인 시민들 때문에 겪는 불편을 우회할 수 있다. 이 기술을 지지하는 사람들은 보통 모든 사람이 면역력을 갖기까지 수개월에 걸쳐 값비싼 노력을 기울여야 하는 대량 예방접종 캠페인을 몇 주로 단축할 수 있다는 것을 내세운다. 과학자들은 이미 동물 개체군에서 이러한 개념을 증명해 보여 주었다. 2000년에 스페인의 연구자들은 토끼 70마리에 전염성 백신을 주입해 야생으로 돌려보냈고 여기서 이 백신이 다른 토끼 수백 마리에 전파됨으로써 이 질병의 창궐을 멈추게 하고 토끼에게 감염되는 치명적 바이러스를 퇴치했다. 유럽 국가들은 현재 돼지를 대상으로 이 기술을 시험하고 있다.[15]

　　코비드 팬데믹 이후 미국, 유럽 그리고 호주에 있는 10여 개 연구기관이 자가-확산 백신을 인간에게 사용할 수 있는지 연구한다. 한 예로 미국 국방 첨단과학기술 연구소Defense Advanced Research Projects Agency는 쥐에서 인간에게 바이러스가 전염되어 발생하는 서아프리카의 라사 열병Lassa fever으로부터 병사들을 보호할 수 있도록 이 기술을 연구하고 있다. 여기서 간과할 수 없는 것은 이 연구과제를 진행하는 데는 미군 남녀 병사들의 동의가 필요하지 않다는 것이다.

　　2019년에 영국 정부는 계절 독감을 예방하기 위해 이 기술을 검토하기 시작했다. 영국 보건복지부에서 나온 한 연구보고서는 대학생들이 분명한 표적 집단이 될 수 있다고 조언했다. "그들은 일을 하지 않기 때문에 그들에게 접종하면 경제적 지장을 그다지 초래하지 않을 것이며 돌아갈 제2의 거주 공간이 있어서 거기서 백신을 퍼뜨린다." 연구자들은 약화된 독감 바이러스를 상대로 전염성 백신을 쓰면 사망자가 생길 수도 있다는 사실을 인정했다. 하지만 이렇게 하면 독감 바이러스보다는 피해가 덜할 것으로 추정했다. 영국 정부가 내놓은 보고서에도 나왔듯이 "자가-확산 백신은 덜 치명적일 뿐이지 치명적이 아니라는 말은 아니다. 이 백신도 사람을 죽일 수 있다. 전체적으로 더 적은 숫자의 사람이 죽겠지만 다른 방법을 선택했으면 살았을 사람들이 죽을 수도 있다."[16] 냉소적인 속담에 나오듯 달걀을 깨지 않고는 오믈렛을 만들 수 없다. 전염성 백신을 옹호하는 사람들은 이것이 미래에 등장할 것이고 수돗물에 불소를 넣는 것과 다를 게 없다고 주장한다. 더욱이 예방주사를 싫어하는 사람들을 위해서는 주사를 덜 놓을 필요가 있다.

시민들의 동의를 받지 않고 사용할 수 있는 전염성 자가-확산 백신을 만들어 내려고 정부의 재정 지원을 받아 실험실에서 이루어지는 바이러스 조작 연구는 어떤 문제를 낳을까?

이 연구는 많은 문제를 일으킬 수 있는 것으로 밝혀졌다. 이 책은 우리가 어떤 상황에 있으며, 서둘러 경로를 바꾸지 않으면 '생물의학 보안국가'가 우리를 어디로 이끌고 갈 것인지에 관한 것이다. 나는 공중보건의 군사화, 이와 관련된 바이오 보안 통치 모델을 조사하여 새로운 생물의학 기술 그리고 코비드 팬데믹 기간에 급격히 이루어진 공공정책 변화의 발단과 그 영향을 알아보고자 한다. 우리는 락다운 명령, 백신 접종 의무화, 통행증 그리고 비상사태 선포하에서 나온 다른 극단적 조치들이 어디서부터 비롯되었는지 밝혀낼 것이다.

이런 조치들은 신중하지도, 과학적으로 타당하지도, 중립적이거나 객관적이지도 않았다. 하지만 우리의 지도자들과 그들의 영향력 아래에 있는 규제 기관들이 시행착오로 이런 규범을 만들었던 것은 아니다. 이러한 정책의 입안, 시행 그리고 효과는 시작부터 의도적으로 기획되었다. 우한에 있는 실험실에서 바이러스가 유출되었을 가능성(이것은 고의가 아니었을 수도 있다)을 제외하고는 코비드 팬데믹 기간에 우연히 일어난 일은 아무것도 없다.

나는 객관적인 관찰자가 아니라 팬데믹이 발생한 첫날부터 공공정책을 둘러싼 논쟁에 깊이 간여했던 의사이자 의료윤리학자의 입장에서 이 책을 썼다. 2021년 나는 가시화되고 있는 생물의학 보안 체제와 정면으로 맞섰다. 제2장에서 설명하겠지만 나는 백신 의무 접종의 합헌성에 이의를 제기하기 위해 의학교수라는 직업을 희생시켰다. 이 책은 나의 윤리와 공공정책에 관한 연구뿐 아니라 지난 3년 동안 의사와 환자의 대변자로 경험한 일에 근거하고 있다. 이런 일을 하느라 나는 환자들을 — 그들 중 다수가 코비드에 감염되었고 일부는 사망했다 — 치료하는 병동과 진료실이라는 전선을 떠나 의회와 법원이라는 권력의 전당으로 갔다. 거기서 나는 팬데믹 조치, 데이터의 투명성, 과학과 공공정책에서의 검열 등을 놓고 캘리포니아 대학, 질병통제센터, 식품의약국 그리고 바이든 행정부와 싸워 왔다.

'생물의학 보안국가'는 역부족이면서도 끈질기게 저항하는 세력과 맞닥뜨렸다. 직업정신에 투철한 의사들, 공정한 언론인들, 헌신적인 변호사들 그리고 사회의식을 가진 사해동포들로 이루어진 민중의 동맹체가 형성되어 통치 기관의 문제를 폭로하고 이들이 더 깊숙이 개입하는 것을 막을 수 있는 회복력 있는 공동체를 설립하는 데 나섰다. '필연론inevitablism'과 운명론이 뉴 애브노멀 이데올로기의 핵심적 특징이지만 우리는 희망, 공동의 노력 그리고 연대를 통해 이런 것들을 극복할 수 있다. 이 책의 마지막 장에서 나는 침입적 감시와 권위주의적 사회 통제라는 '생물의학 보안국가'의 새로운 기제들에 어떻게 효과적으로 저항하여 더 안정된 인류의 미래에서 자유를 회복하고 함께 번영할 수 있는지 설명할 것이다.

제1장

가둠: 생물의학 보안국가

사람들은 지속적인 위기와 비상상황에서 살아가는 데 익숙해져

그들의 삶이 단순한 생물학적 상태로 환원되었다는 것을

깨닫지 못하는 듯하다. 삶은 정치적 그리고 사회적 의미뿐 아니라

인간적이고 정서적인 의미마저 상실했다.

지속적으로 비상사태인 사회는 자유로울 수 없다.

— 조르조 아감벤, 「우리는 지금 어디에 있는가?」

노동계급의 정치참여라는 새로운 형태의 풀뿌리가 2022년 초에 등장했다. 의학적 자유 운동 시위가 캐나다에서 시작되었을 때 영문도 모르고 허를 찔린 지도층은 경악했다. 캐나다의 장거리 트럭 운전사들은 몇 킬로미터에 이르는 차량 대열을 이루며 함께 차를 몰고 오타와로 가서 장기 체류할 작정으로 트럭을 중심가에 주차했다. 이러한 혁신적인 형태의 저항이 일어난 것은 캐나다 트뤼도 총리가 내린 행정명령에 따라 미국-캐나다 국경에서 백신 접종 증명서를 요구한 데 따른 반발 때문이었다. 트뤼도는 트럭 운전사들을 만나 그들이 걱정하는 문제를 논의하는 대신 겁먹은 어린아이처럼 수도를 빠져나갔다.

미국을 비롯한 다른 나라의 트럭 운전사들의 차량 시위 행렬도 캐나다의 선례를 따랐다. 2022년 2월, 나는 캘리포니아에서 워싱턴 DC까지 갔다가 다시 캘리포니아로 돌아와 우리가 주최한 제2차 '행정명령 타도' 행진에 참여한 피플스 콘보이People's Convoy를 주도한 사람들과 줌Zoom으로 화상 인터뷰를 했다. 그 당시 나는 미국 트럭 시위대를 이끈 사람들과 함께 연단에 오를 수 있어서 뿌듯했다. 그들이야말로 에드먼드 버크가 말했고 토크빌Tocgueville이 미국 시민 참여의 대표적인 사례로 꼽은 보통 사람들의 자발적 조직인 '리틀 플래툰*'의 본보기였다. '행정명령 타도' 행진에서 연설한 트럭 운전사들과 의사들은 새로 등장한 '생물의학 보안국가'의 두 가지 핵심 요소인 비상사태의 종식과 코비드 관련 강제 조치의 중단을 주장했다.

캐나다 트럭 운전사들의 저항과 뒤이은 미국의 트럭 시위 행렬은 아주 평화적이었다. 놀랍게도 이런 행렬은 단 한 건의 폭력 사건도 없이 몇 주간 계속되었다. 트뤼도가 트럭 운전사들을 도시 밖으로 몰아내려고 기동타격대를 보내 경찰이 일부 트럭 운전사들을 폭행하기 전까지는 그랬다. 그때까지 캐나다의 시위에는 수천 명의 일반 시민들이 참여해 손을 잡고, 보도에서 춤을 추고, 노래를 부르고, 길거리 하키를 했으며 아이들은 장난감 집에 들어가 놀고 부모들은 옥외 온수 욕조에서 느긋하게 시간을 보냈다. 일부 논평에서 주장했듯이, 때로는 거대한 동네잔치 같아 보이지 않았겠는가? 아마도 그랬을 것이다. 그러나 최소한 이것은 집회와 언론의 자유에 대한 권리를 행사하며 함께 연대하여 무엇인가를 세상에 알리기 위해 모인 일단의 시민들이었다. 그것은 분명 락다운**이라는 황폐한 상태의 도시에서 일시적으로나마 벗어나려는 어쩔 수 없는 몸짓이었다.

소셜미디어에 나도는 활기차고 발랄한 장면들은 캐나다 사람들이 여러 달 동안 강제 격리를 거친 뒤에 영하의 기온에도 야외에서나마

---

*   Little Platoon: 18세기 아일랜드의 경제학자이자 철학자인 에드먼드 버크(Edmund Burke)가 주장한 개념으로, 절제와 용기를 바탕으로 올바른 삶을 이끌어 가도록 만드는 가정, 교회, 지역공동체 등 작은 규모의 사회를 의미한다. 국가와 같은 거대한 사회와는 대립되는 개념이라고 할 수 있다.

** lock-down: 직역하면 '봉쇄' 정도의 뜻이지만, 봉쇄는 완전히 차단한다는 의미로 해석될 여지가 있어 현실과는 좀 거리가 있다. 실제 락다운은 '이동 제한', '출입 제한', 때에 따라서는 '완전 차단', '봉쇄'와 같이 다양한 의미로 쓰였기에, 이 책에서는 따로 번역하지 않고 락다운 그대로 사용하였다.

서로 어울려 지내고 싶어 한다는 것을 보여 주었다. 이것은 결코 불온한 체제전복 시도가 아니었다. 그런데도 협동조합주의*적이고 국가주의적인 캐나다의 매체들은 최악의 경우 '신나치'로, 잘해야 '더러운 사회의 쓰레기'라고 중상모략하며 몇 주 동안 트럭 운전사들을 비난하는 데 열을 올렸다. 현장의 현실은 이런 중상모략이 거짓임을 보여 주었다. 폭압적인 경찰이 트럭 운전사들이 밤에 체온 유지용으로 사용하던 연료를 압수했을 때조차 시위대의 대응은 한결같이 비폭력적이었다. 시위대와 이들을 지지하는 사람들은 국가와 기업이라는 거대 권력에 맞서 보기 드문 의연함과 자제심을 보여 주었다.

트럭 운전사들과 대면하고 분노한 시민들과 만나고 싶지 않은 트뤼도 총리는 캐나다 역사상 처음으로 비상조치법을 발령했다. 이에 따라 전례 없는 권한을 거머쥔 그는 트럭 운전사들을 도시에서 강제로 쫓아내기 위해 경찰을 보냈다. 트뤼도는 또 경악스러운 오만과 도를 넘는 폭압적 통제 조치로써 법원의 판결 없이 시위 참가자들의 은행 계좌는 물론, 시위대에 기부금을 보낸 시민들의 은행 계좌까지 동결시켰다.[1] 민간 은행과 투자 회사들은 정부의 요구를 수용하고 불순분자들을 사회에서 제거한다는 구실로 그들의 고객들을 저버리고 이런 명령을 마지못해서가 아니라 적극적으로 따랐다.[2] 어느 날 시위대를 지지하기 위해 50달러를 기부하고 다음 날 ATM에 갔는데 자신의 계좌에서 돈을 인출할 수 없게 된 상황을 상상해 보라.

캐나다 시민자유협회CCLA는 다음과 같은 반응을 내놓았다. "캐

---

*　　Corporatism: 자본과 노동에 대한 국가의 통제 방식 중 하나. 파시즘 국가들에서 나타났으며 노사정 위원회를 통한 통제 방식으로도 활용된다.

나다 연방정부는 비상조치법을 시행하는 데 필요한 최소한의 요건을 갖추지 못했다. 이 법은 행정부가 일반적인 민주적 절차를 건너뛸 수 있도록 허용하는 법인 만큼 정당한 사유에 관한 높고 명확한 기준이 요구된다. 이러한 기준들이 충족되지 못했다." 그들은 법률에 있는 문구들을 인용해 비상조치법은 "캐나다의 주권, 안보와 영토 보전을 위한 캐나다 정부의 기능이 심각하게 위협받을 때" 그리고 "캐나다의 법으로는 효과적으로 대응할 수 없는 상황이 발생했을 때"만 발동할 수 있다고 설명을 이어 나갔다. CCLA는 "캐나다 정부는 드물지 않게 어려운 상황에 대처해 왔으며 민주적으로 선출된 대의기관에서 부여한 권한을 이용하여 그런 일을 해 왔다"고 올바르게 지적했다. 그들은 다음과 같은 경고성 통보로 마무리 지었다. "비상조치가 정상이 되어서는 안 된다. 그것은 우리의 민주주의와 시민적 자유를 위협한다."**3**

트뤼도 정권은 이런 반대를 무시했다. 오히려 독재체제를 다시 한 번 과시하며 트럭 시위를 조직한 사람들을 구속하고 보석을 거부했다. 캐나다의 신학자인 더글러스 패로우Douglas Farrow는 이 사건에 대해 논평하면서 다음과 같이 썼다.

> 오타와에서는 보석이 기각된 자유 행렬의 주모자 타마라 리치Tamara Lich 가 족쇄를 차고 법정에 출석해야만 대중이 안전하다고 여겼다. 판사는 족쇄를 풀어 주라고 명령했지만 캐나다의 공공안전위원회는 이런 주장을 했다. "저항은 금지되어 있다. 저항하는 자는 체포된다. 그들의 재산은 몰수된다. 그다음은 노동수용소다."**4**

한편 미국에서는 내가 미국 트럭 운전사들의 피플스 콘보이People's Convoy를 조직한 사람들과 줌으로 화상통화를 한 바로 그 주에, 연방 국토안보부DHS는 행정명령에 반대하는 온라인 게시물과 대중 집회에 대한 경고를 담은 공고문을 냈다. 연방정부는 캘리포니아에서 워싱턴까지 트럭 행진을 벌인다는 계획을 눈치채고 팬데믹 국면의 통제력을 잃을까 봐 걱정에 휩싸였다. DHS의 공고문에 따르면 정부가 팬데믹에 관한 '오보'라고 간주하는 내용을 유포하고 그로 인해 미국 정부에 대한 국민의 신뢰를 훼손시킨 자들은 '국내 테러' 위협으로 간주되었다.

이 메시지는 또 다음과 같이 분명히 밝혔다. 수정헌법 제1조에 나와 있는 언론 자유와 집회의 자유에 대한 권리를 주장하는 것을 포함해 행정명령에 반대를 표명하거나 저항함으로써 정부가 선택한 팬데믹 정책에 도전하면, 그들의 용어를 빌리자면, 국토안보부에 의해 '국내 위협 인물' 혹은 '주요 테러 관련 위협', '특정 온라인 콘텐츠를 소비하면서 누적된 미국에 대한 불만'으로 가득 찬 사람으로 여겨질 수 있다. 국토안보부가 "틀리거나 오도된 것"으로 규정하는 것은 경험적 증거나 과학적 연구 결과와 어긋날 때가 아니라 "미국 정부 기관에 대한 대중의 신뢰를 훼손할"[5] 때라는 데에 주목해야 한다.

이 공고문은 미국의 통치 기관들에 대한 신뢰가 다른 어떤 것보다 그들이 수립한 해로운 정책, 조작된 대국민 메시지에 의해 이미 실추되었다는 불편한 진실을 외면하고 있다. 20년 전까지만 해도 존재하지 않았지만 지금은 연간 520억 달러의 예산을 집행하는 국토안보부에 따르면 온라인이나 대중 집회에서 이러한 정책을 비판하는 사람이 진짜 문제라는 것이다.

이 공고문에 따르면 연방정부에 의한 엄격한 검열과 반대자에 대한 조직적 탄압은 비판하는 사람들을 국내 테러를 모의하고 있다고 비난하는 지경에 이르렀다. 국토안보부는 이러한 위협을 중요하게 생각해 2022년 4월 허위 정보 관리위원회Disinformation Governance Board를 신설한다고 발표했다. 이런 발표는 언론 자유를 옹호하는 일론 머스크가 트위터를 인수할 의사가 있다고 발표한 지 며칠 만에 나왔다. 국토안보부의 발표가 나오자 트위터에서는 오웰이 말한 '진실부'*가 유행어가 되었다.

니나 잰코위츠는 연방 허위 정보 관리위원회의 초대 상임이사에 내정되었다. 그녀는 『정보전쟁에서 지는 법How to Lose the Information War』과 『온라인에서 여성으로 사는 법How to Be a Woman Online』이라는 책을 썼다. 잰코위츠는 2021년에 발표한 「해로운 창의력: 젠더, 섹스 그리고 거짓말은 온라인에서 어떻게 여성에 대한 무기가 되는가」[6]라는 논문에서 "온라인의 '허위 정보disinformation'를 찾는 작업을 하면서 우리 팀이나 플랫폼의 입장에서 이런 콘텐츠를 확인하는 데 가장 큰 난제는 우리가 '악의적 창의성'이라고 부르는 것, 즉 추적을 피해 악의적 포스팅을 가능케 하는 코드화된 언어, 밈, 맥락을 알아야 이해할 수 있는 콘텐츠"[7]라고 말했다. 다시 말해 허위 정보는 매우 교묘하고 맥락을 알아야 의미를 이해할 수 있어서 적발이 쉽지 않기 때문에 근절하기 어렵다는 것이다. 작년에 잰코위츠는 트위터에 다음과 같은 글을 올렸다. "다시 한번 배후에 있는 사람들에게 이야기한다. '언론 자유 대 검열'이라는 프레임은 잘못된 이분법이다."[8] 그렇다면 좋다.

*   Ministry of Truth: 조지 오웰이 1949년에 발표한 소설 『1984』에 등장하는 용어로, 디스토피아 오세아니아의 '진실부'는 정부가 진실 여부를 자의적으로 판단하고 정보를 통제할 뿐 아니라 필요에 따라 허위 정보를 유포하는 기능을 한다.

우리의 새로운 진실부는 투명성하고는 전혀 관계 없는 국내 정보와 치안유지를 담당하는 기관의 직속 기구로 되어 있다. 빈정대는 비판으로 유명한 한 블로거가 썼듯이 "국토안보부는 비밀 재판, 비밀 영장 그리고 애국자법에 의한 초헌법적 폭력이 자행되는 곳이다. '러시아인들'이라는 말을 속닥거리고, 특히 거기에 '선거'나 '공공 안전'을 덧붙여 외국 간첩과 보안요원을 운운하면 유난히 그렇다."[9] 국토안보부의 발표 이후 예상 밖으로 언론 자유를 옹호하는 사람들로부터 엄청난 비난의 물결이 밀려들었다. 잰코위츠는 물러났고 이 계획은 잠정 보류되었다. 행정부가 이 계획의 필요성에 대해 생각을 바꾼 것이 아니라 시기상조라고 여겼기 때문이다. 이 계획은 아직 폐기되지 않고 보류된 상태에서 적당한 때를 기다리고 있다.

클린턴 대통령의 비서실장이었던 람 이매뉴얼Rahm Emanuel은 솔 앨린스키Saul Alinsky가 쓴 『급진주의자들을 위한 규칙Rules for Radicals』의 1쪽을 인용해 다음과 같이 말했다. "당신은 심각한 위기가 무의미하게 지나가길 바라지 않는다. 내 말뜻은 위기는 이전에 할 수 없던 일을 해 볼 기회라는 것이다."[10] 팬데믹 동안에 정부는 이전에 할 수 없던 많은 일을 할 수 있었다. 코비드는 정치·경제적 이해관계를 가진 전 세계 엘리트들이 국가 정보기관과 경찰력을 동원하여 강력하고 침입적인 생물의학적 감시와 통제라는 디지털 사회기반 시설digital infrastructure을 구축하는 유용한 계기가 되었다는 것이 드러났다.

이 책에서 설명하겠지만, 이 체계는 이미 우리의 행동을 지시한다는 궁극적인 목표를 가지고 일반 시민들을 추적하고 감시하는 데 사용되고 있다. 팬데믹 기간에 우리는 평상시 같은 조건에서라면 절대 받아들이지 않았을 대규모 사회적 실험에 다 같이 자발적 참여자가 되었다.

비상사태 선포는 다른 경우라면 대중이 거부했을 권위적 조치들을 정당화하기 위해 사용된 법적 장치였다.

비상사태

새로운 '생물의학 보안국가'에서 정치권력의 중심에 있는 절대권력자는 비상사태를 선포할 수 있는 권한을 부여받은 사람이다. 연방정부 차원에서는 대통령의 지원을 받는 보건복지부 장관 하비어 베세라 Xavier Becerra다. 보건복지부는 무엇보다 국립보건원NIH, 식품의약국 FDA 그리고 질병통제센터CDC를 관장한다. 변호사이자 전 캘리포니아주 검찰총장인 하비어 베세라는 의학 교육을 받지 않았고 공중보건 업무 경험도 전혀 없다. 2022년 2월 베세라와 바이든이 공표나 언론 보도도 거의 없이 재연장한 비상사태로 헌법상 규정들은 유예되었다. 비상 통제권은 주지사, 공중보건 담당 공무원, 각 주의 행정관료, 위원회, 심지어는 민간기업의 CEO와 인사 담당 이사에게까지 위임되었다.

격리 조치와 휴교에서부터 마스크와 백신 접종 의무화 혹은 접종증명에 이르기까지 침입적 정책들 하나하나는 비상사태 선포로 이른바 법적 정당성이라는 것을 획득했다. 그러나 환자 발생 건수, 입원 환자 수, 사망자 수 같은 공중보건 비상사태를 구성하는 최소한의 요건은 의도적으로 명확히 규정되지 않았다. 비상사태의 최소한의 계량적 구성 요건에 관해서는 두말할 나위 없이 광범위한 토론을 거쳐야 했다. 의료 기반 시설에 대한 위협, 일정한 치명률과 사망률, 최종 변이바이러스의 특성, 이런저런 계량적 요소의 조합 등으로 비상사태가 규정되어야 하는 것 아닌가? 그러나 그런 신중을 요하는 결정은 반드시 공개적이고 민주적인 토론을 통해 내려져야 한다.

정치적 절충이라는 상호 의견교환을 통해 비상사태 선언에 합당한 측정 가능한 기준이나 의미 있는 척도를 개발할 수 있었을 것이다. 그러한 기준들은 비상사태 기간에 권한이 강화된 집행자에 의해서가 아니라 법에 따라 주기적으로 수정될 수 있었을 것이다. 명확한 최소한의 기준은 비상사태가 언제 합법적으로 선언될지 알려주는 데 필요할 뿐 아니라 비상사태가 끝날 때를 알려준다는 점에서도 중요하다. 팬데믹이 시작된 지 3년 가까이 되었지만 그런 기준도 그런 기준을 만들자는 제안조차 없다.

2022년 2월 비상사태를 갱신하는 바이든 대통령의 공식 문서는 종료일을 특정하지 않았다. 이미 공표된 비상사태를 무기한 연장하는 데 인용된 유일한 통계는 팬데믹 기간 전체에 걸쳐 미국에서 발생한 사망자 숫자다. 그것도 심지어 사망률이 급격히 하락한 이후로도 매월 꾸준히 증가해 온 누적 사망자 숫자다. 이런 논리에 따르면 월간 사망자가 한 명도 나오지 않을 때까지 — 그런 일은 엔데믹 바이러스에서도 절대 일어나지 않겠지만 — 달이 갈수록 비상조치에 대한 정당성은 증가한다. 위급한 질병으로 간주되지 않는 독감, 암, 심장병 같은 다른 질병으로 인한 기저 사망자를 계산하면 한 달에 1명, 2명 혹은 100명, 1,000명 혹은 10,000명까지도 국가적 비상사태의 요건이 되기는 어렵다. 미국 연방정부가 비상사태 선포를 정당화할 필요성을 느끼지 못한 것은 우리 법률에 비상사태를 선포하는 데 필요한 최소한의 요건을 포함하지 않고 있다는 사실을 확실히 상기시켜 준다.

최근의 역사는 비상사태하에서의 통치에 대해 좀 더 폭넓은 관점을 제공해 준다. 제2차 세계대전 이후 '예외적 상황'은 더 이상 예외가 아니다. 서방 민주국가들과 그 밖의 나라에서도 빈번한 비상사태 선언이 규범이 되었으며 일부 국가에서는 수십 년 동안 비상사태가 지속되었다.[11] 1978년에는 거의 30개국이 비상사태 체제였다. 1986년에는 이 숫자가 70개국으로 증가했다. 2020년에는 팬데믹에 대한 대응으로 124개국이 비상사태를 선포했으며 특정 지역과 행정구역 단위로 비상사태를 선포한 나라까지 포함하면 그 숫자는 더 늘어난다. 팬데믹 이전에도 많은 나라가 일상적이고 상시적인 비상사태 체제로 운영되었다. 2020년 2월 현재 미국에서는 39년 전에 선포된 가장 오래된 것을 포함해 32건의 일몰제 없는 비상사태가 진행 중이며 각각의 비상사태는 민주·공화 양당 출신 대통령들에 의해 갱신되어 왔다.[12]

지난 수십 년에 걸쳐 영미계 국가에서 일어난 법체계의 변화는 예외적 상황이 점점 더 표준이 되는 상황을 조성했다. 팬데믹 기간에 우리가 목격한 바와 같이 예외적 상황은 '생물의학 보안국가'가 동원하는 필수적인 수단이다. 예외적 상황을 폭넓게 연구해 온 이탈리아 철학자 조르조 아감벤Giorgio Agamben은 국가권력 그리고 국가의 예외적 상황과 결합된 새로운 보건 종교를 구성하는 정부 기구를 표현하는 '생물보안biosecurity'이라는 용어를 사용했다. "이 기구는 아마도 지금까지 서구 역사에서 나타난 것으로는 가장 효율적인 기구일 것이다."[13]

1875년에 제정된 영국 공중보건법은 1984년에 개정되었는데, 이때 보건당국이 격리 대상자가 감염되었거나 전염성이 있다는 것을 입증할 필요 없이 무기한 시민들을 격리할 수 있도록 했다. 2001년 9월 11일 테러 공격 이후에 이루어진 법적 변화에 따라 미국 정부는 자의적으로 비상사태를 선포할 수 있으며 여기에 시민이 저항하면 중범죄에 해당한다. 공중보건을 지키는 것이 어떤 개인적 권리나 프라이버시권보다 우선한다는 이러한 법 조항은 테러와의 전쟁 때 성문화된 새로운 법적 원리에 그 근거를 두고 있다. 이러한 개념은 처음에는 집단 예방 접종에, 나중에는 집단 격리에 초점을 맞춘 다양한 시민 의무 운동으로 대중화되었다.[14]

9·11 이후에 영향력 있는 법학자인 리처드 포스너Richard Posner는 윤리적 진의가 의심스러운 분석에서 "테러리즘과 싸우려면 때로는 고문마저 정당화될 수 있지만 그것을 법적으로 정당한 것으로 여겨서는 안 된다"[15]고 주장했다. 포스너는 여기서 법률적 제약을 무시하기 때문에 정확히 한정하기 어려운 예외적 상황이라는 논리를 적용한다. 그러나 그런 경우 정치적 목적으로 다른 사람을 고문한 사람은 고문이 도덕적, 정치적으로 정당화된다고 당연히 믿는다. 즉 지금은 법률적 예외가 보장되는 비상 상황이고 무엇보다 국가 안보의 위기 상황이 확실하다. 그렇지 않다면 왜 우리가 고문을 하지? 정당화의 추론 과정은 쉽게 순환 논리에 빠져든다.

포스너는 우리나라가 망한다면 정부는 다른 목표를 아무것도 수행할 수 없다거나 다른 사람들이 이야기하듯 "헌법은 집단자살의 약속이 아니다"[16]라고 주장한다. 그러나 우리는 이런 의문을 제기할 수 있다. 비상사태를 선언할 때마다 헌법의 효력을 유예하고 고문 같은 초법적 수단을 쓴다면 나라를 점점 망하게 하는 쪽으로 몰고 가는 게 아닌가? 우리의 헌법 체계 안에서 고문 같은 행위를 허용한다면 헌법 체계의 기반을 약화할 것이라는 사실은, 비상사태를 발동하기 위한 증거가 아니라 우리가 사람을 고문해서는 안 된다는 결론을 내릴 증거다. 더이상 말이 필요 없다.

지난 2007년 포스너는 비상사태를 정당화할 수 있는 것은 "인류의 적들을 방어하는 것"뿐만이 아니라고 주장했다. 이를 보여 주기 위해 그는 우리에게 "팬데믹에 대응하는 엄격한 격리와 의무적인 백신 접종을 상상해 보라"고 요구했다. 15년이 지난 지금 우리는 더 이상 그것을 상상해 볼 필요가 없다. 우리는 그것을 기억할 수 있다. 비상사태 선언에 의존하게 될수록 나라 안팎으로 새로운 적들을 만들어야 한다.[17] 공교롭게도 눈에 보이지 않는 병원체는 항구적으로 존재하는 적으로 반복적으로 나타나 별 경고도 없이 항상 공격할 태세를 갖추고 있기 때문에 예외적 상황을 작동시키기 위해 언제든 이용할 수 있는 구실이다.

　　이전에는 정치활동이나 국제관계에서 미미한 부분이었던 생물의학 보안이 9·11 공격 이후 정치적 전략과 타산에서 핵심적인 위치를 차지하게 되었다. 이미 2005년에 WHO는 조류독감으로 200만 명에서 1억 5,000만 명까지 사망자가 발생하게 될 것이라고 상당히 과도한 예측을 한 바 있다. WHO는 이렇게 언제 닥칠지 모르는 재난을 막기 위해 당시로서는 어떤 나라도 선뜻 받아들일 수 없는 인구집단 전체에 대한 락다운 제안이 포함된 권고안을 내놓았다. WHO의 최대 민간 후원자인 빌 게이츠는 수년에 걸쳐 미래에 다가올 끔찍한 팬데믹에 대해 경고해 오고 있다.[18]

　　그 이전인 2001년에도 조지 W. 부시의 NSC, 즉 국가안전보장회의에서 근무한 적 있는 CIA 요원 리처드 해쳇Richard Hatchett은 이미 생물학적 위협에 대응하기 위해 전 국민에 대한 의무적 이동 제한을 권고했다. 해쳇은 현재 제약업계와 긴밀히 협조하여 전 세계적인 백신 투자를 조정하는 영향력 있는 단체인 전염병대비혁신연합CEPI: Coalition for Epidemic Preparedness Innovations을 이끌고 있다. CEPI는 세계경제포럼이 빌&멀린다 게이츠 재단과 제휴하여 만든 단체다. 이런 단체들에 대해서는 제3장에서 자세히 설명할 것이다. 오늘날 다른 많은 사람이 그렇듯이 해쳇은 코비드와의 싸움을 테러와의 전쟁과 유사한 '전쟁'으로 간주한다.[19]

2006년에 등장한 생물보안은 이미 연방정부의 예산 배정 우선순위를 왜곡했다. 의회는 가벼운 독감이 유행하던 그해 3만 6,000명의 사망자를 발생시킨 인플루엔자와 싸우는 데 국립보건원NIH에 12만 달러의 예산을 배정했다. 이와는 대조적으로 미국에서 발생한 유일한 생물학 공격인 2001년의 탄저병 발생으로 인한 사망자가 5명에 불과했지만[20] 생화학 공격에 대한 방어 명목으로 NIH에 배정한 예산은 17억 7,000만 달러에 달했다.

락다운과 다른 유난히 엄격한 조치들에 대한 제안은 2005년에 널리 알려졌다. 하지만 주류 공중보건 기관들은 코비드가 발생할 때까지 생물보안 패러다임을 받아들이지 않았다. 이 패러다임에 따르면, 의학적 테러를 제압하는 것은 자연적으로 발생한 팬데믹이든 생물학 무기든 최악의 경우를 상정해 필요하다고 여긴다. 패트릭 질버만Patrick Zylberman의 저서를 인용하여 아감벤은 새로 등장한 생물보안 모델의 특성을 요약한다. 그 안에 포함된 정치적 권고사항은 세 가지 기본적 특성을 보여 준다. 1) 대책들은 극단적 상황에 대한 관리를 허용하는 행위를 조장하기 위해 제시된 데이터를 이용해 가상 시나리오상의 모든 위험을 근거로 만들어졌다. 2) '최악의 경우'라는 논리가 정치적 합리성을 구성하는 핵심 요소로 채택되었다. 3) 정부 기관에 대한 신봉을 최대한 강화하도록 전체 시민집단의 체계적인 조직화가 요구되었다.[21]

이것은 2022년에 우리가 채택한 팬데믹 전략을 정확하게 설명하고 있다. 1) 락다운은 런던 임페리얼 칼리지에서 나온 신빙성이 떨어지는 최악의 상황 시나리오를 근거로 했다. 2) 이 잘못된 모델은 미국에서 220만 명의 사망자가 발생한다고 과도한 예측을 했다.[22] 3) 그 결과 보건을 위한 의무라는 그럴듯한 명분으로 시민 전체가 시민정신을 발휘하여 자유와 권리를 포기했다. 아감벤이 설명한 바와 같이 "(이 세 가지 근간이 되는 요소를) 확장한 결과가 이타주의적 의무로서 부여된 초시민정신super civic spirit이다. 이러한 통제 속에서 시민들은 더 이상 신체적 건강에 대한 권리를 지니지 않으며 건강은 시민들에게 하나의 법적 의무(생물보안)로 부과된다."[23] 락다운 중에 우리는 제2차 세계대전 동안 도시가 폭격당하는 와중에도 런던 시민들이 포기하지 않았던 (런던에 통금 시간은 있었지만 락다운은 없었다) 자유를 별 저항 없이 내주었다. 지금도 많은 시민이 이러한 강제적 조치들이 애당초 약속했던 공중보건 성과를 내지 못한 것을 대수롭지 않게 여기는 것 같다.

　　2020년 3월에 일어난 일의 의미를 우리는 온전히 파악하지 못하고 지나쳤는지 모른다. 우리는 그것을 인식하지 못한 채 서방 국가들이 이전에 시도한 어떤 것보다 훨씬 효과적인 대중 통제 시스템인 새로운 팬데믹 전략뿐 아니라 새로운 정치 패러다임을 경험했다. 생물보안 모델에서는 "모든 형태의 정치활동과 사회적 유대관계의 전면적 중단이 (이동 제한과 사회적 거리두기로) 궁극적인 시민참여 활동이 되었다."[24] 제2차 세계대전 이전의 이탈리아 파시스트 정부나 소련 시절 공산주의 국가들도 이런 규제를 실행하는 것은 꿈도 꾸지 못했다. 사회적 거리두기는 인간의 상호작용을 디지털 연결망digital matrix이 대체하면서 사회적 상호작용을 위한 새로운 정치적 패러다임이 되었다. 그것은 이제부터 분명 근본적으로 의심스럽고 페페 에스코바르Pepe Escobar의 표현에 따르면 정치적으로 '전염성 있다'[25]고 여겨질 것이다.

'사회적 거리두기'라는 조어를 생각해 보면 시사하는 바가 있다. 이 말은 의학적 용어가 아니라 정치적 용어다. 의학 혹은 과학적 모델은 사회적 거리두기가 아니라 신체적 거리두기 혹은 개인 간 거리두기 같은 용어를 사용했을 것이다. 이 용어는 보건을 위한 새로운 모델이 아니라 2미터의 간격과 얼굴을 덮는 마스크로 대인관계와 의사소통의 가장 중요한 부분인 상호작용을 제한하는 새로운 사회조직 모델을 제시한다. 2미터 거리두기는 아마도 호흡기 비말을 통한 코비드의 확산을 전제로 한 것 같다. 하지만 이러한 조치는 바이러스가 에어로졸 상태로 퍼져 나가는 것이 명백해진 뒤에도 오랫동안 지속되었다.

실제 전염될 위험성은 감염된 사람들과 같은 공간에서 함께 보낸 시간에 달려 있으며 이런 위험은 2미터 거리두기가 아니라 창문 열기와 다른 개선된 방식의 환기를 통해 완화된다. 어디서나 볼 수 있는 플라스틱 방호막은 사실 공기 흐름을 방해하여 바이러스가 퍼져 나갈 위험을 높였다. 우리는 지난 10여 년 동안 인간의 상호작용을 제한하는 디지털 미디어를 사용함으로써 사회적 거리두기라는 비과학적 조치를 받아들일 준비가 되어 있었다. 우리는 으레 세 자리 떨어진 곳에 있는 동료에게 걸어가 얼굴을 마주하고 대화하기보다 문자 메시지를 보낸다. 사회적 거리두기가 전혀 새로운 것이 아니다. 그것은 그럴 만한 문화적 환경에서 도입되었다.

팬데믹 기간에 받아들인 생물의학 보안 패러다임은 다른 결과를 가져왔다. 공중보건이 관심 영역을 점점 확대하는 경향과 이른바 전문성이 비상사태 선포로 쉽게 권력을 잡은 세력과 결탁했다. 예를 들어 수천 명의 공중보건 '전문가들'이 2020년 블랙 라이브스 매터BLM: Black Lives Matter 저항운동이 벌어질 때 인종차별을 공중보건의 비상사태로 선언하는 성명서에 앞다퉈 서명했던 것을 상기해 보자. 코비드 비상사태는 사회 전반에 걸친 외출 제한stay-at-home 명령을 요구하게끔 되어 있었다. 그러나 이 경우에는 인종차별에 따른 또 다른 비상사태가 이런 조치의 한시적 유예를 요구했다.

이렇게 (1965년의 투표권법과 같은) 민주주의 위기나 (마틴 루터 킹 주니어가 쓴 「버밍엄 감옥에서 보낸 편지」에 나오는 것과 같은) 종교와 도덕성의 위기가 어떻게 공중보건의 위기로 재구성되는지 주목해 보라. 이것은 '생물의학 보안국가'의 특성을 실증적으로 보여 준다. 사회, 경제, 환경 같은 다른 문제들이 공중보건 문제로 재구성되어 결국 공중보건 비상사태로 선포된다. 공중보건과 같은 주도권 장악을 통해 우리는 역설적으로 인종차별 같은 문제에 대응하는 보통 사람들의 능력을 저해한다. 이런 문제는 이제 이른바 전문가, 다름 아닌 보건 전문가들의 복무를 요구한다. 인종차별 같은 문제에 대응하는 권한은 일반 시민과 시민 단체의 손에서 탈취되어 과학 기관으로 넘어갔다.[26]

우리의 새로운 생물의학 보안 통치 모델은 매번 선포된 비상사태를 관리할 수 있는 초입법적 혹은 초사법적 행정 권력을 발동하며 위기 선포에서 또 다른 위기 선포로 이어진다. 이와 같은 예외적 상황에서 지사, 대통령 그리고 총리는 합당한 견제와 균형을 무시한 채 초헌법적 권한을 참칭하거나 그런 권한을 자신들이 임명한 사람들에게 위임한다. 미국에서 국가 비상사태를 선포하면 대통령은 법률로 정한 136개의 추가적 권한을 행사하게 된다.[27] 주지사들도 마찬가지로 해당 주에 비상사태가 선포되면 막대한 권한을 행사한다. 인간의 속성이 거듭해 보여 주는 바와 같이 일단 새로운 권력을 쥐게 되면 그것을 선뜻 내놓으려 하지 않는다.

예외적 상황에서의 법적 논리와 공중보건 비상사태 선포는 과학적 함의와 공개 토론이 허용되는 개방적 분위기에서는 오래 지속될 수 없다. 의학, 생물학 그리고 사회과학은 기껏해야 현재 내려진 비상사태를 지속할 확실한 근거가 아니라 개연성을 밝혀 줄 뿐이다. 걸핏하면 과학적 의미를 들이대는 데 맞서려면 시민 의무 운동은 '좋은 시민들을' 대의를 위해 싸우는 투사로 전향시켜야 한다. 비상조치를 둘러싸고 조성된 애국적 분위기는 단호한 저항이나 정면 대립을 저해한다.[28] 정부는 시민들에게 의무와 준법을 강조할 뿐 아니라 마스크 같은 가시적 표시와 외출 금지 명령의 준수 혹은 백신 접종 증명 같은 이타적 증거를 내놓으라고 요구함으로써 인민의 선의와 시민정신을 이용한다. 이것이 팬데믹 기간 동안에 마스크가 상호 불신의 상징일 뿐 아니라 신체적 순수성과 시민정신의 강력한 상징이 된 한 가지 이유다.[29]

우리가 어떤 대가를 치르고라도 생물학적 삶을 근근이 보전하기 위해 희생시킨 인간적 미덕을 생각해 보자. 우정, 가족들과의 휴가, 일, 병문안과 임종, 예배, 장례식. 인간의 물리적 존재는 집 안의 벽이라는 울타리에 갇혀 있었고 심지어 그것마저도 여의찮았다. 추수감사절에 가족 모임을 막으려고 했던 주지사들과 대통령을 생각해 보라. 정신을 못 차리던 2020년 초에 우리는 공공장소가 잇달아 폐쇄되고 사적 공간마저 쪼그라드는 것을 경험했다. 인간의 가장 기본적인 욕구인 사람과 사람의 일상적 접촉은 인간 존재를 위협하는 전염으로 재정의되었다.

혁명의 인큐베이터

'생물의학 보안국가'가 어디로 나아갈지 예측하는 데 있어 중국의 사회-신용 시스템social-credit system은 많은 점에서 이 체제가 예고하는 디스토피아적 미래를 보여 주는 유용한 축소판이다. 그러나 우리는 멀리 갈 것도 없이 미국의 대학을 볼 필요가 있다. 미국 대학들은 팬데믹 동안에 생물의학 감시 모델을 대규모로 적용하기 이전에 현장 실험을 하는 만만한 인큐베이터 역할을 했다. 최근에 집 가까이에서 실시된 소규모 시스템을 조사해 보면 우리는 앞으로 벌어질 새로운 사태의 기본적인 윤곽을 알 수 있다.

내가 의과대학의 정신과 교수이자 의학윤리 프로그램의 지도교수로 근무한 캘리포니아 대학 어바인UCI에서 단기간 경험한 시스템으로 이야기를 시작하고자 한다. 미국의 다른 공공장소에는 아직 접종 증명서가 도입되기 이전에도 UCI는 등록금을 낸 학생들에 대한 디지털 감시, 추적 그리고 통제를 위한 '잣패스ZotPass' 시스템을 도입했다. 잣패스는 QR 코드를 이용해 수시로 검사하고, 일상적 증상을 항목별로 체크하고, 백신 및 추가접종을 증빙하고, 캠퍼스 안에서 학생들의 모든 이동 경로를 추적하는 부담스럽고 사생활 침해적인 관리 체제다.

거의 항시적으로 학생들을 이와 같은 조건으로 제재하고 속박하는 시스템이라면 3년 전만 해도 미쳤다는 소리를 들었을 것이다. 2019년이라면 비행기에 탑승하거나 식당에 들어가기 위해 모르는 많은 사람에게 개인적인 건강 정보를 공개하면서 새로운 약물을 우리 몸에 주입하라는 공중보건 명령을 준수했음을 증명하는 QR 코드를 보여 주어야 한다는 것을 상상할 수 있었을까? 캠퍼스 구내식당이나 체육관에 갈 때, 심지어 기숙사를 드나들 때도 이런 일을 해야 한다는 것을 학생들이 상상할 수 있었을까?

UCI의 생물의학 감시체제는 대학 캠퍼스들 사이에서 유일무이한 것이 아니다. 대학은 앞으로 시행될 생물보안 조치에 필요한 관료적 시스템을 정교하게 만들기 위한 시범 사례로 이용되었다. 정치인들은 2021년 대량 백신 접종을 하면 정상으로 복귀하게 될 것이라고 그럴듯하게 말했다. 하지만 우리가 캠퍼스에서 얻은 것은 과거의 정상the old normal이 아니었다. 미국 내 주요 대학에서 우리는 그 대신 잣패스 그리고 그와 유사한 체제 아래 놓이게 되었다.

예를 들면 2021년 9월 학생, 교수 그리고 교직원의 거의 100퍼센트가 백신을 접종한 이후 컬럼비아 대학은 학생들의 외부인 초대, 다른 생활관 방문, 10명 이상의 모임을 금지하는 새로운 조치를 도입했다. 대학 행정가들은 학생들에게 강제적으로 입수한 접촉 추적 데이터를 가지고 환자 발생 증가가 "학생들이 생활관, 캠퍼스 밖의 아파트, 바 그리고 식당 등에 모여 마스크를 쓰지 않은 채 어울렸기"[30] 때문이라고 단정했다. 기숙사, 바, 식당에서 어울려 시간을 보내는 학생들을 상상해보라.

저널리스트 마이클 트레이시Michael Tracey는 "이러한 사회구조, 즉 청년들의 사생활을 세세히 관리하고 학생들 동선의 적절성을 추적, 판단하는 것과 같은 새로운 권력은 학교 관리자들이 결코 자각하지 못하고 어떤 경우에도 공개적으로 절대 인정하지 않을 정도로 끔찍한 중독성을 가지고 있다"[31]고 생각한다. 정신과 의사로서 여기서 내 의견을 말하고 싶지만 학교 관리자들의 심리적 동기에 대해서는 추측을 삼가겠다. 우리의 목적에서 중요한 것은 이러한 체제가 어느 정도 조밀하고 세세하며 침입적으로 기능하는지 제대로 인식하는 것이다.

대학의 생물보안 시스템은 사고와 실천을 철저히 통제하는 시스템에 의존하고 있다. 대학 관리자들에게 이러한 체제를 이전으로 되돌리는 일은 엄청난 정신적 노력, 즉 신념과 규제로 이루어지는 포괄적이며 자체적으로 유지되는 체제의 해체를 요구할 것이다. 트레이시는 그 시스템을 다음과 같이 설명한다.

심각한 질병으로 귀결되지 않는 전염의 양호한 사례, 즉 거의 예외 없이 백신을 접종한 청년들 간의 천문학적으로 낮은 코비드 치명성을 가진 전염을 끝 모르게 이어지는 화상 전략회의와 신속하고 사사건건 간섭하는 대책이 필요한 위급한 '아웃브레이크outbreak'로 묘사하는 것은 막았어야 했다. 함의를 생각한다면, '아웃브레이크'라는 바로 그 용어는 배제했어야만 했다. 나는 아웃브레이크라는 말은 다름 아닌 관료적 과잉 대응의 앞뒤 못 가리는 흥분 상태를 보여 주는 데 쓰는 게 어떠냐고 했다. 아마도 이런 병적인 정신 상태의 역학적 기원은 '접촉 추적'[32]이 될 것이다.

양호한 '감염', 즉 PCR 양성반응은 학생들이 받아야 하는 의무적이고 지속적인 무증상 테스트가 없었다면 추적될 수 없었을 것이다. 반복적인 코비드 테스트에 익숙해진 뒤로 무차별적 무증상 테스트가 문제를 해결하기보다는 더 많은 불필요한 문제를 야기하고 있다. 그러나 의료 행위의 건전한 원칙을 위반하고 있다는 것을 인식하는 사람들은 별로 없다. 우리는 의과대학을 다니며 이런 원칙을 귀에 못이 박히도록 들었다. 그런데 어찌 된 일인지 이치에 어긋나게도 코비드 기간에 그런 원칙을 즉각 포기해 버렸다. 트레이시의 말에 따르면 "관료적 타성과 수상쩍게 이목을 끄는 목표가 맞물려" 다른 기관들이 PCR 테스트를 유용한 측정 방법으로 삼는 것을 포기한 뒤에도 대학들이 자족적인 체제를 되돌리기는 어려워졌다.[33]

대학의 생물의학 보안 시스템 역시 대학 행정가들이 거의 쉬지 않고 쏟아내는 연속적인 선전과 오웰의 소설에 등장하는 진실부의 관료들마저 주눅 들게 할 선전 문구로 유지된다. 예를 들면 대학 행정가들은 끊임없이 학생, 교수 그리고 교직원에게 "서로를 책임지라"고 질책한다. 이것은 학생들끼리 서로 고발해야만 한다는 것을 의미한다. 기숙사에서 마스크를 쓰지 않으면 다른 학생에게 고발당할 것이다. 대학 구내에서 마스크가 코밑으로 흘러내리면 다른 학생에게 질책당할 것이다. 시카고 대학의 한 학생은 이 대학에 재학 중인 모든 학생은 동료 학생이 코비드 방역 지침을 조금만 어겨도 일러바치겠다고 약속하는 소비에트 스타일의 진술서에 서명해야 했다고 나에게 말했다.

대학 행정가들의 명령은 "대부분 지겨울 정도로 '공동체'에 대한 억지 호소로 채워져 있어서 누가 이 감시자들과 염탐꾼들을 '공동체'의 대변인으로 뽑았으며, 그들이 어떻게 그 '공동체'가 점점 숫자가 늘어나는 반대자들까지 포함한다고 규정하는지 의문을 불러일으킨다."[34] 기숙사 방에 고립되어 있는 동안 거의 전적으로 줌에 의존해 상호 소통하는 학생들은 공동체를 구성하기 어렵다. 책임 소재가 분명치 않은 막강한 권력으로 특징지어지는 관료 체제에서 그런 말들은 또 자의적이며 침입적이고, 그때그때 달라지는 규칙과 규정에 대해 행정가들의 책임을 면제해 준다.

아울러 일반적으로 이런 대학의 방역 규칙 작성자들은 역학자나 전염병 전문가들이 아니라는 것을 생각해 보라. 이런 행정가들이 '전문가들'과 협의했다는 것을 아무리 내세우더라도 이런 방역 규칙들은 '대학의 학생처장' 혹은 '교칙의 형평성과 포용성 담당 부학장' 같은 직함을 가진 사람들에 의해 작성, 공포, 강제되었다. 트레이시가 말한 바와 같이 "이런 곳에서 실제적인 집행을 위해 그날그날 내려지는 결정은 보통 **정상적인 사회**에서는 감염병 프로토콜이나 다른 중요한 문제를 주도할 수 없는 관리들의 개인적 재량에 맡겨졌다."[35] 걸핏하면 전문가들을 들먹이며 현장에는 전문성이 부재하다는 것을 호도함으로써 작은 폭군이 되어 가는 것을 은폐했다.

전체 구성원 가운데 98퍼센트가 백신을 접종한 '조지타운 법대 공동체'에 대해 조지타운 대학 학장은 학생들이 강의 중에 질문을 하거나 물을 마시기 위해 잠시라도 마스크를 벗어서는 안 된다고 지침을 내렸다. "우리 모두 같은 처지"이며 "이것은 여러분의 공동체"라는 말로 이런 발표에 대한 책임을 회피한 다음 그는 마스크로 코와 입 둘 다를 가리지 않는 동료 학생이 있으면 그런 위반 사례를 대학 당국에 알려줄 것을 학생들에게 권장했다.[36] 이 모든 것들은 공동체와 일체감을 위해서다. 암 그렇고말고.

그와 같은 입장이라고 할 수 있는 USC 로스쿨 학장도 마찬가지로 '수화水化시키기'* 위해 잠깐 마스크를 내리는 학생들을 비롯해 코비드 방역 규칙을 따르지 않는 동료 학생들에 맞서 이들을 알려 달라고 촉구하는 서한을 학생들에게 보냈다. 학장은 이 규칙의 예외가 "강의하는 동안 잠깐 물을 마시고 즉각 마스크를 다시 쓰는 강사들에게만 해당된다"고 분명히 밝혔다. 그는 반복적으로 위반하는 사람들은 처벌

---

*   hydrate: 물을 마신다는 것을 화학적 용어로 표현한 것.

받을 수 있다고 준엄하게 경고했다.[37] 장차 변호사와 정치인이 될 로스쿨 학생들이 수화시키다가, 그러니까 물 한 모금 마시다가 처벌을 받았다.

　이러한 제도들이 매우 과장된 대학 캠퍼스의 유치한 모습이자 실익도 없이 정치적 논쟁만 격렬한 대학 문화의 오래된 특징이라고 일축해 버리고 싶은 생각이 들 수도 있다. 그러나 이 경우에는 대학 캠퍼스에서 나타나는 최신판 전위적 진보주의보다 더 많은 해프닝이 벌어진다. 우리는 여기서 생물의학 보안 체제의 메커니즘이 어느 정도로 침입적이고 얼마나 미시적이며 얼마나 교묘하게 특정하고 과잉 규제하게 될지 그 분명한 조짐을 눈치챌 수 있다. 점점 강화되고 엄격하게 강제되는 지시가 우리의 신체적·사회적 존재의 모든 측면에 침입할 것이다.

　UCI의 잣패스와 유사한 캠퍼스 생물보안 체제는 새로운 사회적 실험이다. 그리고 그것들은 자신들을 순순히 따르도록 하는 데 대부분 성공했다. 마지못해 그랬겠지만, 대학에 있는 사람들 대부분이 잘못되어 갔다. 몇몇 학생은 대학을 떠났으며 일부 교수는 조기 은퇴했고 일부는 순응하지 않은 탓에 해고되었다. 그러나 대부분은 남아서 규칙을 준수했다. 사실 학생들은 그런 체제 속에 생활하는 특전의 대가로 대부분 엄청난 빚을 끌어대며 계속해서 막대한 액수의 학비를 냈다. 왜냐하면 이 학생들이 늘 들어왔듯이 대학 교육이 행복과 성공으로 가는 유일한 길이었기 때문이다.

메가머신*

집에서 멀지 않는 곳에 버젓이 드러나 있는 또 다른 생물보안 혁명의 인큐베이터가 있다. 우리는 이 체제가 학교에서 작동하는 방식만을 보았다. 다음 사례는 직장에서 이것이 작동하는 방식을 보여 준다. 아마존 같은 거대 기술 기업들이 선도한 합리적이고 조직화된 관리 방식은 이미 모든 신체 동작을 끊임없이 감시하고 제어하는 디스토피아적 작업 환경을 만들었다. 이제 알게 되겠지만 작업장의 조절과 통제는 앞으로 나타날 현실일 뿐 아니라 이미 가까이에 있는 아마존 일괄 처리 물류창고에서도 볼 수 있다.

한 기업을 찍어서 이야기하려는 것은 아니다. 아마존은 다만 탄광의 카나리아, 즉 다른 기업들이 뒤질세라 따르는 트렌드를 선도하는 기업이자 혁신기업의 역할을 할 뿐이다. 기업과 산업에 종사하는 많은 사람이 아마존 모델을 칭찬하며 아마존을 뒤따르고 있다. 이런 패러다임이 상당한 저항에 부딪히지 않는 한 이와 같은 국면은 계속 확산할 것이다. 아마존 직원들의 불만과 노동조합 결성 소문은 그런 반발의 징후를 나타낸다. 노동자들이 승리할지는 아직 미지수지만 현재로서는 확률상 그들에게 유리하지 않다.

《워싱턴포스트》는 "아마존의 종업원 감시, 노동조합 결성 움직임 촉발: '그곳은 감옥이 아니라 일터다'"라는 탐사보도 기사를 실었다. 아마존의 CEO 제프 베조스가 이 신문을 소유하고 있는 것을 고려하여 나는 이런 기사를 게재한《워싱턴포스트》를 높이 산다. 이 기사는 뉴저

---

*   megamachine: 과학기술이 지배하는 인간성이 말살된 초거대 사회를 의미한다.

지에 있는 한 아마존 신선식품 물류창고에서 일하는 서른두 살의 커트니 브라운의 이야기로 시작된다. 그녀는 하루 10시간씩 배송할 식품을 정해진 트럭으로 보내는 일을 한다. 아마존은 직원들이 재고 조사를 하려고 손에 들고 다니는 스캐너를 통해 직원들을 감시한다. 브라운은 이 장비를 통해 "같은 교대근무조로 일하는 직원 수와 함께 그녀의 팀이 트럭에 싣는 배송 상품의 양을 정량적으로 계산하는 방식으로 끊임없이 평가받고 있으며, 아마존은 더 적은 인원으로 더 많은 상품을 옮기라고 시도 때도 없이 그녀를 압박하고 있다"[38]고 설명한다.

아마존은 종업원들의 '감응성 개발 및 성과 추적기Associate Development and Performance Tracker'라는 체계화된 능률 측정 알고리즘에 직원들을 접속시킨다. 관리자들은 실시간으로 그 결과를 보고 시간별로 직원들의 성과를 파악할 수 있으며, 직원들이 상품의 바코드를 스캔하면 이것으로 매 순간 직원들이 작업하는 정확한 속도와 함께 분 단위로 상품이 어디에 있는지를 빈틈없이 기록하는 직원 성과 추적 소프트웨어에 접속된다. 아마존의 추적 시스템은 또 "직원들이 장비를 로그오프하는 시간, 즉 직원들이 화장실에 가거나 점심을 먹기 위해 스캐너를 끄거나 컴퓨터를 떠나는 시간도 측정한다."

아마존은 또 "특정 시점에 해당 시설에 필요한 정확한 직원 수"를 계산해 내고 직원 개개인의 생산성을 마지막 한 방울까지 쥐어짜며 작업 시설에서 근무하는 직원들의 능률을 극대화하도록 고안된 소프트웨어도 개발했다. 예를 들면 화장실에 갈 때 시스템을 너무 오랫동안 로그오프함으로써 나타나는 정량적 성과 부족에 대한 견책 같은 부정적 유인이 행동 제약의 유일한 방식은 아니다. 이 외에도 아마존은 노동자들의 작업 속도를 촉진하고 능률을 짜내기 위해 컴퓨터 게임 같은 중독성 있는 경쟁을 이용한다. 《워싱턴포스트》는 "이 회사는 창고의 컴퓨터를 통해 개인별, 팀별 그리고 각 층별로 상품을 선별하고 싣는 경쟁을 시키는 비디오 게임을 만들어 물류창고 작업을 '게임화하는' 방식을 고안해 냈다"고 보도했다.

아마존 물류창고에는 곳곳에 카메라가 있다. 브라운은 "그들은 노동자의 일거수일투족을 다 볼 수 있고 그것은 그들의 이익과 연관되어 있다"고 설명했다. "그들은 노동자들을 인간으로 보지 않는다. 그것은 모멸적이다." 《워싱턴포스트》는 계속해서 "아마존의 감시 문화가 비인간적인 노동 환경을 만들고 있다는 정서가, 미국에서 두 번째로 많은 인력을 고용한 기업에서 수십만 명의 노동자가 노동조합 결성에 조직적으로 나서는 계기가 되었다"고 덧붙였다. 아마존의 대변인 켈리 낸텔은 데이터 수집과 상시적인 감시체제를 통해 직원들을 모니터링하는 것은 "만전을 기하는 업무 방식"이라고 주장했다. 직원들의 비판 이후 아마존이 내놓은 반응은 노동자들의 안전과 보안이라는 관점에 매몰되어 있다. 팬데믹 동안에 내려진 생물의학 보안 조치에 대한 정당화와 다를 바가 없다.

> 낸텔은 이메일 답변에서 "그 어떤 사업과 마찬가지로 우리는 작업장에서 종업원들, 건물 그리고 입고된 상품의 **안전**을 위해 일정한 보안 수준을 유지할 수 있는 기술을 사용한다. 그렇게 하지 않는다면 그것은 무책임한 처사가 될 것"이라고 말했다. "그 기술은 우리 직원들을 **안전**하게 지켜주기도 하지만 우리 직원들이 더 능률적으로 일할 수 있도록 해 준다."[39]

마지막 대목의 능률에 대한 인정은 진실이 드러나는 순간이다. 작업 능률은 다른 관심을 능가하는 최고선이다. 전체 알고리즘은 여기에 방향이 맞춰져 있다.

아마존은 이런 알고리즘을 개발함으로써 경쟁에서 우위를 차지할 수 있다고 생각한다. 노동조합 결성 이야기가 나도는 와중에도 아마존은 이런 알고리즘을 축소할 생각이 없다. 미국 기업에 근무하는 많은 관리자들에게 아마존의 감시 및 통제 시스템은 참으로 경이로운 것이다. 《워싱턴포스트》는 다음과 같이 썼다. "이 회사의 한 전직 임원은 종업원들이 사용하는 이러한 도구를 이용한 종업원 감시는 달성할 수 있는 효율적 작업 속도에 관한 많은 데이터를 제공했다고 말했다. 그는 이 시스템이 혁신적이라고 경탄해 마지않았다. '이것은 전례가 없는 일이다. 아직 이와 관련한 교본이 없다.'"[40]

다른 물류창고들이 카메라를 가지고 직원들을 감시하면서 일정한 생산성을 달성하라고 요구하는 반면 아마존은 이 시스템을 침입적 특정성*이라는 새로운 단계로 정교하게 발전시켰다. 노동자가 뒤처지면 재촉하는 장치가 내장된 정교하게 맞춰진 침입적 신체활동 추적은 인간 신체에 침입한 산업적 통제의 새로운 차원을 의미한다. 어떤 사람은 전립선에 문제가 있고 어떤 직원은 월경 불순이 있으며 또 어떤 직원은 단순히 기분이 좋지 않은 등 개개인의 다양한 조건은 고려 대상이 아니다. 인간의 몸 자체가 산업기계의 부품이 된다. 인간의 몸은 컴퓨터 소프트웨어가 통제하고 지시하는 하드웨어의 대체 가능한 부품으로 취급된다.

---

*   intrusive specificity: 작업의 흐름을 개인별, 단계별로 분절하여 감시하고 통제하는 것을 의미한다.

아마존 물류창고의 사례는 전문직에 적용된 생물보안 모델을 파악할 기회를 제공한다. 이런 새로운 패러다임을 통제하고 지시하는 사람들은 대부분 선출되진 않았지만 자격증을 가진 전문가와 관리자로 이루어진 엘리트들, 즉 현실 세계에서 육체노동을 하며 움직이는 사람들을 스크린과 소프트웨어로 이루어진 가상 세계에서 통제하는 테크노크라트들이다. 아마존은 유통시설에 로봇을 맨 먼저 도입한 기업들 가운데 하나로 2012년 '물류창고에서 상품을 운반하는 로봇 시스템'을 제조하는 키바 시스템스Kiva Systems를 7억 7,500만 달러에 인수했다.[41] 아마존과 다른 첨단기술 회사에서 인간은 이제 로봇과 나란히 일한다. 그리고 인간은 로봇과 같은 논리에 따라 기계화된다.

최근에 한 공항에 앉아 있는데 광고판 하나가 눈에 띄었다. "당신은 직원들 때문에 문제를 겪지 않습니다. 당신의 문제는 '직원들을 어떻게 이용하느냐'입니다. 자동화가 그것을 해결할 수 있습니다." 광고주는 로봇을 이용한 공정-자동화 소프트웨어를 판매하는 글로벌 소프트웨어 회사 유아이패스UiPath였다. 이 광고에는 문자를 찍어 내는 로봇(만화 캐릭터로 나타난)과 함께 상표로 등록된 광고 문구인 "일을 리부트하자Reboot Work"가 나온다. 이 광고는 인간을 대체한 로봇에게 마법에 가까운 해방의 힘을 부여하며 자동화를 기술이 가져온 황홀경의 아이콘으로 묘사한다. 그러나 기계화된 시스템에 점점 더 의존하게 되면 인간은 자유로워지는 게 아니라 기술적 효율과 순응적 생산성 논리에 굴복할 수밖에 없다.[42]

자동화는 생물보안 감시 기구와 한통속이 되어 작동한다. 팬데믹 동안 락다운은 제조와 유통 외에 관광 접객업에서도 자동화를 가속화했다. 2020년《가디언》의 "미국인들이 팬데믹 와중에 기록적인 일자리 상실을 겪는 동안 로봇이 늘어나고 있다"[43]는 표제 기사가 보도한 바와 같이, 락다운은 이전에 인력으로 하던 많은 작업의 기계화를 강요했다. 이러한 변화는 그 방식을 준비해 온 특정한 사회적 맥락에서 나타났다. 새로운 기술적 단계는 그것을 수용할 수 있도록 만든 문화적 변화가 일어난 뒤에 비로소 시작된다. 기계화는 생산수단을 장악하기 전에 우리의 상상력을 지배한다.[44]

2020년에 나온 세계경제포럼WEF의 한 보고서는 팬데믹으로 가속화된 자동화 물결은 2025년까지 전 세계적으로 8,500만 개의 일자리를 없애 버릴 것으로 예측했다. 유아이패스의 "일을 리부트하자"를 반영하듯 WEF는 "기업, 정부 그리고 노동자들은 글로벌 노동인구에 대한 새로운 비전을 실행하기 위해 함께 노력할 계획을 세워야만 한다"[45]고 밝혔다. 이러한 역사 발전 과정에서 이 모든 것들이 인간의 선택은 어떤 역할도 할 수 없다는 듯이 불가피하다는 분위기를 띠고 제시된다.

로봇을 이용한 자동화의 다음 단계가 지나면 인간은 기계의 톱니보다 못한 존재로 격하될 것이다. 새로운 기계에는 인간이라는 톱니가 필요 없을 테니 말이다. 유아이패스의 광고가 약속하는 것처럼 인간이 없으면 여러분의 회사에는 더 이상 '사람 문제'가 없다. 덤으로 로봇은 절대 코비드와 다른 바이러스에 걸리지 않는다.

생물보안 감시체제 사업장 모델에서 종업원(필요할 경우)은 더 이상 개별적 인간이 아니라 차별화되지 않는 군중의 대체 가능한 일개 구성 요소로 여겨진다. 한 전직 아마존 직원은 이런 시스템은 인간적 차원에서 운용되지 않거나 인간 존재를 고유한 개인이나 자유로운 인격체로 취급하지 않는다고 지적했다. "이 시스템은 '오늘 기분이 좋지 않다' 혹은 '오늘 집안에 어려움이 있다' 같은 개개인의 인간적인 사정을 인정하지 않는다."[46] 이런 시스템의 결과를 생각해 보자. 영국의 작가이자 환경 운동가인 폴 킹스노스Paul Kingsnorth는 "세계화 그리고 현대성 그 자체의 소용돌이는 나날이 넓고 깊어진다. 그리고 그 안에 모든 차이와 구분을 빨아들여 먼 해안가에 탈색되고 효율적이며 사랑받지 못하는 모습으로 떠오른다"[47]고 썼다.

인간적 차원에서 작동하는 것이 아니고 인간을 로봇이나 획일적 집단같이 취급하기 때문에 엄격한 통제 속에서 이 시스템이 와해되거나 혹은 이 시스템의 톱니바퀴 사이에 낀 인간이 파괴될 수 있다. 이 시스템을 비판하는 사람들은 아마존이 종업원들을 감시하여 얻어 낸 데이터를 사용하기 때문에 아마존 사업장의 산업재해율이 업계 표준보다 높아졌다고 지적해 왔다. 2021년 미국 산업안전보건국 자료에 따르면, 아마존의 중상해 산재율은 다른 기업들이 운영하는 물류창고의 거의 두 배에 달한다. 마찬가지로 2021년 워싱턴주의 노동산업부는 아마존의 종업원 감시 시스템을 비난하며 워싱턴주 듀폰에 있는 이 회사 물류창고의 위험한 작업 조건을 사례로 언급했다. 아마존이 인정한 이 사례에 따르면 "아마존의 직원 감시 및 규율 시스템과 작업 현장에서 발생한 근골격계 질환MSD은 직접적인 연관성이 있다."[48]

생물보안 감시 패러다임에서 인간은 기껏해야 생물학적 생명체로 전락한다. 즉 근육, 힘줄, 인대와 뼈의 집합체일 뿐이다. 에너지와 배설이 필요하다는 게 유감스러울 뿐이다. 이런 구조에서 인간이라는 '기계'는 최대 효율로 기능하도록 프로그램이 입력될 수 있다. 디지털 감시, 정밀한 알고리즘 그리고 놀랄 만큼 정교한 행동 조절은 인간의 육체를 엔진으로 변환시킨다. 그러나 기계와 마찬가지로 인간의 신체도 혹사당하면 고장날 수 있다. 테크노크라트*들은 말한다. 걱정하지 마라. 우리는 신체를 고장 나기 직전까지 몰고 가지만 임계점을 넘지 않도록 알고리즘을 정교하게 조정할 수 있다. 열광적인 지지자들은 과학과 기술은 과학과 기술로 야기된 모든 문제를 해결할 것이라고 주장한다. 역사적 경험으로 거짓임이 드러난 객적은 생각이다.

인간 신체의 효율성을 극대화하는 이 체제 전체는 온라인에서 자판을 눌러 주문하고 드론을 이용해 놀라운 속도로 문 앞으로 배송되는 소비재를 값싸게 공급하는 기능을 한다. 아마존 앱을 클릭하는 동안 사람들은 그 모든 일이 이루어지게 만드는 또 다른 단말에 실제 인간이 있다는 것을 거의 생각하지 않는다. 다음 장에서 알게 되겠지만 이러한 비즈니스 모델은 인구 전체가 이동이 제한되고 외출이 금지될 때 사업이 가장 잘되고 이익이 급증한다. 더 정확하게 말하자면 능률을 감시하는 도구를 족쇄처럼 차고 거대한 개미집같이 생긴 아마존 물류창고 안을 오가는 기계화된 직원들을 제외하고는 모든 사람이 락다운되었을 때 그렇다. 다시 생각해 보니 그들 역시 락다운된 것이다.

노동조합 결성과 관련된 웅성거림 외에도 대부분 상징적이지만 산발적인 저항의 징후가 나타났다. 세계 최고 부자의 자리를 일론 머스크와 주거니 받거니 하는 아마존의 창업자이자 CEO인 제프 베조스는 머스크와 마찬가지로 보유 재산의 상당 부분을 유인 우주비행 스타트업인 블루 오리진에 투자했다. 2022년 베조스 자신이 직접 우주비행에 나서는 것을 앞두고 온라인에는 다음과 같은 청원이 나돌았다. "베

---

*   technocrat: 과학적 지식이나 전문적 기술을 소유함으로써 사회 또는 조직의 의사결정에 중요한 영향력을 행사하는 사람을 말한다.

조스가 지구로 귀환하지 못하도록 해 주세요." 이 글을 쓸 당시 이 청원에는 20만 명 이상이 서명을 했고 지금도 그 숫자는 계속 늘어나고 있다.[49] 베조스가 외계에 있는 것을 보면 수많은 사람이 행복해할 것 같다. 아마 외계에도 그가 식민화하고 기계화할 수 있는 외계인들이 있을 것이다.

비슷한 맥락에서 2020년《배니티 페어Vanity Fair》는 아마존 노동자들의 임금 인상과 기준에 맞는 작업 환경을 요구하는 시위대가 워싱턴 D.C. 소재 2,300만 달러짜리(그래봐야 그가 가진 재산의 0.0115퍼센트에 불과하지만) 그의 집 밖에 단두대를 세웠다고 보도했다.[50] 이 시위대는 아마존이 창업자와 다른 억만장자들을 우주로 보내는 데는 수십억 달러를 쓰면서 왜 직원들에게는 적절한 임금을 지급하지 않는지, 또 개인 보호 장구를 지급하거나 혹은 화장실 가는 횟수를 좀 더 늘려 줄 수 없는지 의아해했다. 자코뱅당을 상징하는 그들의 폭력적 행동에 찬성하지 않지만 — 어쨌든 프랑스혁명은 자멸했다 — 여기서 표현된 그들의 생각에는 확실히 공감한다. 하지만 시위에 나선 사람들에게 점잖게 단두대가 상징하는 합리화된 대량 살상 체제는 답이 아니라, 사실 그들이 저항하라고 주장하는 바로 그 문제가 낳은 폭력적 결과라는 것을 상기시켜 줄 수도 있다.[51] 이러한 저항조차도 기계에 의해 너무 쉽게 차단될 수 있다.

⠇

대학 캠퍼스와 아마존 물류창고의 사례는 생물의학 보안 패러다

임이 앞으로 벌어질 일에 대한 예측이나 미래에 대한 예언적 전망일 뿐
아니라 이미 도래한 체제라는 것을 보여 준다. 이런 체제가 전면적으로
등장하진 않았다. 하지만 이 체제의 중요한 특징들 가운데 여러 가지가
이미 초기 형태로 우리 주위에 존재한다. 편의성을 위해 대량의 개인정
보를 기꺼이 넘겨주는 것같이 그들 가운데 일부는 우리에게 익숙해진
것이다. 우리는 잠시도 주저하지 않고 이런 일들을 한다.

　　50년 전에 사회학자 루이스 멈퍼드Lewis Mumford는 두 권짜리
고전적 저서『기계의 신화The Myth of the Machine』에서 이런 일들이
벌어질 것을 예견했다. 멈퍼드는 이 책에서 인간성을 압도할 만큼 위협
적으로 영향력이 커지고 있어 그가 '메가머신'이라고 이름 붙인 테크노
크라트적 권력에 관해 기술하고 있다. 이것은 톱니바퀴나 도르래로 이
루어진 기계가 아니라 인간이라는 부품으로 만들어진 기계다. 이 기계
는 '계급, 권력, 예측 가능성 그리고 무엇보다 통제'에 의해 움직인다.
멈퍼드는 선견지명을 가진 눈으로 마치 글로벌 공급망 안에 있는 21세
기 아마존 물류창고의 모습을 실제 경험한 것처럼 썼다.

　　이러한 '거대 과학기술megatechnics'로 지배적 소수가 자동으로 돌아
　　가는 획일적이고 무소불위적이며 초현실적인 구조를 만들 것이다. 인간
　　은 자율적인 개인으로서 적극적으로 기능하는 것이 아니라 수동적이고
　　맹목적인 기계 같은 동물이 될 것이다. 이제 기술자들이 인간의 역할을
　　판단하기 때문에 인간 본연의 기능은 기계에 반영되거나 몰개성적이고
　　집단적인 조직의 이익을 위해 엄격히 제한되고 통제될 것이다.[52]

　　폴 킹스노스는 이런 주제에 대한 논평에서 "그러한 '몰개성적, 집

단적 조직들'이 전 세계에 퍼져 있는 거대 기업들"이라고 말한다. 이런 기업들은 이제 시장을 지배하며 우리의 삶, 우리의 정치 그리고 우리의 미디어를 압도적으로 지배한다. 그는 인터넷을 "이 기계의 신경망"이라고 부른다. 우리 삶의 모든 부분에 편재하는 인터넷을 생각하면 "이러한 국가적 기업의State-corporate '성장'에서 나오는 끊임없는 소음과 클릭, 스크롤링 그리고 구매와 경쟁으로 이 기업에 공헌하라는 쉴 새 없는 요구에서 벗어날 수 있는 곳은 이제 지구상에 거의 없다."[53]

메가머신의 최초 사례를 기술하면서 멈퍼드는 인간이 효율과 통제로 합리화된 이 체제의 부속으로 전락할 때 인간에게 어떤 일이 벌어질지 설명했다.

이런 계획을 실행하는 노동자들은 새로운 질서를 생각했다. 지시를 맹종하며 과업을 수행하고, 무한히 인내하며 명령에 대한 반발을 절제하면서 기계가 되어 갔다. 다시 말해 이 노동자들은 일을 하는 동안 기계처럼 완벽한 과업을 확실히 수행하기 위해 반사신경만 남겨 두었다.[54]

이 대목에서 그가 말한 시스템은 아마존 물류창고나 산업혁명 시대의 영국 공장이 아니라 더 오래된 체제다. 인간이라는 부품으로 만들어진 기계의 전형이 된 최초의 메가머신은 이집트의 피라미드를 지은 체제다. 우리가 힘없는 그 시대 이집트 노동자들을 노예라고 부르는 이유가 있다. 킹스노스는 "그 머신은 기본적으로 무한과 무형의 속성을 가지고 있다. 즉 반자연적이며 따라서 반인간적이다"[55]라고 쓰고 있다. 반세기 전에 멈퍼드가 우리에게 경고했듯이 메가머신은 궁극적으로 폭력, 폭정 그리고 죽음으로 귀결된다.

디지털 파놉티콘

'생물의학 보안국가'는 세균의 위협에 대처하기 위해 질병의 매개체인 인구 전체의 이동과 행동을 감시하고 통제하는 권력을 필요로 한다. 이 권력은 디지털 기술에 의해서만 할 수 있는 감시 능력이 필요하다. 2007년에 아이폰이 출시된 것을 생각하면 생물의학 보안 패러다임이 시민들의 움직임을 끊임없이 추적하고 그들의 사적 통신과 시장 거래에 대한 데이터를 수집할 수 있는 디지털 기술이 동시에 등장한 것은 우연이 아니다. 2021년 11월 이스라엘 의회는 이스라엘의 CIA라고 할 수 있는 샤바크Shin Bet가 휴대전화에 접근해 오미크론 감염이 의심스러운 환자들의 이동 경로 데이터를 수집할 수 있도록 허용하는 팬데믹 비상 법안을 통과시켰다.* 《뉴욕타임스》는 이러한 조치를 지원한 범죄학 교수 리모르 예후다의 말을 인용했다. "우리는 실로 우리가 어디를 돌아다니는지 계속 추적할 '빅 브라더'가 필요한 시점에 도달했다." 그는 검사받고 격리시켜야 하는 잠재적인 바이러스 보균자를 빨리 찾아내려면 이 정도 수준의 감시가 필요하다고 주장했다.

《뉴욕타임스》는 팬데믹 이전의 모의 전쟁 훈련이 팬데믹 동안에 이스라엘의 전례 없는 조치에 영향을 주었다고 보도했다.

그런 훈련에서 고위 관료들은 현재 벌어지고 있는 것과 매우 유사한 가상 시나리오에 어떻게 대응할지 시뮬레이션 훈련을 했다. …… 그러한

---

*   샤바크는 이스라엘의 국내 안전 및 방첩 기관으로 굳이 비교하자면 미국의 CIA보다 FBI에 가깝다. CIA와 유사한 기능을 하는 이스라엘 기관은 모사드(Mossad)다.

시뮬레이션 훈련에서 관리들은 12월까지 관광객들에게 국경을 개방하는 것으로 결정했다. 그런데 훈련의 마지막 단계에서 이스라엘 내 병원들에 환자가 넘쳐나는 것으로 나타났다. 훈련계획의 수립을 도와준 전직 장성 야코프 아이시Yaacov Ayish에 따르면 참가자들은 대다수 외국인의 입국을 즉각 차단하는 것이 올바른 결정이었다는 결론을 내렸다. 아이시는 "그것이 한 가지 교훈이었다. 갑자기, 모든 정부 기관과 군대가 휴대전화 정보를 입수하는 것을 한 가지 선택 사항으로 검토해야만 했다"[56]고 말했다.

오미크론 변이에 대한 이스라엘의 대응에는 앞에서 설명한 생물보안 패러다임의 세 가지 기본적인 특성이 나타난다. 첫째, 대응조치들은 최악의 상황을 관리하는 행동을 촉진하기 위해 제시된 데이터와 아울러 가상 시나리오상에서 나타날 수 있는 위험에 근거하여 만들어졌다. 일반적으로 바이러스는 전염성은 높아지고 치명성은 줄어드는 쪽으로 진화하는 경향이 있다. 이것은 바이러스는 번식을 '원하지만' 숙주를 너무 많이 죽이면 번식할 수 없기 때문이다. 따라서 오미크론이 델타보다 덜 치명적이라는 것은 예상할 수 있었다. 그러나 이스라엘의 가상 전쟁 시나리오는 새로운 변이바이러스 환자로 병원이 넘쳐날 것으로 예측했다. 이러한 사실은 생물보안 패러다임의 두 번째 특성을 보여 준다. '최악의 상황'이라는 논리가 정치적 합리화의 중요한 요소로 채택된다.

세 번째 특성은 정부가 만든 제도에 대한 신뢰를 최대한 강화하기 위해 시민 전체를 체계적으로 조직하는 것이 필요하다는 것을 보여 준다. 실제로 오미크론 변이바이러스가 이스라엘에 전파되었을 때 이스라엘 의원들은 최근에 실시한 팬데믹 워게임 시뮬레이션에 따라 이스라엘 정보기관이 시민들을 관찰할 필요가 있다고 결정했다. 시민들이 국내 테러 혐의가 있어서가 아니라 거의 모든 감염자가 보통 감기 정도의 증상을 보이는 바이러스를 가진 누군가와 접촉했을지도 모르기 때문에 이러한 권위주의적인 프라이버시 침해가 일어났다. 이스라엘만 그런 게 아니었다. 2021년 10월 온타리오주의 전직 개인정보보호 위원인 앤 카보키언Ann Cavoukian은 캐나다의 백신 접종 증명서 제도가 시민들에게 건강 정보의 공개를 요구하고 그들의 동선을 추적하는 침입적 감시제도가 될 것이라고 우려를 나타냈다. 두 달 뒤에 캐나다 공중보건국은 팬데믹이 시작됐을 때부터 대책 수립에 필요한 정보를 얻기 위해 휴대전화 데이터를 추적하여 시민들의 동선을 은밀히 분석해왔다고 확인해 주었다. 공중보건국은 또 이러한 조치를 다른 보건 문제로 확대하고 2026년까지 지속하겠다고 밝혔다. 트뤼도 총리는 그 이전인 2020년 3월에 이런 정책을 공개적으로 부인한 바 있다. 그런데도 그가 이끄는 정부는 시민들에게 알리거나 동의를 받지 않고 이런 정책을 집행했다.[57]

2022년 5월 《바이스Vice》는 지난 2년 동안 "CDC가 미국인들이 코비드 락다운 명령을 준수하고 있는지 알아보기 위해 수백만 대의 휴대전화를 추적했다"고 폭로성 기사를 올렸다. 《바이스》가 운영하는 〈머더보드〉*가 입수한 문서에 따르면 CDC는 "학교와 교회를 감시하려고 휴대전화 위치 정보"를 이용했으며 이 데이터를 코비드 외에 다른 경우에도 적용할 계획이었다. "이 문서는 CDC가 위치 정보에 빨리 접근한

---

*   Motherboard: 월간지 《Vice》가 운영하는 기술 전문 온라인 매거진.

다는 이유로 코비드19를 이용했지만 CDC는 좀 더 일반적인 업무 목적에 사용할 생각이었다는 것을 보여 준다." 이번에 알려진 2021년부터 작성된 CDC 문서들은 이러한 데이터가 "통행금지 지역의 시간별 이동 상황이니 백신 모니터링에 참여한 약국의 상세한 방문자 수 같은 것으로 현재 진행 중인 방역 대책을 위해 중요하다"고 밝히고 있다.

"이 문서는 'CDC가 이러한 데이터를 사용할 수 있는 21개의 사례'라고 제목을 붙인 긴 목록을 포함하고 있다." 이 21개 항목에는 다른 적용 항목도 있지만 통행금지, 이웃끼리의 방문, 교회와 다른 예배 장소 방문, 등교 그리고 "나바호 인디언들에 대한 공공정책의 효율성 조사"가 포함되어 있다. 문서에 언급된 다른 활용 사례로는 "특정한 형태의 건물, 도심 지역 그리고 폭력에의 노출"뿐 아니라 "공원, 체육관 그리고 체중 관리 비즈니스 같은 육체적 활동과 만성질환을 예방하기 위한 연구 중점 사항" 같은 코비드 이외의 보건 문제도 포함하고 있다.

CDC가 구입한 데이터는 추세를 알기 위해 수집되었지만 "연구원들은 위치 정보 데이터가 비익명화되어 특정 인물을 추적하는 데 사용될 수 있다고 여러 차례 우려를 제기하고 있다."[58] 집적된 이동 경로 데이터 집합체에서 특정인의 데이터를 알아낼 수 있다는 것을 보여 주는 연구도 있다. 예를 들어 한 연구팀은 150만 명이 15개월 동안 이동한 경로의 데이터를 연구해 그 결과를 《네이처》에 발표했다. "개개인의 위치가 시간별로 특정되는 데이터 집합체dataset에서 이동통신사의 안테나에서 주어지는 것과 같은 공간 해상도spatia resolution로 네 개의 시공간적 데이터 포인트spatio-temporal data point가 주어지면 그 개개인의 95퍼센트가 누군지 특정하는 데 충분하다." 이 연구원들은 시공간 데이터를 난삽하게 변환시켰다. 그러나 여전히 "난삽해진 데이터

집합체도 익명성을 제공하지는 못하는" 것으로 밝혀졌다.[59]

CDC는 그 데이터를 말썽 많은 브로커인 세이프그래프SafeGraph 에서 구입했다. CDC의 문서에 따르면 이 회사는 "나이, 성별, 인종, 시민권 상태, 소득 등에 관해 매우 정확히 알 수 있는" 데이터를 제공한다. 이 회사는 의심스러운 영업 활동 때문에 2021년 6월 구글 플레이스토어에서 퇴출되었다. 그것은 세이프그래프의 코드를 쓰는 앱 개발자는 누구든지 그들의 앱에서 세이프그래프의 코드를 제거해야 한다는 것을 의미한다. 이 회사의 주요 투자자들 가운데는 전직 사우디아라비아 정보기관의 수장도 들어 있다. 바로 CDC가 동선 추적 데이터를 얻으러 찾아가 1년 동안 수집된 정보에 접근하는 대가로 42만 달러를 준 곳이 이런 회사다.[60]

CIA가 미국인들을 염탐하기 위해 승인되지 않은 디지털 감시를 사용해 왔다는 증거가 최근에 드러났다. 2021년 백신 접종 명령을 지지한 이후 미국시민자유연맹ACLU은 2022년에 결국 시민의 자유에 다시 관심을 가지게 되었다. 새로 비밀 해제된 문서들에서 CIA가 미국인들의 사생활 정보를 수집하는 대규모 감시 프로그램을 비밀리에 운용해 왔다는 것이 드러나자 ACLU는 경각심을 나타냈다. 이스라엘의 샤바크와 같이 미국의 연방 정보기관도 테러 용의자들이 아니라 평범한 미국 시민들을 사법적 감독이나 의회의 승인 없이 감시해 왔다.

ACLU가 언급했듯이 "법원의 승인 그리고 시민의 자유를 보호하기 위해 의회가 요구하는 안전장치가 있다고 해도 제대로 된 게 없이 이러한 감시가 이루어진다." 그들은 주장한다. "이런 보고서들은 CIA가 진공청소기처럼 우리가 가지고 있는 것이라면 어떤 것이든 정보를 대량으로 빨아들여 미국 시민들을 감시하기 위해 어떻게 이용하는지 의문을 제기한다. 이러한 프라이버시 침해는 중단되어야 한다."[61] ACLU가 뒷북을 치고 있지만 속담에도 있듯이 늦게라도 하는 게 안 하는 것보다는 낫다.

모두 민주당이자 상원 정보위원회 소속인 오리건 출신 론 와이든Ron Wyden과 뉴멕시코 출신 마틴 하인리히Martin Heinrich는 관련 CIA 문서에 대한 비밀 해제와 조사를 요구했다. 그들이 공개한 2021년 4월 13일자 서한에서 두 상원의원은 CIA의 프로그램이 "의회와 미국 국민이 이러한 (데이터) 수집을 규율한다고 믿는 법의 테두리 밖에 있으며 사법적, 입법적 심지어는 해외정보감시법FISA의 정보 수집 조항에 따른 행정부의 감독조차 없는 가운데 이뤄진다"고 우려를 나타냈다. 미국민들은 사생활에 관한 정보를 영장 없이 수집하는 것을 반대하고 있으며 의회도 그런 분위기 속에서 이를 제한하려는 의도를 가지고 있음에도 불구하고 이 상원의원들은 "이러한 문서들이 미국 시민들에 대한 영장 없는 뒷조사와 관련된 심각한 문제들, 즉 해외정보감시법의 입법 과정에서 초당적으로 우려를 제기한 문제들을 드러내고 있다"[62]고 경고했다.

민간인에 대해 초법적으로 이루어지는 집단적 감시에는 더 폭넓은 법률적 연원이 있다. 테러와의 전쟁이 시작된 이후 서방 국가들은 점점 침입적으로 변하는 대중 감시 네트워크를 법적으로 강화했다. 대중 감시를 에둘러서 흔히 '대량 수집'으로 부르기도 한다. 지난 10년 동안 그런 대책들은 영국, 프랑스, 호주, 인도, 스웨덴에서 나타났다. 중국의 AI를 이용한 안면인식과 보행인식 감시는 말할 것도 없다. 시진핑은 이미 이런 기술을 전 세계 불량 정권에 수출하고 있다.[63]

미국에서 의회가 불법적으로 보이는 CIA의 활동을 제지한다고 해도—우리는 의회가 그렇게 해 주기를 바라고 있지만—이것만으로는 감시 문제를 해결하지 못할 것이다. 현대적 맥락에서 대중 감시는 간단히 크라우드소싱이 가능하기 때문이다. 소셜 미디어상에서 이루어지는 집단사고와 희생양 죽이기*는 시민들끼리 서로 감시하고 처벌하게 만든다.『크라우드소싱으로 이루어진 파놉티콘: 소셜 미디어에서의 순응과 통제The Crowd Sourced Panopticon: Conformity and Control on Social Media』에서 제러미 와이스먼Jeremy Weissman은 트위터와 다른 온라인 플랫폼이 바로 이런 방식으로 기능하고 있다고 주장한다.

트위터 몹**들은 이념적 지도자들이 자신들의 이익을 위해 이용할 수 있는 강력한 사회 세력이다. 특히 트위터와 페이스북이 알고리즘을 왜곡해 조작할 때 그렇다. 어떤 사람들은 정부의 도청과 기업의 데이터 수집을 염려한다. 그러나 좀 더 실질적으로 우리들 가운데 대다수는 공공기관의 눈과 그 눈이 사회적 그리고 직업적 판단의 도구로 쓰이는 것을 두려워한다. 이것의 사회적 영향은 CIA나 국가안보국NSA의 비밀공작 요원들이 생각한 것보다 훨씬 더 심각한 결과를 초래할지도 모른다.

따돌림과 온라인에서 공개적으로 망신을 당할 수 있다는 두려움은 극단적인 사회적 순응성을 강요한다. 온라인에서의 당근과 채찍은 우리를 와이스먼의 표현으로 "완전히 자아를 상실하고 사회에 의해 프로그램되어 사회가 지시하는 대로 행동하는 자기 자신을 지켜보는" 일종의 "인격 기계personality machine"로 바꿀 수 있다. 이러한 디지털

---

*   scapegoating: 당사자를 처벌할 수 없을 때 대신 다른 사람에게 그 죄를 전가(轉嫁)하는 것.
**   Twitter mob: 트위터에서 갑자기 형성되어 특정인이나 특정 의견에 대해 적의를 가지고 공격하는 집단.

환경에서 우리는 "화면상에 나타나는 다른 사람들의 판단에 근거해 자기 자신을 평가하고, 따라서 다른 사람들이 바람직하다고 지시하는 대로 일을 수행한다." 정치적 견해 차이와 코비드 정책에 대한 이견 때문에 친구 그리고 가족과 관계를 단절하려는 사람들은 우리의 정체성을 형성하는 데 있어서 이러한 수행적遂行的 역할의 위력을 보여 준다. 지난 몇 년 동안 우리 대다수가 경험했듯이 이러한 경향은 10여 년 동안 진행되어 왔지만, 팬데믹 기간에 급격히 가속화되었다.[64]

:

제러미 벤담은 18세기 철학자이자 사회개혁가였다. 존 스튜어트 밀과 함께 벤담은 공리주의의 철학적 주창자 가운데 한 사람으로 잘 알려져 있다. 공리주의는 우리가 "최대 다수의 최대 행복"을 지향하는 한 목적이 수단을 정당화한다는 윤리 이론이다. 전체적인 결과가 행복의 총량을 증가시킨다면 우리는 나쁜 짓(예를 들면 거짓말, 절도, 사기 같은)도 할 수 있다. 이런 철학은 일종의 미신에 해당한다. 이 미신에 따르면 모종의 불가사의한 기제에 의해 순수한 힘의 배치가 자동적으로 정의를 낳는다. 공리주의적 '윤리'는 팬데믹 기간에 득세했다. 그러나 벤담의 저술들 가운데 다른 하나는 현시점에 우리에게 더욱 잘 들어맞는다.

벤담은 그가 '파놉티콘'이라고 부르는 것을 창안했다. 사람들을 감시하고 빈틈없이 통제하는 시스템의 설계도다. 평면도에는 가운데 간수가 있는 원형으로 된 건물이 있다. 간수는 주변을 둘러싼 감방들을 24시간 감시할 수 있다. 이것은 감옥을 설계한 것이지만 벤담은 파놉티콘이 "수용된 사람들을 사찰해야만 하는 모든 종류의 건물에 적용할 수 있는 하나의 새로운 건축 원리"라고 주장했다. 그는 감옥 외에 이 설계도가 검역소, 구빈원, 소년원, 공장, 병원 그리고 어이없게 학교에도 사용될 수 있다고 생각했다.[65]

파놉티콘에 나타난 극단적 투명성의 원리는, 감시당하지 않으면 제멋대로 행동하는 사람들의 훈육에 합리적으로 보였다. 실제로 감시를 받든 안 받든 언제라도 감시당할 수 있기 때문에 사람들은 항상 조심할 것이다. 파놉티콘 안에 사는 사람들은 행동을 스스로 규제하며 이러한 통제의 기제를 내면화할 것이다. 끊임없는 처벌의 공포 속에 수감자들은 스스로 규찰하는 것을 학습할 것이다. 조지 오웰은 디스토피아를 그린 소설 『1984』에서 빅 브라더가 곳곳에 설치해 항상 켜 놓고 감시하는 카메라가 내장된 텔레비전 스크린을 묘사하는 것으로 이러한 의미를 포착해 냈다. "사람들은 자신이 내는 소리는 모두 감청되고 어둠 속이 아니면 일거수일투족이 감시되고 있다고 생각하며, 본능이 된 습관으로 살아야만 했고 그렇게 살았다."[66]

프랑스 철학자인 미셸 푸코는 파놉티콘은 원래 건물의 설계도가 아니라 근대사회에서 이뤄지는 정치권력 행사에 대한 은유라고 주장했다. 푸코는 1975년에 발표한 『감시와 처벌』에서 다음과 같이 기술했다. "파놉티콘을 꿈같은 건물로 이해해서는 안 된다. 그것은 이상적인 형태로 단순화된 권력 메커니즘의 도식이다." 그는 계속해서 설명한다. "그것은 사실 어떤 특정한 용도로부터 분리될 수 있고 분리되어야만 하는 정치적 기술을 그린 것이다."[67]

대중 감시 기술의 등장으로 우리는 이제 일종의 세계적인 디지털 파놉티콘에서 살고 있다. 여기서는 시민 각자가 간수이자 동시에 수감자다. 전체주의 사회에서 사람들은 지배자의 질책을 두려워하고, 서로를 두려워한다. 모든 이웃이 잠재적 밀고자이기 때문이다. 오늘날 모든 잠재적 밀고자는 주머니 안에 스마트폰 카메라를 가지고 다닌다. 이것은 디지털 파놉티콘이 단순히 은유가 아니라는 걸 의미한다. 사람들이 실제로 감시하고 있다. 대학 관리자들이 코비드 기간에 코비드 방역 대책의 세부 사항들을 엄격히 준수하도록 하기 위해 학생들에게 밀고자 역할을 하라고 부추긴 것을 상기해 보라.

오늘날 크라우드소싱으로 이루어진 개인 대 개인 파놉티콘의 위력은 새로운 기술에 의해 강화되고 있다. 구글 글래스의 프로토타입을 모방한 레이밴의 '스마트 글래스'*는 눈에 띄지 않는 카메라를 여기저기 퍼뜨려 놓았다. 디지털 파놉티콘의 "데이터는 대부분 절대 사라지지 않고 온라인에 저장되어 쉽게 검색할 수 있다. 정보는 눈 깜빡할 사이에 지구를 가로지른다. 슈타지Stasi와 KGB**는 이런 시스템을 상상만 할 수 있었을 것이다."[68]

"마스크를 코 위까지 올리세요." 팬데믹 기간에 우리는 공공장소에서 이전에 결코 경험해 보지 못한 수준의 세세한 행동 감시와 사회적 통제를 겪었다. 사방이 유리로 된 집에서 커튼을 내리지도 못한 채 살고 싶은 사람은 아무도 없다. 전 세계가 하나의 파놉티콘이라는 것은 대다수의 사람들에게 악몽과 같은 디스토피아를 연상시키겠지만 우리를 지배하는 테크노크라트들 가운데 다수는 조만간 그런 사회를 만들

---

*   smart glasses: 안경과 선글라스를 제작하는 글로벌 브랜드 레이밴이 페이스북과 협업해 만든 안경으로, 이 안경으로 사진 및 동영상 촬영이 가능하고 음악을 듣거나 전화를 받을 수도 있다.

**   각각 동독과 소련의 비밀경찰.

고 싶어 한다. 예를 들면 "구글의 CEO를 지낸 에릭 슈미트는 '모든 사람이 모든 것을 항상 이용할 수 있고, 알 수 있으며, 기록할 수 있는' 세상을 꿈꾸었다." 그런가 하면 "에어비앤비의 창업자 브라이언 체스키는 디지털이 가능하게 한 '평판 경제reputation economy', 즉 사회적 신용체계가 '우리가 지금은 상상할 수조차 없는 다양한 활동'을 가능케 하리라고 생각한다." 테일러 닷슨* 교수는 "철저하게 투명한 사회는 실리콘 밸리의 지배적인 비즈니스 모델과 안성맞춤으로 동조하고 있다"[69]고 예리하게 논평했다.

글로벌 디지털 파놉티콘은 열정적인 현실 참여를 저해하고 매스미디어나 재벌들이 쉽게 조작할 수 있는 순응성을 조장한다. 위험을 감수하지 말고 마스크를 올리고 손을 다시 씻어라. 고분고분 따르지 않으면 결과는 심각할 수 있다. 우리는 팬데믹 동안 디지털 파놉티콘이 작동하는 하나의 사례만 볼 것이다. 2020년 《뉴요커》에 실린 한 에세이는 폴란드 산부인과 의사인 보이첵 로키타의 이야기를 전해 주었다. 그는 팬데믹 동안 지방정부의 보건 자문역으로 일했다.

로키타 박사는 의사 생활을 하는 동안 공중보건 분야에 상당한 기여를 했다. 그의 지도하에 이 지역의 신생아 사망률은 매우 낮아졌다. 2018년 52세가 되었을 때 "동료들은 그를 폴란드 산부인과학회 회장으로 선출했다." 2020년 3월, 폴란드에 아직 확진자가 없었을 때 로키타 박사는 부인과 함께 스키를 타러 스위스 알프스로 휴가를 떠났다. 스위스에 새로운 코비드가 발생한 것을 걱정한 그는 예정보다 빨리 귀

---

*   Taylor Dotson: 미국 뉴멕시코 공과대학에서 학제 간 프로그램인 사회과학부 부장을 맡고 있다. 전공 분야는 과학기술이 사회에 미치는 영향이다.

국했다. 그리고 검사를 받았다. 폴란드는 그가 귀국하고 사흘 뒤에 국경을 봉쇄했다. 그는 양성으로 확진되었다.

《에코 드니아Echo Dnia》라는 선정적인 인터넷 신문이 그 지역에서 확진된 첫 번째 환자가 의사라고 보도했다. 온라인에 기사가 나간 지 30분도 안 돼서 댓글 창에 그 의사가 로키타 박사라는 것이 공개되었다. 즉각 악성 댓글이 폭풍처럼 밀려들었다.《뉴요커》의 보도에 따르면 그를 개인적으로 아는 사람들의 댓글을 비롯해서 분노에 찬 댓글이 범람했다.

> 개인적으로는 로키타 박사의 환자이기도 한 어떤 병원 직원은 익명으로 "다행스럽게도 나는 진료 약속을 잡아 놓고 가지 않았다. 그렇다고 해서 이것을 그대로 놔두지 않겠다"고 글을 올렸다. "그는 알면서 고의로 나를 감염시킬 수 있었다." 그녀는 "지난주에 나같이 운이 따르지 않던 여자들이 얼마나 많았을까"라고 덧붙였다. CCTV 영상을 보면 로키타 박사가 격리되기 전에 병원에 있었다는 증거는 하나도 없다.《에코 드니아》웹사이트에 댓글을 쓴 어떤 사람은 "누군가 그의 얼굴에 침을 뱉어야 한다"고 말했고 또 다른 사람은 "의사라는 사람이 전염병이 도는 상황에서 스키 여행을 갔다면 모자라는 멍청이라고 생각한다"고 글을 올렸다.[70]

《뉴요커》는 "로키타의 휴대전화에는 독설을 퍼붓는 전화가 빗발쳐 그의 가족들은 그와 통화를 할 수 없었으며, 가족들은 누군가가 집에 불을 지를 것이라고 걱정하기 시작했다"고 전했다. 자발적으로 병원에 격리된 로키타는 신문사에 전화를 걸어 증오에 찬 댓글들을 내려 달라고 사정했다. 그러나 신문사 편집자는 "페이스북의 신문사 계정에 댓글을 제한하는 것"은 사람들의 분노를 키울 뿐이라고 답변했다. 로키타의 딸 카롤리나는 기자에게 "아버지가 엄청난 악성 댓글, 문자 메시지, 새벽 4시에도 걸려오는 전화뿐 아니라 그가 알고 지내던 사람들 그리고 과거에 그가 도와준 사람들에게 공격당하는 사실 때문에 당혹스러워한다"고 말했다.

며칠 뒤, 이때까지 병원에 있던 로키타 박사는 자살했다. 가족들이 그 소식을 알기도 전에 그를 죽음으로 몰고 간 신문이 그의 자살을 맨먼저 보도했다. 한 온라인 논평가는 재빨리 그가 목을 매 죽었다고 공개했다. 그의 딸은 아버지가 가족들에게 가해지는 공격을 끝내기 위해 목숨을 끊었다고 주장했다. 딸은 "우리가 아버지를 무서워한 바로 그대로 아버지는 우리를 무서워했다"고 설명했다. 병원은 가족들의 동의도 없이 그의 유해를 화장했다. 병원 관계자는 "마치 로키타 박사가 중세의 나환자라도 되는 듯이 유족들이 도시 외곽으로 가서 화장한 재를 수습해야 한다"고 주장했다.

그가 죽은 뒤에도 한 논평가가 그의 자살은 "바보 같은 과잉반응"[71]이라고 말하는 등 언어 공격이 계속되었다. 분위기에 휩쓸린 사회적 질책과 희생양 찾기는 강력한 힘을 갖는다. 그리고 온라인상의 군중 행동은 쉽게 사라지지 않는다.

모의 전쟁 같은 팬데믹

앞에서 우리는 퇴역한 이스라엘 장성들이 팬데믹 대비 훈련계획을 짰다는 것을 알게 되었다. 그러나 이런 훈련이 이스라엘에만 해당하는 것은 아니다. 미국의 정보기관을 비롯한 정부 기관들은 공공 및 민간 부분의 이익을 위해 20년 이상 팬데믹을 가상한 워게임을 해 왔다. 공중보건과 군사-정보-산업 복합체의 융합은 코비드로 시작된 것이 아니다. 공중보건의 점진적 군사화는 코비드 때문에 엄청나게 가속화된 것은 확실하지만 수십 년 동안 진행되어 온 것으로 20년 이상 조직적 활동을 통해 준비된 것이다.

1989년 소련의 와해 이후에도 미국의 군사-산업 복합체는 계속해서 기계가 돌아가고 납세자 자본이 회전할 수 있도록 새로운 적을 찾아 나섰다. 2001년 이후 약 10년 동안 테러리즘이 이런 목적에 도움이 됐다. 그러나 지난 10년 동안 군산복합체는 지속적이고 보이지 않는 위협으로 등장시킬 수 있는 숙적을 찾아냈다. 다름 아닌 자연적 또는 인공적으로 만들어진 세균이다. 테러리즘과 마찬가지로 바이러스와 다른 세균의 위협은 이것으로 이익을 얻으려는 사람들에게 딱 맞게 결코 완전히 격퇴할 수 없는 적이다.

코비드가 발생하기 전 수십 년 동안 미국의 공공 및 민간 기관 대표들은 재앙에 가까운 코비드를 예상하고 여기에 대비하는 모의 도상훈련을 몇 차례 실시했다. 1999년에 미국 보건복지부는 존스 홉킨스 대학에 새로 설립된 민간 생물방어전략센터(나중에 보건안보센터로 개명됨)*와 협력하여 천연두 테러 공격에 대비한 모의 훈련을 실시했다. 훈련이 끝난 뒤 현장 의료진들은 공중보건 위기에는 검역, 격리, 미디어 검열 그리고 군사개입을 집행할 수 있도록 각 주의 행정권을 강화하라고 권고했다.

---

*   Center for Civilian Biodefense Strategies: 1998년 존스홉킨스 대학에 설립된 기관으로 2013년에 Center for Health Security로 명칭을 변경했다.

그러고 나서 바로 의회에는 이 권고안에 공중보건 비상사태 시에 지방경찰과 주 방위군에 권한을 위임하는 내용을 덧붙인 법안이 제출되었다. 2002년에 이 법안은 '공중보건 및 생물학 무기 테러 대비 및 대응법'*이라는 연방법으로 입법되었다. 검역, 격리 그리고 검열을 허용하는 이 새로운 법은 환자뿐 아니라 무증상자에게도 적용되었다. 유럽에서는 이런 법률이 거의 없었지만 얼마 지나지 않아 비슷한 법이 프랑스에서 입법되었다.[72]

이와 유사한 팬데믹 시나리오에 의한 워게임은 이후로도 15년 동안 계속되었고, 다크 윈터(2001), 아틀랜틱 스톰(2003, 2005), 글로벌 머큐리(2003), 락스텝(2010), 마르스(2017), 사스(2017), 클래드 X(2018), 그리고 진홍색 전염Crimson Contagion(2019) 등 판에 박힌 이름이 붙여졌다. 한결같은 주제는 의료의 군사화와 대규모 인구집단에 대한 광범위한 감시 및 행동 통제를 가능케 하는 중앙집중화된 권위적 통치체제다. 이러한 가상훈련들은 하나같이 강제적인 대량 백신 접종으로 끝을 맺었다.

이러한 연습들은 각각 대다수 사람들은 디스토피아적이라고 생각하겠지만 참가자들은 일관되게 '뉴 노멀'이라고 부르는 필연적 미래를 예측하고 있다. 로버트 F. 케네디 2세는 이러한 팬데믹 워게임에 들어 있는 공통적인 요소를 다음과 같이 요약했다. "이 모의 훈련은 시민들을 구금하고 검역하기 위해 경찰력을 어떻게 사용할 것인지, 계엄령을 어떻게 발동할 것인지, 프로파간다를 효율적으로 이용하여 어떻게 통신을 통제할 것인지, 반대의견을 막으려면 어떻게 검열할 것인지, 그

---

*   U.S. Public Health Security & Bioterrorism Preparedness & Response Act.

리고 마스크, 락다운, 의무 백신 접종을 어떻게 명령하고, 꺼릴지 모르는 시민들을 어떻게 추적 감시하도록 할 것인지를 연습하는 것이다."[73] 아울러 케네디가 언급한 바와 같이 이런 시나리오들이 전혀 고려하지 않은 선택적 수단은 그것들이 시험한 해결책만큼 중요하다.

이들 가운데 어느 한 사람도 미국민들에게 어떻게 면역력을 강화하고, 식생활을 잘하고, 체중을 관리하고, 운동을 하고, 비타민 D의 수준을 유지하고, 화학물질에 노출되는 것을 어떻게 피할지를 알려 줌으로써 대중의 건강을 보호해야 한다는 것을 강조하지 않았다. 어느 한 사람도 팬데믹이 일어났을 때 일선에 있는 의사들과 연결하는 데 필수적인 통신 기반 시설의 구축이나 최적화된 치료 프로토콜의 개발과 개선에 관심을 보이지 않았다. 어느 한 사람도 사망률을 낮추고 팬데믹 진행 기간을 단축하기 위해 기존 치료 약물을 전용 처방repurpose할 필요성을 진지하게 고민하지 않았다. 어느 한 사람도 환자를 격리하고 노약자를 보호할 방법, 혹은 요양원을 비롯해 기관에 수용된 사람들의 감염을 막는 방법을 고려하지 않았다. 어느 한 사람도 글로벌 팬데믹 기간에 헌법적 권리를 어떻게 지켜나갈지 자기성찰을 하지 않았다.[74]

이런 일련의 팬데믹 위게임은 코비드 확진자가 공개적으로 보고되기 몇 주 전에 실시된 놀랄 만한 가상훈련에서 그 절정을 이룬다. 2019년 10월 이름을 바꾼 존스 홉킨스 대학의 보건안보센터는 세계경제포럼 그리고 빌&멀린다 게이츠 재단과 공동으로 역학자들과 다른 전문가들이 참여한 가운데 〈이벤트 201: 글로벌 팬데믹 훈련〉이라는 시뮬레이션 훈련 시나리오를 작성했다. 이 모의 훈련을 온라인에서 한

번 찾아보기를 권한다. 4부로 된 전체 프로그램과 12분짜리 하이라이트 버전이 유튜브에 올라와 있다.[75]

참가자 중에는 세계은행, 세계경제포럼, 중국 정부, 세계 최대 제약회사(존슨 & 존슨), CDC의 고위직 인사들 그리고 CIA 부국장과 국가안보보좌관을 지냈으며 바이든 정부에서 미국 최고위직 정보기관 관리자인 국가정보국장이 된 아브릴 하인스Avril Haynes가 들어 있었다. 이 참가자들 가운데 몇 명은 몇 달 뒤에 실제로 코비드 팬데믹의 대응 조치를 담당하는 중요한 자리로 옮겨갔다.

서면으로 작성된 그 시나리오의 몇 가지 중요한 대목과 빌 게이츠가 참가자들에게 국제 '팬데믹 통제 평의회'의 멤버로서 역할을 맡아달라고 요청한 탁상 토론에 대해 언급하고자 한다. 신종 코로나바이러스(제대로 읽자면)는 돼지에서 시작해 사람으로 전파되어 감기 같은 증상을 일으킨다. 농부들이 이 병에 걸려 앓기 시작한 이후 급속히 확산하여 팬데믹이 되었고 수많은 중환자와 사망자를 발생시켰다. 존스 홉킨스 대학 보건안보센터의 톰 잉글스비Tom Inglesby는 "글로벌 기업과 정부가 함께 협력해야만 해결할 수 있는 새롭게 등장한 문제들이 있다"고 이 평의회에 알렸다.

아직 구상 단계인 '글로벌 뉴스 네트워크'*의 앵커가 토론에 끼어들어 "과학자들은 제때 백신을 준비하는 데 낙관적이지 않다"고 참가자들에게 알린다. 항바이러스제와 다른 의약품도 부족하다고 뉴스는 전한다. 존슨 & 존슨의 에이드리언 토마스Adrian Thomas는 "팬데믹에

---

* GNN: 플랫폼 뉴스통신사로, newsg라는 플랫폼을 이용하여 전 세계 1만 3,000개 도시를 연결하는 뉴스네트워트를 만든다는 구상을 갖고 있다.

필요한 물품들을 조달할 중앙집권화된 기구"를 운용할 "글로벌 펀드" 가 절대적으로 필요하다고 증언한다. 토론에서 민간 기업을 위해 공적 자금지원을 설득하는 기업의 임원을 상상해 보라.

이어서 유엔 재단의 소피아 보르헤스Sofia Borges가 WHO의 상급 기관인 유엔은 팬데믹 동안 가난한 나라들을 돕기 위해 '전 세계적인 실태조사'를 할 필요가 있다고 역설한다. 이어서 게이츠 재단에서 온 크리스토퍼 엘리아스Christopher Elias가 WHO 같은 국제기구는 백신 같은 팬데믹에 필요한 물품의 비축 물량을 국제적으로 확보하고 "그것 들을 필요한 사람들에게 어떻게 배분할지 현명한 결정을 내리기 위해" 민간 단체들(어딘지 짐작이 가시겠지만)과 제휴해야만 한다고 주장한다. 그다음에는 호주뉴질랜드은행 그룹의 제인 할튼Jane Halton이 필요한 물품을 공급하기 위해 재원을 확보하는 것뿐 아니라 정부가 그것을 소 비할 시장을 보장할 필요성에 대해 뛰어난 언변으로 설명한다.

그래서 분명히 말하지만 이러한 물품의 생산은 이미 완전히 계약을 맺고 이루어질 것이다. 생산된 물품이 소비된다는 것을 미리 약속받지 못하고 생산한다는 것은 전례가 없다. 그래서 (이것이) 맨 먼저 해야 할 일이다. 왜 냐하면 여러 나라들이 비상사태를 선포하고 기존 공급망을 선취하지 않 는다면 국가 단위에서 관리할 수 없기 때문이다.

CDC의 스티븐 레드Stephen Redd가 "여러 나라들이 자국 내 소비 를 위해 대부분을 보유하지 않는다면 팬데믹 대비용 물품을 조달하지 않을 것"이라고 우려하자 현실정치의 관점이 슬며시 개입한다. GNN 기자들이 원탁회의 대화 중간에 최근 팬데믹 상황을 다시 알려준다. 여러 나라들이 상태가 가장 심각한 지역에서 들어오는 여행자들의 입국을 금지했다. 그 결과 "여행과 항공업계가 엄청난 경제적 타격을 받았으며 관광업계에도 파급효과가 미치고 있다." 이것이 결국 "세계 금융위기를 고조시킬 것"이다. 군 장교복을 차려입은 CDC의 레드가 맞장구를 치며 금융위기를 관리하려면 "각국 정부가 적극적으로 나서서 역사적 관점에서 일을 해야 하며 전시체제로 돌입하는 것이 정말 필요하다"고 설명한다.

GNN 방송은 인터넷에서 팬데믹과 관련된 "허위정보와 역정보를 어떻게 다룰지"에 대해 나라마다 다양한 반응을 나타내고 있다고 보도한다. "일부 국가에서는 공황 상태를 가라앉히기 위해 제한적으로 인터넷을 차단하는 방법을 사용한다." 싱가포르 통화청의 라반 티루Lavan Thiru는 각국 정부가 '가짜 뉴스'에 대한 단속을 강화할 수밖에 없을 것으로 예측하고, 다른 참가자들은 "이런 문제를 풀 기술적 해답"이 필요하다고 의견을 밝힌다. 그다음에 세계 유수의 기업 홍보 회사인 에델만의 매슈 해링턴Matthew Harrington은 소셜 미디어 회사들은 자신들을 기술 플랫폼이 아니라 방송사로 여기고 있으며 "그들이 사실 가짜 뉴스를 압도하지는 못하더라도 틀림없는 정보로 견제하기 위해 정확한 정보를 방송하고 과학 및 의료계와 협력하는 데 참여해야 한다"고 설명한다. 원탁 토론 참석자들은 짐짓 자신들이 어떤 정보가 정확한지 결정할 사람이 될 듯 행세한다.

팬데믹 대비 훈련은 집단 백신 접종 의무화 캠페인에서 절정을 이룬다. 이 주제를 다루는 동안 평의회 참가자들은 비협조적인 반대자들을 침묵시키기 위해 검열과 여타 권위주의적인 수단을 동원하는 방식에 대한 전략을 짠다. 이에 뒤질세라 중국 질병통제예방센터의 조지 가오George Gao 주임이 바이러스가 실험실에서 나왔다는 그럴듯한 헛소문을 어떻게 잠재울지 걱정한다. 그는 원탁 토론에서 "사람들은 이것이 인위적으로 만들어진 병원균이며 한 제약회사가 이 바이러스를 만들었다고 믿는다"며 불평을 늘어놓는다. 두 달 뒤에 가오는 코비드가 실험실에서 유출되었다는 가설의 신빙성을 떨어뜨리려고 애쓴다. 지어낸 이야기가 현실보다 더 그럴듯할 때도 있다.

내레이터가 우리에게 "(시나리오)의 결과는 **파국적**이다. 처음 18개월 동안 6,500만 명이 사망한다"고 알려주는 것으로 〈이벤트 201〉을 끝맺는다. 내레이터가 결론 부분을 독백으로 이야기하며 불안감을 자극하는 어휘에 주목할 필요가 있다. "전염병의 시작은 별거 아니고 초기에는 통제할 수 있는 것으로 보였다." 그러나 다음 단계에서는 전 세계적으로 인구가 집중된 거대도시로 퍼져 나가 **"폭발적"**으로 전파되었다. 내레이터는 말을 이어 간다. "세계경제는 **급락**하고 있으며 GDP는 11퍼센트 하락했다. 전 세계 증권시장의 주가는 20에서 40퍼센트까지 곤두박질쳤고 **공포의 하강 사이클**과 낮은 기대심리에 빠졌다." 독백은 계속 이어진다. "경제학자들은 팬데믹으로 야기된 경제적 혼란이 수년 혹은 10년간 지속될 것이라고 말한다. 사회적 영향, 정부에 대한 신뢰 상실, 뉴스에 대한 불신, 사회적 응집력의 **와해**는 더 오래 지속될 수 있다."

그런 다음 내레이터는 워게임 훈련에 참가한 사람들이 주장한 전략을 이용하여 10년 전에 선제적인 팬데믹 대응 계획을 세웠더라면 이런 파국적인 결과를 피할 수도 있었을 것이라고 설명한다. 그녀는 질문으로 끝을 맺는다. "그래서 우리는 이제 하나의 세계 공동체로서 다음 팬데믹을 대비하는 데 필요한 어려운 과업을 수행할 준비가 되었습니까?"**76** 코비드에 관한 이야기가 나돌기 몇 주 전이지만, 우한에서는 새로운 병원체의 첫 번째 비공개 사례들이 한꺼번에 나타나는 동안 〈이벤트 201〉이 열렸다는 것을 생각하면 이런 사태가 상당히 잘 짜인 각본이라는 것을 인정하지 않을 수 없다.

위에 열거한 이전의 팬데믹 대비 워게임 〈이벤트 201〉은 난데없이 이루어진 게 아니다. 이전의 사례들 가운데 하나를 간단히 알아보겠다. 10년 전인 2009년에 오바마 대통령은 정부 각 부처에 보낸 지침에서 생물보안이 외교 정책에서 중요하다고 밝혔다. 그는 이 지침에서 각 부처가 이러한 패러다임을 업무에 반영하라고 지시했다. 이듬해 빌 게이츠는 유엔에서 '백신의 10년'이라는 제목으로 연설했다. 며칠 뒤에 록펠러 재단이 돈을 대고 글로벌 비즈니스 네트워크GBN의 설립자인 피터 슈워츠가 쓴 연구보고서가 출판되었다.《기술의 미래와 국제 개발을 위한 시나리오Scenarios for the Future of Technology and International Development》라는, 내용을 짐작하기 어려운 제목의 이 보고서에는 그 원칙들이 어떻게 발전할 것인지를 예시하는 네 개의 시나리오가 들어 있었다. 그 시나리오 가운데 하나가 '락 스텝Lock Step'이다.

락 스텝은 전염병을 봉쇄하려면 엄격하고 범세계적이며 권위적인 대응책이 필요하다는 생각에 힘을 실어 준다. 이 보고서의 저자인 슈워츠가 미국의 정보기관, 석유업계, 그리고 실리콘 밸리와 깊은 관계를 맺어 왔다는 것은 주목할 만하다. 그는 1993년 잡지《와이어드Wired》의 창간을 도왔다. 이 잡지는 기술 관련 뉴스뿐 아니라 정보의 교환소 같은 매체가 되었다. 락 스텝 시나리오는 2012년에 "여러 해 동안 예상해 왔던 팬데믹이 결국 기러기에서 유래된 치명적이고 전염성이 높은 신종 독감의 형태로 나타난다"고 상정하고 있다.

"이 바이러스가 전 세계를 종횡무진으로 누비며 7개월 동안 세계 인구의 20퍼센트를 감염시키고 800만 명의 사망자를 발생시킨다면 팬데믹에 제아무리 충실하게 대비해 온 나라들도 감당할 수 없는 지경에 이른다." 세계경제는 글로벌 공급망이 파괴되어 결국 주저앉는다. 그리고 회사들은 문을 닫는다.

느슨한 초기 대응이 사태를 더 악화시킨다. "시민들이 비행기 여행을 하지 않도록 '강력하게 말리겠다'는 미국의 초기 대책은 바이러스를 미국 국내뿐 아니라 국경을 넘어서까지 빠르게 전파해 그 느슨함이 치명적이었다고 판명되었다." 미국의 전체적인 정치적 대응 역시 효과적이지 못한 것으로 드러났다. 이 시나리오는 "그러나 몇몇 국가들, 특히 중국이 잘했다"고 설명한다. "중국 정부는 즉시 밀폐에 가까울 정도로 모든 국경을 봉쇄했을 뿐만 아니라 서둘러 모든 시민에게 의무 접종을 함으로써 다른 나라보다 훨씬 빨리 바이러스의 전파를 차단하고 신속한 포스트-팬데믹 복구 활동을 가능케 하여 수백만 명의 생명을 구했다."[77] 이 시나리오의 제목이 락 스텝인 데는 이유가 있다.

이 시나리오는 일단 병을 진압하고 보자는 패러다임을 일말의 거리낌도 없이 대놓고 칭찬한다.

중국 정부가 시민들을 위험과 노출로부터 보호하기 위해 극단적인 조치를 취한 유일한 정부는 아니었다. 팬데믹 동안 세계 여러 나라에서 국가 지도자들은 권력을 과시하며 의무적인 마스크 착용부터 기차역과 슈퍼마켓 같은 공유 공간 출입 시 체온 검사에 이르기까지 빈틈없는 규칙과 규제를 가했다. 팬데믹이 약해진 뒤에도 시민과 그들의 행동에 대한 이러한 권위적인 통제와 감독은 그대로 지속되었고 심지어는 강화되기까지했다. 팬데믹과 초국적 테러리즘에서 환경 위기와 가중되는 빈곤에 이르기까지 확산되는 글로벌 문제로부터 자신들을 보호하기 위해 전 세계 국가 지도자들은 권력을 더 꽉 움켜쥐었다.[78]

락 스텝 시나리오는 이어서 향후 수년간의 발전 과정을 상상한다. 일단 "더 통제된 사회의 개념은 폭넓은 수용과 승인을 확보했다. 시민들은 흔쾌히 더 확실한 안전과 안정의 대가로 그들의 주권과 사생활을 일부 포기하고 더 가부장적인 국가를 인정했다." 실제로 많은 사람이 톱-다운으로 하달되는 지시를 기꺼이 따랐다. "선진국에서 이런 강화된 단속은 여러 형태를 띠었다. 예를 들면 모든 시민에게 생물측정 ID 부여, 국익에 중요하다고 생각하는 주요 산업에 대한 더 엄격한 규제 등이다." 그리고 "많은 선진국에서 일련의 새로운 규제와 협약을 따르는 것이 느리지만 안정적으로 질서를 회복시켰다. 그리고 더 중요한, 경제를 성장시켰다."

이 시나리오는 일부 예상되는 부정적인 측면도 상정하고 있다. 후진국에서의 족벌주의, 반동적인 민족주의 운동 그리고 기업에 대한 엄격한 규제에 따른 일부 기업 활동의 저해 등이다. 락 스텝은 팬데믹 이후 13년이 지나면 "사람들이 그 많은 톱-다운 방식의 통제와 지도자들과 권력기관이 자신들을 대신해 선택하도록 하는 데 점점 더 피로감을 느껴 산발적으로 반발하고 이런 반발이 점점 조직적으로 이루어지게 된다"고 전망한다.

"더 확실하게 안정되고 예측할 수 있는 세상을 바라는 사람들도 그 많은 엄격한 규제와 국경이라는 테두리에 점점 불편함과 답답함을 느끼게 된다. 그리고 세계 각국 정부가 그토록 공을 들여 확립하려는 빈틈없는 질서를 전복시킬 어떤 일이 벌어질 것이라는 분위기가 감돈다."[79] 바로 그거다. 장기적으로 볼 때 핵심적인 우려는 이 **빈틈없는 질서**가 결국은 깨질지 모른다는 것이다.

마지막으로 2021년 5월 코비드 팬데믹 때 핵위협방지구상Nuclear Threat Initiative과 뮌헨안보회의Munich Security Council가 국제 팬데믹 워게임인 〈중대한 결과를 초래할 생물학적 위협을 낮추기 위한 도상 연습〉을 열었다. 이 모의 훈련은 참가자들로 하여금 2022년 5월 15일 발생하게 될 원숭이두창이라는 특이한 변종으로 인한 글로벌 팬데믹을 가상하도록 했다. 전형적인 팬데믹 워게임 형식에서 이 생물보안 시뮬레이션은 유전자 조작으로 만들어진 원숭이두창 변종으로 전 세계에 2억 5,000만 명이 넘는 사망자가 발생하는 재앙적 결과를 가져올 것으로 예상했다.[80] 디스토피아 영화의 각본에 나오는 이름같이 들리지만 원숭이두창 바이러스는 1958년 아프리카에서 발견되었다. 대략 환자의 1에서 3퍼센트가 사망한다.

그리고 나서 2022년 5월 중순, 예정됐다는 듯이 현실 세계의 보건 당국들은 유럽 대륙, 영국 그리고 호주에서 원숭이두창이 발생했다고 보고했다. WHO는 며칠 뒤 이 전염병에 대응하기 위해 긴급회의를 소집했다. 5월 19일《포춘》은 "미국 정부가 바이오테크 회사인 바바리안 노르딕Bavarian Nordic으로부터 1억 8,000만 달러어치의 백신을 더 살 수 있는 옵션과 함께 1,300만 도스의 냉동건조 원숭이두창 백신을 1억 1,900만 달러에 주문했다"[81]고 보도했다. 이러한 백신 구매는 미국이 이미 '미국 국민 전체'에 접종할 수 있는 천연두 백신 공급 물량을 국가 전략비축물자SNS로 확보해 두고 있었기에 전혀 필요가 없는 것으로 보였다. SNS는 또 필요하다면 천연두 감염 환자를 치료할 수 있는 많은 양의 항바이러스 약품도 보유하고 있다. 2022년 7월 WHO는 원숭이 두창을 보건 비상사태로 선포했다. 같은 해 8월 캘리포니아주에서 800명의 환자가 발생한 이후 캘리포니아주도 마찬가지로 비상사태를 선포했다. 사실 환자들은 모두 남성끼리 성행위를 가진 남자들과 밀접 성접촉을 통해 발병한 사람들이다.[82]

도상 훈련, 〈이벤트 201〉, 락 스텝 같은 워게임에 나타난 생물학 보안 전략은 강화된 감시 활동과 구금 능력을 용인하는 추가적인 법적 조치를 초래했다. 하지만 이런 조치는 여전히 공중보건 당국에 대한 대중의 신뢰에 의존해 정당성을 확보하고 있다. 코비드가 발생하기 전 미국에서는 특정 보건 담당 공무원 한 사람이 공중보건 권한을 대리하는 것이 인정되지 않았다. 코비드 기간에 우리는 앤서니 파우치Anthony Fauci에게 실질적인 권한을 부여하려는 것을 목격했다. 이와 유사하게 그전까지 무명 연구원이었다가 팬데믹 기간에 CDC 국장으로 임명된 로셸 월렌스키Rochelle Walensky는 사실상 이러한 권한의 중심인물로 자주 묘사되었다.

여담이지만 유럽 여러 나라 의원들이 참석한 코비드 토론회에 나와 같이 패널로 나간 전임 CDC 국장 로버트 레드필드Robert Redfield 박사는 백신 의무 접종과 접종 증명서는 코비드 대책으로 필요하지 않고 정당화될 수도 없다는 "케리아티 박사의 생각에 전적으로 동의한다"고 분명히 밝혔다. 그는 이러한 대책들이 실시되기 직전에 CDC에서 사직했다. 그의 후임자인 월렌스키 박사는 백신 의무 접종을 전폭적으로 지지했다.

그가 보기에 앤서니 파우치는 수십 년 동안 과학적 실험이나 환자 치료를 하지 않았음에도 자신을 과학자와 의사로 자임하면서 30년 넘게 더할 나위 없는 워싱턴 D.C.의 정치인 같은 처신을 했다. 조지 W. 부시는 그를 높이 평가했으며, 민주·공화 역대 행정부에서 봉직하면서 에이즈 확산을 능숙하게 이용해 그가 맡고 있던 국립보건원 산하 알레르기 및 감염병 연구소NIAID의 예산을 증액시켰다. 1989년에 파우치는 이미 생물보안 위협이라는 새로운 개념을 소개하는 회의를 조직했다.

1989년 이전에도 생물학 무기에 관한 우려는 있었다. 하지만 파우치가 주최한 이 회의에서 중요한 의미를 갖게 될 새로운 개념이 소개되었다. 잠재적 위협은 자연발생적 혹은 생물학 무기로 개발된 바이러스나 박테리아 같은 새로운 **병원체**가 아니었다. 새로운 패러다임은 오히려 미생물 집단의 숙주인 **인간**에게 초점을 맞췄다. 사람들이 바이러스나 박테리아의 운반체로 기능한다는 것이 난제였다. 말을 바꾸면 해결해야 할 진짜 문제는 바이러스가 아니라 바이러스를 전파할 수 있는 인간 개체군이었다.[83]

따라서 병을 앓는 사람들 몸속에 있는 미생물 병원체를 처치하거나 무력화시키는 방법을 찾는 것에서 병원체를 나를 수 있는 인간 개체를 무력화하는 것으로 초점이 옮겨갔다. 이 점을 파악하면 실패한 코비드 대책을 이해하는 데 도움이 된다. 이와 같은 재개념화에 따르면 생물학적 본성을 가진 인간은 엄격한 생물의학 보안 기준에 의해 관리되고 통제되어야만 한다. 새로운 해결책은 특정한 인간에게 영향을 주는 바이러스 감염을 억제하거나 치료하는 것이 아니라 인구집단 전체를 통제하는 것이다. 이와 같은 재개념화가 어떻게 교묘하게 인간 자체를 병원체로 보는지 주목해 보라. 인간 개체군 자체가 전문가들이 해결해야 할 위험한 문제가 되었다. 전문가라는 이 새로운 테크노크라트 계급은 같은 인간들을 통제할 수 있는 전대미문의 권한을 가질 수밖에 없다.

바이러스 병원균만이 당면한 위협은 아니다. 디지털 경제로의 진입을 가속화하고 있는 세계경제포럼WEF은 코비드 사태가 진행 중이던 2020년 7월 사이버 폴리곤Cyber Polygon이라는 사이버 공격 시뮬레이션을 주최했다. 사이버 폴리곤의 핵심 주제가 '디지털 팬데믹'이었다. 이 행사의 기조연설자 가운데는 토니 블레어 전 영국 총리도 있었다. 그는 참석자들에게 디지털 ID로 전환하는 것이 불가피하므로 각국 정부는 디지털 ID의 연구개발 및 규제에 관해 IT 기업들과 협력해야 한다고 말했다(디지털 ID라는 주제는 제3장에서 다시 다루겠다).

사이버 폴리곤 행사는 2021년 새로운 각본으로 다시 열렸으며 이제는 WEF의 연례행사가 되었다. 유튜브에 올라온 2021년 행사의 홍보영상은 다음과 같이 경고했다. "코비드 같은 특성을 갖는 사이버 공격은 생물학적 바이러스보다 빠르고 광범위하게 확산될 것이다. 이것의 증식률은 우리가 코로나바이러스에서 예상했던 것보다 거의 10배는 될 것이다." 내레이터는 이어서 설명한다. "디지털 영역이 우리의 물질계와 점점 더 융합되면서 우리의 안전에 대한 사이버 공격의 파급 효과는 계속 확대되고 있다."[84] WEF가 주최하는 이와 같은 연례 '디지털 팬데믹' 사이버 공격 대비 훈련은 다음에 닥칠 공중보건 위기가 어떤 형태를 띠게 될지 힌트를 제공해 줄 것이다.

이런 모든 시나리오에는 실제로 벌어진 코비드 팬데믹에서처럼 전문성을 띤 엘리트 집단이 생물보안 기구라는 지렛대를 움직이며, 일반 대중은 관리되어야 할 수동적인 인간 집단으로 재개념화되고 비인간화된다. 캘리포니아 대학 어바인UCI에 새로 설립된 인구보건대학원 School of Population Health에서 볼 수 있듯이 최근 몇 년 동안 인구보건

population health이라는 말이 공중보건public health이라는 말을 대체하기 시작했다. 이렇게 용어가 미묘하게 바뀐 이면을 들여다보면 이러한 맥락에서 사용된 '인구population'라는 말이 외부의 조작과 통제에 무기력한 대중을 지칭한다는 것을 알 수 있다.

과학주의 추종

역사에는 배울 게 있다. 비상 상황에서 공공의 안전이라는 구실이 전체주의적 체제로 가는 길을 열어 주었던 이전의 체제들을 생각해 보라. 나치와 같은 역사적 유사성을 말하는 사람은 쓸데없는 호들갑을 떤다고 비난받아 마땅하다. 그래서 분명히 밝혀 둔다. 현재 혹은 이전의 행정부를 히틀러의 전체주의적 체제와 비교하는 것은 아니다. 그럼에도 나치가 지배하던 기간에는 대부분 비상사태가 선포되면 헌법을 유예하는 바이마르 헌법 48조에 의해 독일이 통치되었다는 것은 참고할 만한 그리고 부인할 수 없는 사실이다. 그 헌법 조항은 다음과 같다.

독일제국의 안전과 질서가 심각하게 지장을 받거나 위태로워지면 제국의 대통령은 안전과 질서 회복에 필요한 조치를 취할 수 있으며 필요하다면 군대의 도움을 받아 개입할 수 있다. 이러한 목적을 위해 대통령은 헌법 114, 115, 117, 118, 123, 124, 그리고 153조를 전체 혹은 부분적으로 잠정 유예할 수 있다.[85]

히틀러가 민주적으로 선출되었다는 것을 상기해 보라. 어떻게 그가 독일의 선출된 수상에서 전체주의적 독재자가 되었는지 묻지 않을 수 없다. 여기에 대한 대답의 중요한 부분은 그가 비상사태 선포를 이용했다는 데 있다. 비슷한 맥락에서 프랑스혁명 때 악명 높았던 공포정치를 수행했던 집단의 명칭을 떠올리지 않을 수 없다. 그 이름이 '**공공안전위원회**'였다.

더 과거로 거슬러 올라가 공화정 시대의 로마에서도 유익한 교훈을 얻을 수 있다. 국가가 발령하는 비상사태 선포권의 초기 사례의 하나로 로마의 독재자를 들 수 있다. 로마공화국이 외국 군대의 침공같이 심각한 존립의 위협을 받을 때 원로원은 광범위한 권한과 신속하게 위기에 대응할 수 있는 역량을 가진 독재자를 선임하게끔 되어 있었다. 그럴 때조차도 엄격한 제한이 있었다. 원로원이 여전히 예산을 통제했으며 6개월 시한을 엄격히 지켜야 했다. 따라서 위기가 진정되는 대로 일을 끝내고 자리에서 물러나라는 압력을 끊임없이 받았다. 300여 년 동안 95차례 독재자가 선임되고 그때마다 독재자들은 서둘러 권력을 내려놓아야 했다. 하지만 이 체제가 한번 무너지자 로마공화국은 막을 내리고 제국으로 전락했다.[86]

역사가 그대로 반복되지는 않지만 종종 비슷한 리듬을 갖는다. 이것이 우리가 역사를 유추하는 이유 중 하나다. 비록 완전하지는 않지만 우리가 살아가는 시대를 이해하는 데 유용하기 때문이다.

이러한 역사적 사례들이 과장이거나 지나친 기우라고 여겨지면 최근 호주 당국이 무증상 환자들을 포함하여 코비드에 걸린 사람들을 모아 당사자들의 의지와 무관하게 수용시설로 보낸 것을 생각해 보라. 호주의 수용시설을 보여 주는 영상은 기술 검열관들이 본분에 충실하게 인터넷에서 삭제하기 전까지 소셜 미디어에 올라와 있었다. 호주의 여러 주지사가 그들의 비상지휘권을 남용했다. 호주의 모든 주가 그런 것은 아니지만 몇몇 주는 대놓고 권위주의적 행정을 집행했다. 캐나다도 비슷하게 감염 환자 수용시설을 설치했다.

팬데믹 기간에 도입된 권위주의적 대책들은 감염 의심자와 실제 환자를 강제 수용한 것 말고도 또 있다. 호주 의료배상보호협회MIPS: Medical Indemnity Protection Society는 모든 의사를 대상으로 의료배상보험을 제공한다. 여기에 가입하지 않으면 의료 행위를 할 수 없다. MIPS는 호주 의료인 규제 기관AHPRA: Australian Health Practitioner Regulation Agency의 징계 '통지'를 피하기 위해 자체 웹사이트에 의사들을 위한 12개 주의사항을 올렸다. 말이 통지이지 조지 오웰 소설에 나오는 것처럼 수사를 완곡하게 표현한 것이다. AHPRA는 호주의 모든 의사를 감독하는 기관이다. MIPS의 주의사항 가운데 9번 조항에는 호주 의사들에게 내린 다음과 같은 지시가 담겨 있다.

> 소셜 미디어를 이용하거나(개인 계정일 경우에도), 글을 쓰거나 인터뷰를 할 때는 매우 주의해야 한다. 의료인들은 그들의 견해가 공중보건 지침과 일치하는지 확인해야만 한다. 이것은 특히 현시점에서 중요하다. 증거에 기초한 자료와 부합된 의견이 공중보건 지침과 일치하지 않을 수도 있다.[87]

마지막 문장을 한번 더 읽어 봐야겠다고 생각할지 모르겠다. '증거에 기초한 자료'는 같은 의사들의 심사를 받는 논문이나 신뢰성 높은 의료 정보 자료를 의미한다. 그래서 호주 의사들이 출판된 연구논문에 나온 '공중보건 지침', 즉 권력을 가진 공중보건 기술 관료들의 견해와 일치하지 않는 내용을 언급하면 그 의사는 의료 행위를 할 자격을 잃을 수 있다. 이러한 주의사항이 의사들이 '글을 쓰는 경우'에도 적용된다는 것을 눈여겨보라. 그것은 어떤 의사가 연구한 결과가 '공중보건 지침'에 맞지 않으면 그 결과를 출판하기 전에 다시 한번 생각해 보는 게 좋겠다는 의미다. 호주가 아직 전체주의까지는 아니지만 권위주의로 기울고 있는 것은 분명하다.

미국에서도 마찬가지다. 2022년 5월 의료면허 교부와 의사 징계를 담당하는 주 의료위원회 연맹FSMB: Federation of State Medical Boards은 각 주 의료위원회와 그들이 면허를 발급하는 미국 내 의사들을 지도할 허위 정보와 잘못된 정보에 대한 정책을 통과시켰다. FSMB의 권고에 따라 이 정책이 주에 따라서는 입법화될 수도 있다. FSMB의 회장이자 CEO인 후마윤 초드리Humayun Chaudhry는 "팬데믹이 시작되고 2년이 지나면서 허위 정보와 잘못된 정보가 바이러스 확산 다음으로 큰 위협이 되었다"고 주장했다. 이 정책은 다음과 같이 경고한다. "코비드19와 관련해 허위 정보나 잘못된 정보를 만들어 내거나 유포하는 의사들에게는 주 의료위원회가 의사면허 정지나 취소 같은 징계 처분을 내릴 수 있다."

잘 알려진 바와 같이, 이 정책안에서 인용한 잘못된 정보의 첫 번째 사례는 2020년 10월 6일 FSMB가 발표한 마스크의 방역 효과에 관한 주장을 따르지 않는 의사들이다. 마스크의 방역 효과는 나중에 잘못된 것으로 드러났지만 당시 FSMB는 "얼굴을 덮는 마스크 착용은 코비드19의 확산을 방지하는 데 도움이 되는 피해 감소 전략"[88]이라고 주장했다. 마지막 장에서 이러한 주장은 근거가 희박하다는 것을 살펴보겠다. 하지만 지금으로서는 이런 발표가 나온 2020년에도 마스크의 효과가 매우 의심스러웠다는 것만 알아도 충분하다. FSMB가 잘못된 정보를 막으려고 했다면 팬데믹 기간에 자신들이 널리 퍼뜨린 오보로 시작할 수도 있었을 것이다. 그러고 나서 그들은 '과학'을 들먹이며 수시로 오락가락하는 정부 보건당국이 주장한 거짓말을 상대할 수도 있었을 것이다. 그러나 의심할 여지 없이 FSMB가 회초리를 대려는 곳은 보건당국이 아니다.

내 출신지인 캘리포니아주는 FSMB의 권고안을 받아들여 법안 2098호로 성문화했다. 나는 최근 주 상원에서 이 법안에 반대하는 증언을 하기 위해 새크라멘토를 다녀왔다. 이 법안이 입법되면 현재 이루어진 과학적 합의에 어긋나는 발언이라는 것을 법으로 규정함으로써 잘못된 정보를 유포했다는 사유로 의사면허 취소를 비롯해 의사를 징계하는 권한을 주 의료위원회에 부여하게 된다. 이 법안 2098호 내용에는 핵심적인 주장의 근거를 스스로 훼손하는 코비드에 관련된 세 가지 조항이 들어 있다. 과학은 진화하기 때문에 내가 증언할 당시에는 이미 유효하지 않게 된 내용이다. 나는 증언에서 다음과 같이 주장했다.

함구령을 지키는 의사는 이미 믿을 수 있는 의사가 아니다. 과학과 의학 발전은 의사들과 과학자들이 관습적 사고나 일반적 견해에 도전할 때 이루어진다. 좋은 과학은 추측과 논박, 활발한 심의, 격렬한 토론 그리고 새로운 데이터에 대한 열린 자세로 특징지어진다. 따라서 합의된 특정 이론을 "논쟁의 여지가 없는 것"으로 고정하는 것은 의학의 진보를 가로막을 것이다. 관습적 사고에 도전하는 일선 의사들이 코비드 치료에 관한 지식 발전에 중요한 역할을 했다. 의학에서는 어제의 소수 의견이 오늘의 치료기준이 된다. 이 법안이 입법되면 의사들은 그들이 최선의 판단에 따라 선택한 의료 행위 때문에 징계받게 될 것이다. 또한 정보에 입각한 동의라는 의료윤리의 기본 원칙이 훼손될 것이다.

내가 증언을 한 뒤에 주 상원의 해당 상임위원회에서는 철저하게 당론에 따라 표결이 이루어졌고 법안은 본회의로 넘어갔다. 조만간 의결되어 입법이 이루어질 것이다.

⋮

어쩌다 우리가 이 지경이 되었을까? 이 질문에 대답하기 위해 이 장의 나머지 부분에서는 더 깊은 철학적 탐구가 필요한 문제들을 다룰 것이다. 1930년대에 성년이 되었으며 자신의 조국에서 무솔리니의 파시스트 정권이 등장하는 것을 몸서리치며 관찰했던 이탈리아의 철학자 아우구스토 델 노체Augusto Del Noce는 "전체주의 시대는 히틀러, 스탈린과 함께 종언을 고했다고 보는 일반의 생각은 완전히 잘못된 것"이라고 경고했다. 그는 다음과 같이 설명한다.

> 단적으로 말해 전체주의의 필수적인 요소는 '냉혹한 현실'과 '인간적 현실'의 차이를 인정하기 거부하는 데 있으며, 그리하여 인간을 문자 그대로 '원료' 혹은 '자본'의 한 가지 형태로 표현할 수 있게 된다. 공산주의적 전체주의communist totalitarianism의 전형이었던 이러한 생각이 지금은 공산주의적 전체주의의 서구적 대안이라고 할 수 있는 기술사회에서 받아들여지고 있다.[89]

그가 말하는 기술사회는 과학이나 기술의 진보로 특징지어지는 사회가 아니라 합리성을 한낱 도구로 보는 사회를 의미한다. 이러한 관점에서 인간의 이성은 냉혹한 경험적 사실 너머의 관념을 완전히 이해할 수 없다. 즉 인간은 초월적 진리를 (사실처럼) 발견할 수 없다. 이성은 단지 실용적 도구로 우리의 목적 달성을 위한 유용한 수단에 불과하다. 전체주의 이데올로기는 모든 인간이 공통된 합리성을 가지고 있다는 것을 부정한다. 따라서 인간은 서로 진정한 대화를 나눌 수 없다. 함께 진실을 추구하는 문제를 놓고 같은 시민으로서 숙고하고 토론하는 것이 불가능하다. 합리적인 설득은 설 자리가 없다. 전체주의 정권은 항상 '합리적'으로 여겨지는 것, 따라서 누구나 공개적으로 말할 수 있는 것을 독점한다.

예를 들어 공산주의 사회에서는 사람들이 공산주의를 신봉하지 않으면 당은 그들이 왜 잘못됐는지 설명하지 않는다. 집권 당국은 반대 의견을 '부르주아적 합리성'이나 '허위의식'*의 발로라고 간단히 치부해 버린다. 공산당원으로서 마르크스의 변증법적 유물론을 인정하지 않으면 역사의 진행 방향을 이해하지 못하는 것이다. 그런 사람이 말하는 것은 당연히 헛소리에 불과하고 고려할 가치가 없다. 그들은 '역사의 잘못된 편'에 있는 게 분명하다. 당국은 반대의견이 반체제 분자들이 옹호하려고 하는 계급적(혹은 인종적 특성이나 성별 등에 따른) 이해관계에서 비롯된다고 생각한다.

사람들은 그런 결론이 논리적이라고 생각하기 때문에 이런저런

---

*   false consciousness: 자본주의 사회에서 물적, 이데올로기적 그리고 제도적 과정들이 계급 간의 사회적 관계 속에서 이루어지는 착취를 은폐하고 프롤레타리아 등 계급 구성원들을 오도하는 것을 의미한다.

생각을 하지 않는다. 백인이고, 이성애자이며, 중산층 미국인 여성 등 등이기 때문에 이런저런 생각을 하는 것이다. 이런 식으로 전체주의자들은 대화 상대를 합리적 주장으로 설득하거나 논박하지 않는다. 그들은 반대자들을 탓하며 의미 있는 토론에 참여하길 거부한다. 그들은 문명적 대화의 장에서 상대방을 힘으로 고립시킨다. 어떤 사람은 그런 반대자들과 논쟁하는 것을 귀찮아한다. 어떤 사람은 반대자들을 수용할수 있는 의견의 영역 밖으로 몰아낸 다음 강압적으로 굴복시킨다.

20세기의 전체주의는 예를 들면 경제와 역사에 관한 마르크스주의 사이비 과학이나 나치의 인종과 우생학이라는 사이비 과학 같은 비과학적 과학 이론을 근거로 삼았다. 우리 시대에 사회를 전체주의적 방향으로 몰고 가는 사이비 과학 이데올로기는 과학science과는 분명하게 구별되어야 하는 과학주의scientism다. 이데올로기로서 과학주의와 실천으로서의 과학이 혼동되어서는 안 된다. 전자는 종종 후자와 합체돼 끝없이 혼란스러운 사고를 창조한다.

과학은 방법론, 혹은 더 정확히 말해 자연계에서 관찰할 수 있는 현상들을 체계적으로 탐구하기 위한 여러 방법론의 집합이다. 엄밀히 말해 과학은 가설, 실험, 시험, 해석 그리고 계속되는 심사와 토론으로 이루어진다. 진정한 과학자들을 한방에 들어가 있게 하면 그들은 데이터의 특징, 의미 그리고 해석에 대해, 다양한 연구 방법론의 한계와 강점에 대해, 광범위한 문제에 대해 끝없이 토론할 것이다. 과학은 인간이 하는 대단히 복잡한 일이다. 과학은 분야마다 나름대로 연구 방법론과 경쟁 이론을 가지고 있다. 과학은 반론의 여지가 없는 지식의 집합체가 아니다. 과학은 언제든지 틀릴 수 있고 언제든지 수정할 수 있다. 그러나 과학적 연구가 열심히 그리고 진지하게 이루어졌을 때 그것은 진정한 발견과 의미 있는 발전을 성취할 수 있다.

과학주의는 과학적으로 증명될 수 없는 철학적 주장이다. 즉 과학만이 지식의 올바른 형태라는 것이다. "과학에 따르면……"이라는 말로 문장을 시작하는 사람은 과학주의에 빠진 것일 수 있다. 진정한 과학자라면 그렇게 말하지 않는다. 그들은 "이 연구에서 나타난 결과로 알 수 있는 것은……" 혹은 "이 메타분석의 결론은……" 같은 말로 문장을 시작한다. 이와는 대조적으로 과학주의는 종교적·정치적 이데올로기인 경우가 많다. 아감벤은 "과학이 우리 시대의 종교가 되었다는 것은 요즈음 들어 명백해졌다. 사람들은 자신이 옳다고 생각하는 것을 믿는다"[90]고 주장했다. 과학이 폐쇄적이고 배타적인 신념 체계인 종교가 되면 우리는 과학주의를 상대하는 것이다.

과학의 특징적인 요소는 정당한 불확실성이다. 여기서 지적 겸손이 발로한다.

과학주의의 특징적인 요소는 부당한 확실성이다. 이것은 지적 오만으로 귀결된다.

델 노체는 **과학주의가 본질적으로 전체주의라는 것**을 깨달았다. 우리 시대에 엄청난 의미를 갖는 심오한 통찰이다. 그는 50년 전에 "많은 사람이 과학주의와 기술사회가 사실상 전체주의적이라는 것을 모르고 있다"[91]고 썼다. 그 이유를 이해하기 위해 과학주의와 전체주의 모두 지식에 대한 독점을 요구한다는 것을 생각해 보라. 과학주의 옹호자들과 진정한 전체주의 체제 신봉자들은 모두 수많은 상식적 개념이 비합리적이고 검증할 수 없으며 비과학적이기 때문에 우리가 공식적으로 말할 수 있는 범주를 벗어난다고 주장한다. "나는 인간의 가슴에 지울 수 없이 새겨진 의무, 죽은 내 형제를 묻을 의무가 있다"는 안티고네의 주장은 과학적 발언이 아니다. 그래서 과학주의 이데올로기에 따르면 그 말은 헛소리에 불과하다.[92] 특히 모든 도덕적 그리고 형이상학적 주장들은 과학적 방법으로 검증할 수 없거나 사이비 과학적인 전체주의 이데올로기에 의해 확립될 수 없는 까닭에 배제된다.

물론 도덕적, 형이상학적, 혹은 종교적 주장들을 강압적으로 배제하는 것은 과학적 결론이 아니라 과학주의의 증명할 수 없는 전제이다. 과학만이 지식의 유효한 형식이라는 단언 자체가 (과학적이 아니라) 뒷문으로 슬쩍 들어온 형이상학적 주장이다. 과학주의는 이렇게 자기-부정적인 사실을 숨길 필요가 있다. 그래서 거짓말을 할 수밖에 없다. 부정직이 논리체계에 반영되고 다양한 형태의 비합리주의가 뒤따른다. 20세기의 전체주의적 이데올로기는 모두 '과학적'이라고 주장했다. 그러나 사실은 그들 자신의 순환논리에 의해 허위를 입증할 수 없었다. 과학주의는 합리적 주장을 통해 정립될 수 없기 때문에, 대신 선전을 위한 세 가지 도구에 의존했다. 잔인한 폭력, 비판자에 대한 모욕 그리고 더 나은 미래에 대한 약속. 모든 전체주의 체제가 이것과 똑같은 도구를 사용했다.

그 자체의 내부적 모순을 보이지 않게 감추기 위해 과학주의의 자기-부정적 전제는 거의 명시적으로 언급되지 않는다. 과학주의는 그 대신 은연중에 이러한 이데올로기가 우리가 숨 쉬는 공기처럼 될 때까지 결론을 반복적으로 주장하는 것으로 보인다. 공적 담론을 면밀하게 감시하여 이른바 '과학'이 뒷받침하는 증거만을 인정한다. 그리고 이런 분위기를 철저하게 조성한다. 다음 장에서 보겠지만 팬데믹 동안 정성적(예를 들면 가족적 혹은 정신적인) 재화는 번번이 정량적(예를 들면 생물학적 혹은 의학적) 재화에 희생되었다. 전자가 실제적인 반면 후자가 이론적일 뿐일 때조차 그랬다. 이것이 과학주의가 가져온 결과다. 그것은 가치와 우선순위의 기준을 엉망으로 만들어 놓는다.

전체주의적 체제를 구축하는 데 '과학'이나 '전문가'를 내세워 지식과 합리성을 독점하는 것보다 더 유효한 이념적 도구는 찾기 어려울 것이다. 권력을 잡은 사람들은 그들이 앞세우고 침묵하게 할 과학전문가들을 마음대로 선택할 수 있다. 이렇게 되면 정치인들은 어쩔 수 없이 '전문가들'의 의견에 따라 정치적 판단을 내리게 되고 자신들의 책임을 떠넘긴다. 이념적 반대자들은 무력화되며 그들의 견해는 '비과학적'이라는 이름으로 배제되고, 대중들에게 알려질 기회를 박탈당한 채 야만과 물리적 폭력의 체제는 어렵지 않게 유지된다. 모욕과 공적 담론에서 배제하는 것 역시 똑같은 효과를 낸다. 권력자들은 과학적이라고 여겨지는 것(혹은 과학)을 독점한다. 그들은 '부르주아', '유대인', '백신 미접종', '마스크 미착용', '반과학' 혹은 '코비드 부정' 등등으로 낙인찍힌 집단과 굳이 대화하거나 토론하지 않는다.

따라서 억압적인 사회적 순응이 강제수용소, 굴락, 게슈타포, KGB, 혹은 전제적 독재자 없이도 달성된다. 그 대신 반대자들은 검열과 허위 선전이 만들어 낸 도덕적 게토에 감금된다. 저항하는 자들은 상류사회에서 밀려나며 고상한 대화에서 배제된다. 정치학자인 에릭 뵈겔린Eric Voegelin은 전체주의의 본질은 간단히 말해 **특정 질문들이 금지되는 것**이라고 주장했다.[93] 질문을 금지하는 것은 전체주의 체제에서 이성의 작동을 방해하는 의도적이고 교묘하게 짜여진 기제다. 정말 락다운을 지속시키는 것이 필요한가? 백신이 안전하고 효과적이라고 확신하는가? 왜 약속했던 유토피아는 오지 않는가? 누군가 이런 질문을 한다면 그 사람은 팬데믹을 부정하는 사람이거나, 할머니를 죽이고 싶어 하거나, 반과학적이거나 혹은 "역사의 그릇된 편"에 서 있는 사람이라고 비판받을 것이다.

이제 우리는 델 노체가 왜 과학주의에 기반을 둔 기술관료 사회가 노골적인 폭력으로 억압하는 독재 체제는 아니지만 전체주의적이라고 주장했는지 이해할 수 있다. 그는 50년 전에 「위기의 뿌리」라는 논고의 한 대목에서 비장한 어조로 이렇게 예측했다.

가치의 초월적 권능을 믿는 사람들은 소외되어 2등 시민으로 전락할 것이다. 그들은 결국 '도덕적' 집단수용소에 수감될 것이다. 그러나 도덕적 처벌이 육체적 처벌보다 덜 가혹할 것이라고 생각하는 사람은 아무도 없다. 이러한 과정의 막장에는 정신적 집단학살이 기다리고 있다.[94]

기술관료 사회에서는 그 시대의 사이비 과학, 즉 이념적 경향에 동의하지 않으면 도덕적 집단수용소에 가게 된다. 철학적이든, 종교적이든, 윤리적이든, 혹은 단순히 과학적 증거의 다른 해석이든, 어떤 것이든 제기될 수 있는 질문, 우려, 혹은 반대는 고려할 필요가 없다. 반체제 분자의 질문이나 의견은 중요하지 않다. 그런 것들은 체제의 전유물이자 대문자 T와 S로 인쇄된 'The Science'를 내세우면 꼼짝 못 한다.

또 1968년에 쓴 다른 인상적인 글에서 델 노체는 이렇게 경고했다.

전체주의 체제를 특징짓는 비인간화의 과정은 (제2차 세계대전 이후에도) 끝나지 않았다. 사실은 더 강화되었다. "우리는 언제 끝날지 알 수 없다." …… 모든 사회가 구성원인 사람들을 반영한다는 것을 생각하면 우리는 나치즘과 스탈린주의를 무색하게 만들 과두제와 탄압 체제에 위협을 느 낀다. 물론 (이 과두제와 탄압 체제는) 스스로 새로운 나치즘이나 스탈린주 의를 표방하지 않겠지만.**95**

    팬데믹 기간에 더욱 분명히 드러난 과거 수십 년 동안의 변화를 생 각하면 과두제와 탄압 체제는 **국민의 건강을 유지하는 데 필수적인 생물 의학 보안 조치**라는 명분 아래 등장할 것이 분명하다. 과두제 집권층은 "만일의 사태에 대비해……" 그리고 "우리는 모두 한배를 타고 있으므 로" 같은 말로 그들의 의제를 꺼낼 것이다. 사회적 거리두기라는 사회 구조적 패러다임은 시민들을 서로 떨어뜨려 놓음으로써 과두제 집권 층의 지배를 용이하게 한다.

    과학주의는 지배의 전체주의 이전에 분산의 전체주의다. 락다운 과 사회적 거리두기가 불가피하게 사회적 고립을 가져왔고 뒤이어 필 연적으로 백신 의무 접종과 접종 증명서가 등장했다. 탄압적 체제가 속 셈을 드러낸 것이다. 이런 조치들 하나하나는 단 하나의 믿을 만한 과 학적 해석이라고 내세우는 대단히 허술한 자료에 의존하고 있다. 대책 들 대부분은 과학적 엄격함을 가장할 필요도 없었다.

    과학자-기술관료 체제에서 "기껏해야 생물학적 생명체"로 전락 하고 다른 사람들과 초월적인 것으로부터 단절된 무방비 상태의 인간 은 완전히 사회에 의존하게 된다. 소속감 없이 뿌리 뽑힌 채 떠도는 사 회적 원자로 전락한 인간은 더 쉽게 조종당한다. 델 노체는 과학주의가 공산주의보다 전통적 가치를 거역하고 있다는 놀라운 주장을 했다. 마 르크스 이데올로기에서 우리는 미래의 유토피아에 대한 약속으로 아 직 희미하게 남아 있는 메시아적이며 성서적인 원형을 발견할 수 있기 때문이다.[96] 이와는 대조적으로 "과학적 반전통주의는 그것이 발생한 '조국fatherland'을 해체해야만 드러낼 수 있다." 이런 과정을 통해 인간 삶의 모든 부면部面이 글로벌 기업과 여기에 매수당한 정치적 대리인들에 의해 무방비적으로 지배당한다.

수단은 제공하지만 목적은 정하지 않는 과학 자체의 속성 때문에 과학주의는 특정 집단이 이용하기 좋다. 어떤 집단이냐고? 대답은 명약관화하다. 조국이 일단 사라지면 남는 것은 거대한 경제적 기구들뿐이다. 이것들은 점점 더 봉건적 영지 같은 모습을 띤다. 국가가 기업경영의 도구가 된다.[97]

봉건 영지처럼 운영되는 세계로 뻗어 있는 기업들의 도구가 된 국가는 제3장에서 알아보겠지만 협동조합주의*를 적절하게 정의하고 있다. 이러한 글로벌 비사회non-society에서 개인은 철저하게 뿌리 뽑히고 도구화된다. 궁극적인 결과는 완전한 허무주의다. 델 노체는 암울하게 설명했다. "가치의 모든 잠재적 권위를 부정하고 나면 남는 것은 완전하고 철저한 부정주의negativism다. 그리고 뭔가를 향한 의지는 박약해져 거의 '아무것도 아닌 것'이 된다."[98] 이것은 결코 인간의 의미 있는 삶이나 사회적 조화에 적합한 사회가 아니다.

---

*   Corporatism: 집산주의적 정치이데올로기의 하나로 애당초 자유시장과 사회주의 계획경제에 대항하는 개념에서 출발했다. 계급투쟁보다는 계급 간의 협력을 강조해 이탈리아 파시즘의 지배이론으로 차용되기도 했다. 그러나 여기서는 이익집단들이 결탁하여 끼리끼리 이익을 도모하는 족벌 자본주의나 국가 개입으로 사적 이익을 도모하는 부정적 의미의 국가자본주의를 의미하는 것으로 보인다.

⋮

　과학주의를 대중적 신념 체계로 삼는 기술관료 사회가 반드시 과학적 진보나 기술 발달의 결과는 아니다. 과학적 진보와 기술 발달이 우리가 경험한 위기의 원인이 아니라는 것은 반복적으로 언급되는 사실이다. 문제는 과학을 유일한 권위로 잘못 해석하고 과학을 모든 지식과 사회 전체를 지배하는 배타적 지배원리로 숭배하는 것이다. 이러한 이데올로기는 과학주의의 창립 신화에 내포된 현대사의 한 가지 특별한 해석에 근거한다. 그것은 과학과 기술 그 자체를 추구하는 것이 아니라 과거와의 철저한 단절을 통해 진보한다는 신화다. 우리 시대 기술관료 사회와 그 전체주의적 믿음의 바탕에는 그런 이데올로기가 깔렸다.

　델 노체는 이러한 신화를 다음과 같이 설명했다. "전통과 전통의 모든 성과를 비판하도록 만든 것은 역사 발전에서 분명한 단절이 완전히 새로운 문명으로 이끈다는 천년왕국 같은 믿음이다."[99] 과학주의는 완전히 다른 미래를 준비하는 과정에서 이전에 있었던 모든 것을 파괴하는 혁명적 유토피아의 몽상에 근거하고 있다. 현대사에 대한 이런 해석은 제2차 세계대전 이후 서방 국가에서 자리 잡기 시작했다. 그러나 이 사상은 팬데믹 동안 부쩍 강화되었다.

　과학주의를 극복하려면 현대사에 대한 정확하고 균형 잡힌 인식을 회복해야 한다. 여기에는 지난 세기의 공포는 전통이 아니라 완전히 새로운 것에 대한 신화에서 비롯되었다는 인식도 포함된다. 이것은 과거와의 완전한 혁명적 단절의 신화이자 20세기의 모든 전체주의를 특징짓는 신화다. 마르크시즘, 파시즘, 나치즘 그리고 우생학 운동은 모두 저 나름의 완전한 혁명적 단절의 서사를 차용하고 있다. 과학주의와 우리가 나중에 다루게 될 과학주의의 사생아 트랜스휴머니즘* 역시 그 나름대로 과거와의 급격한 단절의 사례를 보여 준다.

지난 100년 동안 전체주의적 이데올로기에서 이런 신화가 어떻게 기능했는지 간단히 설명할 필요가 있다. 그러면 오늘날 전체주의적 위협 속에서 이런 신화가 어떻게 작용하고 있는지 더 정확하게 이해할 수 있다. 과거 역사와의 분명한 단절이라는 개념은 마르크스주의 사상에서 쉽게 눈에 띈다. 공산주의 혁명 선언은 과거와의 철저한 단절을 상정하고 있다. 그렇게 함으로써 말로 설명하기 어려운 완전히 새로운 영역으로 나아가게 된다는 것이다. 공산주의의 사례에 대해서는 더 이상 말할 필요가 없다. 언뜻 보기에 파시즘과 나치즘에서는 철저한 단절의 신화가 별로 분명하게 드러나지 않을 수도 있다.

파시즘에 대해 말하자면 무솔리니는 지배욕을 드러내며 자신을 스스로 조국 그리고 국민과 동일시했다. 이런 태도는 얼핏 '전통' 혹은 민족의 과거에 대한 향수를 수용하는 것처럼 들린다. 하지만 무솔리니의 파시스트 교리에서는 그가 전통을 실질적으로 숭상하거나 옹호한 흔적을 찾아볼 수 없다. 대중들의 오도된 인식과는 반대로 파시즘은 진보에 맞서 전통적 가치의 유산을 지키려고 한 적이 없다. 이런 사실을 확인하는 데는 파시스트 치하에 지어진 이탈리아 건축물에 나타난 혼란스러운 '초현실적' 새로움을 보는 것으로 족하다. 파시스트 이데올로기는 역사상 완전히 새롭고 전례 없는 권력이 전개되는 것이라고 늘 자처했다.

---

* transhumanism: 인간의 수명을 연장하고 지적 능력을 높이는 기술을 개발하여 인간의 조건을 향상시킬 수 있다는 철학적, 지적 신념 체계나 그것을 실천하려는 운동을 의미하는 용어.

따라서 파시즘은 반동적이고 전통 지향적인 운동이 아니라 마르크스주의 혁명사상과 경쟁 관계에 있는 사촌이라고 할 수 있다. 에른스트 놀테Ernst Nolte가 썼듯이 "무솔리니와 레닌 간에는 이해하기 힘든 친연성과 괴리"가 병존한다.**100** 1920년대 무솔리니는 자신과 경쟁관계에 있는 파괴적 혁명가 레닌을 의태무용擬態舞踊을 하듯 끊임없이 어깨너머로 힐끔거렸다. 파시즘과 공산주의는 둘 다 같은 혁명적 뿌리에서 자라났다. 이들은 필수 전제조건으로 과거와의 과감한 단절을 제안했다. 파시즘은 역사나 보편적 가치를 참고하기보다는 '창조적 파괴'라는 방법으로 나아갔다. 앞길을 가로막는 모든 것들을 타도할 권리가 있다고 생각했다.

오늘날 실리콘 밸리에서 일어나는 혁신의 파괴적 형태와 똑같이 행동은 그 자체로 특별한 기운과 신비감을 지니고 있었다. 파시스트 이론가는 오늘날 기술관료 이론가들과 마찬가지로 현실을 개조하고 변형시키기 위해 인간, 문화, 종교, 기술 등 다양한 동력원을 닥치는 대로 전유했다. 다음 장에서 우리가 트랜스휴머니스트를 고찰할 때 알게 되겠지만 파시스트에게 현실은 극복의 대상에 불과하다. 또한 파시즘이나 트랜스휴머니즘에서 자연은 단지 기술에 의해 개조되어야 할 비활성의 원료에 불과하다.

나치즘은 어떠한가? 나치당은 자신들만의 기원 설화를 만들었다. 하지만 이 설화는 실제 유럽의 어떤 역사와도 무관하다. 나치즘의 아리안족 우월 교리는 필연적으로 신화에 나오는 선사시대에 근거를 둘 수밖에 없었다. 파시즘과 공산주의에서처럼 나치즘은 항상 몰역사적이었으며 과거로부터 전해진 어떤 의미 있는 것을 보전하는 데는 완전히 무관심했다.**101** 나치즘은 마르크스주의 혁명을 거꾸로 한 것에 불과하다. **세계**사회주의라는 공산주의의 이상 대신 나치의 교리는 피와 땅의 **국가**사회주의를 주창했다. 둘 사이의 차이가 어떤 것이든 이 두 이데올로기가 근본적으로 새로운 사회를 만들려는 과정에서 극단적 형태의 식민주의와 공격적 파괴를 가져온 것은 분명하다.

요컨대 공산주의, 파시즘 그리고 나치즘, 이 세 개의 이데올로기는 모두 같은 독 나무에 열린 독이 든 열매다. 중요한 측면에서 다른 점도 있지만 이 셋은 과거와의 철저한 혁명적 단절의 신화에 바탕을 두고 있다. 셋 모두 완전히 새로운 미래를 약속했다. 셋 모두 어떤 도덕적 권위의 초월적 원천도 전면적으로 거부했다. 과학주의 이데올로기에서도 이와 같은 특징이 눈에 띈다.

진정한 역사 인식은 과학기술 사회라는 우리 시대의 우상에 대해 의문을 제기하도록 만든다. 이 사회는 오로지 활력의 증진과 고작 생물학적 삶의 보전으로 이해되는 물질적 풍요에만 초점을 맞춰 왔다. 다른 모든 인간적, 정신적 미덕을 희생시키며 원초적 생명력과 삶 그 자체를 지고의 선으로 떠받드는데 '과학적인' 것은 아무것도 없다. 가족, 우정, 공동체, 지식, 아름다움, 명예, 헌신, 선행, 신 등 인간의 보편적 덕목들을 무시하는데 '과학적인' 것은 아무것도 없다.

⋮

최근 조 로건Joe Rogan의 팟캐스트에 나오는 내 동료 로버트 멀론 Robert Malone에 의해 널리 알려지게 된 집단 형성 정신병* 이론을 만든 마티아스 데스멧Mattias Desmet은 독재사회와 전체주의 사회 간에는 중요한 차이가 있다고 지적했다.[102] 독재사회에서는 독재자의 권력을 두려워하기 때문에 통치 권력에 복종한다. 이와는 대조적으로 전체주의는 강력한 사회적 유대감을 느끼는 집단을 형성하는 과정으로 시작한다. 집단 최면에 걸린 것 같은 분위기에서 대부분의 시민들은 고전적인 독재국가에서는 보지 못했던 방식으로 국가의 권력과 지배를 내면화하는 경향이 있다. 독재자들은 밖으로부터 지배하고 전체주의자들은 안으로부터 지배한다.[103]

전체주의 체제에서 인민의 노예화는 전체주의적 속박을 내면화한 사람들이 자신이 노예가 되었다는 것을 인식하지 못하기 때문에 더 강력하고 타파하기 어렵다. 팬데믹 동안 우리는 상대적으로 자유롭고 책임있는 참여민주주의 사회의 시민에서 순순히 따를 때만 인정받는 군중, 대중, 소재의 집합체로 변신했다. 록 콘서트에서 빽빽하게 모인 군중과는 달리 사회적 거리두기 조치는 우리를 밀집하지 않은 성긴 대중, 즉 어떻게든지 각자가 서로 떨어져야 하는 대중으로 만들었다. 그럼에도 여전히 수동성, 획일성 그리고 유순함으로 규정되는 대중으로 존재한다.

우리가 다루는 주제 몇 가지를 한꺼번에 포괄하는 한 대목에서 조르조 아감벤은 현재 실행되고 있는 생물의학 보안기구의 핵심적인 요소들, 즉 그가 대전환이라고 부르는 지배구조와 사회생활의 완전히 새로운 형식을 만들어 내는 요소들을 요약해 설명한다.

---

*   2021년 12월 30일 밀론은 〈조 로건의 경험〉이라는 팟캐스트에 출연해 미국 사회가 코비드19에 대응하는 과정에서 나치 독일 시대와 같은 '집단 형성 정신병(mass formation psychosis)'에 걸렸다고 주장했다. 그러나 이 표현은 병리학적 용어라기보다는 사회학적 은유로 보는 것이 일반적이며 하나의 이론으로 인정받은 것은 아니다.

대전환의 법적-정치적 기구가 **예외적인 경우**에 해당하고 종교적인 기구가 과학(과학주의라는 종교로서의 과학)이라면 사회적인 차원에서 이 대전환은 오늘날 분명히 알 수 있듯이 **'사회적 거리두기'**로 알려진 새로운 관계 구조에 맞는 **디지털 기술**에 의존하여 효력을 발휘한다. 인간관계는 모든 경우에 그리고 최대한 물리적 존재 없이 이루어질 것이다. 이미 일어나고 있듯이 인간관계는 점점 더 효율적이고 널리 보급되고 있는 디지털 장치로 전락할 것이다. 사회관계의 새로운 모델은 (순수하게 디지털로) 연결되는 것이며 누구든 연결되지 못한 사람은 관계에서 배제되고 사회적으로 무시된다.[104]

이러한 기제들의 결합, 즉 비상사태 그리고 이와 관련된 경찰력, 군사화된 공중보건기구, 종교적 이데올로기가 된 과학과 디지털 기술을 이용한 감시와 정보 통제의 결합은 이미 현대판 리바이어던을 낳았다. 우리는 이제 겨우 그 권력의 영향력을 느끼기 시작하는 단계다.

떠오르는 '생물의학 보안국가'가 앞으로 몇 년 동안 강력한 저항에 부딪히지 않는다면 그것은 우리 삶에 무거운 부담과 우리 신체에 침입적 개입을 점점 가중할 것이다. 완전히 변환된 사회를 위한 이러한 패러다임에서 시민들은 과거와 단절되고 현재에 뿌리내리지 못한 채 본질적 존엄성을 가진 한 개인으로 여겨지지 않는다. 우리는 오히려 정부가 승인한 의견 외에는 아무것도 모르는, 이른바 자애롭다는 보건 안전 '전문가들'이 만든 획일적 집단의 대체 가능한 구성 요소에 불과하다.

군사화된 세계 공중보건 체제 그리고 감시, 개인정보 추출, 정보 유통과 사회 통제의 디지털 기술을 가진 예외적인 상황, 이 둘의 타락한 동맹은 과거 전체주의 체제들은 상상할 수 없었던 개개인을 속속들이 간섭하는 놀라운 지배 형태를 가능하게 만든다. 이런저런 개별적 공공정책(예를 들면 백신 의무 접종)에 동의하든 하지 않든 감시와 통제라는 더 광범위한 문제에 대해서는 누구나 염려할 수밖에 없다. '생물의학 보안국가'는 우리가 영위하는 개인적 그리고 공동체적 생활에서 개입하지 않고 놔두는 것이 없다.

최근의 변화에서 자유의 상실보다 더 비극적인 것은 아마 진정한 인간관계의 훼손이었을 것이다. 그것은 군중 혹은 대중 속에서 녹아 사라졌다. 그런 사회를 여전히 인간적이라고 규정할 수 있는지 "혹은 면대면, 우정, 사랑 같은 상식적 관계의 상실이 추상적이고 극도로 허구적으로 보이는 건강 보장으로 진정 보상받을 수 있는지"[105] 아감벤은 묻고 있다. 팬데믹 동안에 우리가 경험했듯이 가족들은 뿔뿔이 흩어지고 우정은 파괴적 팬데믹 정책의 엄청난 압력과 집단적 공포 속에서 빈번히 희생당했다.

이런 것들이 새로운 비정상이 가져온 초기 결과다. 우리가 조만간 방향을 바꾸지 않는다면 더 많은 일이 닥칠 것이다. 왜 이런 확신을 하냐고? 2021년에 나는 개인적으로 생물의학 보안기구를 뼈저리게 경험했다. 이러한 기제에 저항하려고 시도한 내 경험은 의대 교수이자 의료윤리학자로서의 내 경력을 송두리째 바꿔 놓았다. 다음 장에서 하게 될 내 개인적인 이야기는 코비드 팬데믹 기간에 '생물의학 보안국가'가 어떻게 그 모습을 드러냈는지 실례를 통해 보여 준다.

제2장

락다운 & 락아웃:
새로운 사회 패러다임

온 세상은 우리의 병원

몰락한 백만장자가 기부한 거기서,

잘하면 우리는 죽으리라

우리를 놓아두지 않고, 어디서나 가로막는

절대적 부성애의 보살핌 때문에

— T. S. 엘리엇, 「이스트 코커East Coker」

2021년 우리는 인간을 대상으로 세계 역사상 가장 대규모의 실험을 했다. 내용 고지에 입각한 동의를 얻지도 않았다. 그 실험은 실패로 끝났다.

그해가 저물어 가던 몇 주 동안 나는 미국 언론매체의 이목을 집중시켰다. "윤리학 교수가 대학의 백신 의무 접종에 저항해 해고"라는 기사 제목은 권위주의적이며 비논리적인 팬데믹 방역 정책으로 상처받고 시달려 지치고 근심에 찬 대중의 눈길을 끌었다. 2022년 1월 나는 링컨 기념관 계단에서 4만여 명의 군중에게 연설했다. 우리는 고압적인 코비드 규제와 강제적인 정책에 반대하기 위해 영하 6도의 추운 날씨에도 미국 수도에 모였다. 아래를 내려다보니 연단 옆에 50년 전 바로 그 자리에서 한 마틴 루터 킹 주니어의 "나는 꿈이 있습니다"라는 연설을 기념하는 대리석 판이 눈에 띄었다. 다음 날 나는 미국 상원에서 열린 코비드 팬데믹 대응조치에 대한 토론회에서 '다른 의견'을 진술했다. 이번 장에서는 내가 질병통제센터CDC 그리고 식품의약국FDA과 법적 다툼을 벌이게 된 연유뿐 아니라 어떻게 그 자리에 나가게 됐는지 저간의 사정을 이야기하고자 한다.

링컨 기념관에서 한 연설에서 나는 제1차 '의무 접종 분쇄' 행진을 위해 모인 사람들에게 우리가 당면한 문제는 락다운이나 백신 의무 접종과 접종 증명 그 이상이라는 점을 상기시켰다. 이런 것들은 단지 사회 전반에 영향을 미치게 될 완전히 새로운 패러다임의 첫걸음에 불과했다. 나는 "우리는 선출직이 아닌 테크노크라트들이 운영하는 새로운 생물보안 감시체제의 등장을 목도하고 있다"며 "디지털 기술과 공중보건에 경찰력이 결합하여 전례 없는 프라이버시 침해와 침입적 감시 방법 그리고 권위주의적 통제를 낳고 있다"고 설명했다. 이러한 초기 단계의 하부구조가 팬데믹 동안에 어떻게 등장하는지 알아보고자 한다.

"증명서 좀 보여 주세요"

2021년 코비드 백신 의무 접종은 백신 접종 증명이라는 새로운 제도와 많은 지역에서 사람을 가려내기 위한 "증명서 좀 보여 주세요" 체제를 형성한 디지털 감시와 연계되었다. 그해 말 오미크론이 기승을 부리면서 백신 의무 접종과 접종 증명이 바이러스 전파를 둔화시키지 못했다는 것이 드러났다. 2022년 3월에 와서 이러한 조치들은 여러 곳에서 중단되지만 내가 근무하는 캘리포니아 대학 같은 일부 기관에서는 여전히 의무 접종 제도가 존속했다. 대부분의 자치단체가 백신 접종 증명 제도를 완화했다. 하지만 개념 입증 실험pro of-of-concept experiment에서는 효력이 없다고 이미 결론이 난 상태였다.

백신 접종 증명이 어떻게 기능했는지 살펴보자. 2021년 12월 이름을 밝힐 수 없는 내 친척 한 사람이 새크라멘토 킹스에서 열리는 농구 경기를 보러 갔다. 경기장에 들어가는 데는 세 줄이 늘어서 있었다. 1) 백신 접종 증명서를 가진 사람, 2) 신속 코비드 테스트를 할 사람, 3) 최근에 음성 판정을 받은 사람. 그는 백신을 맞았고 이것을 확인해 줄 디지털 백신 접종 증명서가 있었다. 그러나 그는 코비드에 감염됐는지 보기 위해 신속 테스트를 받아야겠다고 생각했다. 그는 양성으로 나왔다. 그래서 그는 신속 테스트 줄에서 잽싸게 접종자 줄로 가서 접종 증명서를 보여 주고 경기장 안으로 입장했다.

두 달 전인 2021년 9월 세 명의 흑인 여성이 맨해튼에 있는 고급 레스토랑인 카민스에 갔다. 여종업원이 그들과 함께 온 남자들에게 접종 증명을 보여 달라고 요구했다. 남성들은 접종 증명이 없었다. 여성들과 여종업원 사이에 실랑이가 오갔다. 신고 받은 경찰이 현장에 출동했다. 카메라에는 흑인 여성과 백인 남성 종업원 모두 신체적인 공격 행동을 한 것으로 나왔음에도 흑인 여성들만 체포되었다.《뉴욕타임스》는 여종업원이 인종차별적 비난을 했으며 고객들이 소지한 백신 접종 증명서가 가짜라고 거들먹거리며 말했다고 보도했다.[1]

집단 백신 캠페인을 통해 역사적으로 볼 때 미국의 공중보건 기관을 믿지 못할 만한 타당한 이유를 가지고 있는 흑인들이 상대적으로 백신 접종을 많이 하지 않은 것으로 알려졌다. 서문에서 설명한 우생학 정책과 마찬가지로 이런 사실이 백신 접종 증명을 사실상 하나의 인종차별적 조치로 만들었다. 맨해튼의 괜찮은 레스토랑에서 식사하려고 했던 세 여성은 백신 접종 증명에 은밀히 스며든 인종적, 계층적 차별 조치에 저항하다 처벌을 받았다.

이 시스템에는 사회적 배제가 반영되어 있다. 정책 입안자들은 백신 접종 증명의 의도가 접종하지 않는 사람들의 생활을 불편하게 만들어 결국 이들을 규정에 따라 접종하도록 만드는 것이라는 것을 공개적으로 인정한다. 이러한 정책들은 공중보건이라는 얇은 허울 뒤에 차별적 조치들을 번히 숨겨 두고 있다. 이러한 조치들의 차별적 효과에 대해 흑인이 갖는 염려는 집단 예방접종에 대한 뉴욕주의 접근 방식에서도 수그러들지 않았다. 2021년 8월《뉴욕타임스》는 다음과 같이 보도했다.

> 세 가지 백신 가운데 1회 접종으로 끝나는 존슨 & 존슨 백신 접종은 다른 곳보다 흑인과 라틴계 주민이 사는 지역에 집중되었다. 이 백신은 모더나와 화이자 백신과는 달리 한 번만 맞으면 되고 냉장 보관 조건이 덜 까다롭다. 정부 관리들은 소수계 주민에게 백신 접종을 하기 위한 핵심 조치로 공공 주택 단지와 교회 등에 세운 임시 백신 접종소에는 이 백신이 확실한 선택이라고 생각했다.[2]

FDA에 제출된 임상시험 자료에 따르면 이 백신은 다른 두 종류에 비해 효능이 떨어진다. 2021년 2월 연방정부는 혈전에 대한 보고를 접하고 이 백신의 사용을 잠정 중단시켰다. 이듬해 FDA는 혈전증에 대한 우려 때문에 존슨 & 존슨 백신은 다른 백신을 맞을 수 없는 사람들에게만 사용할 것을 권고했다. 하지만 그때까지 이 백신은 소수계 주민을 대상으로 널리 사용되었다. 상상할 수 있겠지만 이러한 사실이 공개되었다고 해서 공중보건 기관에 대한 흑인의 신뢰가 회복된 것은 아니다.

백신 접종 증명의 차별적 효과는 많은 심각한 문제들 가운데 하나일 뿐이다. 일 년 이상 일반 시민들은 몇 년 전까지만 해도 생각지도 못했던 감시와 통제 시스템을 여행, 일 그리고 공공장소에 접근하기 위한 일상적 조건으로 받아들였다. 팬데믹 이전에 누군가가 비행기와 기차에 탑승하거나, 식당에 들어가거나, 대중 집회에 참석하거나, 고국으로 귀국하기 위해, 백신을 맞았다는 QR 코드를 보여 줘야 하는 검문소를 세우자고 진지하게 제안했다면 시민들이 즉각 들고일어났을 것이다. 코비드 기간에 이루어진 공포감의 유포는 시민들이 별 저항 없이 감시와 통제 시스템을 용인하는 사회·심리적 분위기를 조성했다.

이동과 집회의 자유, 출신국에서 거주할 자유 그리고 공공장소에 접근하고 공공 행사에 참석할 자유, 이런 것들이 기본권에서 방역 조치를 잘 따르면 정부가 부여하는 특권으로 일순간 바뀌었다. 이러한 권리가 특권이 되기까지는 장기간에 걸친 락다운의 엄청난 부담에 이어 백신 접종만이 정상적인 생활로 복귀할 수 있는 유일한 수단이라는 약속이 필요했다. 사람들은 심리적 압박을 받는 가운데 이러한 거래를 수용했다. 거듭되는 락다운으로 인해 반복적 트라우마를 겪은 이후 대다수 시민은 갑자기 박탈당한 정상적인 사회생활의 모습을 되찾을 수 있다면 무엇이든 하려고 했다.

미국의 많은 시·군뿐 아니라 대부분의 유럽 국가들이 2021년에 백신 접종 증명 제도를 도입했다. 호주, 캐나다, 뉴질랜드, 일본, 우루과이 그리고 아르헨티나 역시 백신 접종 증명을 수용했다. 백신 접종 증명은 여행, 공공건물 출입 그리고 기본적인 복지 수혜 자격뿐 아니라 영주권을 가진 나라에서 취업하는 데도 필요했다.[3] 이러한 제도는 사회적 분열을 강화하고 많은 주민에게 나쁜 이미지를 덧씌우면서 락다운 여파로 조성된 사회의 이중성을 더 악화시켰다.

백신 접종 증명 제도는 코비드에 대응하기 위해 현장에서 만들어진 게 아니다. 이런 계획은 팬데믹 이전부터 존재했다. 예를 들면 유럽

연합EU의 그린패스 백신 증명은 최초의 코비드 환자가 발생하기 일년 전인 2018년에 입안된 것이다. EU의 계획은 2022년까지 모든 역내 시민에게 백신 접종 증명을 발급하는 것이었다. 그러나 팬데믹이 이런 과정을 가속화해 2021년에 목표가 달성되었다. EU 27개 회원국이 2021년 6월 1일부터 도입한 그린패스가 없으면 이탈리아 시민은 취업할 수 없고 많은 다른 유럽 국가의 시민들은 공공서비스와 교육을 받을 수 없었다. 레스토랑, 바, 박물관, 슈퍼마켓, 체육관, 도서관 그리고 다른 공공장소에 출입하려면 그린패스가 필요했다. EU의 백신 접종 증명은 믿을 수 없을 정도로 가혹한 배제의 기제로 작용했다.[4]

'백신 접종 완료'라는 개념 정의는 계속해서 발표되는 추가접종의 이동표적이 되었다. 백신 접종 증명이 부여하는 접근권은 한시적이었기 때문이다. 아이로니컬하게도 바이러스에 대항하는 백신 효과가 장기적이지 못했기 때문에 그리고 뒷받침할 만한 자료가 거의 없음에도 추가접종이 이런 결점을 보완해 줄 것이라는 근거 없는 희망 때문에 이런 현상은 악화되었다. 추가 의무 접종은 접종 증명이 사실상 유효기간이 미리 정해져 변경할 수 없는 증명이 아니라는 것을 보여 주었다. 백신 '패스포트'는 실제로 임시적인 삶의 허가증이었다. 이동하고 시민사회에 참여할 수 있는 정부의 허가증은 언제라도 무효화될 수 있었다.

백신 접종 증명은 외국에 갈 수 있는 증명서다. 우리가 자국 내에서 이동할 때는 허가받을 필요가 없다. 비행기나 기구를 타고 하늘로 올라갈 수 있으며 배를 타고 바다로 나가 마음대로 멀리 갈 수 있다. 로켓을 만들 수 있다면 달에도 갈 수 있다. 하지만 외국 땅에 발을 딛기 위해서는 허가가 필요하다. 따라서 백신 접종 증명이 정말 '패스포트'라면 그것은 자국민을 모두 자기 나라에서 외국인으로 만드는 셈이다. 이것은 문자 그대로 이때까지 나온 것들 가운데 가장 사람들을 소외시키는 대내 정책이다. 백신 접종 증명 제도하에서 우리는 모두 조국이 없고 추방된 자이며 낯선 나라에 사는 이방인이다. 백신 접종 증명이 이런 기능을 한다는 것을 부정하면 이것은 그 증명들이 패스포트가 아니라 내가 이야기한 바와 같이 임시적인 삶의 허가증임을 인정하는 것이다.

백신 접종 증명은 결코 면역 상태, 타인에 대한 전파 위험, 혹은 다른 유의미한 코비드 측정 기준을 보여 주는 믿을 만한 표식이 아니었다. 백신 패스포트를 가지고 있지 않아서 보여 주는 것이 있다면 그것은 순응하지 않는 성향이다. 이러한 삶의 허가증은 프랑스 철학자 미셸 푸코가 말한 "일상생활의 아주 지엽말단적 부분까지 침입하는 규제"[5]의 생생한 예이다. 백신 패스포트가 도입되었을 때도 이것이 공중보건을 개선한다는 아무런 근거가 없었으며 지금도 여전히 그런 근거는 없다. 시민들이 이런 제도를 받아들이기 전에 어떤 근거도 요구하지 않았다는 사실은 이 시대의 걱정스러운 모습이다.

사실 백신 패스포트가 바이러스의 전파를 둔화시키지 못한다는 증거는 차고 넘친다. 영국에서 2021년 8월에 열린 보드매스터 뮤직 페스티벌The Boardmasters Music Festival에서는 참가자들에게 백신 접종 증명을 요구했지만 참가 인원의 10퍼센트에 달하는 5,000명이 그다음 주에 확진자로 판명되었다. 하버드 경영대학에서는 학생 95퍼센트, 교수 96퍼센트가 접종을 했고 모든 것을 방역 규칙대로 했지만 2021년 가을학기가 시작하고 몇 주 만에 60명의 확진자가 발생했다. 2021년 7월 영국 선박 HMS 퀸 엘리자베스호에서는 승객과 승무원이 100퍼센트 백신 접종을 했지만 100여 명의 확진자가 한꺼번에 발생했다.[6] 미디어에서 별로 관심을 끌지 못한 하버드 대학 연구진의 한 연구에서는 "코비드19 확진자의 증가는 68개 국가와 미국 2,946개 카운티에서 백신 접종률과 상관관계가 없다"[7]고 밝혀졌다.

2021년 여름에 이르기까지 백신의 효과는 달이 지날수록 눈에 띄게 떨어졌다. 그해 말 오미크론이 크게 유행하자 백신은 감염을 막을 수 없었다. 백신의 오미크론 면역성에 관한 한 연구는 이 변종 바이러스에 대한 2회분 총량 mRNA 백신(화이자 혹은 모더나) 처방에서 백신의 효능이 전혀 없었다는 것을 보여 주었다. 3차 추가접종 이후 오미크론에 대한 백신의 효과는 FDA가 백신을 승인할 때 최저기준으로 삼는 50퍼센트보다 훨씬 낮은 37퍼센트로 나타났다. 이 최고 효과는 8주가 지나면 최초 2회 접종 때보다 훨씬 더 빠르게 떨어졌다.[8] 이러한 연구 결과와 부합하게 WHO는 2021년 9월 추가접종을 계속 실시하는 것이 타당치 않은 것으로 보이며 현재 나타난 백신 부작용의 위험을 재현할 수 있다고 발표했다.[9]

설상가상으로 2022년 초에 와서는 이스라엘, 캐나다 온타리오주, 잉글랜드 그리고 스코틀랜드같이 백신 접종률과 추가접종률이 높은 전 세계 여러 지역에서 백신의 역효과를 보여 주는 자료들이 나왔다.[10] 예를 들면 2022년 6월《뉴잉글랜드 저널 오브 메디신》에 게재된 카타르에서 실시된 연구는 오미크론 감염에 대해 백신의 역효과를 보여 주었다.[11] 이것은 백신이 감염이나 전파를 막아 주지 못할 뿐 아니라 백신을 맞지 않은 집단과 비교할 때 백신을 맞은 집단에서 감염률이 상승한 것을 의미한다.

버몬트주 등에서 수집된 자료에서도 비슷한 경향이 나타났다. 하지만 2022년 2월《뉴욕타임스》가 보도한 것처럼 CDC가 확진자, 입원 환자, 사망자 등에 대한 데이터를 공개하지 않거나 공개를 늦추고 있어 미국에서 부정적 효능이 나타나는 지역을 모두 정확히 특정할 수는 없었다. CDC 대변인이 발표한 이유가 비밀을 드러내고 있다. 이 기관은 그들이 수집한 데이터가 "백신 접종을 망설이는 사람"을 늘릴지도 모른다고 우려했다. 《뉴욕타임스》기사는 "백신 보급에 대해 잘 아는 연방 관리들에 따르면 CDC는 작년에 코비드 백신이 처음 보급된 이후 일상적으로 정보를 수집해 왔다. 이 관리는 CDC는 그렇게 수집된 자료가 백신의 효과가 없는 것으로 잘못 해석될 수도 있어서 자료 공개를 꺼린다고 말했다"[12]고 보도했다. 공중보건 기관들은 새로운 데이터가 백신 정책과 모순되는 것으로 나타나면 정책을 바꾸는 대신 기존의 정책을 유지하기 위해 데이터를 묻어 버렸다.

한편 영국은 계속 데이터를 공개했다. 그 데이터는 좋아 보이지 않았다. 2022년 3월까지 영국의 성인 전체 인구의 약 95퍼센트가 접종을 완료했다. 이는 부스터 샷을 맞은 노인 90퍼센트를 포함해 노인 100퍼센트를 포함한 수치였다. 그러나 70세 이상 인구의 감염률은 최고치를 기록했다. 영국에서는 어느 지역보다 접종률이 높고 유일하게 마스크 의무 착용을 시행한 스코틀랜드가 훨씬 더 나빴다. 《파이낸셜타임스》는 "3월 중순에는 일주일에 14명에 한 명꼴로 바이러스에 감염된 스코틀랜드의 팬데믹 감염률이 최고치를 기록했으며, 이러한 감염률은 18명에 한 명 꼴이던 그 전주보다 높아진 것"이라고 보도했다. 노인들 가운데는 추가접종자가 감염자의 90퍼센트를 차지했다. 반면에 접종을 하지 않은 사람들은 전체 집단의 5퍼센트였지만 감염자는 겨우 1.6퍼센트였다. 전체 사망자의 15퍼센트는 전체 인구의 4퍼센트에 불과한 2차 접종을 마친 사람들이었다.[13]

사망자 수가 매우 좋지 않게 나타나자 스코틀랜드는 백신 접종 거부자가 늘어날까 염려해 사망자 실태를 공개하지 않았다.[14] 미국에서처럼 그들은 기존의 방역 정책을 유지하기 위해 데이터를 숨겼다. 영국은 이스라엘이나 온타리오주같이 백신 접종률이 매우 높은 지역에서 한두 달 전에 나타난 현상의 증거를 알고 있었다. 백신은 감염을 막지 못하고 있을 뿐 아니라 데이터에 따르면 백신이 감염 확률을 높이고 있었다. 이런 현상에 대해서 최소한 두 가지 설명이 가능했다. 사려 깊은 과학자들은 처음부터 두 가지 문제를 백신이 가진 잠재적인 문제로 제기했다. 두 가지 문제가 HIV 같은 다른 바이러스에 대한 백신 생산을 어렵게 했는데도 그들의 우려는 무시되었다.

첫 번째 설명은 '항원의 원죄'라고도 알려진 항원 각인*이다. 이 과정에서 백신은 너무 협소하게 하나의 항원(혹은 바이러스의 일부)에만 면역체계의 반응을 집중시킨다. 이 경우에는 면역체계가 2022년에 들어서는 이미 활동을 멈춰 버린 우한 변종 초기의 스파이크 단백질에만 반응했다. 이렇게 되면 면역체계의 체액(B세포) 분지와 세포(T세포) 분지의 균형 잡힌 반응으로 광범위한 항원들에 반응하는 자연면역력을 억제할 수 있다. 자연면역력은 새로운 변이 바이러스에 보편적으로 효과가 있다. 백신은 날아가는 새를 잡기 위해 넓게 퍼지는 산탄총(감염에 뒤따르는 우리 면역체계의 선천면역 혹은 자연면역)을 쏘는 대신 움직이는 표적을 쉽게 놓칠 수 있는 단발 소총을 쏘도록 우리 면역체계를 훈련시켰다.

---

*   antigenic imprinting: 처음 제시된 항원을 면역체계가 기억한 뒤에 변이한 항원을 만났을 때, 면역체계가 이 변이 항원에 대한 새로운 항체를 형성하는 게 아니라 처음 만났던 항원에 대한 항체를 다시 만드는 현상.

백신의 역효과에 대한 두 번째 설명은 항체 의존 증가다. 여기에는 차선 항체, 이 경우는 최초의 스파이크 단백질에 대한 항체의 결합인데 이것은 이 단백질의 새로운 변종에는 잘 맞지 않는다. 이런 경우 역설적으로 감염과 바이러스 복제를 쉽게 만들어 인체 세포에 바이러스가 더 많이 들어오도록 한다. 우리는 이미 여러 병원균들 가운데 돼지 독감H1N1과 뎅기열 바이러스에서 이런 현상이 나타나는 것을 알았다. 스파이크 단백질은 바로 이러한 백신 면역을 회피하기 위해 진화하며, 몇몇 저명한 바이러스 학자들은 이런 현상이 나타날 것 같다고 경고했다. 공중보건 기관들은 이런 경고를 무시했다.

이 두 가지 현상은 상호 배타적이지 않다. 둘 다 2022년 초에 나타난 추세를 설명하는 요소가 될 수 있었는데 많은 사람이 여전히 이런 현상을 부정하려고 했다. 하지만 우리가 이런 현상이 나타나는 까닭은 분명히 알지 못했다고 해도 이런 현상을 알고 있었다는 것은 점점 더 부정할 수 없게 되었다. 2022년 초에 대규모 백신 접종 캠페인을 재검토하기까지는 이미 시간이 많이 흘렀다. 한 달 두 달 시간이 지날수록 강제적인 백신 접종 명령과 그 목표를 달성하기 위한 백신 접종 증명의 실패 그리고 그것으로 인한 피해는 점점 더 분명해졌다.

미국의 법원들은 일부 백신 접종 명령을 무효화시켰고 세계 여러 지역에서 백신 접종 명령을 폐기했지만 쥐스탱 트뤼도 캐나다 총리, 개빈 뉴섬 캘리포니아 주지사, 캘리포니아 주립대학 총장 같은 지도급 인사들은 쌓이는 증거에도 아랑곳하지 않고 정책 변경을 거부했다. 그들은 오히려 실패한 정책에 몰두했다. 캘리포니아 대학의 백신 접종 지시는 다른 많은 경우와 마찬가지로 2022년 1월 추가접종 지시로 이어졌다. 첫 번째 명령에 굴복하면 외톨이가 될 것으로 생각했던 교수, 교직원 그리고 학생 들은 아연실색했다. 2022년 4월, 내가 평생을 봉직한 UCI 학생들은 추가접종을 하지 않으면 와이파이 접속이 되지 않았다. 그리고 대학 당국은 퇴학시키겠다고 위협했다.[15] 그 당시 나와 연락이 닿은 많은 교수와 학생이 마지못해 첫 번째 접종을 해서 학교에 남을 수 있었지만 강제된 추가접종은 거부하겠다고 밝혔다.

:

2021년 초에 새로운 코비드 백신을 되도록 널리 그리고 신속하게 보급하기 위해 열심히 노력한 것은 이해할 수 있다. 하지만 공중보건 당국은 두 가지 위험한 유혹, 즉 선전과 강제에 넘어갔다. 그들이 (집단 면역을 이룬다는) 공공의 이익과 (팬데믹을 최대한 빨리 끝내려는) 좋은 의도를 염두에 두고 이런 방법을 택했다고 해도 그 방법이 잘못되었고 공공 정책의 매우 불온한 경향을 보여 준다는 사실이 달라지진 않는다. 이러한 경향은 생물의학 보안 모델을 뒷받침하는 것과 다름없는 과학적 이데올로기에서 나온 것이다. 즉 과학의 이름으로 발표되는 의견에는 의문을 제기할 수 없으며 정책 성과를 위해 필요하다면 어떤 수단도 용인될 수 있다는 입장이다.

강제적인 코비드 백신 접종 명령은 몇 가지 입증되지 않은 가설에 의존했다. 주류 학설은 이 가설들이 이론의 여지가 없는 자명한 것으로 생각했다. 1) 백신은 누구에게나 안전하다, 2) 백신은 모두 맞아야 한다, 따라서 3) 백신 접종 기피는 극복해야 할 홍보의 문제다. "모든 팔에 주사를"이라는 목표가 사전에 결정되었다. 이제 사전에 결정된 목표 달성에 가장 효율적인 방법을 논의하는 것만 허용되었다. 대오를 벗어나 이런 자명한 공리에 대해 하나라도 의문을 제기하는 과학자, 의사, 정책 담당자는 잘 봐주면 골칫거리거나 최악의 경우는 위험한 인물이었다. 발목 잡는 사람으로 무시당하거나 공중보건에 대한 위협적 존재로 배척되었다. 불편한 질문을 하는 사람들은 모멸적인 '안티-백스 anti-vax'라는 별명으로 불렸다. 그리고 이런 이름이 붙은 사람들은 공적 담론의 장에서 배제되었다.

집단면역을 달성하기 위해 전체 인구의 몇 퍼센트가 백신을 맞아야 하는지 그 목표를 나타내는 골대를 몇 번이나 옮긴 뒤에 나온 2021년 백신 접종에 대한 앤서니 파우치의 발언은 그릇된 지시를 보여 주는 대표적인 예가 되었다. 앤서니 파우치는 그해 3월 "우리는 집단면역과 관련해 너무 숫자에 집착해서는 안 된다"고 말했다. "우리는 다만 되도록 빨리 많은 사람이 접종할 수 있게 해야 한다. 왜냐하면 집단 면역을 이루는 숫자는 가변적이기 때문이다."[16] 다시 같은 해 4월 집단면역을 언급하며 "신비하고 종잡을 수 없는 숫자"[17] 운운했다. 아마 그는 집단면역이라는 개념을 받아들인 미국인들의 신비주의를 용인할 수 있었던 것 같다. 어쨌든 일 년 내내 공중보건 담당자들은 집단면역이 락다운에서 벗어날 수 있는 첩경이라는 생각을 우리 머릿속에 주입했다.

백신 선전들 가운데 일부는 듣는 사람들을 정색하고 나무라는 투가 아니었더라면 웃어넘길 만했을 것이다. 오하이오주 보건부가 텔레비전으로 방영한 공익광고를 한번 생각해 보라. 친절한 면역학자가 "아주 간단한 성분 몇 가지로 이뤄져 있습니다. 물, 설탕, 소금, 지방 그리고 가장 중요한 단백질을 구성하는 성분입니다. 캔디바나 탄산음료 한 캔을 만드는 것보다 단순해요"[18]라고 설명하며 코비드 백신의 성분에 대한 잘못된 정보를 단순화시켜 전달한다. 이 말도 안 되는 메시지는 백신 접종 위험이 캔디바를 먹거나 탄산음료를 마실 때의 위험과 다르지 않다고 생각하게 한다. 이 말에 뭔가 의미가 있다면 그것은 정부가 지원해서 잘못된 정보를 퍼뜨린다는 것이다. 이 광고에 나타난 건방진 태도는 오하이오주 보건 관리들이 일반 시민들의 지적 수준을 어느 정도로 생각하고 있는지 말해 준다. 지금까지 이야기한 것 이외에 가장 언어도단적 선전 형태는 백신 관련 정보를 고의로 드러내지 않거나 가볍게 취급하는 것이었다. 앞에서 언급했지만 2022년 3월《뉴욕타임스》는 "팬데믹 상황에 접어든 지 꼬박 2년이 지나는 동안 미국 공중보건 비상사태의 대응책을 이끌어 온 기관CDC은 그동안 수집한 정보의 극히 일부만을 공개했다"고 보도했다. 예를 들면 이 기관은 "65세 이하 성인에 대한 추가접종 효과와 관련해 최초의 유의미한 데이터를 공개했을 때 추가접종으로 효과를 볼 가능성이 가장 낮아 보이는 18세 이상 45세 이하 집단에 대한 자료는 제외했다. 이들은 연령별 인구 분포에서 가장 큰 집단이다." 많은 데이터를 공개하지 않은 데 대해 CDC가 밝힌 이유는 백신 접종을 꺼리는 사람들이 늘어나는 것을 원치 않기 때문이라는 것이다.[19]

그 결과 보건 담당 관리들이 전하는 메시지가 화이자, 모더나 그리고 존슨&존슨의 마케팅 부서에서 나오는 선전 문구와 차이가 없었다. 그렇다. 공중보건 관련 정보는 더 널리 이해되도록 단순화할 필요가 있다. 하지만 비전문가들을 위해 정보를 단순화하는 것과 대중 조작을 위해 정보를 단순화하거나 이미 결정된 공공 정책을 훼손할 수도 있는 정보를 숨기는 것에는 큰 차이가 있다. 이것은 대중을 교육하는 것이 아니라 대중의 행동을 통제하기 위한 교묘한 속임수다. 가장 정확한 의미로 그것은 선전이다. 반복적으로 밈을 보여 주어도 속아 넘어가지 않는 대다수 대중은 자신들이 속임수의 대상이 되었다는 것을 설명할 수는 없어도 눈치챌 수는 있었다.

미국에서 백신 접종률이 50퍼센트에 육박하면서 2021년 4월에는 새로운 백신 보급이 느려졌다. 심각한 백신 부작용에 대한 보고가 나왔고 미국보다 집단접종 캠페인을 먼저 시작한 이스라엘에서 나온 연구들은 백신의 효과가 급격히 떨어지고 있음을 시사했다. 공중보건 당국의 노력은 선전에서 어설픈 유인책과 유혹으로 바뀌었다. 몇몇 주는 백신을 접종한 사람들에게 100만 달러 이상 상금을 받을 수 있는 복권을 주었다. 백신을 맞은 사람들에게 뉴저지주는 공짜 맥주를, 뉴욕주와 오하이오주는 대학 전액 장학금을 받을 수 있는 추첨권을, 워싱턴주는 마리화나를 주는 등 다른 주와 도시들도 장려 정책을 펼쳤다.[20] (시민들의 건강을 진심으로 염려하는 사람들이 아무 문제 없다는 듯 시민들에게 마리화나를 주었다.)

이런 유인책이 먹히지 않자 관리들은 접종에 응하지 않는 사람들에게 위반하면 심각한 불이익이 따른다며 접종을 명령했다. 캘리포니아 대학이 백신 접종 명령을 준비하고 있을 때 나는 2021년 《월 스트리트 저널》의 지면을 빌려 대학의 백신 접종 명령이 정보에 입각한 동의를 비롯해 의료윤리의 기본 원칙들을 위반하고 있다고 공개적으로 항의했다. 백신 명령을 정당화할 최소한의 조건도 충족되지 않았지만 기관과 단체 들은 토론은 물론 유의미한 논의도 거의 거치지 않고 이런 오도된 정책을 수용했다. 그 당시 나는 다음과 같이 썼다. "우리는 압력을 받아도 고결함을 유지해야 한다. 우리는 다름 아닌 전쟁이나 팬데믹 같은 극단적인 상황에 있을 때 윤리적 원칙을 포기하라는 유혹을 가장 강하게 받는다. 의무적인 백신 접종 규칙을 서둘러 제정하려는 당국은 유효한 과학적 데이터, 면역학의 기본 원리 그리고 근본적인 (윤리적) 규범을 무시하고 있다."[21]

공동 기고자인 법학 교수 제리 브래들리Gerry Bradley와 함께 나는 대학이 이런 무모한 정책에 착수했을 때 입대하면 권리가 제한되는 군인들조차 강제로 코비드 백신을 맞지 않는다고 지적했다. "탄저병 백신의 경우 2004년 연방 지방법원 판사는 고지에 입각한 동의나 군인들의 법적 보호를 포기하는 대통령의 명령 없이는 '미국은 군인들에게 의약품 실험을 위한 기니피그가 되라고 요구할 수 없다'고 판시했다. 이듬해 그 판사는 FDA의 긴급사용 승인emergency-use authorization은 법적 기준을 충족시키기에 불충분하다고 주장했다."[22]

하지만 FDA가 화이자 백신을 승인한 직후에—승인된 약품인 코머내티Comirnaty는 아직 미국에서 구할 수 없었지만—군 당국은 군인들을 대상으로 백신 접종 명령을 내렸다. 몇 달 뒤 국방부에서 의사로 근무하는 내부고발자들은 미군들의 건강 상태를 모니터하기 위해 사용하는 군대 데이터베이스에 새로운 백신의 보급과 동시에 군인들의 건강이 크게 나빠졌다는 것을 폭로했다. 우리는 코비드가 심각한 위험요인이 아닌 젊고 건강한 군인들에게 강제로 백신을 처방했다.

미국 상원 청문회에 내부고발자의 대리인 톰 렌즈Tom Renz 변호사가 제출한 증거 자료에 따르면, 국방부 데이터베이스에는 2021년 백신 접종 명령 기간에 사망을 비롯해 부작용 사례가 전에 없이 급증한 것으로 나타났다.[23] 이런 자료는 백신 부작용 사례 보고 시스템VAERS 상에 나타난 많은 초기 안정성 징후early safety signal와 일치했으며 나중에 생명보험 통계자료를 통해 밝혀진 취업 연령 성인 인구의 전 원인 사망률*의 급증과도 궤를 같이했다. 그런 위험한 조짐들은 아직 더 연구해 볼 여지가 있지만 CDC가 관심을 보인 안전 문제는 심근염밖에 없었다.

내가 증언한 바 있는 같은 상원 청문회에서 나는 백신 의무를 둘러싼 검열 환경에 대해 설명했다. "과학적 방법이 학문적, 사회적 환경으로 인해 신음하고 있습니다. 검열하고 경쟁적 관점에 입을 다물도록 합니다. 그런데 이런 것이 과학적 합의인 양 잘못 투사되고 있습니다. 이 '합의'는 빈번히 경제적, 정치적 이해관계의 영향을 강하게 받고 있습니다." 나는 백신 접종 명령이 이미 코비드에 걸렸다가 회복되어 감염으로 인한 자연면역력이 생긴 엄청나게 많은 사람을 무시했으며, 이렇게 생긴 면역력은 백신으로 얻은 면역력보다 훨씬 강하고 오래 지속된다는 것을 지적했다. 코비드에 걸렸다가 회복된 사람들에게 백신을 접종하면 항체가 증가할 수도 있지만 이러한 '혼성 면역hybrid immunity'이 재감염이나 전파력같이 유의미한 임상 결과를 향상시킨다는 역학적 증거는 하나도 없다.[24]

2021년에 엄격한 검열 분위기 속에서 이러한 과학적 사실을 설명하려고 노력한 몇 안 되는 대중적 인물 중에는 놀랍게도 NBA 선수가 몇 명 있었다. 그들 가운데 가장 두드러진 인물은 올랜도 매직 팀에서 포워드로 뛰고 있는 젊은 스타 조너선 아이삭Jonathan Isaac이었다. 한 기자회견에서 아이삭은 압력에 굴하지 않고 놀랄 만한 평정심과 침착함을 보여 주며 백신의 안전성과 효과뿐 아니라 자연면역에 관해 우리

---

* all-cause mortality: 특정 인구 집단에서 어떤 한 가지 원인이 아니라 질병, 사고, 상해 등 모든 원인에 의한 사망률.

가 알고 있는 것을 이른바 공중보건 전문가들과 텔레비전에 나와 떠드는 사람들보다 더 잘 설명했다. 나는 조너선에게 연락했고 우리는 협력하는 친구 관계를 맺었다.

《뉴욕타임스》가 자연면역을 가진 사람에 대한 백신 접종을 다루면서 우리 둘 다를 언급한 기사가 나간 뒤, 조너선과 나는 "코비드 명령이 미국인이 다시 경기에 나가는 것을 막는다"라는 기고문을 공동 명의로 써서 화답했다. 우리는 혼성 면역을 과학적으로 설명하고 코비드와 싸우면서 동시에 우리의 자유를 지킬 수 있다고 주장했다. 우리가 말했듯이 "과학적 증거는 백신 접종의 손을 들어주지 않는다. (감염을 통해 생긴) 자연면역을 가진 사람들에 대한 강압적인 명령이나 제한을 정당화하지 못한다. 더 나아가 우리는 고지에 입각한 동의나 백신을 거부할 권리를 유지해야만 한다고 주장했다." 우리는 또 다음과 같이 설명했다.

> "도움이 되지 않을 수도 있지만 그래도 다른 사람들을 위해 백신을 접종해야 한다"는 주장은 코비드 백신에는 적용되지 않는다. 왜냐하면 코비드 백신은 감염과 전파를 막지 못하고 오직 증상이 악화될 위험을 낮출 뿐이기 때문이다. CDC 국장이 인정한 바와 같이 백신을 접종한 사람들 가운데 돌파 감염 환자가 무수히 발생한 기록이 있으며 그들이 백신을 전파할 가능성은 백신 접종을 하지 않은 사람과 같다. 그에 반해 자연면역을 가진 사람이 다시 감염되어 다른 사람에게 바이러스를 전파한 사례는 단 한 건도 보고되지 않았다. 우리가 주위에 있는 가장 안전한 사람이다.

맺음말에서 우리는 "코비드 동안 우리를 지키기 위해 용감하게 일선에서 일하는 누구 못지않게 중요한 사람들이 지금 같은 사람들로부터 괴롭힘을 당하고 있으며 자유의 토대 위에 세워진 국가의 정부로부터 아무런 지원도 받지 못하고 있다"[25]고 썼다. 나중에 이야기하겠지만 이 기고문을 발표하기까지 나는 이미 코비드 백신 접종 명령의 불합리와 부당함을 몸소 체험했다.

그라운드 제로

『구약성서』에 나오는 나환자부터 고대 로마 유스티아누스 황제 시대의 흑사병, 1918년 스페인 독감에 이르기까지 팬데믹의 역사에서 건강한 사람들의 이동을 제한한 것은 코비드가 최초다. 고대인들은 바이러스와 박테리아를 몰랐기 때문에 전염병의 기전을 이해하지 못했지만 그럼에도 역병이 나돌 때는 전염의 확산을 누그러뜨릴 여러 방법을 고안해 냈다. 오랜 세월에 걸쳐 유효성이 입증된 방법들은 증상이 나타난 환자의 격리부터 병에서 회복되어 자연면역을 가진 사람들을 모아 환자를 돌보게 하는 것에 이르기까지 다양했다.[26]

락다운은 결코 전통적인 공중보건 대책의 일부가 아니었다. 락다운의 개념은 부분적으로 지난 20여 년 동안 군사화되어 온 공중보건기구들에서 나왔다. 우리는 이제 '팬데믹 대응조치'라는 말을 일상적으로 듣는다. 하지만 의사나 간호사는 절대 바이러스 '대응조치'라는 말을 하지 않는다. 이 말은 첩보 활동과 군대 용어다. 1968년 H2N3 유행성 독감 팬데믹으로 100만에서 400만 명의 추정 사망자가 발생했을 때 상점과 학교는 문을 열었고 대규모 행사도 취소된 적이 없었다. 2020년까지 주민 전체를 락다운한 적은 한 번도 없었다. 왜냐하면 이

방법은 효과가 없기 때문이다. 2020년에 락다운으로 생명을 구했다는 경험적 증거는 하나도 없다. 단정이 빗나갔을 뿐 아니라 수치가 터무니없이 과장된 허점투성이 수학적 모델만 있을 뿐이다.

대통령 직속 코로나바이러스 대책위원회를 이끄는 파우치 박사와 벅스 박사*가 2020년 2월 락다운이 해결책이라고 결정했을 때《뉴욕타임스》는 이런 접근 방법을 미국민에게 설명하려고 노력했다. 2월 27일《뉴욕타임스》는 과학 담당 기자인 도널드 맥닐Donald McNeil을 출연시켜 이 바이러스가 2.5퍼센트의 감염자 치명률을 나타내고 있다고 설명하는 팟캐스트를 내보냈다. 최악의 상황에 대비한 그의 조언은 다음과 같이 이어졌다. "여러분과 여러분의 친구들이 한 달 동안 집에 머물러야 한다면, 혹은 지하철을 이용할 수 없거나 슈퍼마켓에 식품이 바닥난다면, 혹은 중국에서 공급이 끊겨 인슐린, HIV 치료제, 심장병약 등 복용하고 있던 약을 구할 수 없다면 어떻게 될지 마음의 준비를 하세요." 그는 또 산소호흡기가 부족해 필요한 사람들에게 제대로 공급하지 못할 수도 있다고 경고했다. 맥닐은 이어서 중국의 조치를 본받아 락다운이 내려질 가능성을 설명했다. "우한과 허베이성의 봉쇄 조치로 중국에서 벌어진 일들이 크리스마스 시즌에 봉쇄된 시카고와 중서부 대부분의 주변 지역에서도 벌어졌습니다. 이것은 말하자면 지금 시카고에 가서 머물게 되면 그곳을 떠날 수 없다는 것입니다. 가족들을 볼 수 없습니다. 모든 비행편이 취소되고 열차도 취소되었습니다. 모든 고속도로는 차단되었습니다. 거기에 가서 머물게 되면 치명적인 질병

---

*   Deborah Birx: 의사이자 외교관으로 2020년 2월부터 2021년 1월까지 백악관의 코로나바이러스 대책 조정관을 지냈다.

과 함께 갇히는 겁니다. 우리는 그렇게 될 수 있습니다."

다음 날《뉴욕타임스》는 맥닐이 쓴 "코로나와 싸우려면 중세로 돌아가자"[27]는 기사를 게재했다. 이 기사는 중세 사회에 대해 충분한 설명을 하지 않았다. 중세 사회는 전염병이 돌면 때로 성문을 닫거나 국경을 봉쇄했다. 하지만 생업을 위한 활동을 막은 적도, 무증상자를 공동체의 다른 사람들로부터 고립시킨 적도 없었다. 틀렸어요, 맥닐! 락다운은 중세에 있었던 과거의 일이 아니라 완전히 현대에 고안해 낸 것이다. 2020년 3월의 락다운은 인류에게 시도된 적이 없었던 완전히 새로운 실험이었다.

이런 조치들은 전례가 없었지만 락다운 조치에 대한 공개적인 대화나 토론은 사실상 전무했다. 까다로운 정책 문제에 대한 현명한 해결책은 항상 하나의 역학적 모델로는 내릴 수 없는 신중한 판단을 통해 얻어진다. 팬데믹 초기 몇 개월 동안 그런 어려운 판단을 이끌어 갈 지도자들이 필요했다. 하지만 오히려 미국 정치인들은 '과학'이나 '전문가들' 뒤에 숨어 책임을 방기했다. 전가의 보도처럼 쓰이는 이런 말을 들으면 모든 것을 아우르는 하나의 거대한 데이터 목록이 떠오를 뿐이다. 정치 지도자들은 락다운이나 마스크 의무 착용 같은 결정을 내릴 때 수천 개의 세세한 사항들은 차치하더라도 여러 복잡한 위험성과 위해성을 고려해야만 했다. 몇몇 주목할 만한 예외가 있지만 미국의 지도층 대부분은 보기 좋게 실패했다. 지금도 여전히 그들은 자신들이 범한 실수를 인정하지 않으려고 한다.

2020년 3월에 전 세계적으로 벌어진 생소하고 바보스러운 짓들은 과장해 말할 필요도 없다. 우리는 단지 새롭고 이전에 검증된 바가 없는 감염 통제 방식을 접한 것이 아니었다. 이보다 더한 것은 수십 년 동안 작업을 해 왔지만 몇 년 전까지만 해도 불가능했던 새로운 사회 패러다임을 우리가 수용한 것이다. 우리에게 닥친 것은 신종 바이러스뿐 아니라 사회를 조직하고 통제하는 새로운 방식이다. 이것을 표현하는 관료적 문구는 재택stay-at-home이었지만 대중은 더 적절한 용어를 선택했다. 락다운.

이 용어는 의학이나 공중보건이 아니라 형벌 제도에서 나온 것이다. 죄수들이 폭동을 일으켰을 때 질서를 회복하기 위해 락다운에 들어간다. 세상에서 가장 촘촘하게 통제되고 감시되는 환경이 혼란에 빠졌을 때 재소자 집단 전체를 신속하고 철저하게 강제 진압함으로써 질서를 회복한다. 엄밀한 감시하의 감금만이 위험하고 다루기 힘든 죄수들을 통제할 수 있다. 죄수들은 폭동을 일으킬 수 없고 정신병자들은 정신병원을 돌아다닐 수 없다.

2020년 2월, 우리 사회에 대혼란 상태가 다가오고 있다고 믿었다. 우리는 이러한 형벌적 해결책이 옳고, 사실상 유일한 합리적 대책이라는 의견을 수용했다. 락다운이 처음에 시행되었을 때 놀랄 정도로 별 저항이 없었다. 대다수 사람에게 전염병 확산을 저지하기 위한 15일간의 락다운은 괜찮아 보였다. 이것이 신종 바이러스의 속성을 이해하고 상황을 파악할 시간을 벌어 주며 병원이 환자로 넘쳐나 사랑하는 가족이 거리에서 죽는 것을 막아 줄 것으로 생각했다. 주지사들은 앞서거니 뒤서거니 연이어 우리에게 재택을 명령했다. 우리는 기꺼이 따랐다. 거부하면 쓸데없는 죽음을 불러오게 된다고 들었다. 몇 안 되는 반대하는 사람들에게는 즉시 낙인이 찍혔다. 한 언론인이 묘사했다시피 "과학을 내세우는 것이 순응성을 강요하는 무기가 되었으며 언론매체들은 락다운 반대 시위자들을 국민을 위험에 빠트리려고 여론을 조작하는 시대착오적 백인 국가주의자들"이라고 보도했다.[28] 어느 누가 그런 진영으로 분류되길 원했을까?

코비드에 관한 보도는 락다운까지 가는 몇 달 동안 세계를 최면에 빠뜨렸다. 우리는 외국에서 코로나 사망자가 얼마나 발생하는지 추적하면서 확진자가 늘어나는 것을 지켜보며 화면에서 눈을 떼지 못했다. 소셜 미디어에는 북부 이탈리아에서 전해지는 섬뜩한 사진들로 넘쳐났다. 이곳에서는 병원들이 심각한 과부하로 힘겨워하고 있었으며 의사들은 질병과 죽음의 물결이 미국에도 닥칠 것이라고 경고했다. 언론은 명색이 선진국이라는 이탈리아에서 보건 시스템이 여러 해 동안 대단히 열악해졌고 재정이 빈곤했다거나 롬바르디아 지역의 병원들이 지난 몇 년 동안 계절 독감이 유행했을 때도 매번 환자들로 넘쳐났다는 사실은 언급하지 않았다.

미국과 영국에서 확진자 실태를 아직 파악하기도 전에 수학적 모델링에 의존해 방향을 정했다. 왜냐하면 지레 겁을 먹고 있었기 때문에 우리가 선택한 모델은 여러 가지 조심스러운 통계적 예측들 가운데 하나가 아니라 런던 임페리얼 칼리지의 닐 퍼거슨Neil Ferguson이 주도하는 그룹이 발표한 2020년 5월까지 사망자가 4,000만 명에 달할 것이라는 가공할 만한 숫자였다. 우리는 이전에 발생한 전염병에서 터무니없이 과대 예측했던 퍼거슨의 전력을 간단히 무시해 버렸다. 그리고 임페리얼 칼리지 모델이 심각하게 잘못된 가정에 근거를 두고 있다고 경고한 생물통계학의 전설 존 이오아니디스John Ioannidis 스탠퍼드 대학 교수 같은 비판자들을 도외시했다.

이번에는 문제없다. 퍼거슨의 끔찍한 예언이 반드시 적중할 것이라고 했다. 나중에 밝혀졌지만 이 모델은 그 당시 나와 있던 다른 우수한 모델들보다 훨씬 더 오류가 컸다는 것이 입증되었다. 임페리얼 칼리지 모델은 락다운을 하지 않으면 그해 5월 말까지 스웨덴에서는 8만 명의 사망자가 발생한다고 예측했다. 스웨덴은 락다운을 하지 않은 몇 안 되는 나라들 가운데 하나였고 과다 계상하는 것으로 밝혀진 방법을 이용해도 사망자는 6,000명이었다. 퍼거슨의 모델은 2020년 5월에 와서 평가할 수 있었고 명백히 잘못된 것으로 입증되었다. 하지만 그런 사실이 우리의 정해진 궤도를 바꿔 놓진 못했다.[29]

팬데믹 초기 몇 개월 동안 나는 캘리포니아 대학이 팬데믹 감염자 분류 대책에 관한 초안을 작성하는 것을 도와주며 밤과 주말을 이용해 최악의 상황에 대비한 계획을 짜는 데 몰두했다. 2020년 나는 캘리포니아 대학 어바인UCI 의과대학의 임상의학 교수이자 UCI 병원의 의료윤리 프로그램 책임자였다. 거기서 나는 내 경력의 전부인 15년의 세월을 보냈다. 나는 다른 네 곳의 대학병원에서 온 중환자 전문가들, 생명윤리학자들과 함께 각 지역 캠퍼스를 관장하는 캘리포니아 대학 총장실에서 소집한 실무 그룹에 참가했다. 우리의 첫 번째 과제는 예를 들면 인공호흡기의 수요가 공급을 초과할 때 적용할 치료 우선순위 같은 위기 상황의 치료 기준을 정하는 것이었다.

우리가 고민한 윤리적인 문제는 순수하게 학문적인 것만은 아니었다. 우리 가운데 다수는 이러한 정책이 몇 주 혹은 몇 달 안에 우리 병원에서도 필요할지 모른다고 생각해 준비하느라 촌각을 다투며 일하고 있었다. 뉴욕에 있는 병원들은 지원을 받지 못하면 인공호흡기가 동날 것이라고 보고했다. 우리는 서부 해안 지역에도 조만간 악몽과 같은 코비드 사태가 벌어질 것으로 생각했다. 이 위원들의 대부분은 직접 관련이 있는 일선 의사들이었다. 그 당시 쓴 「팬데믹 환자 분류라는 난감한 윤리학」이라는 기고문에서 나는 그 경험을 되돌아보았다.

우리는 의무, 정의, 평등, 공정, 투명성에 관해 숙의했다. 이런 원칙들은
위기 상황에서도 결코 포기할 수 없는 것이다. 그러나 우리 활동의 배경
에는 항상 뭔가가 스멀거린다. 이런 모든 원칙의 밑에는 피할 수 없는 비
극적 암류가 흐른다. 아무리 우리의 의도가 올곧아도 이 불안한 사실이
사라지지 않고 늘 우리를 괴롭힌다. 병원이 최대 수용력을 초과하면 그렇
지 않았더라면 살아날 환자들이 죽을 것이다. 모든 이들에게 현대 의료서
비스의 기본을 제공하기에는 자원이 부족해 목숨을 잃게 될 것이다. T. S.
엘리엇이 "우리는 다만 노력할 뿐이다. 나머지는 우리 일이 아니다"*라
고 썼을 때 모든 잘못된 것들을 바로잡고 정의의 저울에 달아 평형을 유
지할 수 있는 우리 능력의 한계를 알았다. 나와 내 동료들은 이 이상한 시
대의 많은 다른 사람들처럼 최선을 다해 노력하고 있다. 그러나 이번 팬
데믹을 통제하고 관리하는 것은 우리 능력 밖이다. 실로 우리 능력을 넘
어서는 일이다. 신의 가호가 없이는, 무한한 자원이 없이는, 결과를 완벽
하게 예측하는 수정구슬 없이는 의사들은 충분하지 않다는 것을 알면서
도 그 자리에서 할 수 있는 일을 할 뿐이다. 우리에게는 노력밖에 없다. 나
머지는 비극으로 얼룩진다.[30]

내가 이 글에서 쓴 비극적 예감은 선견지명이었다는 것을 이제 알
수 있다. 내가 그것을 상상했다는 이유 때문이 아니다. 재난적 상황이

---

*　T. S. 엘리엇의 장시 「네 곡의 사중주(Four Quartets)」 가운데 「이스트 코커(East
　Coker)」에 나오는 행.

임박했다고 우려한 나는 처음에 "전염병 확산을 둔화시키기 위한 2주간의 락다운"을 지지했다. 캘리포니아주는 우리가 대비하고 있던 최악의 시나리오를 막기 위해 일찌감치 주 전역에 재택 명령을 내린 주들 가운데 하나였다. 우리의 보건의료 시스템이 붕괴하는 것을 피하려는 조치라고 했고 그 당시에는 나도 그 정도로 생각했다.

⋮

락다운이 실시되고 처음 며칠은 초현실적으로 느껴졌다. 거의 모든 사람이 집에 있었지만 나는 매일 수술복을 입고 병원으로 차를 몰고 갔다. 산 후안 카피스트라노San Juan Capistrano에 있는 내 집에서 약 40킬로미터 떨어진 오렌지카운티 북쪽에 있는 병원까지 가는 5번 고속도로 직선 구간은 아침 시간에 으레 교통체증이 심했다. 그러나 락다운 기간에 나는 차가 한 대도 보이지 않는 이 도로의 긴 직선 구간을 시속 120킬로미터로 달렸다. 한두 주일이 지나자 캘리포니아의 스모그가 사라지고 화창한 하늘은 더 푸르러졌다. 나중에 틀리지 않은 것으로 드러났지만 그 당시 나는 직감적으로 "이게 끝나면 기후변화에 대처하기 위해 락다운을 들고나올 것"이라고 생각했던 게 기억난다.

그해를 넘기기 전에 우리는 정책 분석가들이 이런 제안을 띄우는 것을 보았다. 예를 들면 『기업가 국가The Entrepreneurial State』의 저자이자 런던 대학 교수인 마리아나 마추카토Mariana Mazzucato는 2020년 9월에 우리 경제 시스템의 완전한 재정비가 이루어지지 않는다면 재앙을 피하기 위한 기후 락다운이 조만간 필요하게 될 것이라고 썼다. "기후 락다운 상황에서 정부는 개인 차량의 사용을 제한하고 붉은 고기의 소비를 금지하며 극단적인 에너지 절약 대책을 시행하게 될 것이다. 동시에 화석연료 회사들은 시추를 중단하게 될 것이다."

코비드와 기후변화는 별개 문제라고 생각할 수도 있다. 그러나 마추카토는 "코비드19 자체가 환경 악화의 결과다……. 게다가 기후변화는 팬데믹으로 드러난 사회·경제적 문제들을 악화시킬 것"이라고 설명했다. 따라서 그녀는 "기후 위기 역시 하나의 공중보건 위기"라고 결론을 내린다.[31] 우리가 아직 하나의 위기도 돌파하지 못한 상황에서 오지랖 넓은 정책통들은 환경문제를 공중보건의 문제로 재정의하며 다음에 닥칠 위기에 락다운을 시행할 것을 예상하고 있었다.

하지만 2020년 3월, 락다운은 여전히 코비드에 관한 것이었고 나도 그렇게 생각했다. 상점, 식당, 푸드트럭 등 눈에 보이는 다른 모든 것들은 휴면 상태에 들어가 있었지만 병원에 도착하면 여전히 늘 그렇듯 와글거릴 것이라고 예상했다. 놀랍게도 병원의 병동도 마찬가지였다. 방문객도 없고 환자도 별로 없이 괴기스럽게 비어 있었다. 한두 주 동안은 이것이 폭풍 전의 고요가 틀림없다고 생각했다. 우리는 기다렸다. 두 주가 세 주가 되고 또 네 주가 되었다. 3월이 지나 4월로 접어들었다. 락다운은 계속되었지만 병원은 조용했다. 오랫동안 대비하고 있었던 환자 급증 사태는 반드시 온다. 쓰나미는 불과 몇 마일 떨어진 곳에서 몰려오고 있었다. 5월이 왔고 아무 일도 없었다. 서부전선은 이상 없었다. 그해 여름 마침내 코비드 입원 환자가 늘어나긴 했지만 우리가 대비하던 압도적인 환자 급증 사태는 없었다.

24시간 내내 감염자 숫자와 코비드 사망자를 추적하는 뉴스에 의해 조장된 바이러스에 대한 공포 때문에 다른 증상을 가진 환자들은 겁에 질려 응급실과 진료실을 찾지 않았다. 응급실의 외상 병동에는 교통사고 환자들을 제외하면 환자들이 없었다. 환자들이 더 건강해져 그런 게 아니었다. 간단히 말해 아픈 사람들이 병원을 찾지 않았다. 사람들은 코비드 환자가 입원한 병원에 가는 것이 수술을 포기하거나 진료를 받지 않는 것보다 위험할 것이라며 두려워했다. 팬데믹 초기에 우리 병원은 아주 휑하고 적막할 정도로 환자가 없어서 많은 의사와 간호사가 휴직하고 집으로 돌아갔다. "개인 의료보험 회사들은 환자 치료에 돈을 지불하지 않아 수익이 두 배로 늘었지만" 2020년 4월 락다운 기간에 미국 전체에서 "140만 명의 의료진이 해고되었다."[32] 그런가 하면 겁을 먹은 채 집에 있는 환자와 만성질환을 앓고 있는 환자들은 치료를 받지 못하고 쇠약해졌다.

몇 주가 지나면서 나는 우리 정신과에서 치료한 환자들에게서 락다운의 해악이 나타나는 것을 알 수 있었다. 그들의 모습은 종말론적이었다. 많은 환자가 공포로 얼어붙었다. 내가 감독하는 입원환자 진료실에서 만난 한 중년 여성이 생각난다. 그녀는 몇 시간씩 CNN을 시청했다. 그녀는 정신병이나 조증 환자도 아니었고 편집증이나 망상도 없었다. 하지만 그녀는 문자 그대로 세상의 종말이 다가왔다고 생각했다. 텔레비전 뉴스가 그녀의 정신 건강에 나쁜 영향을 미치는 것이 분명했기 때문에 내가 텔레비전을 좀 끄는 게 어떠냐고 제안했을 때 그녀는 뭔가 중요한 뉴스를 놓칠까 봐 무섭다고 말했다. 나는 뉴스를 시청하든 시청하지 않든 만약 대통령이 암살당하면 소식을 듣게 될 것이라고 말했다. 그녀는 "내가 걱정하는 건 그게 아니라, 사실 그런 일이 일어났으면 한다"고 대답했다. 나는 거기에 어떻게 대꾸해야 할지 몰랐다.

이런 환자는 한 사람이 아니었다. 온갖 정치적 신념을 가진 사람들이 공포에 가위눌려 이와 같은 종말론적 어조로 말하며 임박한 바이러스에 의한 파멸로부터 탈출하기 위해 무슨 수든지 쓰려고 했다. 그렇지만 세상이 끝장날 것 같은 수학적 모델은 완전히 잘못된 것으로 판명되었다. 최후 심판의 날은 오지 않았다. 2020년 여름, 마침내 첫 번째 코비드 물결이 밀려왔을 때 캘리포니아에 있는 우리 병원과 다른 병원들은 최대 환자 수용 능력surge capacity 초과의 근처에도 가 보지 못했다. 로스앤젤레스 항구에 정박 중인 해군 야전 병원선은 한 번도 써 보지 못했다. 우리 정신병동의 1층은 코비드 환자를 받도록 개조되었지만, 거기에 있는 병상들은 팬데믹 내내 비어 있었다.

락다운 규제를 잠시 완화한 뒤에 그해 여름 확진자가 다시 증가하자 주지사는 락다운을 재개하라고 지시했다. 개빈 뉴섬 주지사가 락다운을 다시 실시했을 때 캘리포니아 대학병원의 인공호흡기 사용률은 최대수용량의 근처에도 미치지 못하는 10에서 20퍼센트에 불과했다. 그때쯤에 나는 벌써 락다운 정책에 환멸을 느꼈다. 나는 왜 우리 정부가 이런 일을 했는지 이해할 수 없었다. 락다운은 코비드 확산을 막지 못했다. 달이 지날수록 그것은 분명해졌다. 락다운은 영속적인 위기감을 조성하는 데만 성공했다.

첫 번째 달이 지나자 아무도 감염 확산 둔화를 더 이상 거론하지 않았다. "생명을 구하기 위해 집에 머물라"는 새로운 주문呪文이 등장했을 때 락다운에 대해 겉으로 내세우는 논리는 조직적인 거짓말과 그럴듯하게 꾸며 낸 반쪽 진실로 채워져 있었다. 전체적으로 볼 때 거리두기로는 생명을 구하는 게 아니라 기껏해야 확산을 일시적으로 완화할 뿐이었다. 호흡기 바이러스 팬데믹을 끝내려면 집단면역이 필요하다. 집단면역을 얻는 데는 두 가지 방법밖에 없다. 바이러스의 감염과 전파를 막는 강력하고 안전한 백신이나 전체 인구집단의 상당수가 감염되어 자연면역을 얻는 것 혹은 이 두 가지의 조합이다. 다른 방법은 피할 수 없는 사태를 질질 끌며 연장할 뿐이다. 나는 락다운 기간에 면역학자들과 역학자들이 의대 1학년 학생도 분명히 알 만한 이런 기본적인 사실에 대해 왜 침묵을 지켰는지 이해할 수 없었다.

시민적 자유에 대한 부당한 침해보다 더 큰 문제는 락다운이 헛된 공중보건 대책이었다는 것이다. 그들은 자신들이 말한 목표를 달성하지 못했다. 2022년 1월에 존스 홉킨스 대학 응용경제학, 세계 보건 그리고 기업 연구소는《코비드19 사망자 수로 본 락다운의 효과에 대한 문헌 분석과 메타분석》[33]이라는 보고서를 내놓았다. 과학 연구논문에서 체계적인 분석에는 정확한 포함 기준에 따라 방법론적 엄격성을 유지하기 위해 선정된 복수의 연구에서 밝혀진 결과에 대한 정성적 요약이 들어간다. 메타분석은 작은 규모의 하위 연구에서 나온 데이터를 모아 그 결과를 정량적으로 종합한다. 이것은 각각의 개별적 연구가 갖는 한계를 어느 정도 극복하기 위한 하나의 방법이다. 그리고 잘 이루어진 메타분석의 결과는 일반적으로 매우 유의미하다.

존스 홉킨스 연구에 참여한 사람들은 두 가지 분석을 통해 다음과 같은 결론을 내렸다. "락다운은 코비드19 사망자 수에 거의 영향을 미치지 못했다. 좀 더 명확히 말해 엄격한 지표 분석을 통해 유럽과 미국에서 락다운은 사망자를 평균 0.2퍼센트 감소시켰을 뿐이다." 저자들은 또 이차적인 피해로 나타난 결과도 요약했다. "이 메타분석에서 락다운은 공중보건에 거의 영향을 미치지 못했지만 락다운을 실시한 지역에 엄청난 경제적·사회적 비용을 부담시켰다." 연구원들은 그래서 "결과적으로 락다운 정책은 근거가 없는 것이었으며 팬데믹 정책 수단으로 채택되지 말았어야 했다"**34**고 결론지었다.

　잘못된 락다운과 휴교 정책으로 인한 피해는 계산하기 불가능할 정도이고 향후 수십 년 동안 그 여파가 미칠 것이다. 이런데도 지금 또 다른 락다운 이야기가 나돈다. 최근 영국 정부는 시민들에게 러시아의 우크라이나 침공으로 야기된 석유 위기에 대처하기 위해 일주일에 사흘은 재택근무를 하라고 권고했다. 이러한 사회 통제 방식이 실패했음에도 락다운은 다음에 올 공중보건의 위기나 비상사태에 다시 실시될 것으로 보인다. 이 실패한 정책을 거부하려면 락다운을 형성하는 필수 요소인 생물보안 패러다임을 이해하고 해체해야 한다.

:

　토크빌은 민주주의에는 민주적인 나라들을 폭정으로 타락시킬 수 있는 내재적 취약성이 있다고 경고했다. 우리가 전체주의 국가를 팬데믹을 관리하는 모델로 삼았을 때 새로운 수준의 정치적 무책임이 나타났다. 중국이 락다운의 원조였다는 것을 생각해 보라. 국가가 지시한 락다운은 맨 먼저 우한과 인근 도시에 내려졌다. 2020년 2월 중순 WHO는 중국에 대표단을 파견했다. 여기에 참가한 국립보건원 관리들 가운데는 국립보건원 산하 알레르기 및 감염병 연구소의 앤서니 파우치 소장의 대리인인 클리포드 레인Clifford Lane도 있었다.

　사흘 뒤에 대표단은 중국 당국의 정책을 높이 평가하는《코로나 바이러스 질병 2019(코비드19)에 대한 WHO-중국 합동임무 보고서》를 발표했다. 이 보고서는 "중국은 코비드19 바이러스의 전파를 차단하기 위해 여러 지역에서 비약제적 조치(락다운)를 단호하고 엄격하게 실시함으로써 세계적인 대응책을 위한 생생한 교훈을 보여 주었다. 중국의 이 독특하고 전례가 없는 공중보건 대응책은 늘어나는 확진자 수를 역전시켰다"[35]고 주장했다. 브라운스톤 연구소에 있는 내 동료 제프리 터커Jeffrey Tucker는 WHO의 감격스러워하는 보고서의 허상을 조롱했다. "우리는 미래를 보았다. 우한이다."[36]

WHO 이외에 서방의 적잖은 옹호론자들도 중국 공산당의 코비드 대응책을 하나의 모범 사례로 생각하면서 락다운은 중국에서 서방으로 순식간에 퍼져 나갔다. 중국 공산당은 그들이 이동을 제한한 지역에서 바이러스를 박멸했다고 선전했다. 이것은 분명 허위 광고였다. 그러나 WHO와 대부분의 나라들이 그것을 곧이곧대로 믿었다. 미국과 영국은 중국을 따라 한 이탈리아의 락다운을 답습했다. 그리고 전 세계에서 몇 나라를 제외하고는 모든 나라들이 미국을 따라 했다.[37] 몇 주 만에 전 세계가 락다운에 들어갔다.

WHO는 1948년에 유엔 산하의 보건정책 기구로 설립되었으며 "보건 비상사태에 대한 세계 차원의 대응책을 감독하고 조정하는"[38] 임무를 맡고 있다. WHO의 임무는 시간이 지나면서 중국과 민간 후원자들의 자금에 크게 의존하면서 절망적으로 위태로워졌다. 오늘날 빌 게이츠 재단은 다른 어떤 민간 기부자들보다 많은 WHO 예산의 13퍼센트를 지원하고 있다. 미국을 제외하면 어떤 나라보다 많은 돈을 대고 있다. 팬데믹 초기에 WHO는 바이러스의 출처에 대한 포괄적인 조사 요구에 대해 미적거렸다.[39] WHO의 사무총장은 대표단의 보고서 내용을 되풀이하며 2020년 초 우한에 내린 락다운 조치를 칭찬했다. 2020년 1월에 보낸 서한에서 WHO는 중국 정부의 코비드 대응책을 자랑스러워하며 "현재 진행 중인 전염병의 대유행을 진압하기 위해 공중보건 관련 조치를 더 강화해 달라"[40]고 중국 공산당에 촉구했다.

WHO 사무총장 테드로스 아드하놈 게브레예수스는 WHO가 중국 공산당의 전액 출자 산하기관인 것처럼 이 서한을 잘라 트위터에 올렸다. "여러 면에서 #중국은 실제로 전염병 창궐에 대응하는 새로운 기준을 세웠다. 우리의 가장 큰 관심사는 바이러스가 보건 시스템이 취약하고 이에 대처할 준비가 돼 있지 않은 국가들로 확산될 가능성이다."[41] 임페리얼 칼리지가 작성한 종말론적 예측의 주역인 닐 퍼거슨도 역시 중국을 모범으로 삼았다. "우리는 거기는 공산당 일당이 지배하는 나라니까 그렇다고 한다. 유럽에서는 그런 조치(락다운)를 취할 수 없었다. 그런데 이탈리아가 했다. 그리고 우리도 할 수 있다는 것을 알았다."[42] 퍼거슨의 발언을 생각해 보면 중화인민공화국의 시진핑 주석이 2015년 10월 임페리얼 칼리지를 방문했을 때 이 대학 총장 앨리스 개스트Alice Gast가 "런던 임페리얼 칼리지는 서구에 있는 중국의 가장 가까운 학문적 파트너가 되기 위해 노력하고 있다"고 속내를 밝힌 것은 우연이 아닐지도 모른다. 임페리얼 칼리지와 중국 측 파트너 간의 최첨단 연구 협력 과제에는 공중보건에 관한 연구도 들어 있다.[43]

공산주의 체제는 항상 인간의 본성을 포함해 자연을 인위적인 시스템으로 재개념화한다. 그런 다음 그들은 이 시스템을 마치 비활성 기계의 집합체인 것처럼 통제하려고 한다. 이것이 공산주의 이데올로기가 그들의 이념적 의지에 따르지 않고 계속해서 자연의 법칙에 따라 움직이는 시스템을 만났을 때 실패할 수밖에 없는 이유들 가운데 하나다. 2022년 4월, 그 전달 한국에서 일어났던 것처럼, 이 형편없는 모델을 따른 중국의 제로 코비드 전략의 대가를 요구하는 청구서가 만기가 되었다.

　중국 공산당이 계속해서 이러한 이념을 고수하면서 상하이의 가혹한 락다운이 상징적으로 보여 준 악몽 같은 현실이 찾아왔다. 이 도시가 지옥 같은 상황으로 빠져드는 동안 서구 언론 매체들 대부분은 별 관심을 보이지 않았다. 제프리 터커는 코비드 확진자가 증가하자 **완전** 봉쇄에 돌입한 상하이의 상황을 다음과 같이 묘사했다. "부모로부터 아이들을 데려가고 양성 반응을 보이는 애완동물들은 사살되었으며 사람들이 고층빌딩에서 울부짖고 있다. 사람들이 굶고 있는데 식품은 창고에서 썩고 있다. 온라인에는 약탈당한 상점들을 보여 주는 동영상이 올라오고 혁명을 운운하는 이야기가 떠돌고 있다."[44]

　4월 7일 자 블룸버그의 기사도 역시 광적인 경찰국가가 강제 집행한 락다운하의 상하이를 섬뜩한 표현으로 묘사했다. "맞아 죽은 애완동물들. 아이들과 강제로 분리된 부모. 의료 서비스를 받을 수 없는 노인들. 집안에 갇힌 채 '우리는 먹고 싶다', '우리는 자유를 원한다'고 외치는 주민들." 상하이 주민인 릴리 첸은 한 기자에게 "이 나라에서 우리가 무서워하는 것은 바이러스가 아니라 노인, 어린이 그리고 반려동물의 편안한 삶을 위태롭게 만드는 혼란스러운 코비드 대책"이라고 말했다. 그녀는 "가족을 지키기 위해 믿을 수 있는 것은 정부가 아니라 우리 자신밖에 없다는 것을 이제 깨달았다"고 결론지었다.[45]

　이 도시에 사는 사람들은 소셜 미디어에 식량, 암 치료제 그리고 분유가 떨어져 간다고 불만을 나타냈다. 정부의 락다운 규제와 식량 공급 부족으로 한 어머니는 부모와 자녀들이라도 제대로 식사를 할 수 있도록 "끼니를 걸렀다." 그녀는 "나는 요리할 재료가 없어서 음식을 만들 수 없다"고 설명했다. 프랑스 국제 방송 라디오는 "상하이에 살고 있는 44세의 한국인 남자가 아파트에서 죽은 채로 발견됐다"고 보도했다. 락다운 때문에 그는 심장질환을 치료하는 데 필요한 약을 구할 수 없었다. 정기적으로 투석을 해야 하는 상하이 시민 2만 명이 이러한 생명 유지 치료를 받을 수 없었다.[46]

소셜 미디어에 공유된 동영상들은 "사람들이 거주지를 벗어나지 못하도록 펜스를 세우는 방호복 차림의 공무원들"을 보여 주었다. 사람들은 아파트 건물에 갇혀 있는 동안 외로움을 이겨 내기 위해 창문을 열고 함께 노래를 부르고 "배가 고프다고 외쳤다." 극단적인 고립에서 오는 슬픔을 이기지 못한 사람들은 투신해 죽음을 맞았다. 중국 공산당은 확성기가 달린 드론을 보내 사전에 녹음된 메시지를 반복해서 요란하게 떠들어 댔다. "자유를 갈망하는 마음을 자제하라. 창문을 열거나 노래를 부르지 말라."[47]

2년에 걸친 중국의 제로-코비드를 위한 락다운 이데올로기는 상하이에 일촉즉발의 위기를 불러왔다. 시간이 지나면서 바이러스가 서서히 확산해 자연면역을 가진 인구가 늘어나는 결과를 가져오는 대신, 오미크론은 코비드에 걸린 적 없이 허점투성이 백신만 맞은 무방비 상태의 주민들을 공격했다. 전체주의적 락다운에도 상하이의 일일 확진 환자는 2만 1,000명으로 급증했고 중국의 보건 의료기관은 환자들로 넘쳐났다.[48]

영상으로 직접 보여 주지 않으면 믿지 못할 정도로 충격적인 공포영화 같은 이야기에서 경제 방송 CNBC는 한 노인이 죽은 것으로 오인되어 영구차로 요양원에서 시체 안치소로 운구되었는데 청색과 백색 방호 장비를 착용한 의료 종사들이 이 노인이 들어 있는 사체 운반용 가방을 차에서 내릴 때 그들 중 하나가 "살아 있다"고 외쳤다고 보도했다. 결국 이 남자는 그가 있던 요양원으로 복귀했지만 그 순간 그가 몸을 뒤척이지 않았다면 다른 사체들과 함께 화장되었을 것이다.[49]

스탠퍼드 대학에 교수로 있는 한 의사 친구는 자연은 항상 9회 말에 안타를 친다는 말을 달고 산다. 아무리 전체주의적 국가라고 해도 인간은 자연을 완전히 통제할 수 없다. 바이러스는 어쨌든 바이러스다. 아마 이보다 훨씬 전에 알았을 것 같지만 2022년 4월에 중국 당국은 락다운으로는 오미크론 변이바이러스를 막을 수 없다는 사실을 틀림없이 알았을 것이다. 제로 코비드는 정치적 탄압을 위한 하나의 구실이었다. 중국 공산당을 이탈하는 시민들의 조용한 움직임이 일 년 이상 진행되고 있었고 국제도시 상하이는 저항의 접속점들 가운데 하나였다. 2022년의 락다운은 의심할 여지 없이 정치적인 쇼였다. 왜냐하면 아무리 골수 공산주의자라고 해도 생물의학 보안에서 생물의학 공포로 가는 것을 정당화할 수 없다는 것을 알기 때문이다.

상하이에 락다운이 실시되는 동안에 도로를 소독하는 중국 사람들의 모습을 담은 동영상이 올라왔다. 전신 방호복과 산업용 호흡기를 착용하고 전방 적재함에 걸터앉은 노동자들이 삽으로 흰색 분말을 거리에 뿌려 그 뒤로 연무 같은 흰 먼지가 날렸다.[50] 창밖으로 이 차가 자신이 사는 지역을 지나가는 것을 본 사람은 분말이 가성소다인지, 극장에서 효과용으로 사용하는 활석 가루인지 궁금했을 수도 있다. 무엇이든 상관없다. 생물의학 공포의 시각적 이미지는 같다. 이런 체제에서는 갈색 셔츠와 검정 셔츠*가 무균의 흰색과 병원의 푸른색으로 유니폼을 바꿔 입은 것이다.

---

*   독일의 나치와 이탈리아의 파시스트를 상징한다.

또 다른 팬데믹

확진자 급증을 막기 위해 2주간만 한다는 것이 몇 달째 끝도 없이 이어졌다. 2020년 10월에 나는 우리 집 근처 태평양 연안 고속도로를 운전하고 가다 거대한 화물 바지선이 연안에 겹겹이 정박하고 있는 것을 보았다. 미국으로 들어오는 컨테이너 화물의 40퍼센트를 하역하는 로스앤젤레스 항구와 롱비치 항구는 트럭 운전사에서 정비공에 이르기까지 인력 부족에 허덕였다. 롱비치는 몇 달째 이어지는 미국 공급망 위기의 진원지가 되었다. 그 당시 76척, 더 먼바다에 정박한 배들까지 포함하면 93척이 롱비치 입항을 기다리며 대기하고 있었다. 여기에는 260억 달러 상당의 화물이 가득 찬 컨테이너 43만 개가 가득 실려 있었다. 항구에 있는 수백 대의 크레인 가운데 일곱 대만 가동 중이었으며 하루에 하역하는 컨테이너는 10여 개에 불과했다. 항구에는 트럭 운전사가 4,000명이나 부족해 화물 적체를 악화시키고 있었다.[51]

정부는 배들이 보이지 않도록 수평선 너머 먼바다로 보내 언론매체의 협조하에 국민들에게 락다운의 진상을 숨기려고 했다. 문제를 눈에 보이지 않도록 숨겨 문제에 대처하는 정치적 전략은 코비드 대책의 다른 대부분의 측면에도 적용할 수 있는 하나의 유용한 메타포다. 락다운 때문에 시작되고 백신 의무 접종으로 악화된 공급망 위기는 시간이 지나면서 점점 감추기 어렵게 되었다. 2022년 6월 《워싱턴포스트》는 몇 개월째 분유 부족이 계속되고 있다는 놀랄 만한 뉴스를 전했다. "소매 유통 분석 회사인 데이터셈블리Datasembly에 따르면 4월 24일부터 시작하는 주간에 상점에서 구입할 수 있는 분유가 평상시 재고 물량의 40퍼센트 이하로 떨어졌다. 몇몇 주에서는 고객들이 평상시 기대한 물량의 절반만 상점에 진열되어 있다."**52** 세계 최고 부자 나라에 분유가 부족하다니.

공급망 위기는 결코 락다운이 가져온 최악의 피해가 아니다. 락다운이 시작된 지 몇 달 뒤에 이 정책의 부수적인 해악에 대한 애당초 나의 우려는 우리가 진짜 위기를 무시하고 있다는 경고로 확대되었다. 2021년 10월에 정신 건강의 위기, 즉 바이러스가 아니라 바이러스 대응책이 만들어 낸 위기를 설명한 「또 다른 팬데믹」을 기고했다. 내가 병원에서 부닥쳤던 문제들이 그 무렵에는 충실한 조사를 통해 확인되었다.

그러나 이렇게 드러난 사실들에 공중보건 기관과 정부 당국은 거의 관심을 보이지 않았다. 그들은 계속해서 다른 일은 제쳐두고 코비드 확진자 숫자에만 매달렸다. 하나의 개별적인 질병이 아니라 국민 전체의 건강에 관한 것이라는 공중보건이 오로지 코비드 확진자 숫자를 줄이는 데만 골몰하는 주지사들의 경쟁에 서슴없이 징발되었다. 그 당시 나는 락다운 정책과 팬데믹을 끝내지도 못할 백신에 걸고 있는 희망 간의 밀접한 관계에 관해 기술했다.

사람들을 집 안에 계속 머물게 하면서 우리가 지금 "생명을 구하고 있다"고 말하는 것은 정치적 레토릭이다. 하지만 사람들의 이동을 제한하는 것만으로는 생명을 구하지 못한다. 그것은 다만 바이러스 확산을 늦출 뿐이다. 정치인들의 (보통 말하지 않는) 희망은 우리가 효과적인 백신을 얻을 때까지 이렇게 버틸 수 있는 것이다. 그것은 우리가 당면한 문제를 해결하기 위해 과학에 대한 가치론적 신념에 근거를 둔 엄청난 도박이다. 그것은 과학적으로 볼 때 정당화될 수 없다. 어쨌든 과학자들이 처음에 이 바

이러스를 실험실에서 만들었다는 것은 더 이상 음모론의 영역에 있는 주장이 아니라 그럴듯하게 들린다.[53]

백신이 처음 나왔을 때, 이 도박은 이긴 것처럼 보였다. 그러나 나중에 알게 됐지만 2020년 10월 내가 백신 도박에 대해 제기한 문제들은 선견지명이 있는 것이었다.

국민에게 알리는 메시지에 부정직함이 들어 있는 것은 "생명을 구하기 위해" 이동을 제한하는 것이 사실은 "우리가 효과적인 백신을 만들고 국민에게 그 백신을 충분히 보급할 때까지 집에 갇혀 있으라는 것"이기 때문이다. …… FDA가 코비드 백신 승인을 위해 세워 놓은 최소한의 기준은 (**전파**가 아니라) 질병을 예방하는 데 있어서 백신이 플라시보보다 50퍼센트 이상 효과를 나타내야만 한다. 이런 기준은 대략 우리가 해마다 맞는 독감백신의 경우에 해당하는 것이다. 처음에 나온 백신이 이런 기준을 충족시켰다고 해 보자. 50퍼센트의 효능이 락다운을 끝내기에 충분할 것인가? 그렇지 않다면 더 효율성이 높은 백신이 나올 때까지 락다운을 계속해야 하나? 다시 말해 보자. 우리가 백신의 온전한(혹은 제대로 된) 효능을 획득하지 못한 채 상황 종료를 맞는다면(유력한 시나리오) 여전히 또 다른 일련의 질문들—어떤 정치인도 대답하고 싶어 하지 않는—이 우리와 함께 남게 된다. 그 질문들에는 가장 단순한 밈, "생명을 살리기 위해 외출하지 마세요"로 대응하는 것이 물론 쉬운 방책이다. 사람들이 진실을 묻는 날카로운 질문들을 하지 않기를 희망하면서 말이다.[54]

백신 도박이 결국 어떻게 결판나든 관계없이 락다운이 가져온 정신 건강상의 피해는 그때 와서 분명해졌다. 2020년 여름 미국 국민의 약 절반이 코로나바이러스 위기 때문에 정신 건강이 나빠졌다는 보고가 있었다. 우리는 이 같은 규모의 팬데믹이 정신 건강에 안 좋은 영향을 미칠 것을 예상하곤 했다. 그러나 정신 건강 위기의 지속 기간과 규모는 달라질 수 있다. 그것은 대부분 락다운 정책과 휴교로 우리가 자초한 문제다.

2020년 6월 CDC는 5,000명 이상의 미국인을 대상으로 모집단 기반 조사population-based survey를 실시해 8월에 락다운이 정신 건강에 미친 효과에 대한 충격적인 보고서를 내놓았다. 최소한 응답자 열 명 가운데 네 명은 정신 혹은 행동에 좋지 않은 증상이 있다고 응답했다. 열 명 가운데 세 명은 불안 장애나 우울 장애를 호소했으며 25퍼센트는 심리적 외상 후 스트레스 장애PTSD 같은 심리적 외상 혹은 스트레스 관련 장애가 있다고 응답했다. 13퍼센트는 코비드 락다운과 관련된 스트레스 혹은 정서적인 문제를 치료하기 위해 약을 먹기 시작했거나 약을 늘렸다고 응답했다.

특별히 관심을 끄는 것은 11퍼센트가 지난 30일 동안 자살을 진지하게 생각한 적이 있다는 것이다. 18세에서 24세까지의 연령층에서 이런 응답을 한 사람은 25퍼센트로 나타났다. 우리는 잠시 이것을 깊이 생각해 보아야 한다. 2020년 6월 미국에 사는 성인 인구의 4분의 1이 자살을 생각했다. 자살을 생각했다고 응답한 사람들의 비율은 소수계(히스패닉 19퍼센트, 흑인 15퍼센트), 성인을 돌보는 무보수 간병인(31퍼센트), 필수노동자(22퍼센트) 들에서 더 높은 것으로 나타났다. 일 년 전인 2019년 6월 조사와 비교하면 불안 장애 유병률은 3배(26퍼센트 대 8퍼센트), 우울 장애는 4배(24퍼센트 대 6퍼센트)로 증가했다. 이 같은 통계

조사 결과는 매우 심각하다. 정신질환 역학에서 일 년 사이에 이런 변화가 나타나는 경우는 극히 드물다.[55]

2020년 9월 군 당국자는 사회적 거리두기 규칙과 락다운의 압박이 그해 군인 자살률을 20퍼센트 상승시키는 요인으로 작용했다고 주장했다. 그러나 아무도 주의 깊게 듣지 않았다. 우리는 '절망사', 즉 자살, 약물 과다복용, 음주 관련 사망 등은 팬데믹 이전에 늘어났으며 오피오이드 위기*로 이미 많은 사망자가 발생했다는 것을 알고 있었다. 이런 상황에서 락다운 동안 오피오이드 과다복용으로 인한 사망이 급증해 2020년에는 40개 이상 주에서 오피오이드 관련 사망자 수가 기록적인 증가율을 보였다.[56]

미국 역사상 비교적 심각한 마약 위기라고 할 수 있는 오피오이드 위기는 팬데믹 이전에도 사망자 수를 엄청나게 증가시켜 2000년에 2만 명 이하이던 것이 2019년에는 7만 명이 되었다. 락다운은 그런 불에 기름을 부은 격이었다. 2021년에 마약 과다복용으로 인한 사망자 숫자는 29퍼센트 증가해 10만 명이 되었다. 이런 숫자는 코비드 통계와 함께 언론매체에 별로 보도되지 않았다.[57]

《미국의학협회보Journal of American Medical Association》에 실린 국립보건원NIH의 연구 결과에 따르면 음주 관련 사망자도 락다운 첫해에 비슷하게 25퍼센트 증가해 전년의 7만 9,000명에서 2020년에 9만 9,000명으로 늘었다. 35세부터 45세(40퍼센트), 25세부터 34세(37퍼센트) 연령층에서 가장 높은 증가율을 보였다.[58] 일본에서는

---

*   opioid crisis: 오피오이드는 아편 비슷한 작용을 하는 합성 진통·마취제로, 오피오이드 위기는 미국에서 마약성 진통제의 처방, 중독, 과다복용이 비정상적으로 많아 문제가 발생하는 현상이다.

2020년 10월 한 달 동안 자살자 숫자가 그해 전체 코비드 사망자 숫자보다 많았다.[59]

락다운은 보호받아야 할 인구 계층, 즉 노인들에게 또 다른 부작용을 가져왔다. 2020년 9월 《워싱턴포스트》가 CDC의 데이터를 분석한 바에 따르면 그해 3월 락다운이 시작된 이후 알츠하이머와 다른 형태의 치매로 인한 사망자가 1만 3,200명을 넘은 것으로 나타났다. 그 기사에 따르면,

> 치매가 있는 사람들이 바이러스가 아니라 그들을 보호하기로 되어 있는 격리 조치 때문에 죽어 가고 있다. 최근 몇 달 동안 의사들은 지난 몇 년간 안정적인 상태를 보였던 환자들 사이에서 낙상, 폐렴, 우울증, 급격한 쇠약 등이 증가했다고 보고했다. 사회적·정신적 자극은 치매의 진행을 늦출 수 있는 몇 가지 수단 중 하나다.[60]

우리는 이미 사회적 고립이 사람을 사망에 이르게 한다는 것을 알고 있다. 외로움과 사회적 파편화는 코로나바이러스 팬데믹 이전에도 이미 하나의 유행병이었다. 노벨경제학상 수상자인 프린스턴 대학의 앤 케이스Ann Case와 앵거스 디턴Angus Deaton 교수는 이러한 인자들이 사망률을 높이는 요인이 된다는 것을 보여 주었다. 1980년대 이후 미국에서 외로움을 느끼는 성인의 비율은 20퍼센트에서 40퍼센트로 증가했다.[61] 이런 맥락에서 2020년 애드 카운슬*이 정부의 위탁을

---

* Ad Council: 공익광고를 제작해 방송하는 미국의 비영리 법인으로, 미국 정부가 발주하는 공익광고를 많이 제작했다.

받아 만든 공익광고 "혼자 함께Alone Together"를 생각해 보자. 이 광고는 이렇다. "집에 있으면 생명을 구합니다. 코비드19에 걸렸든 걸리지 않았든 집에 있으세요! 당신과 함께하는 우리가 여기 있습니다. #혼자 함께."[62] 하나의 모순을 나타내는 이 두 단어의 결합은 그 자체가 부조리를 보여 주기에 충분하다.

재소자들에게 가장 가혹한 징벌이 독방에 감금하는 것이라는 사실은 우연이 아니다. 독방에 갇히면 결국 감각이 무너지고 정신병에 걸린다. 철학자 한나 아렌트가 그녀의 역작『전체주의의 기원The Origins of Totalitarianism』[63]에서 전체주의로 가는 전제조건인 사회적 상황을 지칭한 '조직된 외로움'을 락다운 기간에 우리는 받아들이고 적극적으로 홍보했다.

이러한 대참사는 많은 뉴스 보도가 오도한 것처럼 **코로나바이러스**가 초래한 부작용이 아니다. 이것은 코비드 **대응 정책**, 특히 심각하게 오판한 그리고 효과 없는 락다운 전략이 초래한 부작용이다. 예를 들면 위에서 인용한 2020년 알코올 관련 사망자에 관한 연구보고서의 저자들은 "늘어난 음주 관련 사망자 가운데 일부만이 코비드19와 직접적인 관련이 있다"[64]고 언급했다. 절망사를 증가시킨 치명적인 사회 환경을 조성한 것은 바이러스가 아니라 우리 공동체의 정책 결정이었다. 코비드로 인한 사망과는 대조적으로 젊은 세대들은 '또 다른 팬데믹'에 과도한 영향을 받았다.

:

    우리 병원에서 사랑하는 이들이 코비드에 걸려 회복할 희망 없이 죽어 갈 때 나는 의료윤리위원회의 위원장으로서 환자 가족들과 셀 수 없이 많은 대화를 나눴다. 우리 위원회의 일과는 이렇게 쉽지 않은 대화로 상담에 응하는 것이었다. 팬데믹 동안 내가 겪은 최악의 순간은 2020년에 초 이런 가족들 가운데 하나와 만났을 때였다.

    나는 코비드로 죽어 가는 한 남자의 아내와 아들에게 이야기하고 있었다. 절망적인 환자의 상태에 대한 긴 설명과 토론 끝에 가족들은 결국 환자를 임종 돌봄만 해 주는 곳으로 옮기는 데 동의했다. 당연히 고통스러운 결정이지만 그들은 현명하게 효과도 없이 치료를 계속해 죽어 가는 과정을 연장하는 것은 피하고 싶어 했다. 그 가족은 우리에게 장례 절차를 준비하는 것을 도와달라고 요청했다. 그들은 멕시코에서 온 사람들로 영어를 하지 못했고 돈이 거의 없었다. 그래서 그들이 이런 상황을 헤쳐 나가려면 병원 사회복지사의 도움이 필요했다.

    그런데 환자가 코비드에 걸렸기 때문에 병원에서는 (CDC의 권고에 따라) 환자의 시신을 매장하도록 가족들에게 돌려주지 않을 것이라고 사회복지사가 알려 주었다는 말이 나를 충격에 빠뜨렸다. 그 대신 그의 시신은 환자나 가족들의 동의 없이 화장될 것이라고 했다. 가족들은 환자가 가톨릭 신자이며 전통적인 기독교 장례식을 원할 것이라고 설명했다. 그들은 환자의 유지를 존중해야 한다는 의무감을 느끼고 있었다. 공중보건 당국이 화장을 주장한 것은 시체도 코비드를 전파할 수 있다는, 가능성에 불과한 탁상공론적이고 겉보기에도 부조리한 위험에 근거를 두고 있었다. 이전의 호흡기 바이러스에서 이런 개념에 대한 증거는 티끌만큼도 나오지 않았다는 것은 별로 중요하지 않았다. 물론 결국 이러한 생각은 근거 없는 것으로 밝혀졌지만 그때까지 수많은 가족이 사랑하는 육친을 매장할 권리를 상실한 채 참아야 했다.

그리고 나서 나는 팬데믹 동안 꾸준히 눈에 띈 하나의 패턴에 충격을 받았다. **실제적이고 상식적이며 현존하는** 인간적 미덕, 이 경우는 죽은 사람을 매장하는 것이지만, 가족과 종교의 미덕이 **이론적이며 아직 나타나지도 않은 미래의** 생물학적 위험의 제단에 희생물로 바쳐졌다는 것이다. 우리는 매장을 허락하지 않음으로써 그 가족에게 분명 피해를 주었다. 모종의 의학적 위험 가능성, 사실 과학적 근거 없는 단순 잠재력이 이런 명백하고 현재적인 위해危害를 능가했다.

이것이 생물의학 보안 통치가 작동하는 패러다임이었다. 나는 새로운 위생 공포가 이렇게 가시화되는 것을 보고 어안이 벙벙했다. 많은 이들이 락다운 동안 장례식에 참석할 수 없었다는 것을 기억한다. 이 정도면 더 이상 설명이 필요 없다. 그보다는 적지만 여러 사람이 몇 달동안 장례식 참석은 고사하고 가족들을 매장할 수도 없었다는 것을 알고 있다. 안티고네 시대 이후 서방 국가에서 시민들에게 매장을 금지한적은 없었다.

케리아티 대 캘리포니아 대학

내가 《월 스트리트 저널》에 대학의 백신 의무접종 명령이 비윤리적이라고 주장하는 기고문을 실은 직후 나를 고용한 캘리포니아 대학은 백신 의무 접종을 공표했다. 나는 최후의 결정을 내릴 때라고 판단했다. 나는 연방법원에 코비드에서 회복된 사람들을 대신해 백신 의무 접종의 합헌성 여부를 묻는 위헌 소송을 제기했다. 감염 이후에 생긴 자연면역이 백신에 의한 면역보다 그 효과와 지속성이 우수하다는 것은 많은 견실한 연구를 통해 이미 분명히 밝혀졌다.

따라서 나같이 자연면역을 가진 사람들에게 백신 접종을 강요하는 것은 상응하는 이익 없이 개인이나 해당 인구집단 전체에 위험을 초래하는 것으로 수정헌법 제4조가 보장하는 '평등 보호권'에 위배된다. 내 소송을 뒷받침하는 서면 증언에는 UCLA와 UCSF 의대의 저명한 교수들과 피터 매컬로우Peter McCullough 박사, 당시 UCLA에 재직 중이었지만 나중에 플로리다주 공중위생국장이 된 조셉 라다포Joseph Ladapo 박사 그리고 UC 샌프란시스코의 아디티 바르가바Aditi Bhargava 같은 저명한 인사들이 참여했다.

그 당시 나는 주요 백신 정책에 도전할 만한 인물이 아니었다. 나는 내 경력의 전부를 보낸 대학병원에서 진료에 매진하고 있었다. 병동과 응급실에 근무하는 정신과 상담의로서 나는 개인방호복PPE을 갖춰 입고 수백 명의 입원 코비드 환자들을 대하면서 이 질병이 끼칠 수 있는 최악의 해악을 목격했다. 이 바이러스가 일부 개인들, 특히 다른 질병을 가지고 있어서 감염되면 치명적인 결과를 가져올 위험이 높은 노인들에게 끼칠 해악에 대해서는 설명을 들을 필요조차 없었다.

나는 2020년 7월에 이 바이러스에 걸렸다. 그리고 자가격리를 한 노력에도 내 아내와 아이들에게 바이러스를 전파했다. 코비드 바이러스 속에서 호흡하며 지내면서 나는 아직 면역이 생기지 않은 사람들을 위해 안전하고 효과적인 백신이 나오기를 간절히 고대했다. 나는 기쁜 마음으로 오렌지 카운티의 코비드19 백신 대책팀에서 일하며《로스앤젤레스타임스》의 취재에서 노인과 환자에게 우선적으로 백신을 접종하고 빈곤층, 장애인 그리고 취약 계층에게 신속한 백신 공급이 이루어져야 한다고 주장했다.[65]

　　나는 일 년 이상 매일 캘리포니아 대학과 캘리포니아주의 펜데믹 완화 대책을 개발하고 발전시키는 일을 해 왔었다. 하지만 주요 펜데믹 정책이 펼쳐지면서 나는 점점 걱정이 커졌고 나중에는 환멸을 느꼈다. 모든 상황에 두루 다 맞는 강제적 명령은 개개인에게 닥칠 위험이나 편익, 특히 좋은 의료 행위의 핵심이라고 할 수 있는 연령층에 따른 위험을 고려하지 않았다. 우리는 투명성과 국민 전체의 건강 같은 공중보건의 기본 원칙들을 무시했다. 우리는 별 저항 없이 기본적인 윤리 원칙을 포기했다.

　　우리의 코비드 대응책 가운데 가장 확연한 실책은 우리의 확산 완화 정책, 집단면역 추정 그리고 백신 보급 계획에서 코비드에 걸렸다 회복된 사람들의 자연면역을 인정하지 않은 것이다. CDC는 2021년 5월 미국인 1억 2,000만 명(전체 인구의 36퍼센트) 이상이 코비드에 걸렸을 것으로 추정했다. 그해 말 델타 변이의 전파 이후 전염병학자 다수가 감염자 숫자가 전체 미국인의 절반에 근접했을 것으로 추정했다. 2022년 초 오미크론 전파가 끝날 무렵에 그 숫자는 미국 전체 인구의 70퍼센트였다.[66] 거의 언급되지 않았지만 좋은 소식은 감염된 적이 있는 사람들은 백신을 맞은 사람들보다 면역력이 더 오랫동안 유효하다는 것이었다. 그런데도 초점은 전적으로 백신에만 맞춰져 있었다.

　　가장 큰 인구집단을 대상으로 자연면역과 백신면역을 비교한 연구에서 백신으로 면역을 얻은 사람은 병에 걸려 면역을 얻는 사람에 비해 6배에서 13배까지 감염될 가능성이 높은 것으로 나타났다. 유증상 코비드로 발전할 위험은 백신을 맞는 사람들이 이전에 감염돼 면역을 얻은 사람들에 비해 27배나 높았다. 그리고 병원에 입원하는 비율은 8배가 높았다.[67] 이런 연구 결과는 놀라운 것이 아니다. 왜냐하면 바이러스에 감염되면 우리 몸에서는 바이러스의 많은 부분(항원)에 대응하는 광범위하고 다양한 면역항체를 형성하기 때문이다. 반면에 백신은 우리를 한 부분, 즉 스파이크 단백질에만 접하게 한다. 게다가 몇몇 연구에서는 코비드에서 회복된 사람들이 이전에 감염된 적이 없는 사람에 비해 백신 부작용이 일어날 가능성이 더 높은 것으로 나타났다.[68]

나는 공동명의의 한 기고문에서 대부분의 백신 의무 접종의 의학적 면제가 너무 좁게 제한되어 의사의 재량에 의한 판단을 어렵게 하고 개인별 특성에 따른 환자 치료를 심각하게 저해한다고 주장했다.[69] 대부분의 의무 접종에서 예외는 결코 포괄적이라고 할 수 없는 CDC가 정한 백신에 대한 처방 금지 사유contraindication 목록에 들어 있는 경우에만 국한되어 있다. CDC의 권고사항이 모든 환자에게 적용될 수 있는 건전한 의학적 조언으로 받아들여져서는 안 됐다. 내 공동 기고자와 나는 CDC가 미국 국민 전체에 대해 일종의 '슈퍼 닥터' 노릇을 하고 있는 것으로 이런 문제를 설명했다.

CDC는 의료기관이 아니다. 그것은 공중보건 및 질병 예방 기관이다. CDC의 자체 임무 선언문에 따르면 이 기구는 "질병 예방과 통제, 환경 보건 그리고 건강 증진과 보건교육 활동"에 중점을 둔다. 이 기구는 특정 환자에게 적용되는 전문적인 의학 소견을 제공할 자격이 없으며 보통 그런 주장을 하지 않는다. 가끔 CDC는 역량 있는 의사들이 보통 특별한 환자에게 의사로서 전문적인 판단을 내릴 때 고려할 연구 결과와 권고사항을 내놓는다. 이런 점에서 CDC의 지침은 다른 공중보건 단체나 의학회에서 나오는 지침과 비슷하다. 그러나 그것들은 **가이드라인**이지 처방이 아니다.[70]

이 문제를 더욱 악화시킨 조치가 취해졌다. 모든 캘리포니아의 의사면허를 가진 사람들은 2021년 8월 17일 주의료위원회로부터 "부적절한 면제 조치의 경우 의사가 징계받을 수 있다"는 제목의 통지문을 받았다. 어떤 의사라도 부적절한 마스크 면제나 코비드 관련 다른 면제 조치를 하면 "의사면허에 대한 징계가 내려질 수 있다"고 의사들에게 알린 것이다. 아마도 고의적인 누락일 텐데, 백신 면제에 대한 '치료 기준'이 의료위원회에서 정의된 적이 없었다. 의사면허를 취득한 이후 18년 동안 나는 그런 통고문을 받은 적이 없었고 내 동료들도 마찬가지다.

그 효과는 소름 끼치게 오싹했다. 왜냐하면 의사들이 자연스럽게 '부적절한 면제'에 백신을 포함해서 해석했기 때문에 설령 환자가 정당하게 코비드 백신 처방 금지 사유에 해당한다고 해도 캘리포니아에서는 적극적으로 의학적 면제 서류를 작성해 줄 의사를 찾기가 사실상 불가능했다. 내가 면담한 환자들 가운데 한 사람은 류머티즘 전문의로부터 코비드 백신을 맞아선 안 된다고 들었다. 왜냐하면 그가 코비드에 걸릴 위험은 낮았고, 그를 진료한 의사의 판단에 따르면 그의 자가면역 상태가 백신 부작용 위험을 높였기 때문이다. 직장에 나가려면 의무적으로 백신을 맞아야 했던 이 환자는 자신을 진료해 온 의사에게 즉각 의학적 면제를 요청했다. 의사는 "미안합니다. 저는 의사면허를 취소

당할지 모르기 때문에 면제 서류를 써 줄 수 없습니다"라고 답했다. 나는 이와 같은 억압적인 지시와 그것을 강화한 집행 체제하에서 의료윤리가 언어도단으로 침해된 많은 사례를 전해 들었다.

백신의 효과가 시간이 지나면서 약해지고 심각한 백신 거부반응이 특히 젊은 연령층에서 나타난다는 것이 명백해졌는데도 공공 및 민간 기관들은 오히려 보편적 백신 의무 접종을 강제적으로 실시하려는 노력을 강화했다. 이러한 명령을 정당화하는 과정에서 다음 주장들 사이의 엄청난 차이를 무시했다. 1) 누구나 백신을 접종해야 한다는 그럴듯한 공중보건 주장을 할 수 있다, 그래서 2) 우리는 모든 사람에게 백신 접종을 강제할 수 있고 강제해야만 한다. 결코 두 번째 주장이 첫 번째 주장에서 필연적으로 따라 나오는 것은 아니다.

2021년에 백신 정책이 전개되면서 나는 이러한 기본적인 면역학적 사실들을 알고 있고 백신 의무 접종에 대해 정당한 의문을 제기하는 학생, 교수, 수련의, 사무 직원 그리고 환자 들과 이야기를 나누었다. 그들 가운데 많은 사람이 이미 더 우수한 자연면역이 있는 상태에서 새로운 백신을 맞는 위험을 감수해야 한다는 것은 의학적 혹은 공중보건적 측면에서 정당성이 없다는 것을 정확히 알고 있었다. 다른 사람들은 도덕적으로 문제라고 생각하고 있었지만 종교를 이유로 면제받을 자격을 얻지는 않았다. 왜냐하면 종교가 양심에 따른 백신 접종 거부의 중심에 있지 않았기 때문이다.

그들은 동조하라는 엄청난 압력에 직면해 위협, 박탈감 그리고 무력감을 느꼈다. 많은 의사와 간호사는 강압적 분위기에서 말하기를 두려워했다. 공중보건 담당 관리들은 불편한 과학적 진실을 무시하고 합리적인 문제 제기를 억눌렀으며 회의적인 의사나 과학자를 위협해 입을 다물도록 만들었다. 백신 접종 명령을 내린 기관들은 명령에 따르지 않는 사람들에게 오명을 씌워 처벌했다. 나는 의학계에서 이런 일을 본 적이 없다.

언어 조작이 만연하고 일상화되다 보니 보건 당국은 눈도 깜짝하지 않고 앞뒤가 안 맞는 말을 했다. 예를 들면 캘리포니아 의과대학의 직원용 포털 서비스에는 직원들이 캘리포니아 대학의 백신 의무 접종 지시에 따라 코비드 백신 정보를 공개하기 위해 의료 기록에 '자발적으로' 체크하는 양식이 있었다. 그 소정의 양식 바로 아래에 있는 두 줄에는 '지시'와 '동의'라는 말을 병치해 분명한 모순을 완벽하게 보여주었다.

UC 코비드19 백신 접종 지시
[ ] 코비드 백신 정보 공유에 동의합니다

나는 왜 나를 고용한 기관을 상대로 연방법원에 소송을 제기했을까? 이 소송으로 개인적으로 얻을 것은 하나도 없었고 직업상 잃을 것은 많았다. 나는 주위에서 벌어지는 윤리적인 참사를 손을 놓고 방관할 수 없다고 판단했다. UCI의 의료윤리위원장이라는 직책상 나는 침묵을 강요당한 사람들을 대변하고 고지에 의한 동의와 고지에 의한 거부의 권리를 주장할 의무가 있었다.

결국 이러한 지시에 도전하기로 결정하자 다음과 같은 질문을 하게 되었다. 외압 때문에 내가 옳다고 생각하는 것을 하지 못한다면 어떻게 나를 의료윤리학자라고 할 수 있을까? 매년 초 의과대학 1, 2학년 학생들을 대상으로 하는 의료윤리학 수업을 앞두고 나는 이 부당하고 비과학적인 지시들에 반대하지 않는다면 내가 고지에 의한 동의, 도덕에서 우러난 용기 그리고 환자들을 보호해야 할 의사의 의무에 대해 강의한다는 것을 상상할 수 없었다. 나는 그야말로 아침마다 온전한 양심을 가지고 잠에서 깨어나지 못할 것 같았다.

:

예상했겠지만 대학 당국은 내 합법적 도전을 선의로 받아들이지 않았다. 대학 행정관리들은 이렇게 의견을 달리하는 조직 내의 사람들을 상대해 주기 전에 아예 반대의 싹을 밟아 버렸다. 나는 본안 소송이 시작되기 전에 백신 의무 접종 지시를 중지시켜 달라는 가처분 명령을 법원에 청구했다. 판사는 이 청구를 기각했다. 다음 날 대학 당국은 내게 백신 접종 지시 불응 혐의를 "조사하기 위한 휴가"를 지시했다. 대학 당국은 연방법원이 내가 제소한 사건에 대해 판결할 때까지 기다리는 대신 즉각 캠퍼스에 출근하거나 재택근무하는 것을 금지했다.

나는 환자, 학생, 수련의 혹은 동료를 만나 곧 자리를 비울 것이라고 알려줄 기회를 차단당했다. 그날 내가 연구실을 떠나고 나서 학과장 중 한 사람이 이메일을 보내 다음 날도 캠퍼스에 출근할 수 없다고 통보했다. 나는 그날 마지막으로 차를 몰고 캠퍼스를 떠나면서 병원 근처 모퉁이에 있는 간판을 흘깃 보았다. 몇 달째 거기 서 있는 간판에는 대문자로 이렇게 씌어 있었다. "HEROES WORK HERE여기 영웅들이 일하고 있다."

같은 날 공교롭게도 나는 캘리포니아 대학의 모든 캠퍼스에 근무하는 교직원 전체에게 보낸 이메일을 받았다. "총장실에서는 직장 내 부당 행위나 괴롭힘에 대한 총장실의 정책안에 대한 의견을 구합니다. 정책안은 대학 공동체의 근무 현장에서 일하는 구성원들에 의한 그리고 구성원들에 대한 부당 행위/괴롭히기 그리고 보복 행위를 다루게 됩니다." 그렇다면 좋다.

한 달 뒤 대학 당국은 나에게 무급 정직 처분을 내리고 환자 접견을 금지했다. 대학 당국은 또 공정한 고용에 관한 모든 원칙을 어기며 내가 무급 정직 상태에 있는 동안 어떤 외부 활동도 못 하게 막았다. 나중에 이런 결정에 대한 재심을 요청해서 열린 대학평의회 청문회에서 부학장은 무급 정직 상태에서 전문직으로서의 다른 활동을 금지하도록 특별한 처분을 받은 교수는 내가 유일하다고 정식으로 선서하고 증언했다.

대학 행정당국은 내가 그동안 쌓아 놓은 9주간의 유급 연가에 따른 임금을 받는 것도 승인하지 않았다. 그 돈은 이 정직 기간에 우리 가족을 부양해야 할 수입이었다. 사직하도록 압력을 넣기 위해 대학 당국은 내가 어떤 식으로든 소득을 얻을 수 없게끔 모든 수단을 동원해 방해하려고 했다. 시련은 아뜩했고 가끔은 초현실적이었다. 나는 백신을 접종하지 않았기 때문에 일할 수 없었다. 백신을 접종하지 않았기 때문에 집에서 휴가를 보낼 수 없었다. 이 모든 일이 과학이라는 이름으로!

나는 그해 내려진 강제적인 백신 접종 명령으로 비슷한 처지에서 고통받는 수많은 사람들 가운데 하나였다. 정직 처분을 받은 직후 나는 UCI의 동료 교수 한 사람에게 다음과 같은 이메일을 받았다. 그는 좌파 진보 진영의 인사로 내 소송을 지지하고 내 처지에 공감하고 있었다. 그의 동의를 얻어 여기에서 소개하는 것을 비롯한 그의 말은 백신 의무 접종 체제하에서 수많은 기관에 영향을 미친 공포와 강압의 분위기를 잘 보여 준다.

CDC, 언론매체 그리고 이제는 캘리포니아 대학평의회까지 나서서 대대적으로, 팬데믹에 관한 논의에서 배제하고 자연면역을 최선책의 하나로 다루지 않는 것에 대해 감히 의문을 제기하는 사람들을 악마화하는 것을 보면서 나는 완전히 침묵을 강요당하고 있다고 느꼈습니다. 나는 흑인이고, 외벌이에다 기본적으로 그달 벌어 그달 먹고살아야 할 만큼 경제적으로 불안정해서 공개적으로 의문을 제기한 사람들이 공격당하고 직장을 잃은 것 등을 생각하면 이 문제에 대해 침묵을 지켜야 한다는 압박감을 느꼈습니다. 그간의 나의 연구와 저술이 논란을 불러일으켰고 반골적이었다는 것을 고려하면 이 문제에 대해 내가 침묵한 것은 역설적입니다. 하지만 이 특별한 문제에 대한 어떤 토론도 파시스트적으로 억누르는 상황을 보고 난생처음으로 말하는 것을 주저하게 됐습니다.

수백만 명이 직업과 필요하지도 않고 원하지도 않는 의학적 간섭 사이에서 고민스러운 선택을 강요당하며 비슷한 감정을 느꼈다. 그 의학적 간섭은 상응하는 이익 없이 불필요한 위험만 초래할 것이었다. 12월에 형세가 나에게 불리하게 돌아갔다. 캘리포니아 대학 어바인은 내가 신청한 두 차례의 의학적 접종 면제 신청을 거부한 뒤 이른바 백신 접종 명령을 준수하지 않았다는 이유로 나를 해고했다.

코비드 이전에 그리고 팬데믹 첫해까지도 나는 대학이 나와 다른 의사, 간호사, 교수, 교직원 그리고 학생을 이렇게 독단적이고 자의적으로 쫓아낸다는 것을 상상할 수 없었다. 여기서 내 이야기를 늘어놓는 것은 내가 특별하기 때문이 아니다. 내가 겪은 일들이, 억압적인 백신 의무 접종 체제에서 경험한 일들을 공개적으로 알릴 수단이 없는 다른 많은 사람을 대표해서 보여 주기 때문이다. 우리는 팬데믹 기간에 가시화된 '생물의학 보안국가'의 초기 희생자에 속한다.

코비드 체제에 도전하면 어떤 의사나 과학자도 낙인찍히고 공격당하는 데서 안전하지 않다. 임신한 수련의들이 코비드 환자를 진료하는 것에 대해 우려를 나타냈을 때 병원 행정 담당자들은 그것으로 바이러스에 감염될 위험이 커지지 않는다고 그들을 안심시켰다. 그 당시에는 실증적 근거가 없는 주장이었고 지금은 거짓으로 밝혀졌다. 내가 상담 서비스를 담당하지 않을 때도 나는 이런 수련의들을 위해 코비드 상담을 해 주었다.

팬데믹 초기 몇 주 동안 N95 마스크는 공급이 부족했고 병원에서는 이 마스크들을 엄중히 보관했다. 병원 행정 담당자들은 간호사들에게 외과용이나 천으로 만들어진 마스크를 쓰라고 호통쳤다(이것은 마스크가 유행하기 전이다. 이에 앞서 CDC가 근거도 별로 없이 마스크가 도움이 될 수 있을 거라고 했다). 그 초기 단계에서 간호사들은 불확실한 상황 속에서 압박을 느끼면서도 최선을 다하고 있었다. 병원 행정 담당자들은 간호사들을 우롱했다. 진짜 문제는 우리가 마스크를 충분히 가지고 있지 않다는 걸 인정하고 싶지 않은 것이었다. 나는 지역에 있는 건설회사에 전화해서 그들한테 600개의 N95 마스크를 구했다. 나는 그 가운데 일부를 우리 과에 근무하는 수련의들과 응급실에 근무하는 동료들에게 주고 나머지는 병원에 기증했다. 그런가 하면 이듬해에 나를 해고하게 될 바로 그 대학 당국자들은 안전하게 재택근무를 했고 일선에서 근무하는 의료 인력들과는 달리 개인 보호 장구의 부족에 대해 조바심

낼 필요가 없었다.

2020년 나는 보상도 받지 못하면서 캘리포니아 대학 총장실이 대학의 팬데믹 대책을 마련하는 것을 도와주었다. 우리 대학병원의 인공호흡기 배정 우선순위 정책이 대중적으로 민감한 사항이라는 것을 알고 있는 총장실은 나와 대책위원회 위원장에게 이러한 우선순위 정책에 대한 질문에 답변하고 그 원칙과 근거를 대중에게 설명하는 대변인 역할을 해 달라고 요청했다. 아이로니컬하게도 그들은 나에게 미디어를 대하는 훈련을 시켜 주었다. 이 미디어 훈련은 나중에 쓸모가 있었다. 그리고 나서 나이와 장애 관련 차별 문제가 대두되자 캘리포니아주는 인공호흡기 배정 우선순위를 개선하기 위해 나에게 자문을 해 왔다.

나는 의과대학 4년 교육과정에서 학생들을 강의하는 UCI의 일개 교수로 학생들의 강의평가에서 우수교수상을 세 번 받았다. 내가 학과장을 맡았던 정신의학과는 다년간 의과대학에서 가장 인기 있는 학과였다. 나는 의대생뿐 아니라 재학 중인 학생들을 다 알고 있었다. 팬데믹 초기에 학생들이 처음으로 학교를 떠나 재택수업을 하게 되었을 때 학장은 나에게 학생들을 상대로 강연을 요청했다.

나는 학생들에게 재택수업을 시키려는 대학 당국의 결정에 강력히 반대했다. 의학 실습을, 더구나 팬데믹 시기에 의학 실습을 못 한다면 그들은 무엇을 하러 의대에 들어왔는가? 그렇지만 나는 병원 밖에서 계속해서 팬데믹 대응에 참여하라고 학생들에게 권장했다. 나는 기고를 통해 다른 의과대학에 재학 중인 학생들에게도 그런 말을 전했다. 우리 학장은 캘리포니아 대학 산하 다른 의과대학들에 그 기사를 보냈다. 그중 한 대학에서는 그해 졸업식에서 연설해 줄 것을 제안해 오기도 했다.

나는 이미 비슷한 일을 한 적이 있다. 2017년 UCI 의대 학과장들은 나에게 신입생 입학식에서 기조연설을 해 달라고 요청했다. 왜냐하면 그들이 말하길 "당신은 이 의과대학에서 최고의 교수이기" 때문이었다. 나는 의대 신입생들을 맞는 그 연설을 다음과 같은 조언으로 마무리했다.

　　임상 실습에 임할 때는 버림받은 환자, 외로운 환자, 육체적 결핍뿐 아니라 인간적 결핍으로 고통받는 환자들에게 특히 관심을 쏟으세요. 의료 행위를 할 때는 여러분들이 내리는 결정이 인기가 없더라도 항상, 항상 양심의 빛을 따르세요. 직업적인 선망을 경계하세요. 그 대신 여러분들의 에너지를 환자에게 쏟고 동료들을 도와주는 데 집중하세요. 그러면 충분히 성공할 겁니다…….

　　여러분들은 훌륭하고 고귀한 목적을 위해 여기 있다는 것을 절대적으로 확신하세요. 여러분들 가운데 단 한 사람도 우연히 여기에 있는 것이 아닙니다. 의사가 되는 것은 단지 생계 유지의 방편이 아니라 삶의 방식을 의미합니다. 무슨 차이냐고 물을 수 있습니다. 그 차이를 설명할 수 있는 가장 좋은 예가 있습니다. 지금부터 4년 뒤에 학장이 여러분들에게 의학 학위를 수여할 때 이것을 생각해 보세요. 여러분들은 의대에 들어왔기 때문에 의사가 된 게 아니라 반대로 의사이기 때문에 의대에 입학했습니다.[71]

　　이 연설을 할 때 나는 척추를 다쳐 심각한 만성적 통증에 시달려서 연단에 겨우 설 수 있었다. 척추 수술을 받고 회복하는 기간을 제외하곤 나는 여러 해 동안 고통을 감내하며 병원에서 매일 일했다.

　　그들이 갑자기 달라질 때까지 대학에 있는 모든 사람이 내 팬이었다. 내가 대학의 코비드 대책들 가운데 하나에 이의를 제기하자 나는 곧바로 '공동체의 건강과 안전을 위협하는 존재'가 되었다. 자연면역이나 백신의 안전성과 효율성에 대한 증거들이 차고 넘쳐도 조금도 중요하지 않았다. 대학 수뇌부는 과학적인 토론이나 윤리적인 심의에는 관심이 없었다. 내가 휴가와 정직 상태에 있는 동안 대학 당국은 나를 망신주려고 물불을 가리지 않았다. 심지어는 다른 교직원이 동행하지 않고는 내 물건을 가지러 연구실에도 들어갈 수 없었다. 마치 내가 캠퍼스에 발을 들여놓는 것만으로도 안전에 위협이 되는 듯했다. 나는 동료들이나 학생들에게 개인적으로 작별 인사를 할 단 한 번의 기회도 없었다.

어느 날 나는 그냥 사라졌다.[72]

:

이 글을 쓰던 당시 내가 대학 당국의 백신 의무 접종에 이의를 제기해 낸 소송은 연방 항소심에 회부되어 있었다. 법률적인 관점에서 1905년 **제이콥슨 대 매사추세츠주 소송***의 대법원 판결은 의무적인 백

---

* Jacobson v. Massachusetts: 1902년 당시에 매사추세츠주는 주 정부가 백신 접종을 강제할 수 있었던 11개 주 가운데 하나였다. 주 정부가 명령한 백신 접종을 거부하는 사람에게는 5달러의 벌금을 물렸다. 1902년 천연두가 퍼지자 매사추세츠 케임브리지시 보건위원회는 천연두 접종을 명령했고 헤닝 제이콥슨은 이전에 백신 부작용으로 고통을 겪었다는 이유를 들어 접종을 거부하고 소송을 제기했다. 그는 자신과 자녀들이 천연두 백신에 거부반응을 보이는 유전적 소인이 있다고 주장했다. 그가 제기한 소송은 3년 동안 계속되었고 결국 연방대법원은 주 정부가 백신을 강제할 수 있는 권한을 가진다는 법을 인용하는 것으로 끝났다. 판결의 요지는 위험이 높은 상황에서 공중의 안전을 위해 개인의 자유를 제한할 수 있다는 것이다.

신 접종 명령과 다른 비상 팬데믹 공중보건 대책의 근거로 지지자들이 자주 인용한다. 그러나 **제이콥슨 판결**은 그 당시 제한적 판결이었으며 그 판결로 세워진 판례는 온당하게 해석되어야 한다.

100여 년 전 이 소송에서 매사추세츠 대법원의 하를란 판사는 보스턴에 천연두가 대유행했을 때 천연두 접종을 거부한 사람들에게 소액인 5달러, 인플레이션을 감안한 현재 가치로 155달러의 벌금을 부과하는 주정부(연방정부가 아니라)의 권한을 인용했다.[73] 당시 천연두로 인한 사망률이 코비드 사망률에 비해 훨씬 높은 30퍼센트라는 것을 유념해 두자.[74] 천연두의 위협이 훨씬 더 치명적이었지만 매사추세츠주의 조치는 현재의 백신 의무 접종보다 덜 징벌적이며 덜 강압적이다. 155달러의 벌금은 직업을 잃거나 다니던 학교에서 퇴학당하는 것과는 분명히 다르다. 그러나 제이콥슨 판례가 정부의 광범위한 과잉규제 조치에 대해 잘못 적용된 것은 이번이 처음이 아니다.

최악의 사례는 서문에서 언급한 악명 높은 우생학 관련 소송인 1927년 **벅 대 벨** 소송의 판결이다. 이 판결은 강제적인 불임수술을 허용하는 주정부의 우생학적 법률을 인용했다. 홈즈 판사는 제이콥슨의 제한적 판결을 다른 방식으로 제시했다. 그는 **제이콥슨** 판결을 인용하며 "의무적인 백신 접종을 뒷받침하는 원칙은 나팔관의 절제를 포함할 만큼 광범위하게 적용된다"고 판시했다. 그다음에 다시 인용할 가치가 있을 만큼 악명 높은 문구가 이어졌다. "3대에 걸친 정신박약이면 충분하다."[75] 이 판결로 인용된 주 법률은 입법을 통해 파기되었지만 이런 터무니없는 대법원 판결이 법원에 의해 뒤집힌 적은 한 번도 없었다.

우리의 법학 이론은 1905년 이후 크게 진화하고 발전해 이제 여러 단계를 거치는 심리와 신체의 자주성 그리고 고지에 의한 동의와 관련된 중요한 법률적 원칙을 포괄하게 되었다. 지금이 대법원이 **제이콥슨** 판례의 한계를 분명히 밝혀 **벽 대 벨** 소송에서와 같은 또 다른 재앙적 판결이 나오지 않게 할 적기이다. 어쩌면 내가 제기한 소송이나 백신 의무 접종에 이의를 제기하는 다른 소송이 법원에 그런 기회를 제공할 수도 있을 것이다.

CDC 그리고 FDA와의 싸움

관료들은 엄청난 권한을 행사하지만 책임 소재는 없다고 누군가가 말한 적이 있다. 이것은 그러려니 하는 좌절감으로 이어진다. 흔히 지역의 DMV*에서 그런 관료 체제의 작은 폐해를 경험하게 되는데 문제를 해결하거나 불공정한 관행을 시정하려 하면 관료들이 시키는 대로 여기저기 뺑뺑이를 돌 수 있다. 선의를 가진 공무원이 진심으로 도와주려고 나선다 해도 문제의 진상을 파악하는 것을 어떤 한 사람이 도와줄 수 없어 보인다. 2021년에 항체 반응력을 가진 성인들에게 백신 의무 접종을 시행하자 세상이 거대한 관료 조직으로 변해 글로벌 DMV에 갇힌 것처럼 되었다.

마티아스 데스멧Mattias Desmet은 "전형적인 관료는 컴퓨터와 같다"고 썼다. "그들은 그들이 '도와주는' 시민들의 개인적 사정에 흔들

---

* Department of Motor Vehicle의 약자로 자동차 등록과 면허 발급을 담당하는 각 주정부의 기관이다. 하와이는 예외적으로 카운티 소속 기관으로 되어 있다.

리지 않고 조직의 논리를 엄수한다." 그는 "이것이 관료 체제가 컴퓨터와 같은 좌절감을 주는 이유"라고 설명한다. "우리는 인간으로서 우리 개개인의 특성을 결코 느끼지 못하는 기계적인 타인을 상대하게 된다. 컴퓨터는 불공정하거나 부당한 상대가 아니다. 그저 인정사정없는 논리를 따를 뿐이다." 데스멧은 이런 점에서 컴퓨터와 관료 기구는 "엄격하고 무자비하게 자신의 논리를 국민에게 강요하는" 전형적인 전체주의의 지도자를 닮았다고 지적한다.[76]

백신 의무 접종에서 관료적 역학이 작용하는 방법을 보여 주는 사례가 있다. 집중된 권력이 아무런 책임 소재 없이 행사되는 강압의 구조를 제거해 내면 거기에는 '논리'에 무자비하고 개인에게 적용할 때 무감각한 폐쇄-고리 시스템closed-loop system이 있다. CDC는 백신을 권고사항으로 채택했다. 그러나 권고와 명령 사이의 윤리적으로 중요한 구분은 기관들(예를 들면 정부 기구, 기업, 사용자, 대학 혹은 학교)이 CDC의 권고사항을 근거로 고용원들이나 계약자들에게 백신 접종을 요구하면 그 순간 무너졌다.

내가 했듯이 누군가가 이러한 접종 명령의 합리성에 대해, 예를 들어 연방법원에 이의를 제기하면 접종 명령을 내린 기관은 그 명령의 합리적 근거로 CDC의 권고를 다시 들먹였다. 법원은 공중보건에 대한 CDC의 권위를 존중해 오던 대로 접종 명령을 인용했다. 따라서 자치단체, 학교, 기업 등은 접종 명령 결정에 대한 책임이 없다고 발뺌했다. **우리는 CDC의 권고를 따르고 있을 뿐이다. 도대체 우리가 뭘 할 수 있다는 것인가?** 그런데 이 먹이사슬의 위로 거슬러 올라가면 CDC도 마찬가지로 책임을 부인한다. **우리는 정책을 입안하지 않는다. 우리는 권고할 뿐이다.**

그런가 하면 백신 제조업체들은 연방법, 특히 2005년의 PREP 법*과 1986년의 국가아동백신피해법**에 따라 모든 법적 책임을 지지 않고 면제받는다. 그들의 제품, 즉 자기가 선택하지 않은(이를테면 처방전에 따른) 제품으로 인해 해를 입을 경우 그들은 해당 사항이 없다. 이때쯤 우리 가운데 백신 접종 명령에 대해 의문을 제기하려고 한 사람들은 실제 결정을 내린 사람을 찾으려고 쳇바퀴를 돌다가 현기증을 느꼈다. 관련 기관을 정확히 꼭 집어내기는 불가능했다. 우리는 엄청난 권력이 우리의 신체와 건강에 행사되는 것을 알고 있고 느끼고 있었다. 그러한 결정에 대한 책임 소재와 결과에 대한 법적 책임은 없었다. 그다음에는 아무도 했다고 인정하는 사람이 없는 결정이 가져온 결과와 싸우기 위해 수백만 명이 남겨졌다. 단 한 가지 확실한 것은 우리가 그 결정을 내리지 않았으며 우리에게는 선택의 여지도 없었다는 사실이다.

이런 패턴에 따라 내가 제기한 소송에서 대학 당국의 유일한 법적 방어 논리는 CDC가 코비드에 대한 자연면역을 아직 인정하지 않았다는 것이었다. 자연면역 문제는 팬데믹 기간에 CDC가 기관 차원에서 저지른 심각한 실책을 들여다볼 수 있는 유용한 렌즈다. 미국 유수의 공중보건 기관이 왜 아주 기본적인 과학적 사실을 무시하고 말도 안 되는 비과학적 방법으로 코비드 대응책에 접근했는지 알아보려면 좀 더 깊

---

*   Public Readiness and Emergency Preparedness Act: 2005년 부시 행정부 시절에 입법된 법으로 제약회사들에 대해 테러, 전염병 혹은 팬데믹과 같은 비상 상황에서 화학, 생물학, 방사능과 핵물질에 대항하는 의학적 대응 물질을 제조, 시험, 개발, 보급 그리고 관리와 사용과 관련된 법적 책임을 면제해 주는 내용 등을 담고 있다.

**   National Childhood Vaccine Injury Act: 레이건 대통령 재임 시에 백신을 안정적으로 공급하기 위해 제정한 법으로 백신을 제조한 제약회사의 백신 부작용에 대한 금전적 배상 의무를 면제해 주는 것을 내용으로 한다.

이 파고들 필요가 있었다. 자연면역의 효과와 지속성에 대한 과학적 증거는 내가 소송을 제기할 당시에도 매우 분명했고 법원에서 재판이 지연되면서 한 달 한 달 시간이 지날수록 더 확실해지기만 했다. 그러나 CDC는 이미 코비드에 걸린 사람들에게도 계속해서 백신 접종을 권고했다. 대부분 CDC가 자연면역을 무시한 탓으로, 미국 전역에서 백신 의무화는 자연면역을 무시한 채 집행되었다. 그 이유는 '생물의학 보안국가'의 일부 핵심적인 요소에 뿌리를 두고 있다.

CDC가 이 문제에 대한 과학적 증거들을 계속해서 무시한 데는 몇 가지 정치적인 이유가 있다. 첫째, 공중보건 담당 관리들은 자연면역을 인정하면 사람들이 백신을 맞는 대신 일부러 감염되려고 하지 않을까 염려했다. 그러나 문제는 사람들이 의도적으로 감염되어 자연면역을 얻으려고 할 것인지 아닌지가 아니었다. 그리고 아무도 이런 생각을 내비치지 않았다. 문제는 이미 코비드에서 회복된 사람들이 지니게 된 면역의 수준에 관한 것이었다. 대중 메시지에 대한 선전적인 접근 방식에 부합하게 정보의 정확성은 사전에 결정된 행동의 결과를 위해 희생되었다.

둘째, 공중보건 담당 관리들에게 접종 대상자들이 이미 코비드에 걸린 적이 있는지 그 여부를 확증하는 것은 매우 비효율적이고 성가신 일이었다. 관리들은 백신 접종 캠페인의 효율성을 저해하거나 "모든 팔에 주사를"이라는 단순 무식한 대중 홍보 메시지를 복잡하게 만들 수 있는 어떤 제안도 거부했다. 그러나 그들은 이전에 감염된 적이 있다는 것을 보여 줄 입증의 부담을 접종 대상자들에게 간단히 떠넘길 수 있었다. 어떤 사람들은 이전에 감염된 적이 있어도 백신 접종을 원할 수 있고 어떤 사람들은 접종하지 않는 쪽을 선택할 수 있다. 우리는 이전의 검사 결과, 의료 기록, 혹은 항체 검사나 T세포 검사 결과 중 하나를 어렵잖게 제출할 수 있었다. 전체 인구집단을 무차별적으로 엄격히 통제하는 공중보건에 대한 획일적 접근 방식 역시 '생물의학 보안국가'의 특징이다.

셋째, 이것은 크게 언급되지 않는 부분이지만, 공중보건 관리들은 자연면역을 인정하면 감염을 막기 위해 도입된 정책이 실패했다는 것을 자인하는 꼴이 된다고 걱정한다. 면역학에서 가장 중요한 두 가지는 발병률과 유병률이다. 전자는 일정 시간 동안 새로운 확진자가 나타나는 비율이고 후자는 일정 시간 동안 발생한 누적 확진자의 비율이다. 일단 CDC가 자연면역을 인정하고 나면 유병률에 대한 의문이 제기될 수밖에 없다. 팬데믹이 시작된 이래 지금까지 코비드에 감염된 미국인은 몇 명인가?

팬데믹이 시작된 지 2년이 지난 지금까지도 이 가장 기본적인 물음에 대한 분명한 답변을 듣지 못했다는 것은 놀라운 일이었다. 모집단 기반 무작위 표본을 대상으로 한 T세포 검사나 모집단 기반 코호트cohort에서 몇 개월에 한 번씩 순차적으로 선정된 표본의 항체 검사를 통해 어렵잖게 답을 얻을 수 있었을 것이다. 이것은 CDC가 팬데믹 기간 내내 실시했어야 할 기본적인 역학조사다. 전염병 학자들 대부분은 공중보건 당국자들이 역학의 기본으로 돌아가 이런 연구를 했더라면 오미크론 파장이 끝날 무렵에는 다수의 백신 접종자들을 포함해 전체 국민의 65에서 75퍼센트 선에서 자연면역을 갖게 되었을 것으로 추정했다(그래서 뜻하지 않게 백신의 효과를 부자연스러울 정도로 높였다).

그들이 틀렸다는 것을 인정하지 않으려는 공중보건 관리들에게 이것은 그들의 정책이 실패했다는 것을 분명히 보여 주게 될 증거였다.

엄혹한 락다운, 사회적 거리두기, 마스크 착용, 손 씻기, 플라스틱 칸막이 등에도 불구하고 코비드 바이러스는 다른 호흡기 바이러스들이 하는 것을 했다. 아무튼 미국 국민 대부분이 감염되었다. 이기적인 공중보건 기관들은 이것을 집단면역으로 나아가는 것으로 축하하는 것이 아니라 오히려 난처한 일로 보았을 것이다. 이것을 인정했더라면 CDC가 채택한 팬데믹 관리에 대한 생물보안적 접근 방식 전체가 와해됐을 것이다.

2022년 4월, CDC는 마침내 코비드 백신에 대한 반응이 아니라 감염으로 생성되는 항뉴클레오캡시드 항체*에 대한 혈청학적 유병률 연구 결과를 발표했다. 이 연구에서 50세 이하의 성인은 최소 64퍼센트 그리고 어린이들은 최소한 75퍼센트가 이미 코비드에 감염됐던 것으로 나타났다.[77] 긍정적인 측면은 50세 이하 감염자의 99.9996퍼센트를 포함해 엄청난 숫자의 코비드 감염자들 가운데 99.8퍼센트가 살아남았다는 것이다.[78] 스탠퍼드 대학의 존 이오아니디스 교수는 연령별 코비드 치명률이 건강한 어린이들과 70세 이하 성인에서 극히 낮다는 것을 일찍이 입증해 주었다.[79] 이 정보 하나만 가지고도 락다운, 백신 의무 접종 그리고 백신 증명서가 우선적으로 고려될 필요가 없었다는 것을 보여 주기에 충분하다. 이러한 조치들이 거의 보편적으로 채택된 것은 이 결정이 공중보건과는 거의 관계가 없다는 것을 시사한다.

코비드 대책을 세우는 데 CDC 같은 공공기관에 부당하게 영향을 미친 다른 정치적·금전적 고려 사항들도 있다. 가장 분명한 것은 자연

---

* anti-nucleocapsid antibody: 뉴클레오캡시드는 바이러스의 핵산과 이것을 둘러싼 단백질을 지칭한다. 항뉴클레오캡시드는 여기에 맞서는 항체를 의미한다.

면역을 인정하면 1,000억 달러에 이르는 코비드 백신 산업의 수익이 절반 이상 줄어든다는 사실이다. 누군가 자연면역으로 돈이 되는 방법을 알아내면 그들이 자연면역을 인정할 것이라고 당시에 우스갯소리를 했다. 물론 이러한 금전적 요소들은 CDC에 영향을 미치지 않아야 하는 게 맞다. 그러나 이 장의 후반부에서 규제 포획을 다룰 때 알게 되겠지만 세 글자 약자로 된 연방기관들*은 그들이 규제해야 할 제약회사들로부터 부당하게 영향을 받았다. 이해충돌은 차고 넘친다.

공중보건이나 건전한 정책 수립과는 거의 관계가 없는 이러한 비과학적 장애물에 맞서 나는 2021년에 책임감 있는 과학자들이 CDC의 입장을 어떻게 획기적으로 바꾸는 데 힘을 보탤 수 있을지 궁리하기 시작했다. 과학자들의 이의제기에 CDC가 즐겨 쓰는 대응 방법은 묵묵부답이었다. 나는 CDC가 자연면역을 인정해 줄 것을 청원하며 CDC를 상대로 법적 조치를 취하기 위해 대학에 있는 의사들과 과학자들을 규합해 조직화했다.

그해 5월 CDC는 백신 접종을 모두 완료한 개인들에 대한 규제를 완화하기 위해 권고사항을 변경했다. 그러나 그 권고사항은 감염을 통해 면역이 생긴 사람들은 인정하지 않았다. UCI를 상대로 한 소송에서 내 변호인으로 선임된 아론 시리Aaron Siri는 자연면역에 대한 탄탄한 과학적 증거를 상술하고 CDC가 코비드에 걸렸다 회복된 사람들도 백신 접종자와 같은 범주에 포함할 것을 요청하는 서한을 내 동료인 피터 매컬러프의 자세한 진술서와 함께 제출했다.

---

*   FBI, CIA, NSC 등 약자로 된 연방정부 기관을 통칭하는 속어로 여기서는 CDC, NIH, FDA 등 보건 의학 및 약품을 관장하는 기관들을 의미한다.

이에 대해 CDC는 청원자가 서한에서 제기한 과학적 문제들에 대해서는 전혀 언급하지 않고 오만하게 두 문장으로 된 답변서를 보내왔다. CDC는 "2019 코로나바이러스 질병에 보여 준 관심"에 대해 시리에게 감사를 표하고 시리가 서한에서 전면적으로 비판한 동일한 정책에 접속할 수 있도록 링크를 제공했다. 하지만 이 답변 같지 않은 답변의 긍정적인 면은 CDC에 공식적으로 청원하는 것을 허용했다는 것이다. 시리는 7월 6일 서한을 통해 CDC에 공식 청원을 냈다. 공교롭게도 CDC를 상대로 연방법원에 소송을 제기할 수 있는 사람은 두 가지 부류가 있다. 기관 자체의 직원 또는 특정 양식의 청원에 CDC로부터 공식적인 답변을 받은 변호사. 우리는 후자에 해당한다.

CDC는 법에 따라 응답해야 했다. 하지만 7월 6일 자 후속 청원 서한에 대해 응답조차 하지 않았다. 시리가 이끄는 팀은 9월 15일 이런 점을 조심스럽게 지적하고 첫 번째 서한을 보낸 이후 발표된 56건의 도움이 될 만한 후속 연구보고서 목록을 첨부해 또 다른 서한을 보냈다. 그 연구들은 우리가 처음에 제기한 문제들을 추가로 확인시켜 주었다. CDC는 결국 9월 17일 청원을 거부하는 답신을 보내왔다.

이 거부는 CDC가 막 발표한 켄터키주의 감염자에 대한 조작된 연구보고서에 근거를 두고 있었다. 시간상으로 볼 때 그 연구는 우리의 청원에 대응하기 위해 시작되었다는 것을 짐작할 수 있었다. 그러나 켄터키주의 연구는 의미 있는 비교 대조군, 즉 백신 접종을 한 사람들과 코비드에 걸렸다 회복된 사람들을 비교 조사하지 않았다. 이 연구의 모든 조사 대상자는 코비드에 걸렸다 회복된 사람들이며 이들 가운데 절반은 회복된 이후에 백신을 맞은 사람들이다. 시리가 다음에 보낸 편지에는 속이 뻔히 들여다보이도록 조작된 이 무의미한 연구에 대한 철저한 비판과 전후 관계 설명이 들어 있었다. 이 연구는 방법론적으로도 엉뚱해서 백신을 옹호하는 사람들조차 더 이상 인용하려고 하지 않았다. 시리는 또 청원자들이 CDC에 검토해 달라고 요약해 제출한 50여 건의 다른 연구에 대해 CDC가 답신에서 언급하지 않았다는 것을 지적했다.

그다음에 전개된 상황이 흥미로웠다. 내가 협조를 요청한 UCLA, UCSF, 브라운, 스탠퍼드 대학 그리고 다른 연구기관의 의학교수와 과학자들의 도움을 받아 시리가 이끄는 팀은 10월 21일 CDC에 서한을 보냈다. 이 서한은 CDC가 자연면역을 인정하지 않는 것은 CDC의 평판을 심각하게 훼손하고 CDC가 내놓은 모든 권고사항에 대한 국민의 신뢰를 떨어뜨릴 것이라고 지적했다. 이 서한은 우리 청원자들은 CDC가 우리의 청원을 계속해서 실천에 옮기지 않는다면 연방법원에 소송을 제기할 준비가 되어 있다는 말로 끝을 맺는다. 이 글을 쓰는 지금도 우리 팀은 우리가 후속 법적 조치를 취하기 이전에 현재 정보자유법*에 따른 관련 문서 열람을 신청해 놓고 CDC의 허술한 켄터키 연구에 대한 추가적인 정보를 기다리고 있다.

관심을 끌 만한 CDC에 대한 정보자유법에 따른 관련 문서 열람 신청 사항 중 하나는 다음과 같은 정보들이다. "다음 개인의 확진에 대한 서면 자료를 담은 문서: 1) 코비드 백신을 한 번도 맞지 않은 사람, 2) 코비드에 감염되었다가 회복되고 나서 다시 감염된 사람, 3) 다시 감염되었을 때 다른 사람에게 SARS-CoV-2, 즉 코로나바이러스를 전파한 사

* Freedom of Information Act: 이전에 공개되지 않았거나 배포되지 않았던 국가 및 공공기관의 자료를 요청에 따라 열람을 허용하도록 규정한 미국 연방법으로 미국 정부 운영의 투명성을 높이는 것을 입법 취지로 하고 있다.

람." CDC의 답변은 인상적이었다. "우리 기록을 찾아보았지만 귀하의 요청 사항에 속하는 문서는 발견하지 못했습니다. CDC 비상운영센터는 이런 정보들을 수집한 바 없다고 알려왔습니다."

이런 사실은 자연면역이 있는 사람에게도 백신을 접종하라는 이 기관의 정책 권고에는 그것을 뒷받침할 티끌만큼의 데이터도 없다는 것을 시사할 뿐 아니라 CDC가 그런 데이터를 수집하는 데 관심조차 없었다는 것을 보여 주었다. 그럼에도 캘리포니아 대학의 명령을 비롯한 자연면역을 무시한 모든 의무 접종 명령은 이 CDC의 권고에 근거를 두고 있다. 나와 같은 수천 명의 사람들이 이런 문제 때문에 직장을 잃고 과학적 정당성의 편린이라도 찾으려고 쳇바퀴를 돌고 있다.

:

2021년 나는 FDA와도 맞붙었다. 세계보건기구에 따르면 "20개의 코비드19 백신에 대해 실시한 86건의 임상시험 가운데 12퍼센트의 임상시험 계획서가 일반에 공개되었다."[80] 2021년 9월에 나는 서른 명의 대학병원 의사들과 과학자들로 '투명성을 위한 보건 및 의료 전문가들Public Health and Medical Professionals for Transparance'을 결성했다. 이 그룹에는 다른 어떤 유명인사들보다 예일 대학의 하비 리시Harvey Risch, 브라운 대학의 앤드루 보스텀Andrew Bostom, UCLA의 조지프 라다포Joseph Ladapo(현재는 플로리다주의 의무감), 전에 미국 보건복지부와 WHO에 근무한 폴 알렉산더Paul Alexander, UCSF의 아디티 바르가바Aditi Bhargava, 그리고 미국, 캐나다, 덴마크, 호주, 독일, 영국 옥스퍼드 대학의 여러 과학자들이 참여했다.

우리는 정보자유법에 의거해 FDA에 화이자의 코비드 백신을 승인하기 위해 근거로 삼았던 임상시험 데이터를 요구했다. 이 백신이 긴급 사용 승인EUA 조항에 의해 승인되었기 때문에 그런 정보는 입수할 수 없었다. 그러나 일단 화이자의 코머내티 백신이 그해 8월에 승인되었기 때문에 FDA는 이 데이터를 일반에 공개했어야 했다. 이와 관련한 법은 아주 분명하다. 우리 정보자유법에 의한 정보공개 청구는 법률적으로 복잡하지 않다. 그리고 법무부에 있는 FDA 담당 변호사들은 이점을 잘 알고 있었다.

우리 웹사이트에서 설명하고 있듯이, "우리 기구의 입장이 바로 독립적인 전문가들이 각자 나름대로 검토하고 분석할 수 있도록 데이터를 공개해야 한다는 것이다. 입수된 자료가 있다면 공개할 것이다."[81] 우리는 이런 약속을 잘 지켜 왔다. 모든 공중보건 계획의 수립에서 투명성이 중요한 윤리적 원칙으로 널리 간주되기 때문에 정보자유법에 의거한 우리의 정보공개 청구에는 논란의 여지가 있을 수 없었다. 이것은 예를 들면 내가 2020년에 초안 작성에 참여했던, 캘리포니아 대학의 인공호흡기 배정 우선순위를 정한 "긴급 상황의 진료 기준에 따른 부족한 핵심 자원의 배정"에도 명시된 중요한 윤리적 원칙들 가운데 하나다.[82]

FDA는 답신에서 매월 500쪽의 자료를 공개하겠다고 알려왔다. 따져 보니 이것은 FDA가 고작 108일 동안 검토한 자료를 공개하는 데 75년이 걸린다는 것을 의미했다. 연방법원 판사는 FDA의 터무니없는 계획을 기각하고 8개월 안에 청구한 자료를 공개하라고 명령했다. 이 명령에서 판사는 제대로 기능하는 민주주의에서 정부 기관의 투명성이 갖는 중요한 역할에 대해 웅변적인 판결문을 썼다.

"열린 정부는 근본적으로 미국의 문제다." 그것은 공화당이나 민주당의 문제가 아니다. 제임스 매디슨이 썼듯이 "공유된 정보나 그것을 획득할 수단이 없는 민주 정부는 단지 소극笑劇이나 비극의 서막에 불과하다. 아니면 둘 다. 지식은 무지를 영원히 지배할 것이다. 스스로 지배자가 되는 주권을 가진 사람들은 지식이 주는 힘으로 자신을 무장해야 한다."[83]

판사가 FDA에 자료를 공개하라고 명령하자 화이자는 걱정되어 개입에 나섰다. 이 회사는 공개하기 전에 자료 수정을 허용해 달라고 청구했다. 화이자가 이런 청구를 하리라는 것은 놀라운 일이 아니었다. 놀라운 일은 법무부에서 FDA를 담당하는 변호사들이 화이자에 동조하여 법원에 화이자가 자료를 수정할 수 있도록 허용해 달라고 청구한 것이었다. 판사는 이 청구를 기각했다.

이 글을 쓰는 동안에도 우리는 매달 문서들을 계속 추가로 입수해 연구원들이 수십만 페이지에 달하는 이 문서들을 살펴보는 중이다. 공개된 문서에는 이전에 공개되지 않았던 집단 예방 캠페인을 벌이던 처음 석 달 동안 보고된 이상 반응에 대한 자료들이 들어 있었다. 그 문서에는 "이 제품(코비드 백신)의 자연발생적 이상 반응 보고가 대단히 많아" 화이자가 가장 "심각한 사례들"을 우선적으로 문건화한다고 기록되어 있다. 많은 이상 반응 보고 건수를 처리하기 위해 "화이자는 약 600명의 상근 직원을 추가로 고용했다. 매달 직원들을 더 고용해 2021년 6월 말까지는 상근 직원이 모두 1,800명 이상이 될 것으로 보인다." 숫자가 말해 준다. 2021년 2월 28일까지 누적으로 15만

8,893건의 이상 반응에 대한 총 4만 2,086건의 보고가 있었다(이 가운데 2만 5,379건은 임상적으로 확인되었고 1만 6,707건은 비임상적으로 확인되었다). 걱정스럽게도 공개된 자료에서 백신 접종 이후에 이상을 느낀 임신한 여성 서른두 명 가운데 스물여덟 명이 태아를 잃은 것으로 드러났다.[84]

이런 보고가 임상 의사들로서는 귀찮고 시간이 걸리는, 하지 않아도 될 일이었다는 것을 고려하면 이상 반응은 문건에 기록된 것보다 분명히 더 많았을 것이다. 백신 이상 반응은 지금까지 주목받았던 심장 외에 다른 계통의 장기에서도 나타났다. "신경계 질환(2만 5,957), 근골격계 및 결합조직 질환(1만 7,283), 소화기계 질환(1만 4,096), 피부 및 피하조직 질환(8,476), 호흡·흉부·종격흉막 질환(8,848), 세균이나 기생충 감염·상처·중독 및 수술 후 합병증(5,590), 그리고 조사를 통해 밝혀진 사례(3,693)." 보고된 이상 반응의 다양한 형태를 수록한 9쪽짜리 부록은 의학적으로 심각한 증상에 대한 기록으로 빽빽하게 채워져 있다.[85] 나는 의학 문헌 어디에서도 이와 같은 사례를 결코 본 적이 없다.

다른 약 같았으면 FDA는 즉각 사용을 중단시켰을 것이다.

화이자의 데이터는 집단 백신 접종 캠페인을 진행하는 동안 백신 접종자들에게 공개되지 않았던 위험을 알고 있었다는 것을 보여 준다. 화이자와 FDA는 이러한 부작용에 대해서 그리고 그것이 투여량 의존적이라는 것, 즉 추가접종을 하면 부작용이 증가한다는 사실을 알고 있었다. 그들은 또 백신을 접종한 집단의 전 원인 사망률all-cause death이 위약을 투여한 그룹보다 높았다는 것을 알고 있었다. 그리고 백신 접종자 집단의 이런 사망률이 심장 독성과 관련이 있다는 것을 알고 있었다. 그들은 이런 백신들이 감염, 바이러스 복제, 그리고 전파로부터 우리를 지켜 주지 못할 것을 알고 있었다. 그들은 코비드에 가장 취약한 임신한 여성이나 노인들을 대상으로 이 백신을 시험하지 않았다는 것을 알고 있었다. 그들은 자신들이 주장하는 효과가 과장되었다는 것을 알고 있었다.

그들이 이렇게 투명성을 결여하고 위험을 공개하지 않은 것은 관련 정보를 정확하게 공개할 것을 요구하는, 고지에 입각한 동의의 원칙을 훼손했을 뿐 아니라 실제로 법률상 사기죄에 해당할 수 있다. 백신 제조 회사들의 법률적 면책은 알고 있는 관련 정보를 의도적으로 은폐한 사기죄의 경우에는 적용되지 않는다. 그래서 사기죄를 걸어 면책의 장막을 뚫고 들어가는 것은 해당 기업이 피해에 대해 책임지도록 하는 한 가지 방법이 될 수 있다.

내가 조직한 것과 같은 과학자와 의사단체가 CDC와 FDA 같은 정부기관들을 상대로 기본적인 과학적 사실들을 인정하고 데이터를 공유하라고 소송을 제기할 수밖에 없었다는 사실은 이런 기관들이 부패하고 있다는 신호다. 나는 CDC, FDA 그리고 NIH를 비롯해 연방 보건후생부HHS 산하의 모든 기관을 괴롭히고 있는 제도적 포획과 부패의 작동 원리에 대해 간략히 기술하는 것으로 이 장을 맺으려고 한다. 팬데믹의 여파로 이런 기관들이 자금을 대주는 납세자들을 위해 일하지 않고 있다는 것이 분명해졌다. 그러면서 이런 질문을 하게 되었다. 그렇다면 그들은 누구의 이익을 위해 복무하는가?

규제 포획

　제약회사들은 지금 미디어와 정부 기관에 엄청난 영향력을 행사하고 있다. 제약회사는 우리가 믿어야 한다고 알고 있는 과학을 위해 돈을 쓴다. 우리는 먼저 제약회사들의 엄청난 규모에 대해 알아둘 필요가 있다. "오늘날 화이자는 일 년에 810억 달러의 매출을 올려 기업 가치로 세계 28위에 올라 있다. 15위의 존슨 & 존슨은 937억 7,000만 달러를 벌어들인다. 넓게 보면 이런 회사들은 전 세계 대다수 나라보다 부자다." 그들은 로비에 다른 업계보다 많은 돈을 쓸 수 있다. 코비드 백신 하나만 해도 1,000억 달러의 수익을 창출했다. 언론인 레베카 스트롱Rebecca Strong은 "2020년에 의원들의 3분의 2 이상, 즉 상원의원 72명과 하원의원 302명이 제약회사들로부터 선거자금을 기부받았다"고 보도했다.[86]

　정보공개 청구를 통해 한 정부 감시기구가 받은 자료에서 연방정부가 코비드 백신을 광고하기 위해 수백 개의 미디어 회사에 10억 달러의 세금을 썼다는 것이 최근에 밝혀졌다. 예상할 수 있듯이 이런 미디어들은 한결같이 백신은 긍정적으로 보도하고 안전성과 효과에 대한 우려는 하찮게 취급했다. 제약회사들을 이롭게 만드는 정부의 광고비를 받은 회사 중에는 《뉴욕포스트》, 《로스앤젤레스타임스》, 《워싱턴포스트》, ABC, CBS, CNN, Fox News, MSNBC, NBC, BuzzFeed, Newsmax 그리고 수백 개의 지역 신문과 텔레비전 방송이 있다. 보건복지부가 돈을 대 제작한 광고에는 가수 앨튼 존, 배우 마이클 케인 같은 유명인사들이 등장했다.[87]

　정부는 납세자들에게 거둬들인 달러를 1) 코비드 백신 개발, 2) 코비드 백신 테스트, 3) 백신 승인, 4) 백신 보급, 5) 의무 접종 명령을 통한 백신 판매 보장, 6) 복권과 다른 증정품을 통한 백신 접종 장려, 7) 백신 광고 등에 썼다. 백신 제조 회사들은 연방법 덕분에 자신들이 생산한 백신 제품으로 인한 피해로부터 모든 법적 책임을 면제받았다. 그러나 납세자들을 위한다는 그런 투자의 수익은 어디로 갔는가? 우리는 바이러스 감염과 전파를 막지 못하고 효과가 급속히 떨어진 백신으로 보상받았다. 그리고 많은 사람이 죽음을 포함해 보상받을 수 없는 심각한 부작용을 얻었다.

연방정부가 거대 미디어 기업에 쓴 광고 예산은 제약회사에서 미디어 기업으로 흘러 들어간 광고비에 얹어 준 덤 같은 것이었다. 1985년 이전에는 처방약을 소비자에게 직접 광고하는 것이 연방법으로 금지되었다. 제약회사는 그들이 생산한 처방전을 쓰는 의사들을 상대로 그들이 생산한 약을 의학 잡지에 광고할 수는 있어도 환자들에게 직접 광고할 수는 없었다. 어쨌든 처방약은 화장품, 신발, 패스트 푸드나 탄산음료가 아니었다.

1997년 FDA는 의약품 광고를 허용하기 위해 규제를 또 완화했다. 그 이후 시도 때도 없이 "담당 의사에게 비아그라에 대해 문의하세요"라는 광고가 나오기 시작했다. 처방약 텔레비전 광고가 합법적인 나라는 미국과 뉴질랜드뿐이다. 전 세계 나머지 나라에서 이런 광고는 당연히 아연실색할 정도로 이상하게 여겨진다. 1997년에 규제 완화가 이루어진 이후 제약회사들은 모든 주류 언론매체의 가장 큰 광고주가 되었다.[88] 언론매체들이 인정하든 하지 않든 이렇게 해서 뉴스룸에 상당한 영향력을 미치게 되었다.

대부분의 생물의학 연구는 제약회사들이 돈을 댄다.《뉴잉글랜드 저널 오브 메디신》은 그들이 일 년 동안 게재한 신약 연구의 82퍼센트가 그 약을 판매하는 제약회사의 돈으로 이루어졌다는 것을 확인했다. 3분의 2 이상의 연구논문에 각 제약회사에 재직 중인 연구원들이 참여했으며 절반 이상의 연구논문에서 수석연구원들이 제약회사의 돈을 받았다. 더욱이 2017년《브리티시 메디컬 저널》에 실린 한 보고에 따르면 의학 저널 편집자들의 약 절반이 평균 2만 8,000달러의 돈을 제약회사들로부터 받았다. 이 조사에서 연구논문 저자의 약 80퍼센트가 모두 수백만 달러의 돈을 받고 이것을 공개하지 않았다는 사실이 밝혀졌다.[89]

FDA에 근무하던 관리들이 자신들이 이전에 규제했던 회사에 들어가 한자리 차지하는 회전문 인사에 대한 증거 자료도 많다. 2018년《사이언스》에 게재된 한 기사는 FDA 승인 심사위원들 가운데 3분의 2 이상이 정부를 위해 일하는 동안 심사했던 약품을 제조한 바로 그 회사에 취업했다고 밝혔다.[90] 유사하게 내 동료인 캘리포니아 대학 샌프란시스코캠퍼스UCSF의 비나이 프라사드Vinay Prasad가 작성해《브리티시 메디컬 저널》에 실은 연구논문은 2001년부터 2010년까지 FDA를 떠난 심사위원들 가운데 거의 3분의 2가 나중에 제약업계에 취업했거나 고문이 되었다고 밝혔다.[91] 게다가 "2006년부터 2019년까지 재임했던 전임 국장 열 명 가운데 아홉 명이 제약회사와 관련된 일을 계속해서 하고 있으며 11대 국장이자 가장 최근에 퇴임한 스티븐 한Stephen Hahn은 새로운 바이오-제약회사들의 창업 지원을 하는 플래그십 파이어니어링Flagship Pioneering에서 일하고 있다."[92]

회전문 인사는 정부와 업계를 단절 없이 오가며 서로 한통속으로 어울리는 작은 패거리 집단을 만들었다. 일종의 민관 합작 정실인사다.

이것이 기업의 이윤추구 동기가 공공의 이익에 우선하지 않도록 보장하기 위한 기관들이 제약회사에 포획되는 기제들 가운데 하나다. 다음 장에서 보겠지만 이와 같은 협동조합주의의 완곡한 표현인 '민관 협력'이 '생물의학 보안국가'의 중요한 특징이다.

국립보건원NIH 역시 업계와 끈끈한 유착 관계를 유지하여 심각한 이해충돌을 낳고 있다. 2018년에 1억 달러 상당의 연구비가 소요되는, NIH의 적당한 음주의 이로움에 관한 연구에 맥주와 증류주 회사들이 돈을 댔다.[93] 좀 더 최근에는 파우치 박사가 맡고 있는 NIH의 산하기관인 국립 알레르기 및 감염병 연구소NIAID는 수천 개의 제약 특허를 가지고 있는데 그중에는 모더나 백신에 대한 특허권 절반도 들어 있다.[94] NIH는 대학병원 연구원들이 모더나 백신에 대한 임상시험을 실시하도록 보조금을 주는 대신 자체적으로 임상시험을 실시했다. 분명한 이해충돌이다. NIAID는 백신 판매 수익에서 수백만 달러의 수입을 올리고 몇몇 연구원은 개인적으로 매년 모더나 백신 판매로 15만 달러를 벌 것이다.[95]

2022년 5월 정부의 지출을 조사하고 공개하는 데 전념하는 비영리 단체인 오픈 더 북Open the Book이 정보자유법에 따른 정보공개 청구로 얻은 자료에는 국립보건연구원 원장인 프랜시스 콜린스Francis Collins, NIAID의 앤서니 파우치 그리고 파우치 다음 지위에 있는 클리포드 레인이 2009년부터 2014년 사이에 제약회사들로부터 특허권료를 받은 것으로 나와 있다. 오픈 더 북은 "2010 그리고 2020 회계연도에 NIH와 공동개발자로 등록된 이 기관의 연구원들이 3억 5,000만 달러 이상의 특허권료를 제삼자에게 받은 것"으로 추정했다.

이런 관행에 대해 그럴 수 있다고 주장할 수 있다. 하지만 그들이 돈을 받은 기간에 콜린스, 파우치 그리고 레인은 NIH의 관리자였지 과학적 공동개발자라고 그럴듯한 주장을 할 수 있는 연구원이 아니었다. 그들이 로열티로 받은 돈의 정확한 액수는 공개된 문서에서 삭제되었다.[96] 시민들이 제소한 뒤에도 NIH는 대중에게 공개하기를 완강히 거부하고 있다.

CDC가 제약회사들에게 돈을 받을 수 없었던 것은 그다지 오래전 일이 아니다. 그러나 1992년 이 기관은 CDC 재단이라는 비영리 기관을 통해 제약회사들에게 돈을 받을 수 있는 연방법상의 허점을 발견했다. 즉각 돈이 흘러 들어오기 시작했다. 2014년에서 2018년에 걸쳐 CDC 재단은 화이자, 바이오젠 그리고 머크 같은 제약회사들로부터 7,960만 달러를 받았다. 마찬가지로 NIH에도 NIH 재단을 통해 민간 자금이 유입되어 연구기금에 부당한 영향력을 행사한다.[97]

NIH는 연구비를 지원하고 CDC는 공중보건을 위한 권고사항을 작성한다. 그러나 FDA는 신약이나 백신이 시장에 출시되기 전에 승인해 주는 기관으로서 최종 게이트키퍼다. 따라서 제약회사들은 FDA의 환심을 사는 것이 진정한 실익을 얻는 길이다. CDC와 마찬가지로 FDA도 제약회사의 돈을 받을 수 없던 시절이 있었다. 그러던 것이 1992년 의회에서 제약회사가 승인 신청한 약품에 대한 승인 절차를 신속하게 처리하기 위해 '수익자 부담금'을 내도록 FDA의 재정 지원 체계를 바꾸면서 달라졌다. 그 이듬해인 1993년 제약회사가 내는 이 부담금은 FDA의 과학적 검토 예산의 27퍼센트를 차지했다. 2017년에는 제약회사들이 이 예산의 75퍼센트를 부담했다.[98]

레베카 스트롱은 FDA의 빈틈을 통해 다른 뒷돈들이 어떻게 흘러 들어오는지 설명했다.

2018년《사이언스》의 조사에서는 FDA의 여러 위원회에 속한 의사 자격을 가진 자문위원 107명 가운데 40명이 약품을 승인받으려는 제약회사들로부터 1만 달러 넘게 받아 전체 액수가 100만 달러 이상이었다. FDA는 있을지도 모를 이해충돌을 적발하고 방지하기 위해 빈틈없이 기능하는 시스템을 마련하고 있다고 주장한다. 불행히도 그들이 말하는 시스템은 자문위원회를 열기 전에 돈을 받은 것만을 적발하는 기능을 가지고 있으며《사이언스》의 조사는 많은 FDA 심사위원이 사후에 돈을 받는다는 것을 보여 준다.[99]

이렇게 일상적으로 흘러드는 제약회사의 돈이 NIH, CDC 그리고 FDA 같은 세 글자로 된 연방정부 기관, 즉 시민들의 공중보건과 제약산업의 규제를 책임지는 기관에 영향을 미치지 않는다고 믿는 것은 순진함을 넘어 어리석음이 될 것이다. 이 규제 포획 문제는 마지막 장에서 이런 심각한 문제들에 대한 정책적 해결책을 논의할 때 다시 다룰 것이다.

불행하게도 국제적인 차원에서도 이런 상황은 더 나을 게 없다. 1948년 창설 이래 대부분의 세월 동안 WHO는 오직 회원국의 기부금만 받을 수 있었다. 그러던 것이 2005년에 민간 자금을 받을 수 있도록 바뀌었다. 현재는 전체 예산의 20퍼센트만 회원국에서 나오고 80퍼센트가 제약회사를 포함한 민간 재원으로 충당된다. WHO 예산의 13퍼센트(연간 3억 달러)는 빌&멀린다 게이츠 재단에서 나온다. 팬데믹 첫해에는 이 기부금이 미국 정부의 기부금보다 많았다.[100]

WHO의 국가 및 글로벌 보건법 공동연구센터 소장인 로렌스 고스틴Lawrence Gostin은 2020년 한 기자에게 이러한 재원 구조에 대해 우려를 나타냈다. "(게이츠)는 그런 영향력으로 WHO 사업의 우선순위를 조정할 수 있었다." 고스틴은 또 이런 재원 구조에서는 "한 명의 자선가가 세계 보건에 대한 아젠다 설정을 할 수 있게 될 것"이라고 지적했다. 정부 간 기구인 WHO의 재원 구조에서 이런 경우는 "상상할 수 없는 것"이라고 말했다.[101] 또한 WHO의 기부자 명단에는 아스트라제네카, 바이엘, 화이자, 존슨 & 존슨 그리고 머크가 들어 있다.[102]

⋮

이러한 배경 설명은 데이터의 충실성과 환자 안전 문제를 2021년 《브리티시 메디컬 저널》에 폭로한 화이자 코비드 백신의 임상시험과 하나의 맥락으로 파악하는 데 도움이 된다. 화이자의 의뢰로 임상시험을 실시한 민간기업인 벤타비아Ventavia의 지역 책임자인 용감한 내부 고발자 브룩 잭슨Brook Jackson이 숨겨진 이면을 들여다볼 수 있게 해주었다. 잭슨은 "회사는 데이터를 조작했고 환자들의 신상을 공개했으며 제대로 훈련받지 않은 사람에게 백신을 주사하도록 했다. 또한 화이자 백신의 중요한 3상 시험에서 나타난 이상 반응을 추적하는 데 늑장을 부렸다"고 주장했다. 잭슨은 또 백신 이상 반응에 대한 보고를 누락시키거나 부정확하게 보고하는 것, 시험 절차 일탈, 고지에 의한 동의의 원칙을 제대로 지키지 않는 것 그리고 실험실의 표본에 틀린 라벨을 붙이는 것 등을 목격했다.[103] 잭슨은 인터뷰에서 "결측缺測 데이터포인트*가 발견되었을 때 고지에 입각한 동의 양식에 서명을 가짜로 하는 것을 포함해 정보가 조작되었다"고 레베카 스트롱에게 말했다.

잭슨은 2020년 9월 25일 "FDA에 항의했다." 벤타비아는 "몇 시간 뒤에" 그녀를 "적합하지 않은 인물"이라는 이유를 달아 해고했다(이런 패턴에 익숙해지기 시작했다). FDA는 그녀가 고발한 내용을 한 번도 조사하지 않았고 오히려 두 달이 좀 지나 화이자 백신에 대해 긴급사용 승인을 내주었다. 그런데 벤타비아는 "모더나, 존슨 & 존슨 그리고 노바백스의 코비드 백신에 대한 임상시험"도 했다.[104]

《뉴잉글랜드 저널 오브 메디신》은 화이자 백신에 대한 3상 시험의 긍정적인 결과를 게재했다. FDA는 이것을 근거로 화이자 백신의 긴급사용을 승인했다.[105] 레베카 스트롱은 이 연구논문 저자들의 이해충돌을 조사해 "29명의 저자 가운데 18명이 화이자의 직원이자 이 회사의 주식을 보유하고 있으며, 한 저자는 연구를 수행하는 동안 화이자의 무상 보조금을 받았고 들리는 바로는 두 저자가 화이자로부터 '개인적인 사례금'을 받았다"는 것을 알아냈다. 그녀는 또 "2021년 화이자 백신에 관한 연구에서 저자 15명 가운데 7명이 직원이자 화이자의 주식을 보유하고 있었다. 다른 8명의 저자들은 연구를 수행하는 동안 화이자의 재정적인 지원을 받았다"고 언급했다.[106] 중요한 역할을 한《뉴잉글랜드 저널 오브 메디신》에 나온 기사는 임상시험에서 수집된 데이터의 극히 일부를 가지고 쓴 것이었다. 앞부분에서 이야기했지만 내 동료들과 나는 FDA로부터 화이자 백신에 관한 연구에서 나온 나머지 데이터를 입수하기 위해 법정에서 다투어야만 했다.

브룩 잭슨의 내부고발을 다룬《브리티시 메디컬 저널》의 기사

---

*   missing data point: 실험실에서 사고나 실수로 데이터의 의미를 파악하지 못하는 것을 의미한다.

를 읽었고 여러 차례 그녀와 대화를 나누었던 터라 2021년 말에 또 다른 내부고발자가 아르헨티나에서 나에게 연락해 매우 비슷한 이야기를 들려주었을 때는 별로 충격을 받지 않았다. 아르헨티나 대법원에서 일했으며 이전에 건강했던 36세의 변호사인 아우구스토 루Augusto Roux는 아르헨티나에서 있었던 화이자 백신 임상시험에 참여했다. 루는 폐기종을 앓고 있는 그의 어머니를 보호하기 위해 임상시험에 자원했다. 주로 느슨한 규제 시스템과 뇌물을 주고받는 정치 문화 때문에 아르헨티나는 거대 제약회사들의 임상시험을 많이 유치하고 있다. 루의 경험담은 관리 부실과 부정에 관한 잭슨의 진술을 상기시켰다. 그는 직원이 아니라 임상시험 대상자로 시험에 임하는 동안 의학적으로 해를 입었다. 그리고 시험을 한 회사는 그 피해를 은폐하려고 했다.

　나중에 데이비드 힐리David Healy 박사는 임상시험 과정에서 루가 겪은 백신 피해, 회사의 은폐 그리고 루에 관계된 데이터 조작에 관해 의학적으로 상술한 방대한 기록을 공개했다.[107] 루가 치료를 위해 입원한 병원의 고참 의사는 그가 백신으로 인해 손상(심낭염)을 입었다고 진단하고 모든 필요한 검사를 통해 확인한 다음 진료 기록에 분명히 기재했다. 그럼에도 불구하고 임상시험에 참여한 연구자들은 시험 데이터상에서 증상을 조작하여 그에게 나타난 부작용을 정신적 불안이라고 기록했다. 게다가 임상시험을 이끈 페르난도 폴락Fernando Polack은 정신과 진단 교육을 받은 적이 없는 소아과 의사로 "루의 실제 진료 기록에 이와 같은 정신 건강에 대한 오진 소견을 추가하도록 했다." 이런 정보는 변호사인 루가 그의 임상시험 기록과 진료 기록을 요구하며 제기한 소송을 일 년 이상 진행하는 과정에서 드러났다.[108]

한 시사평론가는 이렇게 말했다.

> 폴락이 2020년 12월 《뉴잉글랜드 저널 오브 메디신》에 실린 백신의 안전성과 효과에 관한 논문의 제1 저자라는 것을 생각해 보라. 게다가 그는 아르헨티나에서 임상시험을 진행한 화이자로부터 두둑하게 돈을 받은 시험장(현재까지는 백신 임상시험을 한 가장 큰 시험장)의 관리 회사인 아이트라이얼i-Trial 이사들 가운데 하나였다. 그가 백신의 안전성에 대해 경고했더라면 그 회사는 엄청난 돈을 잃었을 것이고 앞으로 어떤 제약회사도 이 시험장을 임상시험장으로 선택하지 않았을 것이다. 그가 긍정적인 시험 결과를 내놓은 데 이해관계가 걸려 있다고 말한다면 그건 상당히 절제된 표현일 것이다.[109]

또한 이 논문을 작성한 연구원들은 실험실이나 임상, 혹은 방사선 물질에 의한 감염 증거가 제로인데도 루가 백신 접종 후 일주일이 경과하기 전에 코비드에 걸렸다고 오진했다.[110] 이 연구논문은 14일 후에 2차 접종하는 것을 백신 접종 완료로 규정했기 때문에 백신 접종 후 일주일 안에 감염된 것으로 그를 진단한 것은 그를 백신 접종자의 감염으로 계산하지 않아도 된다는 것을 의미했다. 임상시험에 관해서만 말하자면 그들이 그를 코비드 환자로 오진한 뒤에 그에 관한 모든 시험 기록은 간단히 그리고 편리하게 시험 데이터에서 사라졌다. 루는 비슷한 일을 겪은 다른 시험 참가자들을 보았다고 나에게 말했다.

루와 함께 백신 접종 집단에 들어 있던 302명(가장 큰 부에노스아이레스 시험장의 200명 이상을 포함해)과 위약 투여 집단의 52명은 연구에서 누락되어 데이터에 계산되지 않았다. 힐리 박사는 "《뉴잉글랜드 저널 오브 메디신》의 편집장인 에릭 루빈Eric Rubin이나 FDA의 고위 간부 같은 사람들은 원칙적으로 이 302명의 구체적인 연락처를 입수해 그들의 이야기를 들었어야 했다고 생각한다. 루와 수백 명의 다른 사람들이야말로 진정한 미가공 데이터다"라고 말했다.[111]

루는 2020년 말 유럽에서 FDA와 비슷한 기능을 하는 EMA*에 그에게 어떤 일이 있었는지 설명하고 배상을 요구하는 편지를 보냈다. 그의 요청은 완전히 무시되었다. 그는 또 백신 이상 반응 보고체계VAERS** 에도 신고해 이상 반응으로 잠정 간주하겠다는 확인을 받았다. 하지만 그의 신고가 VAERS에 올라간 것 같지는 않다.

제약회사들은 그들이 만든 제품으로 인해 피해가 발생했을 때 법적 책임을 지지만 연방의 공공 준비 및 비상 대비법PREPA하에서는 그들이 만든 백신에 대한 법적 책임을 거의 다 면제받는다. 코비드 백신의 경우, 백신 접종 피해자들은 백신 피해 국가보상 프로그램에 의한 손해배상도 받을 수 없다. 백신 피해 국가보상 프로그램은 1987년 연방정부가 제약회사에 대해 백신 피해에 대한 법적 책임을 면제한 뒤에 백신 피해에 대한 손해배상(백신 피해를 발설하지 않겠다는 비공개 동의서에 서명하는 것을 조건으로)을 위해 만들어진 제도다. 당신이 코비드 백신 때문에 해를 입어도 백신을 연구한 NIH, 백신을 승인해 준 FDA, 그 백신의 접종을 권장한 CDC, 백신 접종을 명령한 회사나 기관, 백신을 만든 회사, 그 어디에도 법적 배상을 요구할 수 없다.

---

* European Medicines Agency: 유럽연합의 의약품 평가 및 안전성 감독기관.
** The Vaccine Adverse Event Reporting System: CDC와 FDA가 공동으로 관리하는 백신 안전성 프로그램으로 백신 접종 후에 나타난 이상 반응을 수집, 분석하는 기능을 한다.

아우구스토 루와 마찬가지로 당신은 아무 데도 호소할 데가 없다. 당신은 중요하지 않다. 간단히 사라진다.

제3장

감금된 인간:
다가오는 기술관료적 디스토피아

멋진 신세계의 악몽에서는 옛날식 고문과 가스실을
두려워할 필요가 없다. 보편적인 전체주의 체제는
병원이 될 것이며 새로운 엘리트들의 유니폼은
의사의 흰색 진료복이 될 것이다.
멋진 신세계는…… 거대한 병원이 될 것이다.

— 필리 리프, 『관료계급의 위기』

팬데믹 이전 그리고 팬데믹이 진행되는 동안 기후변화는 환경문제에서 보건문제로 그 프레임이 바뀌었다. 조만간 기후변화가 공중보건의 위기로 선언될지도 모른다. 몇 년 후에 휴대전화로 이런 문자를 받는 것을 상상해 보라. '이 알림은 귀하의 탄소발자국이 다른 지역 사람의 것에 비해 23퍼센트 높다는 것을 설명해 준다. 연령/인종/성별 범주에서 동일하다는 가정하에서 말이다.' 이 문자메시지는 전기차로 바꾸기까지 시한이 18개월 남았으며 그때까지 바꾸지 않으면 휘발유 1갤런당 0.90달러의 세금이 추가될 것이라고 알려 준다.

유류세가 턱없이 올라도 그 '옵션'을 행사할 수 없다. 왜냐하면 전기차를 살 돈이 없기 때문이다. 6개월이 지나자 전기차로 바꾸지 않으면 개인별로 부과되는 탄소발자국 세금이 두 배로 올라 1갤런당 1.8달러가 될 것이라는 통보를 받는다. 그래서 당신의 지갑은 더욱 쪼그라들고 새로운 전기차를 사기 위한 재정 전망은 달라지지 않는다. 일 년이 지나자 클라우드 시스템에 있는 알고리즘은 아직도 전기차로 바꾸지 않았기 때문에 휘발유를 살 수 없도록 결정한다. 어쨌든 우리는 각자 인구 보건과 안전에 책임을 지고 있다. "우리는 모두 같은 배를 타고 있다."

이번 장에서 살펴보겠지만 '생물의학 보안국가'는 조만간 이러한 정책을 시행하기 위해 디지털 신분증과 중앙은행에서 발행하는 디지털 화폐 같은, 필요한 인프라를 갖추게 될 것이다. 이런 것들은 팬데믹 기간에 이미 시험하고 시행한 디지털 건강증명서와 연계될 것이다. 이런 기술들은 이미 상용화됐지만 회의적인 사람은 의문을 가질 수 있다. 우리가 정말 점점 권위적 관료주의 사회로 나아가고 있는 것인가? 이러한 생물의학적 감시 도구를 이런 방식으로 사용하는 사회에서 살게 될 가능성이 있는가? 이 장에서는 머지않은 미래에 일어날 이런저런 문제들을 알아볼 것이다. 그리고 에필로그에서는 그와 같은 방식이 저항에 부딪히지 않고 진전된다면 앞으로 8년 뒤에 '생물의학 보안국가'가 어디쯤 있을지 예측해 보고자 한다.

1975년 이래 스웨덴의 비영리단체인 국제 민주주의 선거 지원 연구소IDEA: International Institute for Democracy and Electoral Assistance는 전 세계의 권위주의적 경향을 계량적으로 측정·분석해 왔다. 이 연구소의 분석에 따르면 지난 몇 년 동안 이전에 비해 권위주의적으로 변한 나라의 수가 열린 민주주의 방향으로 변한 나라의 수보다 세 배나 많았다. 2021년에는 5년 연속 권위주의적인 나라들이 증가해 IDEA가 거의 50년 전 측정을 시작한 이래 가장 오랫동안 연속적으로 그러한 경향을 보인 것으로 나타났다. IDEA는 매년 한 차례씩 발행하는《민주주의의 세계적 상황 보고서 2021》에서 다음과 같이 경고했다. "비민주적인 정권들이 더욱더 노골적인 압제를 가하고 많은 민주주의 정부들이 언론 자유를 제한하고 법치를 약화시키는 퇴행적 모습을 보이면서 세계는 더 권위주의적으로 변하고 있다. '뉴 노멀'이 될 것으로 보이는 코비드19에 대한 제한 조치들로 더욱 악화하고 있다."[1]

디스토피아를 다룬 고전 『1984』에서 조지 오웰은 유명한 말을 남겼다. "미래의 모습을 보고 싶으면 인간의 얼굴을 영원히 짓밟고 있는 구둣발을 상상하라."[2] 이 충격적인 이미지는 20세기 전체주의의 대표적인 상징으로 여겨졌다. 그러나 떠오르는 '생물의학 보안국가'에서는 디지털 건강증명으로, 전체주의적 압제의 새로운 상징은 케일런 포드*가 최근에 묘사한 것처럼 "구둣발이 아니라 감정이 없고, 사정해도 소용없으며, 조용히 바이오매스(생물량_옮긴이)를 형성하는 클라우드 시스템의 알고리즘이다."[3] 오늘날 기술관료 사회에서 새로운 디지털 감시와 통제 기구는 가상이지만 실물적인 것 못지않게 억압적이다.

팬데믹 동안에 벌어진 다음과 같은 동향을 한번 생각해 보자. 접촉추적 앱이 급증했다. 71개국에서 최소 120종의 위치추적 앱이 사용되었으며 38개국에서 60개의 다른 디지털 접촉추적 방법이 사용되었다. 접촉추적 앱이나 다른 디지털 감시 수단이 코비드 확산을 둔화시켰다는 증거는 아직 없다. 하지만 다른 팬데믹 정책들과 마찬가지로 입증할 증거가 없어도 이런 방법들은 광범위하게 사용되었다.[4]

한 평론가가 오웰의 구둣발에 고개를 끄덕이며 정부의 비상 통제권 남용 경향을 '짓밟는 반사행동stomp reflex'이라고 지칭했는데 다른 첨단 기술들이 이것을 가능하게 만들었다. 22개국이 자국민의 코비드 규칙 위반을 적발하기 위해 감시용 드론을 사용했다. 28개국이 인터넷을 검열했고 13개국이 주민을 관리하기 위해 팬데믹 기간에 인터넷을 차단했다. 중국 외에도 몇 나라가 반정부 인사를 추적하는 데 안면인식 기술을 활용한다. 32개국이 법을 집행하기 위해 군대와 군사

---

*   Caylan Ford: 다큐멘터리 영화 제작자, 외교 정책 전문가, 작가.

무기를 동원하고 있으며 이런 과정에서 사상자가 발생하기도 했다. 예를 들면 앙골라에서는 경찰이 락다운을 실시하는 과정에서 시민 여러 명을 사살했다.[5] 물론 모두 시민의 건강을 위한 것이라고 말한다.

영국의 국민건강보험NHS은 데이터를 팔아먹기 위해 데이터 마이닝*을 한 단계 올렸다. 돈이 쪼들리는 NHS는 최근 5,500만 가입자들의 개인 건강 정보를 디지털 데이터로 만들어 민간 기업과 다른 사람에게 판매할 계획을 세웠다. 절차상 동의하지 않을 수 있다. 그러나 국민들은 탈퇴할 수 있는 기간이 만료되기 직전에 이런 내용을 통보받아 시간적 여유가 거의 없었다. 2021년 5월 《파이낸셜타임스》가 폭로 기사를 실은 이후에야 이런 계획을 전면 포기했다.[6] NHS는 시민들의 개인 건강 정보를 팔아 본격적으로 돈을 버는 데는 실패했지만 이 계획이 보류될 시점에는 이미 전 세계 수십 개 기업과 데이터를 공유했다. 이런 기업들과 공유한 데이터에는 특히 그와 같은 조치에 동의하지 않은 환자 80퍼센트 이상에 대한 데이터가 불법으로 들어가 있었다.[7] 이런 어처구니없는 일이!

몇 달 뒤에 《가디언》은 NHS가 앱의 백신 증명을 통해 수집한 안면 인식 데이터를 법 집행기관과 실명이 밝혀지지 않는 회사들에 제공했다고 폭로했다. 익명을 요구한 한 감시법 전문가는 《가디언》에 그런 정보는 영국과 외국 정보기관이 원하는 것으로, 유용하다고 판단되면 미국의 국가안보국NSA과 공유하게 될 것이라고 말했다. 기술의 오남용을 조사하는 변호사들이 모여서 만든 비영리법인 폭스글로브Foxglove

---

*   data mining: 대용량 데이터에서 의미 있는 통계적 패턴이나 규칙, 관계를 찾아내 분석하여 유용하고 활용할 수 있는 정보를 추출하는 기술.

의 한 임원은 "안면인식을 통해야만 슈퍼마켓, 약국 혹은 나이트클럽에 들어가는 그런 세상으로 가고 있는 게 아닌지 우리 모두 한번 생각해 봐야 한다"고 논평했다.[8]

생물보안이라는 신어*

조지 오웰은 사고를 왜곡시키려고 의도적으로 사용하는 모호한 말의 힘을 비롯하여 우리의 사고를 형성하는 말의 위력을 탐구했다. 그는 이런 우려를 그의 소설 『동물농장』과 『1984』뿐 아니라 그의 고전적 에세이 「정치와 영어」에서도 분명히 밝혔다. 이 에세이에서 그는 "사상이 언어를 타락시킨다면 언어도 사상을 타락시킬 수 있다"고 주장했다.[9]

『1984』에 묘사된 전체주의 정권, 즉 당은 단순화한 문법과 제한적 어휘로 주도면밀하게 통제된 언어인 신어로 소통할 것을 시민들에게 요구한다. 이 언어는 개인이 생각하는 능력과 개인적 정체성, 자기 표현 그리고 자유의지 같은 체제 전복적인 개념을 언어로 표현하는 능력을 제한하기 위해 고안되었다. 신어가 영어를 타락시키면서 모든 사상은 가장 단순한 의미밖에 전달할 수 없는 간단한 말로 격하되었다. 신어는 의도적으로 어휘의 다의적 해석 가능성을 없애 버렸다. 이 언어는 의미의 미묘한 차이나 은유적 표현을 생각하고 전달하는 것을 불가

---

* Newspeak: 이 개념에 대해 조지 오웰은 소설 『1984』의 부록에서 설명하고 있다. "신어는 영사(英社), 즉 영국 사회주의의 이념적 필요에 부응하기 위해 만들어진 공용어다. 2050년까지는 이 신어가 영국의 표준 영어를 대체할 것"이라고 이 소설에 씌어 있다.

능하게 만든다. 당은 또 신어의 축약어들을 이용해 말을 최면적, 조건 반사적 그리고 대부분 무의식적인 것으로 만들어 비판적 사고의 가능성을 점점 더 잠식하려고 했다.

소설 속 인물인 사임은 신어 사전의 최신판을 편집하는 일에 대해 이야기한다.

2050년까지는, 어쩌면 그 이전에, 구어(표준 영어)에 대한 모든 지식은 사라질 거네. 과거에 있었던 모든 문학도 절멸되어 초서, 셰익스피어, 밀턴, 바이런은 신어로 된 작품들만 존재할 터인데, 그냥 다른 언어로 바뀔 뿐 아니라 실제로 의미도 과거와는 반대로 영 딴판이 될 것이네. 당의 문학도 달라질 것이네. 심지어는 구호도 바뀔 거야. 자유라는 개념이 없어졌는데 어떻게 **자유는 예속** 같은 구호가 존재할 수 있겠는가? 사상적 분위기도 완전히 달라질 것이네. 사실 우리가 지금 이해하는 그런 사상은 존재하지 않을 거야. 정통은 생각하지 않는 것, 생각할 필요 없는 것을 의미하지. 아무 생각 없는 것이 바로 정통이야.[10]

신어에는 많은 단순화된 축약어가 들어 있다. 조이캠프joycamp는 강제노동수용소, 미니러브Miniluv는 반체제 분자들을 고문하고 심문하는 애정부, 미니팍스Minipax는 전쟁을 담당하는 평화부, 구사상old-think은 당이 혁명하기 이전에 있었던 객관성이나 합리성 같은 사상을 지칭한다. 포르노섹pornosec은 진실부Ministry of Truth 창작국Fiction Department의 포르노 제작부pornography production section, 싱크폴thinkpol은 사상경찰, 즉 당의 비밀경찰이며 비인간unperson은 처형되었기 때문에 그의 존재 자체가 역사와 기억에서 지워진 사람, 즉 일종의 취소된 인간을 의미한다.

　이 소설의 주인공인 윈스턴 스미스는 결국 이 어휘들의 기능과 그것이 가진 명백한 모순의 목적을 알게 된다.

　심지어 우리를 통치하는 각 행정부처의 이름에서조차 사실을 의도적으로 전도시키는 뻔뻔스러움을 보여 준다. 평화부는 전쟁을, 진실부는 거짓을, 애정부는 고문을 그리고 풍요부는 굶주림을 관장한다. 이러한 모순은 우연이 아니며 일반적 의미의 위선에서 나온 것도 아니다. 그것들은 이중사고에서 의도적으로 행해지는 일이다. 왜냐하면 권력이란 이런 모순을 양립시킴으로써 영속적으로 유지될 수 있기 때문이다.[11]

　진실부에서 일하는 스미스는 마침내 진부하고 반복적인 구호로 이루어지는 공공연한 선전 기능이 정확히 말해 사람들을 혼란스럽게 만들고 굴욕감을 안겨 주는 것임을 깨닫는다. 스미스가 맡은 일은 불편한 문서들(예를 들면 지난주 신문 같은)을 메모리 홀이라고 부르는 소각로에 던져 넣어 거기에 담긴 정보들이 그때그때 지워지고 잊힐 수 있도록 하는 것이다. 지난주 신문에는 유라시아가 오세아니아의 동맹국으로 나왔다. 그러나 그 신문은 메모리 홀로 갔다. 오늘 신문은 오세아니아가 유라시아와 전쟁 중이라고 보도했다. 더구나 오세아니아는 유라시아와 늘 전쟁을 해 왔다.[12]

　어떤 달에 우리는 백신이 바이러스 전파를 막는다고 듣는다. 그리고 다음 달에는 같은 앵커가 백신이 바이러스의 전파를 막지 못한다고 말하는 것을 듣는다. 더구나 이런 백신들은 결코 바이러스의 전파를 막으려고 만들어진 것이 아니다. 우리가 느끼는 혼란과 곤욕은 우연이 아니다. 홍보 전략의 주안점은 그런 것들이지 세균이 아니다. 왜냐하면 오웰이 가르쳐 주었듯이 모순을 양립시키는 것만이 권력을 영속적으로 유지할 수 있기 때문이다.

코비드 팬데믹 기간에 우선적으로 채택된 정책에 대해 의문을 나타내는 사람들은 누구나 여러 가지 경멸적인 말을 반복해 들었다. 이런 언사들은 비판적인 생각이나 합리적인 토론을 하도록 계몽하는 것이 아니라 그런 가능성을 차단하는 기능을 했다. 그것들은 어떤 질문을 금지하는 정교한 체제의 한 부분을 형성했다. 이런 용어들 가운데는 특히 **코비드 부인자, 백신 반대자** 그리고 **음모론자** 들이 들어 있다. 나는 일부 비판자들이 이 책을 읽거나 내가 제시하는 증거와 주장을 비판적으로 살펴보는 노고를 덜어 주는 이와 같은 손쉬운 방법을 이용하는 이 책을 엉뚱하게 낙인찍을 것이라고 예상한다.

이런 용어들 각각에 대해 간략하게 설명하는 것이 오웰의 신어와 유사한 기능을 한다는 것을 보여 주는 데 도움이 될지 모르겠다. 첫 번째 용어인 '코비드 부인자'(혹은 '팬데믹 부인자')는 비판적 분석이 거의 필요 없다. 팬데믹 대응조치에 회의적인 사람들을 이런 말로 비난하는 자들은 너나 할 것 없이 코비드를 일단 홀로코스트와 동일시한다. 그것은 반유대주의가 좌우 진영의 담론에 계속해서 영향을 미치고 있는 정도를 가늠케 한다. 우리는 이렇게 개념 없고 따분한 문구에 집착해 말대꾸할 필요가 없다. 나는 코비드의 존재를 부정하거나 이 바이러스로 인해 비극적으로 많은 사람이 죽었다는 사실을 무시하는 개인을 보지 못했다.

'백신 반대자anti-vax'라는 명칭은 집단 백신 접종 캠페인이나 코비드 백신의 안전과 효능에 의문을 제기한 사람들을 지칭하는데, 정확하게 사실에 근거한 명칭이라기보다 말문을 가로막는 것과 같은 기능을 한다. 코비드 백신으로 피해를 보고 그들이 경험한 백신 부작용을 공개적으로 이야기하려는 사람들은 분명한 논점을 벗어나 백신 반대자라는 이름으로 두들겨 맞는다. 백신 반대자라면 그들에게 해를 끼친 백신을 애당초 왜 접종했겠는가?

백신 의무 접종에 대한 소송을 낸 덕분에 나에게 백신 반대자냐는 질문을 해 올 때면 그것은 거의 의미 없는 질문이라고 되받을 수밖에 없다. 그것은 내가 약을 "좋아하느냐", "싫어하느냐"고 묻는 것과 다를 바 없다. 양식 있는 의사라면 그런 질문은 대답하기 나름이고 미묘한 의미를 갖는 것으로 받아들일 수밖에 없다. 어떤 약을 어떤 환자 혹은 환자들에게, 어떤 상황에서 그리고 어떤 적응증에 쓴다는 말인가? 모든 상황에서 모든 사람에게 항상 좋은 약이나 백신은 결코 없다. 그것은 인간생물학과 의학이 작용하는 방식이 아니다.

'음모론자'라는 말에 대해서는 좀 더 해설이 필요하다. 조르조 아감벤은 팬데믹 동안 이 말을 무차별적으로 사용한 것이 역사에 대한 무지함을 극명하게 보여 준다는 데 주목한다.[13] 역사를 아는 사람이라면 역사가들이 말하는 이야기가 주로 개인, 집단 그리고 모든 수단을 이용하여 목적을 달성하기 위해 같은 뜻을 가지고 함께 일한 파벌들의 활동을 재해석하고 재구성한 것임을 알고 있다. 즉 역사에는 사람들이 어떻게 숙고하여 모의했고 그렇게 함으로써 어떻게 역사적 사건의 진행 과정을 바꿔 놓았는지, 이런 이야기가 차고 넘친다. 그는 역사 기록에 있는 수천 건의 사례 가운데 세 건을 언급한다.

기원전 415년 알키비아데스는 시칠리아 원정에 나서도록 아테네 시민들을 설득하기 위해 위력과 돈을 동원했다. 이 모험적 시도는 처참

한 실패로 끝났고 아테네의 우위도 막을 내렸다. 그 보복으로 정적들은 거짓 목격자들을 매수했다. 그리고 역모를 꾸며 알키비아데스를 사형에 처했다.

1799년 나폴레옹 보나파르트는 프랑스공화국 헌법을 준수하겠다는 서약을 어기고 쿠데타로 집정부執政府*를 타도하고 정권을 잡아 프랑스혁명 체제를 끝냈다. 여기에 이르기까지 나폴레옹은 공모자들을 규합해 공화국 500인 회의의 예상되는 반대에 대한 상세한 대응 전략을 짰다. 모든 작전은 전략적으로 계획되었고 세부 사항에 이르기까지 주도면밀하게 조직되었다.

좀 더 가깝게는 1922년 10월, 2만 5,000명의 파시스트가 로마로 행진해 정권을 잡았다. 이 사건이 일어나기까지 무솔리니는 세 협력자와 행진을 준비했으며 총리와 이탈리아 재계의 유력인사들과 접촉을 주도했다. 일부 역사가들은 무솔리니가 지지 여부를 떠보기 위해 왕을 비밀리에 만났다고 주장한다. 파시스트들은 두 달 전에 안코나Ancona를 군사적으로 점령함으로써 용의주도하게 로마를 점령하기 위한 예행연습을 했다.

역사를 공부하는 사람들은 율리우스 카이사르에서 볼셰비키혁명에 이르기까지 역사를 바꾼 수많은 음모의 사례를 쉽게 떠올릴 것이다. 이 모든 사례에서 목표와 책략을 짜는 단체나 당파를 형성한 개인들은 난관을 예상하고 합법, 불법을 막론하고 할 수 있는 모든 수단을 동원하여 목표를 성취하기 위해 결연히 행동에 나선다. 물론 그렇다고 해서

---

* Directoire: 프랑스혁명 이후 1795년부터 1799년까지 프랑스 제1공화국을 이끌었던 5인 집단지도 체제의 정부.

역사적 사건을 설명하려면 항상 음모에 의존해야 한다는 말은 아니다. 그러나 아감벤은 "그러한 사건을 촉발한 음모를 상세히 재구성하려는 역사가를 '음모론자'로 본다면 그들의 멍청함까지는 몰라도 무지함만큼은 확실히 보여 주는 것이 될 것이다"라고 썼다.[14]

제1장에서 설명한 〈이벤트 201〉과 다른 팬데믹 모의 전쟁 시나리오들은 권력을 가진 자들과 그들 휘하의 조직들이 결탁하여 공동으로 자신들의 목적을 추구하는 가운데 모든 수단을 동원하여 집단적으로 목표를 실현하려고 공조하는 현대적 사례에 불과하다. 이번 장의 후반부에서 접하게 될 개인과 조직에서도 마찬가지다. 팬데믹 이전과 팬데믹이 진행되는 동안에 그들의 목표와 행동은 그들의 말에 나타난 것만 가지고도 잘 알 수 있으며 문서로도 증명된다. 2022년에 새로운 폭로가 나왔다. 실험실-누출 가설, 중국 우한 바이러스학 연구소의 기능 획득 연구에 대한 국립보건원NIH의 자금 지원, 의도적으로 축소된 백신 안전 문제 그리고 순응하지 않는 과학의 목소리를 중상모략과 검열 캠페인으로 매도한 미디어와 정부의 합작에 대한 폭로였다. 음모론이 믿을 만한 뉴스로 바뀌는 데는 6개월의 시차도 불필요한 것처럼 보였다.

2019년의 '그레이트 리셋'*을 우려하는 사람은 누구나 음모론을 유포한다는 비난을 받았다. 세계경제포럼WEF의 설립자이자 집행위원장인 클라우스 슈밥Klaus Schwab이 공동 저자인 티에리 말르레Thierry Malleret와 함께 『코비드-19: 그레이트 리셋』이라는 시의적절한 제목을 붙여 WEF의 의제를 설정하는 책을 내놓을 때까지는 그랬다.[15] 이것

---

*   the Great Reset: 코비드19 팬데믹의 영향을 고려하여 새로운 경제와 사회를 건설하자는 세계경제포럼의 제안.

이 음모라면, 음모를 꾸민 사람들의 실행 계획은 슈밥의 진지한 산문에 난삽하게 표현되긴 했지만, 극비에 해당하는 내용이 아니다. 이 책은 두툼하지만 거창한 주장과 모호한 개념이 오락가락하는 내용을 형편 없이 기술한 졸작이다. 그 안에 기술된 그레이트 리셋 의제들은 대단히 야심적이다.

그들이 하는 말로 코비드가 지나가고 나면 "새로운 세상이 등장할 것이다. 이 새로운 세상의 윤곽은 우리가 상상하고 그려 나가야 한다." 세상사는 정상으로 돌아가지 못할 것이다. 왜냐하면 "코로나바이러스 팬데믹이 우리의 세계가 진행하는 궤도에서 하나의 근본적인 변곡점 으로 작용해 어떤 것도 이러한 위기 이전에 지배적이었던 의미의 정상 으로 돌아가지 못할 것이기 때문이다." 슈밥은 급격한 변화는 엄청난 결과를 가져와서 우리의 전환점을 성경에서처럼 '코로나 이전BC'과 '코로나 이후AC'로 구분해서 말해야 할지 모른다고 강조한다. 슈밥은 다가오는 변화는 "우리가 뒤에 남겨 둘 진보와는 근본적으로 다른 새 로운 정상new normal을 형성할 것이며 세상이 어떻게 될 수 있는지 혹 은 어떻게 되어야 하는지에 관한 우리의 믿음과 가정은 그 과정에서 산 산이 부서지게 될 것"이라고 설명한다.[16]

이런 맥락에서 20세기 전체주의적 이데올로기를 특징짓는, 이전 의 모든 역사로부터 급진적이고 혁명적으로 단절한다는 신화에 관한 논의를 상기해 보자. 우리는 슈밥의 표현에서 이러한 논의의 강한 반 향을 듣는다. 슈밥의 제안은 산업과 기업에서의 '미시적 재설정micro resets', '우리의 인간다움humanness에 대한 재정의'를 비롯한 '개인적 재설정individual resets'뿐 아니라 경제적, 사회적, 지정학적, 환경적 그 리고 기술적 영역에서의 '거시적 재설정macro resets'을 상상하고 있다. 구체적으로 들어가면 슈밥이 예견한 즉각적인 정치적 변화에는 국경 개방 같은 친숙한 최면제가 들어 있지만, 그 내용을 파고들면 합법적 국경 통과를 위한 여행 제한, 높은 세율과 정부의 확대, 노동자 계층의 복지국가 의존, 공급망 와해 등이 들어 있다. 여기에는 또 이 장의 서두에서 설명한 바 있는 사람들의 이동과 구매 행위 등을 감시하는 데 필요한 디지털 감시 기반 시설과 탄소 배출 허용량에 대한 제안이 들어 있다.

슈밥은 탄소 배출을 줄이기 위해 정기적인 락다운을 제안할 생각을 하고 있지만 결국 락다운의 성과만으로는 기후변화 문제에 대응하기에 부족할 것이라고 결론을 내린다. 게다가 그는 "우리가 활동하는 데 필요한 에너지를 생산하는 방식에 근본적이고 체계적인 변화와 더불어 소비 행위의 구조적 변화"가 필요하다고 주장한다.[17] 그는 앞으로는 정부가 "사회 전체의 최선의 이익을 위해 일부 경쟁 규칙을 다시 제정하고 정부의 역할을 지속적으로 확대하는 방향으로 결정하게 될 가능성이 높다"는 의견을 내놓았다.[18] 그는 팬데믹이 끝나면 모든 사회적 계약은 다시 재정의되어야 할 것이라고 주장했다. 내가 말했지만 이 프로그램은 야심적이라는 것 말고는 아무것도 아니다.

슈밥은 WEF에 참여하고 있는 그의 공모자들 그리고 동조자들과 함께 휴양지 다보스의 연기 자욱한 방에서 권력을 조종할 정도로 사악한 천재는 아니다. 오히려 그는 다수의 기업, 기술, 금융 그리고 정치권력의 거간꾼들이 세계주의자를 표방해 받아들인, 널리 알려진 이데올로기와 야심적 의제를 화려하게 치장하고 의인화한, (만화에 등장하는) 마스코트 같은 존재에 가깝다. 이런 기관들과 엘리트들의 이해관계는 흔히 유착되어 있으며 그들이 사업을 계획하고 조정하기 위해 스위스 알프스에 있는 휴양지 다보스에서 정례적으로 만난다는 것은 전혀 놀라운 일이 아니다. WEF의 글로벌리스트들만 있는 게 아니다. 다보스 모임에 초대받지 못한 많은 사람들은 나름대로 맡은 역할이 있으며 그들의 문화적 군주들을 충실하게 본받는다. 대학과 대학의 관리자들은 미디어에 나와 떠드는 여러 인사들과 함께 레닌이 (차라리 직설적으로) '유용한 바보들useful idiots'이라고 지칭한 사람들의 대오에서 흔쾌히 이런 의제들을 제안하는 일에 복무한다.

WEF는 대리인이다. 그리고 우리는 그 말을 문자 그대로 받아들일 수 있다. WEF는 웹사이트에도 나와 있듯이 명목상으로는 1,000개의 회원사를 대표하는 비영리 무역기구다. 여기에 참여하는 회사들의 매출액을 모두 합치면 5조 달러 이상 되는 글로벌 기업으로 대기업 중의 대기업이 대부분이다. 새뮤얼 헌팅턴이 '다보스맨'이라고 지칭한 엘리트 집단인 이들 기업의 CEO들은 상위 1퍼센트의 1퍼센트의 1퍼센트에 속하는 사람들이다. WEF는 자체 홍보팀과 권력에 선을 대려고 아부하는 언론인들이 만들어 낸 미사여구와는 상관없이 더 나은 세상을 만들기 위해서가 아니라 이 CEO들의 이해를 증진하는 기능을 한다.

우리의 지배계급은 코비드에서 사회를 변혁할 기회를 발견했다. '새로운 정상the new normal'이라는 문구가 팬데믹이 시작되고 몇 주 만에 바로 나온 것을 생각해 보라. 팬데믹 첫 달에 앤서니 파우치는 다시는 악수를 할 수 있는 상황으로 결코 돌아가지 못할 것이라고 넌지시 말했다. 정말? 결코 못 돌아간다고? WHO 사무총장 테드로스는 슈밥을 연상시키며 분명히 말했다. "솔직히 말해 당분간 이전의 정상으로 돌아가는 일은 없을 것이다."

80년 전 C.S. 루이스C. S. Lewis는 『인간의 폐지The Abolition of

Man』라는 적절한 제목을 붙인 책에서 과두적 테크노크라시의 등장을 예언했다. 나는 이 짧고 오해를 살 정도로 단순한 책이 20세기에 나온 가장 중요하고 통찰력 있는 책들 가운데 하나라고 생각한다. 결론에서 루이스는 다음과 같이 예견하고 이어서 질문을 던진다.

> 마지막 단계는 인간이 우생학, 출생 전 조절* 그리고 교육과 완벽한 응용 심리학에 기초한 선전에 의해 인간 스스로를 완전히 제어하는 것이다. 인간의 본성은 인간에게 굴복하는 최후의 자연이 될 것이다. 그러면 인간은 승리한다. 그리고 우리는 우리가 어떤 인간을 원하든 마음대로 인간을 만들게 될 것이다. 그러고 나면 진정으로 승리를 거두게 될 것이다. 하지만 엄격히 말해 누가 승리했다는 것인가?[19]

 승리한 자는 진정 누구인가?

세계의 새로운 주인들

오미크론 변이바이러스의 등장으로 화들짝 놀라 2022년 초에 폐기한, 우리의 팬데믹 정책의 충격적인 실패를 생각하면 의아해할 수 있다. 왜 아직까지도 그러한 실패에 대한 처벌이 거의 없는가? 팬데믹에서 매우 긴요한 엄격한 사후평가는 어디로 갔는가? 우선 주요 정책들 가운데 상당수가 사실 바이러스에 관한 것이 아니었기 때문에 팬데믹

---

* pre-natal conditioning: 출생 전에 배아나 태아를 인위적으로 조절 혹은 변형하는 행위.

정책에 대한 철저한 반성적 평가가 이뤄지지 않고 있는 것 같다. 속으로는 다른 목적을 가지고 그런 정책들을 채택했으며, 그런 정책들은 대부분 다른 재정적·정치적 목적을 달성하는 데 크게 도움이 되었다. '생물의학 보안국가'는 공중보건이 아니라 다른 이해관계에 관심이 있다.

우리의 코비드 대책은 계급투쟁에 해당한다. 락다운을 실시하면서 줄어든 중산층은 치솟는 인플레이션에 타격을 받았으며 전 세계적으로 많은 사람이 빈곤 상태에 빠졌다. 연방준비제도의 데이터에 따르면 팬데믹 이후 미국의 상위 1퍼센트가 전체 중산층보다 많은 부를 소유하고 있다. 그리고 상위 10퍼센트에 속하는 부자들이 전체 주식의 90퍼센트를 소유하고 있다.[20] 2021년 10월 억만장자들의 총재산은 팬데믹 동안에 70퍼센트, 즉 2조 1,000억 달러가 증가해 5조 달러가 되었다. 대략 세계 3대 경제 대국인 일본의 GDP에 해당하는 돈이다. 반면에 5억 명의 인구가 빈곤선으로 추락한 시기에 그들이 내놓는 자선 기부금은 지난 10여 년과 비교해 가장 낮은 수준으로 떨어졌다.[21]

연방법인 코로나바이러스 지원, 구호 및 경제 안보법Coronavirus Aid, Relief, and Economic Security Act에 따라 많은 독점적 대기업이 돈의 사용처에 대해 규제나 감독을 받지 않고 구제금융을 지원받았다. 예를 들면 항공사 임원들은 수만 명의 직원을 감원하면서 국민이 낸 세금을 가지고 자신들에게 보너스를 지급했다.[22] 2020년에 연방준비제도 이사회가 엄청난 금액의 기업 부채와 회사채를 매입하는 동안 "수백만 명이 실업보험을 청구했고 거의 네 집에 한 집 꼴로 끼니를 걱정해야 했다"고 알렉스 구텐탁Alex Gutentag 기자는 설명했다. "그 결과 미국 노동자들의 가계에 추정액으로 1조 3,000억 달러의 손실이 발생했다. 반면에 미국의 억만장자들은 1조 달러를 벌었다."[23] 2020년 6월에 이르러서는 40만 개 이상의 소기업이 문을 닫았다. 그리고 추가적인 폐업이 그해 하반기까지 이어졌다. 2021년 5월 말 현재 전국의 소기업 숫자는 2020년 초에 비해 40퍼센트가 줄었다.[24]

국제적으로 볼 때 락다운이 초래한 대량 실직과 폐업 사태는 개발도상국에서 더 심각했다. 최소한 1억 4,000만 명으로 추산되는 사람들이 추가적으로 기아선상에 내몰렸다. 그리고 이런 상황은 더 악화될 것으로 보인다. 2020년에는 전년에 비해 말라리아로 인한 어린이 사망자가 7만 명 늘었다. 대부분이 병원에 갈 수 없거나 락다운으로 인한 공급망 문제로 필요한 약을 구할 수 없었기 때문이다. 결핵과 HIV 유병률도 크게 높아졌다. 휴교는 빈곤에서 벗어날 수 있는 나라들을 주저앉혔다. 유니세프는 휴교와 가난 때문에 조혼을 강요당한 여자아이들이 1,000만 명 늘었을 것으로 추산했다. 유니세프 계산에 따르면 2020년 남아시아 6개국에서 락다운과 관련된 혼란으로 22만 8,000명으로 추산되는 영유아가 사망했으며 10대에 임신한 소녀들이 40만 명 증가했다.

사회적 거리두기는 시민들이 친구나 이웃을 잠재적 위협, 따라서 팬데믹의 악당으로 간주하도록 조장했다. 우리는 그 대신 전문가, 기술관료 그리고 기업을 팬데믹의 영웅으로 보게 되었다.[25] 이 '영웅들'이 기록적인 수입을 올린 것은 우연이 아니다. 2021년 백신 의무 접종과 백신 접종 증명이 도입되면서 이 두 개의 층으로 이루어진 사회는 더욱 고착되었다. 백신 의무 접종과 백신 접종 증명은 직장에서 쫓겨나고 경제활동에서 배제된 영구적인 하층계급을 만들었다. 백신 접종 증명 제도는 가난한 노동자계급 민중들, 특히 유색인종 민중들에게 영향을 주었고 그들을 배제했다. 구텐탁이 요약한 바와 같이 "이것은 실책이나 부실하게 수행된 선의의 정책 아이디어가 아니다. 이것은 보건 규칙을 가장한 경제적 어젠다다."[26]

　실패한 팬데믹 대책을 밀어붙이게 한 전 세계의 금전적 이해관계를 확인하는 것은 어렵지 않다. 주역들 가운데 다수가 매년 다보스에 모여 엄선된 유명인사, 국가수반 그리고 언론인과 어울린다. 우리는 WEF와 여기에 참가하는 지도자들을 권력의 지렛대를 당기는 거대 악당의 무리로 간주하고 싶을 수 있다. 어쨌든 우리는 악당들이 누군지 특정할 수 있으면 좋아한다. 하지만 내가 이미 시사한 바와 같이 슈밥과 그 일당을 단순명료하게 전 세계 금융엘리트들이 수용한 이데올로기의 **화신[가시화된 정제 과정]**으로 보는 것이 더 정확하다.

　열매를 보면 나무를 알 수 있다. 락다운이 실시되는 동안 우리는 인류 역사상 가장 대규모로 부가 상위계층으로 이전되는 것을 보았다. 수백만 명의 불우한 사람들이 빈곤과 궁핍으로 빠져드는 동안 WEF의 회원들은 팬데믹 정책으로 엄청난 돈을 벌었다. 다수의 궁핍을 덜어 주기 위해 위에서 떨어지는 것은 아무것도 없었다. 다보스맨들에게 흘러 들어간 돈은 다보스맨들의 주머니에 머물렀다. 하층민이 가진 몇 푼 안 되는 돈 그리고 중산층이 어렵게 모은 돈은 사회경제적 피라미드의 맨 꼭대기로 빨려 올라갔다. 이런 추세는 팬데믹 이전에 시작되었다. 하지만 코비드 기간에 기록적인 속도에 도달했다. 다보스맨은 팬데믹 규칙들이 자신들의 이해관계와 맞아떨어지도록 만드는 기술을 발휘했으며, 거대하고 세계사적인 일종의 도둑질 계획을 조율했다.

　《뉴욕타임스》의 세계 경제 담당 기자이자 좌파에 속하는 피터 굿맨Peter Goodman은 그의 저서 『다보스맨: 억만장자들은 어떻게 세계를 먹어 치우는가』 2부에서 '팬데믹의 부당이익'이라는 제목하에 이 조직적인 절도 행각을 소름 끼치도록 자세히 묘사했다.[27] 팬데믹 이후에 세계 10대 부자가 가진 재산은 전 세계 85개 최빈국이 가진 재산보다 많다. 잠시 멈춰서 그것을 곰곰이 생각해 보자. 이러한 결과는 우연히 이루어진 것이 아니고 바이러스 때문에 생긴 것도 아니다. 이것은 우리의 엘리트들이 수립하고 우리가 받아들인 바로 그 정책이 만들어 낸 결과다. 속지 말자. 다보스에서는 악마들이 춤춘다.

WEF가 캐스팅한 인물들은 빅테크 거대 기업, 블랙록과 블랙스톤 같은 거대한 세계적인 금융회사, 글로벌 NGO와 재단들 그리고 영향력 있는 재계 인사들의 열망을 대변하고 공개적으로 보여 준다. 이런 기업들 가운데 다수는 어쩔 줄 모를 정도로 돈을 많이 가지고 있다. 그들이 원하는 것은 권력이다. 최종 단계는 협동조합주의Corporatism다. 기업의 이해관계와 정부의 병합, 혹은 더 정확히 말하면 기업의 이해관계가 국가 운영을 지배하는 것이다. 당연히 다보스에 모인 국가 지도자들은 기업을 이용하여 자신들의 정치적 의제를 성취하고 싶어 한다.

양측 모두 그들의 급조된 협동조합주의 모델을 선전하기 위해 '공공-민간 파트너십' 그리고 '이해관계자 자본주의' 등의 에두른 표현을 사용한다. 그러나《내셔널리뷰》의 앤드루 스튜터포드Andrew Stuttaford가 말했듯이 협동조합주의는 흔히 "협동으로 보이도록 구상되지만 주로 강압에 의해 지탱된다."[28] 왜냐하면 협동조합주의에서는 필연적으로 정부가 기업의 일에 더 개입하고 기업이 정부의 일에 더 개입할 수밖에 없기 때문이다. 공공-민간 파트너십 같은 개념은 진상을 파악하기 전까지는 그럴듯하게 들린다.

예를 들면 2019년 영국 정부가 앞으로 산업, 기업 그리고 경제와 관련된 규제 조항들을 개발하기 위해 WEF와 협력 관계를 맺었다고 발표했다. 영국 정부는 글로벌 기업들이 만들고 관리하는 규제 환경을 지지한다고 약속했고, 이로써 글로벌 기업이 설계한 것과 동일한 규정으로 규제될 것이다.[29] 이처럼 기업이, 기업을 규제해야 할 정부 기구를 포획하는 모델은 이전에 살펴보았던 제약회사들이 CDC와 FDA를 포획하는 것에 국한되지 않는 것이 분명하다. 우리가 공공-민간 파트너십을 위한 WEF와 WHO의 제안을 생각없이 받아들이기 전에 무솔리니의 파시즘에 대한 정의가 협동조합주의의 정의, 즉 국가와 기업 권력의 합병과 완벽하게 일치한다는 것을 상기해 볼 만하다.

2005년에 작성된 UN의 밀레니엄 프로젝트의 보건 부문 목표를 자세히 설명하고 있는 WHO의 문서 「건강을 위한 접속」에서 글로벌 공공-민간 파트너십을 소개하는 말을 꼼꼼히 살펴보라.

> 이러한 변화들은 정부의 역할에 대한 기대를 수정한 세계에서 일어났다. 공공 부문은 그들에게 다가오는 도전에 대응할 재정적 자원도, 의료시설 자원도 없다는 것 그리고 공공과 민간 자원의 혼합체가 필요하다는 것…… 안전보장과 협력의 글로벌 문화를 형성하는 것이 중요하다. 글로벌 보건 인프라스트럭처는 이미 시작되었다. …… 정보통신 기술은 선도하는 정책 입안자들이 있든 없든 보건 부분의 변화를 위한 기회를 열어 놓고 있다. …… 정부는 실현 가능한 환경을 조성할 수 있고 지분, 접근 수단 그리고 혁신에 투자할 수 있다.[30]

이런 이야기다. WHO는 정부가 재정적 자원이나 의료시설 자원을 가지고 있지 않다는 것을 고려하여 **수정된** 역할을 할 것으로 기대한다. '글로벌 안보 문화'와 필요한 '글로벌 보건 인프라스트럭처'를 구축하려면 민간 자원이 필요하다. 이런 일들은 '정책 입안자가 **있든 없든**', 즉 정당한 절차에 따라 선출된 공무원들의 승인이 없어도 일어날 것이다. 정보통신 기술은 보건 행정 부분의 변화를 위한 기회를 열어 놓았다. 이런 변화는 선출되지 않은 상업적 이해관계자들이 이용하게 될 것이다. 이 문서는 역할이 줄기는 했지만 정부는 기업 대표들이 정책의 세세한 부분과 새로운 글로벌 보건제국의 구현을 관리하도록 하는 한편으로 여전히 과세와 재정 적자를 늘려 '실현 가능한 환경'을 조성할 수 있다고 설명한다.

이런 모델이 실제로 코비드 기간에 세계적으로 도입되었다는 것만 제외하면 이런 이야기들은 UN 기구들이 수십 년 동안 수많은 보고서에서 사용해 온 무감각한 관료적 어투와 마찬가지로 열망에 들뜬 장광설로 들렸을 것이다. 그 어떤 것도 팬데믹만큼 이런 의제들을 급속하게 창도할 수는 없었을 것이다. 아마도 이것이 WEF가 제1장에서 설명한 여러 팬데믹 모의 훈련에 자금을 지원한 이유를 설명해 줄 것이다. "위기를 쓸모없이 보내지 말라"는 람 이매뉴얼Rahm Emanuel의 충고를 상기시키며 슈밥과 공저자인 티에리 말르레는 코비드를 "절호의 기회"로 보았다. 지난 5세기 동안 유럽과 미국에서 우리가 배운 게 있다면 그것은 바로 이것이라고 그들은 주장한다. "심각한 위기는 국가 권력을 신장시키는 데 기여했다. 항상 그래왔고 코비드19 팬데믹이라고 해서 다를 이유는 없다."[31]

락다운은 중소기업들이 폐업함으로써 독점적 글로벌 기업들의 경쟁 부담을 덜어 주고 부를 상위 계층으로 빨아올리며 정확히 WEF와 전 세계에 있는 관련 기관들은 원하는 것을 성취했다. 슈밥은 정부는 "시장의 실패를 고치기보다 지속 가능하며 포용적인 성장을 할 수 있는 시장을 형성하고 창조하는 방향으로 적극적으로 나아가야 한다"고 주장한다.[32] 우리는 코비드 백신에서 정부가 게임의 법칙을 다시 쓰고 기업을 위한 시장을 창조하는, 이런 식의 협동조합주의를 이미 목격했다. 제약회사의 법적 책임을 면제해 주고 접종 명령을 통해 제약회사가 만든 제품을 판매할 거대한 시장을 보장해 주는 대가로 국가는 시민들의 신체에 대한 강제력을 확대할 수 있는 수단을 얻었다.

이러한 구도 속에서 기업의 이해 당사자들은 마이클 렉턴왈드Mi-chael Rectenwald가 '통치성'*이라고 부른 존재가 되었다. 이것은 "이런 구도가 아니라면 '민간'이었을 기구가 성가시게 구는 주권자들에게 아무런 책임도 지지 않으면서 국가 기구처럼 휘두르는 권력이다." 게다가 렉턴왈드가 언급한 것처럼 "이런 기업들은 다국적이기 때문에 '하나의 세계 정부'의 형성 여부와 관계없이 국가는 본질적으로 세계적이 된다."[33] 이런 형식의 협동조합주의와 함께 국가의 영향이 미치는 영역은 기업의 자산을 활용해 확대된다. 특혜를 받는 기업과 정부에 있는 같은 패거리들은 둘 다 승자가 되고 밖에 있는 다른 모든 사람은 패자가 된다.

아감벤은 이러한 협동조합주의의 급조된 형태를 '공산주의로 변형된 자본주의'라고 이름 붙였다. 그는 이런 모델이 "극도로 빠른 생산 발전을 전체주의적 정치체제와 통합시킨다"고 설명한다.[34] 중국은 이 모델을 발전시키는 데 선도적 역할을 해 왔다. 특히 팬데믹 기간에 전체주의 국가는 급속한 개발과 생산을 관리해 왔다. 서방의 많은 관측통

---

* governmentality: 원래 미셸 푸코가 제시한 개념으로 어떤 대상을 지배하고 영향을 미치는 조직화된 행위 혹은 관습을 의미한다. 마이클 렉턴 왈드는 전 뉴욕대 교수다.

은 중국과 같은 이른바 공산주의 국가에 수립된 '국가자본주의'를 경제적 후진국에 맞도록 특별히 조정된 자본주의의 한 가지 형태라고 잘못 생각했다. 그들은 일단 이런 자본주의 형태가 일시적으로 기능을 하고 나면 쓸모없게 되어 자유롭고 개방적인 민주주의가 나타날 수밖에 없다고 빗나간 예측을 했다. 이와 반대로 중국은 자본주의와 자유가 반드시 같은 연장선상에 있지 않다는 것을 보여 주었다. 그보다는 기술 향상을 통해 공산주의적 자본주의는 팬데믹 기간에 "현 단계에서 글로벌 자본주의를 지배하는 원리"로 떠올랐다.

우리는 공산주의적으로 변형된 신흥 자본주의(이 말의 엄격한 의미에 따르면 파시즘의 한 형태)와 부르주아 서구 민주주의의 특성을 가진 재래식 자본주의 간의 갈등을 예견할 수 있다. 이러한 갈등의 결과가 어떻게 될지는 아직 미지수다. 나는 개인적으로는 그렇게 되지 않기를 바라지만 이러한 긴장이 불가피하게 중국과 서구 간의 무력 충돌로 확대될 수도 있다고 걱정한다. 공산주의적 자본주의가 무력에 의존하지 않고 이길 가능성도 있다. 아감벤은 "하지만 분명한 것은 이 새로운 체제가 인간관계의 극단적 소외와 전례 없는 사회 통제를 결합해 자본주의의 가장 비인간적인 측면과 국가 공산주의의 가장 극악무도한 측면을 겸비할 것"이라고 주장한다.[35] 공산주의적 자본주의는 떠오르는 '생물의학 보안국가'의 경제적 형태다.

이러한 과정은 현재 진행 중인 비상사태 속에서 가속화될 것이다. 슈밥과 말르레는 위기가 연달아 닥치는 것을 예상할 수 있기 때문에 공공 부문에 대한 재정 지원이 증대되어야 한다는 것을 설명하기 위해 조지프 스티글리츠Joseph Stigliz를 인용한다. "우리가 이번 위기에서 벗어난다고 해도 또 다른 위기가 가까이에 숨어 있다는 것을 알아야 한다. 다음 위기가 어떤 모습일지에 대해 우리는 지난번 위기와는 다를 것이라는 점 말고는 예측할 수 있는 게 없다."[36] 바로 그거다. 말 그대로다. 그것은 예언이 아니고 계획이다.

WEF는 작년에 자체 웹사이트에 "당신은 아무것도 소유하지 않을 겁니다. 그리고 당신은 행복할 겁니다"라는 표어를 올려 파문을 일으켰다. 이 표어는 나중에 삭제되었지만 지울 수 없는 인상을 남겼다. 이 표어는 다보스맨이 구상하는 미래를 분명하고 간명하게 묘사하고 있다. WEF에 참여한 학자들이 예상했듯이 이러한 발전의 최종 단계에서 우리는 실제로 소유하는 것은 아무것도 없이 임대와 가입만 가능한 경제체제에서 살게 될 것이다. 모든 것이 우버가 되는 것을 상상해 보라.

이런 미래를 엿보려면 이해하기 쉽게 아마존 물류창고 같은 세계를 상상해 보라. 디지털 기술에 능통한 관료 계급이 특정한 목적을 가진 알고리즘으로 휘하의 대중을 감독하며 막후에서 명령한다. 올더스 헉슬리는 그가 1932년에 쓴 소설 『멋진 신세계』에서 예언자처럼 이런 모습을 예견했다. 이런 변화들은 우리의 정치적, 경제적 그리고 의학적 제도와 구조에만 문제를 제기하지 않는다. 그것들은 인간 존재가 무엇을 의미하는지 그 개념에도 도전한다. 이번 장의 후반부에서 보겠지만 이것이 바로 이런 변화를 주창하는 사람들이 찬양해 마지않는 것이다.

공공-민간 파트너십이라는 협동조합주의적 구도에 의해 조장된 공산주의적 변태 자본주의는 고대하던 기존과 신흥 분야의 융합을 수행하기에 매우 적합하다. WEF와 그 회원들이 구상한 이 생물학-디지털 융합은 빅데이터, 인공지능, 머신러닝, 유전학, 나노테크놀로지 그리고 로보틱스를 혼합할 것이다. 슈밥은 이것을 전에 있었던 세 번의 혁명, 즉 기계적, 전자적 그리고 디지털 혁명에 기반을 두고 그 뒤를 잇는 4차 산업혁명이라고 부른다. 곧 만나 보게 될 이 트랜스휴머니스트들은 적어도 수십 년 이내에 물리적, 디지털적 그리고 생물학적 세계를 융합한다는 꿈을 꾸어 왔다. 하지만 지금 당장 그들의 환상이 우리의 현실이 될 준비를 하고 있다.

:

마찬가지로 WHO는 그들의 영향력을 증강하고 선출되지 않는 관료들에 의한 중앙집권화된 통제를 실현하려고 했다. WHO는 최근 디지털 접종 증명과 디지털 신분증 제도를 연계시키는 국제적 팬데믹 협약을 만들려는 계획을 발표했다. 1948년 창립 이래 두 번째로 열린 2021년 12월 특별회의에서 WHO의 보건총회는 "세계가 함께"라는 제목의 단일 결의안을 채택해 이러한 협약을 승인했다.[37] WHO는 2024년까지 이 협약을 완료하기를 바라고 있다. 이 협약은 현재 회원국이 가진 권한을 팬데믹이 발생한 기간에 WHO로 이양하는 것을 목표로 하고 있다.

WHO는 회원국들이 개정된 WHO의 국제보건규약IHR: International Health Regulation을 따르도록 법제화함으로써 이러한 목표를 달성하려고 한다.[38] 2022년 1월, 바이든 행정부는 2005년에 제정되어 193개 UN 회원국이 조인한 IHR의 수정안을 제출했다. WHO의 사무총장은 미국이 제출한 수정안을 접수하여 다른 회원국들에 전달했다. 상원의원 3분의 2 이상이 찬성해야 통과되는 미국 헌법의 수정안과는 달리 이런 국제적인 규정의 수정안은 회원국들의 단순 다수결로 통과될 수 있다. 대다수 사람은 미국을 비롯한 모든 회원국의 국가적 주권에 영향을 미칠 이와 같은 국제법의 개정안에 대해 전혀 모르고 있다.

　제안된 수정안에는 다음과 같은 변경 사항이 포함되어 있다. 첫째 WHO는 우려되는 사태(예를 들면 새로운 전염병 발생)가 발생했을 때 대응조치를 취하기 전에 해당 국가의 요청이나 사전 승인을 더 이상 필요로 하지 않을 것이다(9조 1항). WHO는 12조에 규정된 **국제적으로** 우려되는 공중보건 비상사태를 결정할 수 있는 권한에 덧붙여 중급 보건 경보라는 새로운 범주의 질병뿐 아니라 **지역적으로** 우려되는 공중보건 비상사태를 결정할 수 있는 추가적인 권한을 갖게 될 것이다.

　특정한 전염병 발생 사태가 국제적인 공중보건 비상사태에 해당한다고 WHO 사무총장이 결정을 내리면 더 이상 관련 당사국의 동의를 받을 필요가 없다. WHO에는 새로운 기구인 비상사태 위원회가 설치될 것이며 사무총장은 비상사태를 선포하기 위해 공중보건 비상사태가 발생한 지역에 속한 국가들 대신 이 위원회와 협의할 것이다. 이 수정안은 또 당사국이 선임한 대표자가 아니라 WHO의 지역 담당 국장들에게 지역적으로 우려되는 공중보건 비상사태를 선포할 수 있는 법적 권한을 부여할 것이다.[39]

　특정 전염병의 발생이 국제적 혹은 지역적으로 우려되는 공중보건 비상사태의 기준을 충족시키지 못해도 WHO 사무총장이 경각심을 높이고 강력한 국제적 공중보건 대책이 필요하다고 생각하면 언제라도 해당 국가들에 '중급 공중보건 경보'를 내리기로 하고 비상사태 위원회에 회부할 수 있다. 이와 같은 중급 범주의 기준은 간단하다. "사무총장이 국제적인 인식을 높이고 강력한 국제적 공중보건 대책이 필요하다고 결정하면"[40] 그 기준은 충족된다. 이 동어반복적인 규정은 사무총장이 된다고 하면 되는 것을 의미한다.

　WHO는 이 수정안으로 미국의 지원을 받아 코비드 발생 초기에 중국이 세워 놓은 장애물에 대응하려는 것으로 보인다. 중국 공산당이 전염병 발생 초기에 은폐를 시도함으로써 대응조치를 지연시켜 지역에서 차단할 수 있었을 바이러스를 확산시켰다고 주장할 수 있다는 점에서 그것은 근거 있는 우려다. 그러나 제안된 수정안의 실질적 효과는 미국을 비롯한 주권 국가로부터 WHO의 선출되지 않은 관료들로의 권력 이동이다. 이것은 권위주의적 체제가 만든 문제에 대한 현명한 해결책이 아니다. 제안된 개별적 변경 사항들의 요지는 더욱더 중앙집권화된 권한을 회원인 주권 국가에서 WHO에 위임하는 방향으로 맞춰져 있다.

　캐나다의 의원이자 국제적인 경험을 갖춘 변호사 레슬린 루이스 Leslyn Lewis는 이러한 협약은 WHO가 팬데믹이 되는 조건들과 팬데믹을 선포할 시기를 일방적으로 결정하는 것을 허용하는 것이라고 경고했다. 그녀는 현지에서 지역 현실에 맞는 대응책을 마련하기보다 "전 세계를 대상으로 획일적인 대책을 세우는 결과를 가져올 것"이라고 조심스럽게 경고했다. 더욱이 WHO가 제안한 계획에 따르면 팬데믹은 전염병에 국한하지 않고 다른 질병, 예를 들면 보건 위기로 선언된 비만도 포함할 수 있다.[41]

　게다가 WHO가 팬데믹의 상시적 추적 감시를 담당할 새로운 상설 관료 조직을 설치할 것이라는 점이 IHR의 변경 조항들보다 중요할 수 있다. 역사적으로 볼 때 백 년에 서너 번의 팬데믹이 있었고 보통 이 가운데 한 차례만 심각하고 지속적이었지만 이 조직은 상설이라는 것을 정당화하기 위해 전염병 발생과 팬데믹을 수시로 찾아내 선언하게 될 것이다. 1918년 스페인 독감 이전에 흑사병 같은 대부분의 팬데믹은 박테리아에 의한 것이었으며 항생제의 등장으로 더 이상 위협적이지 않게 되었다. 바이러스에 의한 팬데믹은 비교적 드물게 발생했고 보통 그다지 심각하지 않았다.

이런 계획의 일환으로 WHO는 독일에 본사를 두고 있는 도이체텔레콤Deutsche Telecom의 자회사 T-시스템T-System과 지구상 모든 사람을 디지털 ID로 연결하는 글로벌 백신 접종 증명을 개발하는 계약을 체결했다. 이것은 협동조합주의적인 '공공-민간 파트너십' 요소들 가운데 하나를 보여 준다. WHO의 디지털 보건 및 혁신 국장인 개릿 멜 Garrett Mehl이 설명한 바와 같이 "WHO의 게이트웨이 서비스*는 지역적 시스템 간의 가교 역할도 한다. 또한 향후 백신 접종 캠페인과 재택근무 기록의 일부로 활용될 수 있다."[42] WHO의 생물의학 감시와 통제를 위한 디지털 시스템은 의무적이고 초국가적이다. 그리고 이미 코비드 팬데믹 대응을 완전히 망쳐 버린 포획된 NGO에서 활동하는 선출되지 않은 관료들이 운영하게 될 것이다.

나는 WHO가 세계 지배를 도모하는 기구라는 인상을 주고 싶지 않다. WHO는 그런 거창한 일을 하기에는 너무 무능하다. 반대로 WHO는 대체로 돈을 대는 자들의 뜻에 맞춰 일하는 거대한 글로벌 관료 기구다. 우리가 보아 왔듯이 재정의 대부분은 이제 회원국이 아니라 민간 재원에서 나온다. 정부의 기여금과는 달리 민간 기부금에는 대단히 구체화된 사업이 수반되며, 그 돈으로 수행하는 사업에 참여할 사람까지 정확히 특정해 예산을 배정한다. WHO에 자금을 지원하

*　　gateway service: 서로 다른 네트워크를 연결시켜 주는 서비스.

는 비영리 및 영리 비정부 기구들은 유용한 국제 공공 기관으로 활동하는 WHO와 함께 사적인 의제를 관철하기 위한 배후 조종자가 될 것이다.

바이오디지털 감시

최근에 로스앤젤레스에서 보스턴까지 비행기를 타고 가려고 보안 검색대로 가는데 한 여성 판매원이 앞을 가로막으며 보안 검색을 건너뛰고 싶지 않느냐고 물었다. 호기심이 생긴 나는 무슨 얘긴지 자세히 말해 보라고 했다. 그녀는 나를 클리어CLEAR 전자제품 매장으로 데려가 제품 작동법을 설명해 주었다. 1년에 180달러만 내면 공항, 스포츠 경기 그리고 다른 대규모 모임에서 긴 줄을 건너뛸 수 있었다. 클리어의 광고 문구처럼 "재래식 신분증을 사용하는 대신 클리어는 눈과 얼굴을 이용해 당신의 신분을 확인한다." 사실 이 시스템은 홍채 스캔과 안면인식뿐 아니라 자발적으로 제출한 인구통계학적 자료와 연계된 지문과 같은 다른 생체 정보 그리고 신용평가 점수 링크도 활용한다(동의를 묻는 체크 박스에 작은 글자로 씌어 있다). 클리어는 또 백신 증명, 코비드 음성 확인 그리고 건강검진 결과를 저장한 헬스 패스도 판매한다. 이 회사는 현재 델타항공, 유나이티드항공, 뉴욕시를 위한 파트너십이라는 이름의 무역상 네트워크 그리고 많은 스포츠 경기장과 제휴하고 있다.[43]

디지털 신분증을 위한 계획은 몇 년 동안 진행돼 오다가 팬데믹으로 견인력을 얻게 되었다. ID2020은 2016년에 마이크로소프트, 액

센츄어, 프라이스워터하우스쿠퍼스, 록펠러 재단, 시스코 그리고 가비(게이츠 재단이 설립한 백신 동맹체)가 돈을 대 설립한 비영리 연합체이다. ID2020의 명시적 임무는 2030년까지 세계 모든 사람들에게 디지털 신분증을 발급하는 것이다. 이런 일은 지문과 홍채 스캔, 인구통계학적 정보, 의료 기록 같은 다른 생체 정보 데이터 그리고 교육, 여행, 금융 거래 및 은행 계좌에 대한 데이터와 연관되어 있다.

코비드가 발생하기 거의 2년 전인 2018년 3월 ID2020은 「면역: 디지털 신분증 입문」이라는 기고문에서 "예방접종은 디지털 신분증을 확대할 엄청난 기회"라고 주장했다. 이 기고문은 서면으로 된 예방접종 기록의 비효율적인 번거로움을 지적하며 개발도상국의 보건 문제가 어떻게 디지털 신분증을 도입하는 명분으로 이용될 수 있는지 설명한다.[44]

일 년 전인 2017년에 가비의 CEO인 세스 버클리Seth Berkley는 《네이처》에 기고한 「면역에는 기술 향상이 필요하다」는 글에서 같은 주장을 했다. 후진국에서 100퍼센트 예방접종률을 달성하려면 그것을 추적할 수 있는 디지털 신분증이 필요하다.[45] 2018년 다보스에서 열린 WEF 회의에서 가비는 디지털 신분증이 새로운 INFUSEInnovation for Uptake, Scale and Equity in Immunization ― 완곡한 축약어로 더 많이 사용되는 ― 프로그램, 즉 예방접종의 이해, 규모 확대 그리고 형평성의 혁신을 위한 계획의 핵심이라고 발표했다. ID2020의 기고문은 이 시스템의 이점을 다음과 같이 짜 맞추려고 한다.

예방접종은 어렸을 때 이루어지기 때문에 어린이들에게 디지털 아동보건카드를 발급하면 생애 초기부터 각자 휴대하고 다닐 고유한 디지털 신분증을 주는 셈이다. 어린이들이 성장하면 이 디지털 아동보건카드가 초등학교 입학 같은 2차 서비스에 접근하거나, 혹은 다른 대체 증명서를 취득하는 과정을 편리하게 하는 데 활용될 수 있다. 사실상 아동보건카드는 광범위하게 인정받는 법적 정체성으로 가는 첫 번째 단계가 된다.[46]

이런 이야기는 얼핏 들으면 말이 되는 것 같다. 하지만 이 시스템이 가져올 결과를 생각해 보자. 어떤 가난한 가정이 자녀를 위해 이 비영리 보건단체가 선호하는 해결책을 받아들이지 않는다면 이 어린이는 초등학교 같은 곳에 입학하는 데 필요한 '널리 인정받는 법적 정체성'을 설정할 다른 기회를 얻지 못할 수 있다. 다시 말해 백신 접종을 할 때까지는 문자 그대로 존재가 없는 사람이다.

팬데믹이 발생하기 직전인 2019년 9월 ID2020은 가비와 협력관계를 맺고 이런 계획을 실행에 옮기기 시작해 방글라데시에서 백신 접종을 지렛대로 이용해 신생아들에게 생체 정보 인식 기반의 디지털 신분증을 보급하는 사업에 착수했다. 방글라데시 정부는 이 사업을 적극적으로 수락했다.[47] 팬데믹이 시작되었을 때 ID2020은 즉각 방향을 선회해 디지털 신분증을 코비드 검사 및 다른 팬데믹 조치들과 연계시켰다.

일상적인 업무에서 생체 정보 인증을 사용하는 것은 이러한 기술을 관례화한다. 우리는 아이들이 생체 정보 인증을 당연한 것으로 받아들이도록 환경을 조성하고 있다. 예를 들면 현재 많은 교육구敎育區에서 학교 점심 급식 때 학생들의 이동을 신속하게 처리하기 위해 안면인식 정보를 활용하고 있다. 최근까지만 해도 지문과 같은 생체 정보는 예컨대 어떤 사람을 범죄 혐의로 기소하거나 중요한 문서를 공증하는 것과 같은 고도의 보안 목적에만 사용되었다. 오늘날 휴대전화에서 점심 급식에까지 활용되는 일상적인 생체 정보 인증은 **그들의 몸이 거래에 이용되는 도구**라는 생각에 익숙해지도록 만들었다. 우리는 무의식적이고 교묘한, 그러면서도 효과적인 방법으로 우리의 몸을 도구로 만들어 가고 있다.

인도의 생체 정보 인증 시스템인 아드하르Aadhaar는 전체 인구의 92퍼센트에 해당하는 13억 건의 디지털 ID를 저장한 지구상에서 가장 규모가 큰 신분 증명 시스템이다. 인도 시민들은 사회복지, 수당, 급여, 장학금, 법적 권리 그리고 급식 프로그램의 혜택을 받기 위해 사진, 홍채 스캔 그리고 지문을 제출해야 한다. 《파이낸셜타임스》에 실린 기사에 따르면 "인도 언론매체들은 ID 카드가 없는 사람들이 자격이 있는 복지 혜택을 받지 못해 굶주리고 있는 사례를 여럿 보도했다." 일부 비판자들은 인도의 아드하르 시스템이 "복지를 개선하겠다는 애당초 약속을 대부분 지키지 못하고 지금은 사회적 배제와 기업의 영향력을 강화하는 수단으로 이용되고 있다"[48]고 주장한다.

팬데믹 동안 북인도 바라나시 시 당국은 '스마트 시티' 사업의 일환으로 자동 안면인식 기능이 있는 CCTV를 시 전역에 설치했다. 시 당국은 이 시스템이 범죄 용의자를 추적하거나 실종된 어린이들을 찾는 데만 이용될 것이라고 주장한다. 오, 그렇지…… 그리고 접촉자 추적조사에도. 계획에 없던 다른 목적에 전용하고 싶은 유혹은 떨쳐 버릴 수 없을 것 같다.

영국 사우스 웨일스 경찰국은 안면인식 기술을 활용하는 방법을 연구해 2017년부터 2019년까지 50여 차례의 공개 행사에 사용했다. 필리핀은 2020년에 야간 투시가 가능한 안면인식 카메라를 이용한 비슷한 계획을 발표했다. 이스코 모레노 마닐라 시장은 "마닐라의 가장 어두운 지역에서도" 얼굴과 자동차 번호판을 인식하게 될 것이라고 자랑했다.[49] 파놉티콘은 결코 눈감아 주거나 잠들지 않는다.

세상에는 이미 10억 개의 감시카메라가 설치되어 있다. 중국에 그 절반이 있지만 미국도 인구 대비 카메라 숫자(4.6명당 1대)가 거의 중국만큼(4.1명당 1대) 된다. 영국과 미국 두 나라 모두 현재 안면인식 기술에 많은 돈을 투자하고 있으며 디트로이트, 올랜도 그리고 워싱턴 D.C. 같은 도시들은 치안과 보안에 안면인식 비디오 녹화 자료를 사용하는 것을 시험하고 있다.[50]

자신들이 만든 제품(백신, 디지털 감시 하드웨어와 소프트웨어, 혹은 수집한 데이터)을 판매할 수 있는 시장을 만들어 경제적 이익을 보려는 사람들은 후진국들이 보건 관리와 다른 서비스에 접근하기 위해 디지털 신분인증 제도를 어쩔 수 없이 수용하도록 계속해서 당근과 채찍을 활용할 것이다. 이들은 선진국에서는 처음에 벨벳 장갑처럼 부드러운 방식으로 은근슬쩍 접근해 공항에서 길게 줄을 서는 교통보안청의 보안 검색대를 건너뛰는 것같이 많은 사람이 뿌리치기 어려운 편리하고 신속한 방법이라며 디지털 ID를 판매할 것이다. 줄을 서지 않고 맨 앞으로 건너뛰지 못하면 간발의 차이로 비행기를 놓치게 될 때 끊임없는 감시와 데이터 수집을 비롯한 프라이버시 침해 위험은 중요하지 않게 여겨질 것이다.

그러나 닉 코비슐리*가 지적하듯이 순간적으로 내린 결정이 장기적으로 부정적인 결과를 가져올 수도 있다. "생체 정보가 해킹당하면 그 피해를 복구할 방법은 없다. 홍채나 지문 혹은 DNA는 패스워드를

---

* Nick Corbishley: 작가이자 저널리스트.

바꾸고 신용카드를 해지하듯이 바꾸거나 지울 수 없다."[51] 이러한 새로운 사회적 실험에 참여하는 것을 우리가 집단적으로 거부하지 않으면 개개인의 인구통계학적, 재정적 데이터 그리고 소재, 이동, 생체 정보 데이터와 연결된 디지털 ID는 대량으로 데이터를 수집하고 전 세계 사람들을 추적하는 기제가 될 것이다. 디지털 ID는 '생물의학 보안국가'와 불가분의 관계를 맺고 있다.

⋮

이와 관련되어 전개되는 사태는 통화와 환율에 대한 디지털 통제를 강화하는 것이다. 코비드 팬데믹 첫해에 중국은 중국 공산당이 좌지우지하는 중국 중앙은행이 관리하는 디지털 화폐 e-위안e-Yuan을 풀었다. 암호화폐를 잘 모르는 사람들에게는 비트코인 같은 분산된 통화와 중국의 e-위안 같은 중앙은행이 발행한 디지털 화폐CBDC를 구분하는 것이 중요하다. 잠시 후에 설명하겠지만 이러한 구분이 중요한 것은 후자, 즉 CBDC가 사실상 통화라고 할 수 없기 때문이다.

국제통화기금IMF은 특히 소득수준이 낮은 나라와 신흥 시장에 대해 CBDC를 장려하고 있다. IMF는 CBDC에 부정적인 면이 있다는 것을 인정한다. 프라이버시가 약화될 수 있으며 디지털 결제 회사들이 점점 더 많은 소비자 정보를 수집해 이것으로 돈을 벌 수 있다. 디지털 화폐는 사이버 공격, 정전停電, 기술적 결함, 사기당할 위험 그리고 잘못된 알고리즘에 취약하다. 더 걱정스러운 것은 IMF가 디지털 화폐의 법적 지위가 분명치 않다고 밝힌 것이다. 그것들은 화폐인가, 은행 예금 증서인가, 유가증권인가, 상품인가 혹은 그도 아니라면 완전히 다른 어떤 것인가?[52]

정부가 중앙은행을 통해 CBDC로 보조금을 준다면 정부는 그것을 언제 어떻게 사용할지 규제할 수 있다. 예를 들면 정부는 보조금을 향후 18개월 동안 청정에너지에 써야 한다고 지정하거나 혹은 특정한 항목의 산업이나 상품 등에 쓰지 못하도록 막을 수 있다. 그것을 정해진 시한 안에 쓰지 않으면 정부 혹은 중앙은행은 '돈'이 아주 사라지게 할 수 있다.

따라서 디지털 지갑에 들어 있는 것은 사실상 돈이 아니다. 실제 그것은 쓸 때까지는 화폐가 전통적으로 해 온 것처럼 온전히 교환 가능한 소유자의 자산이 아니다. 소유자가 가지고 있는 것은 시한부 교환권 같은 것이다. 일단 이러한 화폐가 백신 접종 상태, 준법 등급 및 점수, 혹은 사회적으로 허용된 행위의 증명 등과 같은 사회적 평판의 척도와 연결되면 민간의 경제적 거래는 전례 없는 외부의 감시와 통제를 받게 될 것이다. 아무리 작은 액수라고 해도 내밀하고 외부의 영향으로부터 자유롭게 이루어지는 돈거래는 없을 것이다.

중앙은행의 디지털 화폐로 사고파는 것은 "화폐를 매개로 한 교환이라기보다 속박의 형태에 더 가깝게" 될 것이라고 알렉스 구텐탁은 말했다. "은행의 CBDC 계좌는 일정 액수의 돈 대신 좋은 행실과 나쁜 행실에 따라 켜고 끌 수 있는 신호가 될 것이다." 이것이 몇몇 팬데믹 대책이 정치적으로 매우 중요한 이유들 가운데 하나다. 구텐탁이 설명하듯이 "백신 접종 증명과 코비드 반대자들에 대한 탄압은 이런 모델을 운영하기 위한 시험 운용의 역할을 했다. 그러나 백신을 맞지 않은 사람들이 체육관이나 바에 들어갈 수 없는 것은 그런 시스템을 통해 정치적인 반대자들뿐 아니라 그들의 가족이나 그들을 도와주려고 나선 사람들에게 가해질 수 있는 처벌의 형태와 비교하면 무색해질 것이다."[53]

캐나다 정부가 트럭 운전사들과 그들을 후원한 사람들의 은행 계좌를 동결시킨 것을 상기해 보라. 그런 권력이 열 배, 백 배 확대된 상황을 상상해 보라. 정부는 CBDC로 모든 금융거래를 깡그리 추적할 수 있다. 따라서 이들 '통화'는 시장 거래에 사용하는 앱을 통해 디지털 ID와 연계될 경우 거대한 데이터 수집 기제가 된다. 우리의 현행 감시자본주의 체제에 관한 쇼샤나 주보프Shoshana Zuboff의 광범위한 연구는 개인정보가 판매하는 상품이라는 것을 여실히 보여 준다.[54] 더 정확히 말하면 개개인이 상품이다. 좀 더 정확히 말하면 개개인이 상품을 만드는 원료다.

이 체제는 사람들의 금융거래 자유를 축소할 뿐 아니라 인간을 구상화具象化하고 상품화함으로써 인간성을 말살시킨다. 일단 전면적으로 실현되면 이 감시 시스템은 어떤 형태의 저항에도 불구하고 체제를 유지할 수 있도록 전례 없는 통제 기제를 제공할 것이다. 이 기술관료들의 꿈은 독점적 기술과 경제 권력을 통해 어떤 형태의 반대에도 버텨낼 수 있었다는 점에서 이때까지 세상에 알려진 것 가운데 가장 '보수적인' 체제에 굳건히 자리 잡게 되었다. 반대자에 대한 탄압은 주로 이 체제상의 재정적인 통제를 통해 이루어질 것이다. 저항하거나 이 시스템의 속박에서 벗어나려고 하면 시장으로 가는 문이 바로 닫힐 것이다. 이 이야기는 일단 이 체제가 자리를 잡게 되면 체제 전복이 거의 불가능하다는 의미다.

이 체제는 과두 집권계급, 즉 정치이론가 패트릭 드닌Patrick Deneen이 말하는 "주요 정치, 문화, 경제 그리고 교육 기구를 장악한 기술

관료적 엘리트가 이끄는 새로운 연합체"에 의해 시행되고 유지될 것이다. 그는 이 새로운 계급은 "프롤레타리아를 표방하고 발흥하지만 테크노크라시의 도구를 사용할 수 있는 능력을 통해 재빨리 권력을 잡는다고 설명한다. 이 계급은 자신들이 해방할 권리를 부여받았다고 하는 프롤레타리아와 점점 더 사이가 틀어진다."[55] 이 체제는 더 큰 경제적 평등으로 나아가는 대신 기술관료 부르주아와 그들의 지배자인 엘리트의 권력을 더욱 공고히 하여 계급 격차를 악화시키고 노동자 계급과 가난한 사람들을 더 무력하게 만든다.

드닌은 "권력 집중에 어떤 식으로든 저항해 온 전통적인 삶의 방식은 이른바 해방의 주체들에 의해 무조건 표적이 된다"고 예측했다. 이러한 과학자와 기술관료가 주도하는 체제는 급속한 변화를 통해 개개인이 해방되었다는 환상을 심어 주지만 사실은 엄격한 통제를 더 깊이 뿌리 내리게 할 것이다. 그의 표현에 따르면 그것은 "자원, 금융, 정치권력 그리고 (오늘날에는) 데이터를 지배하면서도 겉으로는 해방의 면모를 보여 주는 거대한 경제, 사회 그리고 정치조직이 지배하는 질서를 구체화할 것이다."[56] 이러한 변화의 여파로 우파와 좌파에 대한 오래된 개념 정의는 쓸모없게 될 것이다. 아감벤의 말을 빌리면 문화적 좌파와 기술관료적 우파의 깨질 수 없는 동맹, 즉 공산주의적 자본주의가 될 것이다.

이런 체제의 고착화에 반대할 기회는 짧고 빠르게 사라질 것이다.

．
．

    중국의 디지털 위안은 이미 그들의 사회 신용 시스템을 국제화했다. 이 체제는 국경을 넘어 디지털 위안을 활용하는 투자자 누구에게나 영향을 미친다. 중국 암호화폐의 유통은 국가, 허가받은 중개인 그리고 처음부터 그것을 판매할 수 있었던 은행이 통제한다. 야후 파이낸스가 최근에 보도한 바와 같이 초기에 나타난 지표를 보면 투자자들이 매수에 나서고 있음을 보여 준다. "e-위안이 발표된 이후 외국인들이 최근 선전深圳 증권거래소에 상장된 기술주에 대해 260억 9,900만 달러를 투자하면서 중국의 기술주들은 꾸준히 새로운 기록을 세우고 있다. 이런 이유로 e-위안 투자자와 중국 기술주 투자자들 모두 큰 이익을 얻고 있다."[57]

    최근 베이징 동계올림픽에서 중국 공산당은 참가자들이 베이징에 체류하는 동안 e-위안 앱을 내려받아 모든 구매에 e-위안을 사용하도록 했다. 중국 공산당은 중국민에게 이것을 분명히 강제할 수 있다. 그러나 동계올림픽에서의 이러한 조치는 중국 공산당이 e-위안을 수십 개국에서 온 외국인들에게도 강제할 수 있다는 것을 증명해 보였다. 이렇게 공산당이 e-위안을 세계적으로 보급하려는 목적에는 외국 달러에 대한 의존도를 낮추는 것뿐 아니라 중국산 기술 기반tech stack을 선진국에 사는 모든 사람에게 수출하려는 의도도 포함되어 있다.

    e-위안 소프트웨어는 단순한 결제 앱이 아니라 모든 개인 식별 데이터(이름, 사회보장 번호, 생체 정보와 건강 정보에 이르기까지), 실시간 위치, 모든 금융 거래와 계좌 등등을 추적하는 앱이다. 이 앱은 법 집행, 은행 규제당국의 감독 또는 국가 개인정보 보호의 범위를 벗어나 내국

인이든 외국인이든 중국 정부에서 개인으로의 직통 라인을 허용한다. 예를 들어 심각한 도박 빚으로 현금이 달리는 미국 공무원이 있다고 가정해 보자. 이 앱은 중국 공산당이 해외 정보 활동을 하는 데 유용한 도구로 이용하도록 그 정보를 빼낼 수 있다. 중앙에서 통제하는 디지털 화폐는 부패할 수 있는 사람을 부패시키고 굴복시킬 사람을 협박하기 위한 접근 통로를 제공한다. 그것은 이 정권에 오랫동안 존속해 온 중국 공산당의 권위주의, 강압, 뇌물을 디지털에 실어 수출하는 도구로서 기능할 것이다.

중앙은행의 디지털 화폐에 관심을 보이는 것은 중국뿐만이 아니다. 다른 나라들 가운데 70퍼센트가 자체적으로 CBDC의 발행을 검토하고 있다. 연방준비제도 이사회FRB는 미국에서 이러한 시스템을 시행하게 될 디지털 달러를 고려하고 있다.[58] 인도는 최근 디지털 루피화를 만들 계획이라고 발표했다. 자메이카, 잠비아 그리고 케냐도 따라 할 것으로 보인다. 영국 정부는 최근 딜로이트와 새로운 디지털 시스템을 개발하는 계약을 체결했으며, 캐나다는 캐나다 은행협회의 재촉으로 디지털 ID를 보급할 계획이다.[59] 현금은 자유, 프라이버시 그리고 익명성의 마지막 흔적이지만 모든 현금 거래를 없애려는 압력이 디지털 ID를 판매하는 회사들의 지원 아래 동시다발적으로 가해지고 있다. 분명히, 디지털 ID와 CBDC는 긴밀히 결탁하여 작동하도록 만들어진다. 이 두 가지 모두 '생물의학 보안국가'의 핵심적 도구다.

요컨대 정보 교환과 화폐 교환 둘 다 디지털 ID로 가능해진 사회 신용 시스템에 의해 감시되고 통제된다. 이 시스템은 순응하면 사회에 포용하는 것으로 보상하고 순응하지 않으면 배제하는 것으로 처벌한다. 중국에서는 사회 신용점수가 나쁜 사람들을 처벌하는 데 사용하는 방법들 가운데 하나가 기차나 비행기에 탈 수 없도록 하는 것이다. 캐나다와 유럽의 백신 접종 증명서 제도가 백신 미접종자에 대해 매우 유사한 처벌을 했다는 것은 주목할 만하다.

이런 체제가 발전하면 생식에서 종교에 이르기까지 더 광범위한 인간 활동이 감시와 기술적 통제를 받게 될 것이다. 백신 접종 증명은 특별한 중요성을 띠지만 새롭게 등장하는 생물보안 체제의 초기 단계일 뿐이다. 캐나다 맥길 대학의 더글러스 패로Douglas Farrow 교수가 백신 접종 증명에 대한 논평에서 말했듯이 "우리는 (팬데믹) 출구 전략이 아니라 오히려 새로운 세상의 주인들Lords of the World을 위한 **입구** 전략을 논의하는 중이다."[60]

트랜스휴머니스트의 몽상

좀 섬뜩한 이야기를 하려고 한다. 기발한 생각으로 가득 찬 유발 하라리Yuval Noah Harari를 만나 보자. 여기 그가 최근에 가진 인터뷰의 일부를 옮겨 본다. "코비드는 사람들이 전면적인 생체인식 감시를 받아들이고 정당화하도록 만들기 때문에 중요하다. 우리가 이 전염병을 멈추길 원한다면 우리는 사람들을 감시하는 것뿐 아니라 그들의 피부 밑에서 어떤 일이 일어나고 있는지도 감시해야 한다." 최근 〈식스티 미니츠〉*에서 앤더슨 쿠퍼와 가진 인터뷰에서 하라리는 이런 생각을 거듭 말했다. "지금까지 우리가 본 것은 우리가 어디를 가서, 누구를 만나, 어

---

*　　60 Minutes: 미국 CBS 방송의 시사 프로그램.

떤 영화를 보는지에 관한 데이터를 수집하는 기업과 정부다. 다음 단계는 우리 피부 밑을 들여다보는 감시다." 그는 《인디아 투데이》*에서 팬데믹 동안 사람들이 받아들인 변화에 대해 논평할 때도 똑같이 이야기했다.

> 우리는 이제 민주주의 국가에도 대중감시 시스템이 설치된 것을 목도하고 있다. 이런 나라들은 이전에 이런 감시 시스템을 용인하지 않았었다. 우리는 또 감시의 성격이 달라졌다는 것을 알고 있다. 전에는 감시가 주로 피부 위에 해당하는 것이었다. 이제는 피부 밑으로 들어간다. 정부는 우리가 어디 가서 누구를 만나는 것만을 알려고 하지 않는다. 그들은 우리 피부 밑에서 어떤 일이 일어나는지 알고 싶어 한다. 우리의 체온, 혈압, 그리고 의학적 상태는 어떤지 알고 싶어 한다.[61]

하라리는 사람들을 열 받게 만들려는 게 분명하다. 그는 성공했는지도 모른다. 또 다른 인터뷰를 보면 그는 점점 철학적이 되어 간다. "이제 인간은 과거 어느 때보다 더 막강한 힘을 갖게 되었다. 창조하고 파괴하는, 실제로 신과 같은 능력을 획득했다. 우리는 정말 인간을 신의 경지로 끌어 올렸다. 우리는 예를 들면 (인간의) 생명을 재설계하는 능력을 얻었다."[62] 키에르케고르가 언젠가 절대정신을 말할 때의 헤겔에 대해 언급했듯이 하라리가 미래를 이야기할 때는 기구를 타고 하늘로 올라가는 것 같다.

또 다른 인터뷰를 보면 그는 (무슨 이유인지 나로서는 알 수 없지만)

---

*   India Today: 인도의 유력 시사 잡지.

사람들이 과학 연구기관에 대한 신뢰를 상실하고 있다고 걱정하고 있다. "최근 몇 년간 대학 같은, 명망 있는 언론매체 같은 중요한 기관에 대해 일반인들이 가져 온 신뢰를 포퓰리즘 정치인들이 의도적으로 무너뜨리는 것을 보았다. 이런 포퓰리즘 정치인들은, 과학자들은 실제적 인민들과 유리된 소수의 엘리트 집단이라고 대중에게 말했다."[63] 훼방꾼들에 맞서 과학을 옹호하지 않을 때면 하라리는 자주 철학적이고 신학적인 주제로 돌아간다. 예를 들면 구글 강의에서처럼 "죽음에서 부활한 신의 아들 예수에 대한 이 모든 이야기는 가짜뉴스라는 것입니다"라고 말한다.[64]

미안하지만 하라리 교수의 말을 몇 가지 더 인용하는 것이 그의 철학 그리고 그의 고결한 희망과 꿈을 더 정확하게 이해하는 데 도움이 될 것이다. "인간은 이제 해킹당할 수 있는 동물이다. 인간에게는 생각, 영혼과 정신이 있다. 그리고 인간은 자유의지를 가지고 있다. 아무도 나의 내면에서 어떤 일이 벌어지는지 알 수 없다. 그리하여 내가 선거나 슈퍼마켓에서 어떤 선택을 하든 그것은 내 자유의지에 달려 있다. 그거면 끝이다."[65] 하라리는 인간 존재를 해킹하기 위해서는 최근까지만 해도 불가능했던 엄청난 연산 능력과 생체 정보 데이터가 필요하다고 설명한다. 그는 백 년 안에 "인간은 과거를 돌아보면서 코로나 바이러스 당시를 새로운 감시체제, 특히 피부 아래를 들여다보는 감시가 등장한 시기로 확인할 수 있을 것이다. 나는 이렇게 인간을 해킹할 수 있는 능력을 획득한 것이 21세기에 전개된 가장 중요한 사건이라고 생각한다."[66]

계속 이야기할 수 있지만 이만하면 이해할 것이다. 이쯤 되면 하라리를 도를 넘을 정도로 공상과학에 빠진 동네 무신론자에 불과한 사람으로 치부해 버리고 싶을지도 모른다. 공상과학 소설을 탐독한 지 몇 년 만에 그의 상상력 풍선은 창공 높은 곳 어디쯤에서 끝없이 떠오르고 있다. 왜 우리가 이런 사람의 예측과 예언에 귀를 기울여야 하는가?

하라리는 예루살렘 히브리 대학에 교수로 재직하고 있다. 그가 쓴 베스트셀러들은 전 세계적으로 2,000만 부 이상 팔렸다. 결코 영향력이 작지 않다. 더 중요한 것은 그가 WEF의 총아들 가운데 하나이며 여기서 제시하는 의제의 핵심 설계자라는 점이다. 2018년 WEF에서 '미래는 인간적일까?'라는 그의 강연은 앙겔라 메르켈 독일 총리와 에마뉘엘 마크롱 프랑스 대통령 연설 사이에 들어 있었다. 그는 그 정도의 거물들과 어울린다.

WEF 강연에서 하라리는 다음 세대에는 "몸과 두뇌 그리고 마음을 조작하는 방법을 배우게 될 것이며 섬유와 자동차 그리고 무기가 아니라, 몸과 두뇌 그리고 마음이 21세기 경제의 주요 제품이 될 것"이라고 말했다. 그는 몇 안 되는 경제의 달인들이 데이터를 소유하고 통제할 것이라고 설명한다. 토지가 가장 중요한 자산이었던 고대나 기계가 최고의 가치를 차지했던 산업 시대와는 대조적으로 "오늘날에는 데이터가 세상에서 가장 중요한 자산이다."[67] WEF의 핵심 인물인 클라우스 슈밥은 하라리의 견해에 이렇게 화답했다. "4차 산업혁명의 특징들 가운데 하나는 우리가 하는 일을 바꾸는 것이 아니라" 유전자를 조작하고 우리 피부 밑에서 작용하는 다른 생명공학적 도구를 이용해 "우리 자신을 바꾸는 것이다."[68]

몽환적인 눈을 가진 하라리도 이러한 발전에는 어떤 잠재적 위험이 도사리고 있다는 것을 인정한다. "소수의 사람들에게 너무 많은 데이터가 집중되면 인류는 계급이 아니라 **두 개의 다른 종**으로 분화될 것이다."**69** 그것은 좋은 일이 아닐 것이다. 하지만 모든 것을 고려해 볼 때, 그는 오히려 이러한 위험을 무릅쓰고 그가 제시한 아이디어를 구현하려 밀고 나갈 것이다. 따지고 보면 하라리는 미래의 전체주의 국가나 무소불위 기업들에 의한 지배를 옹호하는 게 아니라 우리에게 다가오는 불행을 경고하려고 한다. 하지만 도통 세상 물정 모르는 제안을 보면 하라리는 압제적인 '생물의학 보안국가'가 가진 명확한 문제를 시민들이, 단순하게 국가를 **더** 많이 감시함으로써 해결할 수 있다고 믿는다. 아테네 민주주의 포럼Athens Democracy Forum에서 가진 대화에서 그는 "방향을 돌려 정부를 더 감시합시다. 기술은 항상 양방향으로 나간다는 말입니다. 그들이 우리를 감시한다면 우리도 그들을 감시할 수 있습니다"**70**라고 말했다. 이러한 제안은 솔직히 말해 너무나 어리석다. 우리가 유치원에서 배웠듯이 악을 악으로 되갚아 봐야 좋을 게 없다.

하라리는 새로운 유형의 학자, 운동가 그리고 자칭 트랜스휴머니스트라는 '선지자'를 아우르는 유명인사 집단의 일원이다. 이 사람들은 기술을 이용해 삶의 환경을 바꾸는 것이 아니라 인간 본성 자체를 근본적으로 바꾸는 것을 목표로 삼는다. 이런 목표가 인간을 '업그레이드' 혹은 '향상'하는 것으로 되어 있다. 하라리가 설명하듯이 인간, 아메바, 바나나 혹은 바이러스 할 것 없이 모든 유기체는 근본적으로 생물학적 알고리즘에 불과하기 때문에 이것은 가능할 뿐 아니라 바람직하다. 프롤로그에서 설명한 우생학 이데올로기를 다시 생각해 보자. 여기서 우리는 유전자 편집, 나노테크놀로지, 로보틱스 그리고 첨단 의약품 등의 도구로 기술적으로 향상된 우생학 이데올로기의 증보판을 보고 있다. 트랜스휴머니즘은 현대판 우생학이다.

20세기 우생학자들은 장애인을 '쓸모없는 식충이'라고 불렀다.

이런 표현을 연상시키며, 여러 행사에서 하라리는 인공지능과 매개강화artificial intelligence-mediated enhancement를 거부하는 사람들, 즉 그가 '쓸모없는 사람들'이라고 지칭한 사람들을 어떻게 할 것인지 질문을 받고 곤혹스러워하는 모습을 보여 왔다. 그는 "이 쓸모없는 사람들을 어떻게 할지가 앞으로 수십 년 동안 경제와 정치에서 가장 큰 문제가 될 것"이라고 예측한다. 그는 계속해서 설명한다. "이 사람들을 어떻게 할 것인지 그리고 그들이 기본적으로 무의미하고 무가치하다면 어떻게 삶에서 의미를 찾을 수 있을지, 이런 것들은 더 답답한 문제다."[71]

하라리는 이 쓸모없는 사람들을 어떻게 할 것인지에 대해 한 가지 가능한 해결책을 제시한다. "현재로서 내가 생각하는 최선책은 약과 컴퓨터의 결합이다." 그 점에 있어서는 최소한 우리가 유리한 위치에 있다. 그 점은 하라리도 알고 있다. 그는 "점점 더 많은 사람이 합법, 불법을 막론하고 약과 컴퓨터 게임으로 더 많은 시간을 보내거나 문제를 해결하고 있다"고 설명한다. 이것이 하라리가 예측하는, AI를 향상시킬 목적으로 해킹당하는 것을 거부한 사람들이 처하게 될 현실이다.[72]

하라리의 생각을 접한 것이 트랜스휴머니즘에 대한 내 첫 경험은 아니다. 몇 년 전에 제파이어 연구소 Zephyr Institute 후원으로 스탠퍼드 대학에서 열린 토론회에서 나는 트랜스휴머니즘이라는 주제에 대해 발언했다. 나는 아픈 사람을 치료하기 위해서가 아니라 건강한 사람을 더 건강하게, 즉 더 크고, 더 빠르고, 더 힘세고, 더 영리하게 만들기 위해 생물의학 기술을 사용하는 '인간 증강'이라는 개념을 비판했다. 이 토론회에는 스탠퍼드 대학의 트랜스휴머니스트 클럽에서 여러 학생들이 참석했다.

우리는 진지하게 토론했고 나는 토론 이후에 이 학생들과 즐겁게 대화를 나누었다. 나는 이 학생들의 상징이 H+(휴머니티 플러스)라는 것을 알았다. 그들은 대단히 명석하고 의욕적이며 진지한 젊은 남녀들로 주로 스탠퍼드 대학 학생들이었다. 이들은 《사이언티픽 아메리칸》*을 구독하는 데 더해 플라톤까지 읽은 학생들이었다. 그들은 진정으로 더 나은 세상을 만들고자 했다. 그들 중에 드러나지 않은 권위주의자가 한두 명 있을 수도 있지만 내가 보기에 그들은 인간을 해킹할 수 있는 권한을 가진 협동조합주의 과두 체제가 세계를 지배하는 것을 용인할 생각은 전혀 없었다.

그럼에도 불구하고 나는 그들이 받아들인 원리에 함축된 의미를 이해하지 못한다는 인상을 받았다. 우리는 일차적 원리와 그 기본 전제는 선택할 수 있지만 일단 선택한 다음에는 논리적 결론에 이르기까지 그것을 따라야 한다. 그렇지 않으면 자신을 속이는 게 된다. 이 학생들은 국외자가 아니라 소속된 문화의 대표자다. 트랜스휴머니즘은 실리콘 밸리와 가장 잘나가는 기술 엘리트들의 상상력에 엄청난 영향을 주고 있다. 트랜스휴머니즘 지지자들 가운데는 옥스퍼드 대학의 철학자 닉 보스트롬Nick Bostrom, 하버드 대학의 유전학자 조지 처치George Church, 작고한 물리학자 스티븐 호킹Stephen Hawking, 기술자이자 발명가인 레이 커즈와일Ray Kurzweil 그리고 다른 저명인사들이 들어 있다.

2018년 하라리가 WEF에서 한 강연을 다시 들어보면 우리는 그

---

* Scientific American: 1845년에 창간한 월간 대중 과학잡지로 아인슈타인과 테슬라도 이 잡지의 필진이었다.

가 데이터를 통제함으로써 엘리트들에 의한 디지털 독재를 가능하게 할 수 있다는 것뿐 아니라 인간을 해킹함으로써 더 급진적인 체제를 가능하게 할 수 있다는 것도 인정하고 있음을 알게 된다. "미래에 엘리트들은 생명 자체를 재설계할 수 있는 능력을 손에 넣을 수도 있다." 다보스의 청중들이 달아오르자 그는 점점 고조되어 절정에 이른다. "이것은 인류 역사상 가장 중요한 혁명일 뿐 아니라 40억 년 전에 생명이 시작된 이후 생물학의 가장 중요한 혁명이 될 것이다." 물론 이것은 매우 대단한 일이다. 왜냐하면 그가 설명하는 대로 수십억 년 동안 생명의 기본 법칙에는 어떤 근본적인 변화도 없었기 때문이다. "40억 년 동안 공룡, 아메바, 토마토, 인간 등 모든 생명체는 자연선택의 법칙과 유기 생화학의 법칙의 지배를 받았다." 하지만 더 이상 그렇지 않다. 그가 설명하는 대로 이 모든 것들이 막 바뀌려 하고 있다.

> 과학은 자연선택에 의한 진화를 지적인 설계에 의한 진화로 대체하고 있다. 구름 위에 있는 어떤 신이 하는 지적 설계가 아니라 우리가 하는 지적 설계, 우리의 클라우드가 하는 지적 설계다. IBM 클라우드, 마이크로소프트 클라우드가 새로운 진화의 동력이다. 그와 동시에 과학은 40억 년 동안 유기 화합물이라는 제한된 영역에 갇혀 있던 생명체를 무기물의 영역으로 진입시킬지 모른다.[73]

여기 첫 번째 문장은 프롤로그에서 인용한 바 있는 19세기 말 우생학이라는 용어를 만든 프랜시스 골턴 경이 말한 우생학의 정의를 그대로 따라 한다. "자연이 맹목적으로 서서히 그리고 인정사정없이 하는 것(자연선택에 의한 진화)을 인간은 신중하고 빨리 그리고 사정을 보아 가며 할 수 있다(우리가 혹은 클라우드 컴퓨팅이 하는 지적 설계에 의한 진화)." 그러나 하라리가 마지막 문장에서 말한 생명체를 무기물의 영역으로 진입시킨다는 것은 무엇을 말하는 것인가?

우리의 두뇌나 마음에(마음이 존재한다고 믿는다면) 있는 정보를 일종의 거대한 컴퓨터 시스템이나 디지털 클라우드 혹은 엄청난 양의 데이터를 저장할 수 있는 다른 기술적 저장장치에 입력시킬 수 있는 날이 언젠가 오리라는 것은 현대 컴퓨터 기술의 초창기부터 트랜스휴머니스트들의 꿈이었다. 인간에 대한 이런 유물론적 관점에서는 그렇게 되고 나면 인간의 신체는 더 이상 필요 없을 것이다. 어쨌든 인체는 결국 우리를 떠나간다. 반드시 먼지로 돌아가고야 마는 유기질 먼지라는 이 필멸의 거추장스러운 껍데기를 떨쳐 버리고 우리는 **영원히 사는** 기술적 수단을 찾을 것이다. 디지털 클라우드나 컴퓨터 본체에서 영생을 누리는 것은 트랜스휴머니스트들의 종말 신학 구성 요소인 디지털 기술을 통한 구원이다.

물론 이런 계획은 물리적으로(그리고 형이상학적으로) 실현 불가능하다. 왜냐하면 인간의 몸과 정신은 불가분의 관계이기 때문이다. 인간의 정신은 기계 속에 들어 있는 유령이 아니며 다른 하드웨어로 옮길 수 있는 소프트웨어도 아니다. 하지만 그런 이야기는 잠시 제쳐 두기로 하고 그 대신 이 종말론적 꿈이 트랜스휴머니스트 운동에 관해 우리에게 말해 주는 것을 생각해 보자. 이 허황된 상상의 날갯짓은 명백히 과학의 영역을 한참 벗어나 있다. 분명히 말해 트랜스휴머니즘은 종교다. 그리고 이 장의 마지막 부분에서 보여 주겠지만 특수한 형태의 신영지주의neo-Gnostic 종교다. 트랜스휴머니즘은 오늘날 학식이 높고, 가진 게 많고, 권력이 강하고, 문화적으로 영향력이 있는 신자들을 끌어들인다. 왜냐하면 그것은 충족되지 못한 깊은 종교적 열망과 갈망을 이용하기 때문이다.

⋮

나는 앞에서 C.S. 루이스의 책 『인간의 폐지』에 나온 우리 시대의 중요성에 대해 언급했다. 루이스는 언젠가 '우주 3부작' 가운데 세 번째 작품인 디스토피아를 다룬 『그 흉악한 힘That Hideous Strength』은 소설 형식의 『인간의 폐지』라고 말했다. 헉슬리의 『멋진 신세계』와 오웰의 『1984』를 읽은 사람이라면 디스토피아를 다룬 소설 장르에서 정당한 평가를 받지 못해 온 작품 『그 흉악한 힘』을 읽으면 좋을 것 같다. 1945년 당시 루이스는 머지않아 유발 하라리와 같은 트랜스휴머니스트들이 나타날 것을 예견했다. 루이스는 소설에 등장하는 인물 가운데 하나인 진지하지만 심각하게 오판하고 있는 필로스트라토Filostrato를 통해 그들의 이데올로기를 훌륭하게 풍자한다.

그 소설에서 한 기술관료 집단이 옥스퍼드나 케임브리지 같은 영국의 목가적인 대학 도시*를 인수하여 즉각 모든 것을 그들이 생각하는 미래에 맞춰 개조하는 작업에 들어간다. 주인공인 마크 스터독은 대학을 떠나 기술관료들이 만든 새로운 연구소로 가게 된다. 마크는 무엇보다 차세대 대형 사업을 이끌고 있는 진보적인 그룹 '핵심 조직inner ring'의 일원이 되기를 원한다. N.I.C.E., 그러니까 국립공동실험 연구소

---

* 소설에서는 에지스토(Edgestow)라는 가상의 지명으로 나온다.

National Institute for Coordinated Experiment에 와서 처음 며칠 동안은 그가 어떤 일을 하는지 알아내려고 하지만 헛수고에 그친다. 마침내 그는 연구소의 활동을 대중에게 알리는 선전 기사를 쓰는 것이 그가 연구소에 근무하며 할 일이라는 것을 알아낸다. 그래도 언론인이 아니라 사회과학자인데, 다소 의기소침해진 그는 어느 날 N.I.C.E. 핵심 조직의 일원인 필로스트라토와 함께 점심을 먹으며 이 과학자의 세계관에 대해 조금 알게 된다.

그때 필로스트라토는 연구소 부지에 있는 너도밤나무를 일부 베어 내고 알루미늄으로 만든 나무로 대체하라고 막 지시를 내린 참이었다. 식탁에 있던 누군가가 너도밤나무를 좋아한다면서 왜 그런 지시를 내렸냐고 묻는다. 필로스트라토가 대답한다. "오 그래요. 나무가 예쁘죠. 그러나 야생은 안 됩니다. 나는 우리 집 정원에 장미는 심지만 들장미는 심지 않아요. 숲에 있는 나무는 잡초입니다." 그가 한번은 페르시아에서 금속으로 만든 나무를 보았는데 "속아 넘어갈 정도로 아주 자연스러웠다"고 설명한다. 그는 금속으로도 완벽한 나무를 만들 수 있다고 생각한다. 그와 대화를 나누던 사람이 금속으로 만든 나무가 진짜 나무와 같을 수는 없을 것이라고 이의를 제기한다. 그러나 과학자는 괘념치 않고 왜 인공 나무가 더 좋은지 설명한다.

"하지만 이점을 생각해 보세요! 나무가 한 장소에 있으면 싫증이 날 수 있지요. 두 사람이면 원하는 곳으로 옮길 수 있습니다. 그리고 절대 죽지 않지요. 낙엽이 지지도 않고 새들이 둥지를 틀지도 않습니다. 지저분하지 않아요."
"호기심에서 한두 그루는 재미있을 수도 있겠지요."

"왜 한두 그룹니까? 지금 당장은 대기를 위해서 숲이 있어야 합니다. 지금 화학적인 대체제를 찾고 있습니다. 그렇게 되면 왜 천연 나무가 필요합니까? 나는 지구 전체에 인공 나무만 심는 것을 생각하고 있습니다. 사실 우리는 지구를 청소하는 겁니다."

그러면 초목이 전혀 없게 된다는 것을 의미하느냐는 질문을 받고 그는 "그렇습니다. 얼굴 면도를 하시죠. 영국에서도 매일 면도하는 것이 유행이죠. 언젠가 우리는 지구를 면도할 것입니다"라고 대답한다. 누군가가 그러면 새들이 어떻게 될지 궁금해한다. 필로스트라토는 새들을 위한 계획도 있다. "새들이 필요 없을 겁니다. 인공 나무에는 집 안에서 스위치를 누르면 노래하는 인공 새들만 살게 될 겁니다. 새들이 노래하는 게 싫으면 스위치를 끄면 됩니다. 좋아지는 것을 생각해 보세요. 깃털도 떨어지지 않고, 둥지도 없고, 알도 없고, 먼지도 없습니다."

마크는 이런 얘기들이 마치 모든 유기적 생명체를 거의 다 없애겠다는 것으로 들린다고 응수한다. 필로스트라토가 "왜 안 됩니까?"라고 반문한다. "위생적이잖아요." 그리고 나서 우리는 유발 하라리의 표현을 연상시키는 필로스트라토의 열광적인 장광설을 듣는다. 다보스의 세계경제포럼 연례 회의에서 했더라면 딱 맞았을 것이다.

내 얘기 좀 들어 보세요. 여러분들이 썩은 물건을 집어 들었을 때 유기물 생명체가 거기 기어 다니는 걸 보면 이렇게 말하지 않습니까? "오, 이런 징그러운 것. 살아 있네." 그런 다음 그것을 떨어뜨릴 겁니다. 그리고 특히 영국인 당신은 당신의 신체를 제외하고는 유기물 생명체에 적대적이지 않은가요? 당신은 그것을 참지 못해 매일 목욕하게 됐지요. 더러운 먼지를 뭐라고 부릅니까? 그건 정확히 말해 유기물 아닙니까? 광물질은 깨끗한 먼지입니다. 그러나 정말 더러운 것은 땀, 침, 배설물같이 생물에서 나오는 것입니다. 청결함에 대한 당신의 관념 전체가 그 대표적인 예가 아닐까요? 불결함과 생명체는 호환성이 있는 의미입니다. 어쨌든 우리 스스로가 생명체입니다.

저는 유기적 생명체가 우리 안에 마음을 만들었다는 걸 인정합니다. 그것은 할 만큼 했습니다. 그다음에는 우리는 더 이상 유기적 생명체를 필요로 하지 않습니다. 우리는 세상이 더 이상 당신이 푸른곰팡이라고 부르는 것과 같은 유기적 생명체, 즉 발생하고 성장하고 번식하고 퇴락하는 것들로 뒤덮이길 원치 않습니다. 우리는 그것들을 제거해야 합니다. 물론 조금씩 조금씩. 우리는 서서히 배웁니다. 어떻게 몸 없이 머리를 살릴 수 있을지 배웁니다. 우리의 몸을 화학물질로 만드는 방법을 배웁니다. 더 이상 몸에 죽은 짐승과 풀을 먹일 필요가 없습니다. 교미하지 않고 우리 자신을 복제하는 방법을 배웁니다.[74]

누군가가 마지막 부분처럼 된다면 재미없겠다고 끼어들었다. 그러자 필로스트라토가 대답한다. "친구여, 그대는 이미 재미를 출산력에서 분리했어. 금방 그대가 말했다시피 말이야. 재미 자체가 사라지기 시작하는 거야. 자연 스스로 시대착오를 던져 버리기 시작한 거라고. 자연이 그걸 내던져 버렸을 때 그때 진정한 문명이 가능해지지."[75]

실존 인물인 하라리와 소설 속의 인물 필로스트라토 둘 다 인간이 유기적 생명체로서의 지저분한 일에서 벗어나 우리의 육체적 존재를 불임의 무기질로 이입시킬 수 있다는 생각을 받아들이고 찬미하는 사람이다. 우리는 두 인물을 통해 지구 전체를 손소독제로 표백하려는 인간을 발견한다. 팬데믹 동안 우리가 사는 환경을 철저히 살균하고 소독하려고 노력하는 가운데 우리는 부지불식간에 조금씩 밀려 필로스트라토가 꿈꾸는 방향으로 너무 많이 와 버린 것은 아닌가?

유기물은 살아 있고 무기물은 죽어 있다. 나로서는 트랜스휴머니스트의 꿈은 궁극적으로 죽음의 철학이라고 결론 내릴 수밖에 없다. 그러나 우리는 그것이 오늘날 많은 엘리트 사이에 영향력 있는 철학이 되었다는 것을 인정해야만 한다. 어떤 형태로든 우리는 팬데믹 동안에 대규모로 통합된 위생 감시와 기술 적용을 통해 우리가 사는 환경에서 병균을 제거하고 세상을 완전히 문질러 깨끗하게 씻어 낼 수 있다는 생각에 현혹되었다.

히포크라테스 의술 대 테크노크라트 의술

트랜스휴머니스트의 프로메테우스적 꿈속으로 아찔한 비행을 마친 다음 우리를 태운 풍선은 하라리 교수가 있는 성층권에서 다시 지구로 그리고 핵심적인 생명공학적 개발로 내려올 수 있다. 우리의 기술관료들 가운데 다수는 공중보건 정책과 코비드 팬데믹을 완화하는 관련 기술의 실패에 괘념치 않는 것으로 보인다. 예를 들어 화이자와 모더나의 mRNA 백신을 생각해 보라. 인간을 대상으로 한 대규모의 첫 번째 실험에서 이 기술은 얼마나 성공적이었던가?

많은 통계를 둘러싼 논란을 쾌도난마식으로 해결하는 유용한 계량적 지표가 전 원인 사망률all-cause mortality이다. 어떤 사람이 **코비드에 걸린 상태**로 죽었는지 아니면 **코비드 때문**에 죽었는지, 이 치사율이 백신의 부작용 때문인지 혹은 무작위적 시간의 일치인지, 사망의 원인을 놓고 견해가 다를 수 있다. 하지만 사망자의 숫자를 놓고는 다툼이 있을 수 없다. 사망진단서는 조작하기 어렵다. 의학 전문지《랜싯》에 게재될 예정으로 최근에 발표된 한 논문은 mRNA 백신이 전 원인 사망률을 낮추는 데 도움이 되지 않았다는 사실을 밝혀냈다.[76]

게다가 생명보험 회사들이 제공한 연령층별 데이터뿐 아니라 CDC 데이터에도 2021년 집단 백신 접종 캠페인 기간에 생산연령 인구 (18세에서 64세까지)의 전 원인 사망률이 이전 5년 기준치와 비교할 때 40퍼센트 상승한 것으로 나타났다. 이것이 갖는 의미를 알려주기 위해 보험계리사들은 전 원인 사망률이 10퍼센트 상승하는 것은 200년에 한 번꼴로 나타날 수 있는 대참사라고 말한다. 미국에서는 제2차 세계대전 때도 이런 정도의 전 원인 사망률 급증 현상이 나타나지 않았다. 연령층을 더 세분하면 집단 백신 접종 캠페인이 벌어지던 2021년 3/4분기 생명보험 수급 사망률은 더욱더 놀랄 정도로 상승한 중장년 성인 연령층의 초과 사망률 통계를 보여 준다(25~34세 81퍼센트 증가, 35~44세 117퍼센트 증가, 45~54세 108퍼센트 증가, 55~64세 70퍼센트 증가).[77]

이러한 초과 사망의 대부분은 코비드 때문이 아니었다. 락다운 동안에 건강검진이나 진료를 받을 수 없었던 탓도 아니었다. 대장 내시경 검사를 못 했다고 해서 그다음 해에 대장암으로 죽는 것은 아니다. 앞으로 10년에서 20년 사이에 암으로 죽을 위험성이 약간 높아졌다는 것뿐이다. 마찬가지로 당뇨병이 있는데 일 년 동안 정기적인 1차 진료를 받지 못해 그 결과 몇 달 동안 혈당 조절을 제대로 못 했을 수도 있다. 그렇다고 해서 일 년 뒤에 죽는 것은 아니고 훨씬 더 세월이 흘러 당뇨 합병증이 생길 위험성이 좀 높아졌다는 것뿐이다. 청장년층의 사망률에 지대한 영향을 준 그 밖의 다른 요인, 뭔가 돌발적이고 중대한 일이 2021년에 있었다.

미국의 공중보건 기관들은 이런 참사를 조사하는 데 관심을 보이지 않았다. 이런 완전한 무관심은 그들의 우선순위를 보여 주는 지표다. 하지만 나는 관심을 가진 다른 의사, 과학자 들과 함께 백신 안전성과 이런 극적인 사망률 증가의 다른 잠재적 원인을 찾으려고 애쓰는 보험업계 임원들 및 조사 담당자들과 공동으로 조사를 시작했다. 그러나 백신의 해악 여부와 무관하게 mRNA 백신이 인구집단 전체의 사망률을 낮추는 데 도움이 되지 않은 것은 분명하다. (연령층별 분석에서 노인층의 사망률이 낮아지고 청년층의 사망률은 높아져 상쇄된 것으로 나타날 수도 있지만 판단하기는 아직 이르다. 현재 확보된 데이터를 내가 검토한 바로는 특정 인구집단에서의 긍정적인 효과는 짧게 지속되었다가 장기적인 문제들로 인해 상쇄될 것으로 보인다.)

우리는 mRNA 백신이 우리의 DNA를 바꾸지 않을 것이라는 보건 기관의 말을 들을 때마다 안심했다. 다년간에 걸쳐 널리 알려진 유전학의 정설은 DNA가 단백질로 변형되는 RNA로 전사된다는 것이다. 화살표는 이런 방향으로만 움직였다. 아니 우리는 그렇게 생각했다. 그러나 이제 우리는 HIV 바이러스에서 발견된 메커니즘은 역전사효소reverse transcriptase 같은 효소로 인하여 때에 따라 방향이 반대로 바뀔 수도 있다고 알고 있다. 최근 연구에서는 코비드 백신의 mRNA가 실험실에서(체외) 인간 간세포의 DNA에 삽입된 것을 발견했다.[78] 이 발견은 동물실험(체내)에서 재현되어야 하겠지만, 이 연구에 따르면 이러한 백신이 우리의 DNA를 변형시킬 수 없다고 장담하는 것은 섣부를 수도 있다. 우리는 이런 기술을 경험하면서 일단 시행하고 정당성은 나중에 따지는 것을 배우고 있다.

집단 접종 초기에 나타난 mRNA 기반 백신의 석연찮은 성과에도 불구하고 열성적인 지지자들은 굴하지 않았다. 이 백신을 지지하는 사람들에 따르면 이것은 단지 이러한 유전적 치료(CDC가 작년에 이런 제품들을 보급하기 위해 백신의 개념을 재정의했음에도 이런 백신에 백신이라는 이름을 붙이는 것은 더 이상 적절치 않다)를 위한 초기 단계 실험에 불과하다. 저명한 mRNA 기술 옹호자인 제이미 메츨Jamie Metzl은 인상적인 경력을 가지고 있다. 그의 인물 소개에 따르면 메츨은 '손꼽히는 기술 미래학자이자' WHO의 인간 게놈 편집 국제위원회의 위원이다.[79] 그는 제목만으로도 유발 하라리와 그 지지자들을 열광시켰을 게 분명한『해킹 다윈: 유전공학과 인간의 미래Hacking Darwin: Genetic Engineering and the Future of Humanity』를 비롯해 다섯 권의 책을 썼다. 메츨은 이전에 국가안보회의와 UN에서 근무한 경력이 있다.

그는 최근「기적 같은 mRNA 백신은 겨우 시작일 뿐이다」라는 mRNA 기술의 미래에 대한 글을《뉴스위크》에 기고했다. 메츨은 이런 백신들이 "유전자 혁명이라는 놀랄 만한 기술이 향후 몇 년 동안 우리의 보건 서비스와 세상을 어떻게 바꿔 놓을지 그 초기 모습을" 보여 준다고 주장한다. 그는 우리는 이제 우리의 DNA를 해킹하는 능력을 보유하고 있으며 "새로운 백신은 이러한 '조물주와 같은 기술'의 완벽한 초기 사례"라고 말한다. 이것은 내가 아니라 그가 하는 말이다. 메츨은 "백신은 본질적으로 자연면역 반응을 일으키게 하는 이물질을 생산하는 개인 맞춤형 제조 공장으로 우리 몸을 개조한다"고 설명한다.

가능성은 무한하다고 그는 목소리를 높인다. "이런 방법은 조만간 예방접종보다 훨씬 건강을 증진할 뿐 아니라 암과 다른 질병을 치료할 완전히 새로운 기술적 기반을 만들 것이다." 이러한 변화는 팬데믹 이전부터 착실히 진행되어 왔지만 코비드는 "유전자 혁명을 가속화해 조만간 우리의 삶에 이전보다 깊숙이 개입할 것이다." 이 혁명은 농업, 공업 그리고 의학에 엄청난 발전을 가져올 뿐 아니라 "하나의 종으로서 인간이 진화해 나아갈 궤도를 다시 구성할 것이다."[80] 생명윤리학자인 레온 카스Leon Kass가 일찍이 유전자 변형 프로젝트를 압축해 말했듯이 "인간 본성이 이제 수술대 위에 누워 있다."[81]

메츨은 약간의 위험 요소가 있다는 것을 인정한다. 그는 생태계 전체를 파괴하고, 인간을 대상으로 비윤리적인 위험한 실험을 하고, 차별적 관행을 강화하고, 불평등을 악화시키고, 인류의 파멸을 획책할 가능성을 구체적으로 언급한다. 그러나 하라리와 같이 그는 잠재적 이익을 얻으려면 이런 위험은 무릅쓸 만하다고 생각한다. 그의 말을 그대로 옮기면, "이런 위험 요소들이 있다는 것을 알았다고 해서 우리가 전진하는 것을 가로막아서는 안 될 것이다." 아마 전진한다고 하는 동사는 적절치 않을지 모르지만 WHO의 유전자 편집 자문위원인 메츨은 이런 의제에 대해 누구보다 열정적이다.

가상하게도 그는 이런 충고를 하는데 나도 거기에는 동의한다. "소수의 전문가와 관료에게 맡겨 두기에는 인류와 세계의 미래는 너무 중요하다. 우리 각자는 이 중요한 문제를 공부할 책임이 있다. …… 우리 모두는 정보를 제공받고 권한을 부여받은 시민이 되어 각급 지도자들에게 책임을 물어야 한다."[82] 이것이야말로 내가 이 책을 쓴 이유 가운데 하나다. 하지만 메츨이, 민주적 참여 과정이 유전공학의 용도를 어떻게 규정할 것이라고 믿는지 분명하지 않다.

유전자 편집에 대한 본격적인 탐색은 이 책이 다루고자 하는 내용이 아니다. 우선은 생명공학의 용도에 영향을 미치는 근본적인 문제를 들여다보는 하나의 창으로 mRNA 백신을 간략히 알아보고자 한다. 이러한 논의는 '생물의학 보안국가'를 떠받치고 있는 철학적 전제를 더 정확히 이해하는 데 도움이 될 것이다. 나는 작년에 함께 토론에 참여했던 명석한 젊은 학자 스테파노 자마니Stefano Zamagni에게 신세를 졌다. 왜냐하면 이 책에서 전달할 그의 통찰의 일부가 mRNA 백신 그리고 그와 유사한 유전공학에 대해 나 스스로 생각해 볼 기회를 주었기 때문이다.

코비드는 기술의 시대, 과학이 승리한 시대에 등장한 첫 번째 팬데믹이었다. 이 병원체의 등장으로 우리는 갑작스럽게 우리가 제어할 수 없는 어떤 것과 맞닥뜨리게 되었다. 이런 상황은 인간이 이미 자연의 조화를 지배할 수 있는 기술을 성취했다는 생각에 익숙해진 사람들에게 특히 무서운 전망을 갖게 했다. 거칠고 광활한 자연에 대한 기술적 통제를 주장하는 개념은 명백한 운명* 이라는 사상이 보여 주듯이 미국인의 정신에 깊이 뿌리박고 있다. 우리가 대중적 철학public philosophy을 가지고 있다면 실용주의는 미국 철학의 기본이다. 실용주의는 힘에 대한 숭배, 자연계를 지배하는 산업의 힘을 추구한다.[83]

2020년에 팬데믹을 논평한 사람들 가운데 일부는 코비드는 우리가 자랑하던 과학기술의 실패, 아니면 최소한 좌절을 나타낸다고 말했다. 과학주의의 오만이 새로운 바이러스의 파상공세에 맥없이 무너

---

*   manifest destiny: 이주한 유럽인들이 북미대륙 전체를 지배할 것이라는 텍사스 합병 당시 등장한 문화적 신념으로 미국 영토 확장의 명분이 되었다.

지는 것으로 보였다. 많은 사람이 코비드로 인해 우리가 자연을 완전히 통제하는 것이 아니라 여전히 자연에 취약하고 의존적임을 인정할 수밖에 없게 되었다고 생각한다. 그러나 자마니는 그 반대라고 주장한다.

전면적인 락다운을 실시하기로 한 결정은 과학의 패배를 나타내는 조짐이 아니라 완전히 그 반대다. 그것은 어떤 심각한 문제에 직면했을 때 과학만이 깨치고 나아갈 길을 열어 줄 수 있다는 일반적인 추정에 서광을 비춰 준다. 과학이 (한때 일시적으로) 어려움에 처했을 때는 모든 공적 활동을 중단하고 과학기술이 자체적으로 발전하여 다시 삶을 회복하는 데 필요한 조건을 만들어 줄 때까지 기다리는 것밖에는 그야말로 다른 가능성이 있을 수 없었다. 백신 접종에 앞서 내려진 락다운은, 그렇다면 인간의 삶은 새로운 발명을 통해 끊임없이 새로워지는 조건에 적응하는 인간의 능력에 의해 결정된다는 과학주의적이고 실용주의적(철학적) 인류학의 승리다.[84]

과학은 일시적으로 코비드라는 호적수를 만났지만 기술의 힘에 대한 우리의 절대적인 숭배는 여전히 계속되었다. 과학주의 이데올로기는 팬데믹에 대한 우리의 총체적인 대응을 주도하며 꿋꿋하게 앞으로 나아갔다. 자마니가 설명하듯이 "우리는 과학주의와 기술관료주의로 이루어진 바다에서 헤엄치고 있다. 그게 너무 당연한 듯 여겨져서 인간 존재를 다른 방식으로 규정하는 가능성은 거의 생각할 수 없다." 그는 계속해서 기술관료주의적 실용주의의 관점에서 "전염병이 도는 시기에 특별한 방법으로 다루어야 할 질병과 죽음은 '대처해야 할 현실'이 아니라 '해결해야 할 문제'라고 말했다."[85] 팬데믹에 대한 유일한 현실적 해결책으로서 락다운과 강제적 집단 백신 접종을 공언한 것은 처음부터 과학적이 아니라 이데올로기적이었다. 과학적 증거들은 이런 계획이 팬데믹 관리 측면에서 실패했다는 것을 보여 준다. 그러나 우리는 이런 전략을 추동한 환상에 계속 집착하고 있다.

히포크라테스의 전통 의학은 인간의 몸을 건강과 치유의 근본적 주체로 본다. 몸은 자연스럽게 인간의 건강과 번성을 지향하는 유기적으로 통합된 완전체다. 하지만 몸은 이러한 목표를 실현하는 과정에서 질병과 부상이라는 위협적인 존재와 장애물을 만난다. 의학의 일차적인 역할은 이러한 장애물을 제거해 몸이 스스로 치유할 수 있도록 하는 것이다. 외과 의사는 사실 외과적 상처를 '완치'하는 것이 아니다. 외과 의사는 몸이 치유할 수 있도록 조직을 봉합할 뿐이다. 왜냐하면 몸은 원래 건강과 완전함을 지향하기 때문에 몸 자신이 치유의 대부분을 수행한다.

마찬가지로 항생제만으로는 몸의 전염병을 치료할 수 없다. 항생제는 몸 자체의 면역체계가 병원균을 박멸하는 데 충분하도록 감염으로 인한 몸의 부담을 덜어 줄 뿐이다. 이런 이유로, 예를 들면 말기 에이즈 환자같이 면역체계가 심각하게 손상된 사람들에게 항생제는 전혀 소용이 없다. 이런 예를 봐도 몸은 역시 치료의 일차적 주체다. 좋은 약은 몸을 도와주는 보조 수단으로 종속적 역할을 한다. 히포크라테스 의학에서는 자연이 건강의 기준이다.

재래식 백신은 감염시키거나 복제를 할 수 없는 바이러스의 일부 혹은 비활성 바이러스를 주입하여 면역체계가 변형된 병원체에게 면역 반응을 하도록 자극하는 기능을 한다. 그렇게 하면 진짜 바이러스를 만났을 때 더 효과적으로 병원체를 제거하도록 몸을 만들어 준다. 제대로 된 의학에서는 물론 특정 백신의 안전성과 효과에 대한 엄격한 시험이 필수적이다. 그러나 하나의 일반적인 원리로 재래식 백신은 병에 걸리게 하지 않으면서도 몸이 가능한 한 감염을 통해 형성된 자연면역 기능을 최대한 따라 하도록 도와주는 것을 목표로 한다. 이런 방식에서는 정상적으로 기능하는 몸은 백신의 효력을 보지만 여전히 치료의 주체가 된다. 의학적 치료는 몸을 완전히 외부에서 조정하는 수동적인 객체로 취급하지 않고 몸 자체의 면역체계를 촉진하고 확대한다.

mRNA 백신은 이러한 히포크라테스 의학의 방법론과는 동떨어졌다고 할 수 있을 정도로 근본적으로 다르다. 자마니는 "이 특별한 백신은 다름 아닌 기술적 고안물이다. 따라서 인간에 관한 기술관료적 이해를 바탕으로 한다"고 주장한다.[86] 그가 주장하는 바는 이렇다. 재래식 백신과는 달리 mRNA 치료법은 세포생물학을 이용하여 우리 몸의 '기전'을 새로운 목적에 맞게, 이 경우에는 나중에 우리 몸의 세포에 형질로 나타나는 바이러스의 스파이크 단백질 생성에 맞게 재조정하는 지휘 및 통제 메커니즘을 활용한다. 이러한 과정은 건강한 인체의 자연스러운 작용과는 아무런 관계가 없다.

mRNA 백신들은 어떤 치료 효과를 내도록 고안되었든지 간에 자마니의 표현으로 "무리하고 조작적인 방식으로 인체에 작용함으로써" 효과를 냈다. 이러한 기술적 고안물과 인체와의 관계는 **권력 관계**이지 **협력 관계**가 아니다. mRNA 기술은 인체의 자연스러운 목표나 본질적인 목적에 도움이 되지 않는다는 점에서 재래식 백신이 했던 것과 다를 수밖에 없다. mRNA를 이용한 백신은 인체를 도구화하여 외부로부터 기능과 목적을 부여한다. 인체의 선천적 면역 기능이 도움을 받거나 촉진되는 것이 아니라 이러한 기술이 우리의 세포 기전을 외부에서 조작함으로써 "이전과는 판이하게 근본적으로 달라진다."

자마니는 이러한 변화가 가져올 몇 가지 영향을 설명한다. 자연면역의 배제가 필수적인 것인 양 합법적 범주로서 다루는 것에 대해서도 말한다.

(mRNA) 백신은 인체에 따라 달라지지 않는다. 이런 경우 백신이 인체의 '자가면역' 능력의 확장이라면 그것은 하나의 '면역 기구'로 규정될 수 있을 것이다. 반대의 경우에는 자연면역의 획득이 배제되고 심지어는 완전히 무시되어 인체는 백신에 의해 (기전이) 달라지고 인체 자체로 작용하지 않고 '백신을 맞아야'만 작용하는 것으로 규정된다. 적어도 미국에서 이루어지는 정치적인 토론에서는 수백만 명의 '자연면역을 얻은' 사람들이 있다는 것이 무시되는 경향이 있다. 백신만이 '치료에 도움이 된다'고 인정받고 있다.[87]

공중보건 정책에서 자연면역을 인정해 달라고 요구하는 캘리포니아 대학을 상대로 한 소송은 과학에 대한 허접한 해석일 뿐 아니라 저열한 의료 철학에 대한 도전이다. 백신 효과가 급속히 떨어지기 때문에 거듭된 추가접종이 필요한 mRNA 백신 프로그램은 인간을 일 년에 두세 차례 소프트웨어를 업데이트해야 기능을 유지하는 단순한 하드웨어로 보는 기계론적 관점을 보여 준다. 사실 이런 기술이 빌 게이츠 같은 인물에 의해 추진된 것은 우연이 아니다. 그는 생물학적 바이러스를 적절한 바이러스 퇴치용 mRNA '소프트웨어'로 막을 수 있는, 말 그대로 컴퓨터 바이러스와 같다고 생각한다. 지나치게 컴퓨터에 빠진 사람들은 '컴퓨터 바이러스'가 단순히 느슨한 은유에 불과하며 디지털과 생물학적 이 두 가지 형태의 바이러스는 같은 게 하나도 없다는 것을 깨닫지 못하는 것 같다.

과학주의의 기계론적이고 기술적인 이데올로기에서 고유한 자체 목적을 가진 유기체의 적절한 기능으로 규정되는 **인간 본성 같은 것은 없다.** 인체는 수동적인 물질, 살아 있어도 죽은 것이나 다름없는 활성이 없는 원료다. 트랜스휴머니스트들은 최소한 이러한 생명철학의 논리적 결론을 장황하게 이야기한 공로를 인정받을 수는 있다. 더 깨끗하고 덜 지저분한 인간 의식의 무기질 회로기판을 위해 인체는 결국 폐기될 수 있다.

기술관료적 사고방식을 가진 사람들에게 자체의 선천적 능력의 도움을 받아 유지해야 하는 통합된 완전체로서의 건강한 인체는 더 이상 의학의 기준점이 아니다. 의학의 기준점은 밖에서 기술적으로 생기를 불어넣고 정기적으로 업데이트해야 하는 문자 그대로 시체 혹은 병든 몸이다. 이런 관념에서 인체는 그 자체로 형태가 없다. 그것은 단지 외부에서 내키는 대로 사용하고 변경할 수 있는 개별적 생리 기능을 담아 놓은 주머니에 불과하다.

그렇다면 오늘날 기술관료들이 인간의 몸을 '해킹'하여 원하는 형태로 만들 수 있다고 생각하는 것은 전혀 이상하지 않다. 이런 관점에서 보면 인체의 생리학적 하드웨어는 설계된 소프트웨어가 명령하는 대로 무엇이든 할 수 있다. 이론적으로는 인체에 맞는 전체 운영 코드를 처음부터 끝까지 프로그램으로 입력할 수 있다. 인체 그리고 인격체는 더 이상 주체가 아니라 객체이며 외부에서 조작할 수 있는 원료다. 인간 개개인의 고유한 주체성, 각자의 내재성은 사라진다. 델 노체의 표현에 따르면 "과학기술이 지배하는 세계 특유의 완벽성이 끊임없이 몰개성화를 완성해 나간다."**88**

　이러한 현상은 인간의 자기 인식에 중대한 영향을 끼쳤다. 예를 들어 팬데믹 동안 우리의 사고가 전도된 것들 가운데 하나만 생각해 보자. 사람들은 병들었다고 판명되기 전까지는 건강하다고 간주되었다. 여러 날 동안 출근하지 못한다면 의사들의 소견서가 필요했다. 그러나 팬데믹 동안에는 건강하다고 판명되기 전까지는 병든 것으로 간주되었다. 무증상 상태에서도 출근, 여행, 모임 등을 위해서는 어디를 가나 끝도 없는 검사를 받아야 했다. 주사 형태로 업데이트된 최신판 mRNA 소프트웨어를 내려받기 전까지 각자의 면역체계는 기능부전으로 여겨졌다.

기계 속의 유령

　mRNA 개입을 떠받치고 있는 건강과 인체에 대한 과학주의적 기술관료의 사고는 트랜스휴머니스트적 인간관과 일치한다. 후자는 우리가 질병뿐 아니라 인간의 고난과 시련조차 없애게 될 것을 약속한다. 우리가 유전자 개입과 그것의 무한한 자기결정 능력을 전적으로 받아들인다는 조건에서. 내가 이미 시사했듯이 트랜스휴머니즘은 과학과 과학의 이용에 대한 사상이 아니라 종교다. 수직적으로 영원으로의 구원이 아니라 수평적으로 미래로의 구원을 약속하는 종교다. 실제로 그것은 고대 영지주의 종교들을 기술적으로 업데이트한 독특한 형태의 종교다.

　영지주의는 기독교 초기 몇백 년 동안 가톨릭교회의 주요 경쟁 상대였던 종교적 사상의 한 형태였다. 고대에 널리 퍼졌던 다양한 영지주의 종교들은 인체를 비롯 물질계에 대한 경멸을 공통적인 요소로 가지고 있었다. 십자가에 못 박힌 그리스도의 구원을 위한 고통이라는 교리에 뿌리를 둔 금욕적 성향에도 불구하고 기독교는 물질계나 인체를 경멸할 수 없었다. 창조와 사람의 아들로 태어난 그리스도라는 교리는 그러한 선택으로부터 지켜 주는 성채였다.

이와는 대조적으로 영지주의자들에게는 영적 세계만이 선하고 신이 창조한 것이었다. 그들은 물질계를 사악한 신이 만든 것으로 보았다. 질서정연한 물질계, 즉 자연과학이 탐구한 세계는 인간 해방을 가로막는 방해물이었다. 영지주의 사상의 핵심 요소는 델 노체가 설명하듯 물질적 현실에 각인된 우주적 질서라는 개념에 대한 저항이다.

> 영지주의자들은 세상에 질서가 있다는 것을 부정하지 않는다. 그들은 세상을 아름답게 보는 것이 아니라 혐오스러운 것으로 본다. 그들은 우주가 혼란스럽다고 말하는 게 아니라 엄격하며 적대적인 질서, 폭압적이고 잔인한 법칙이 지배한다고 말한다. 그들의 신은 세상 저편 밖에 있는 것이 아니라 세상을 적대시하고 있다. 이것이 바로 그들이 기독교에서 떨어져 나간 이유다. 도덕적 반란은 형이상학적 반란을 의미한다. 따라서 영지주의적 입장은 윤리를 망각하고 존재에 대한 존중과 객관적 규범에 대한 믿음을 거부한다. 이러한 거부는 공통된 뿌리를 갖는 두 개의 상반된 태도[고대 영지주의자들에서 볼 수 있는], 즉 실재reality를 신성모독하는 방종적 자유사상libertinism*과 그 자유사상을 극단적으로 거부하는 금욕주의가 뻗어 나온 하나의 뿌리다.[89]

마지막 문장은 다양한 영지주의 종파에서 나타나는 인체를 보는 두 가지 성향의 관점을 지칭한다. 어떤 종파들은 음식, 술, 섹스에 대해 극단적인 금욕주의를 택해 육체와 육체의 능력을 거부하는 길로 나아간다. 다른 종파들은 이런 문제에서 극도로 자유분방하여 육체를 망치는 길로 나아간다. 이 두 가지 극단적 태도는 언뜻 보면 상반되는 것으로 보이지만 인간의 번성을 지향하는 질서정연한 유기적 완전체로서의 인체에 대한 근본적인 경멸을 바탕으로 한다는 점에서 둘 다 똑같다. 극단적인 금욕주의와 극단적인 방종주의는 둘 다 인체를 인간의 구성 요소가 아니라 하나의 도구로 간주한다. 영지주의자들이 볼 때 우리는 영혼이 있는 육체가 아니라 기계 속에 숨어 있는 유령이다. 그리고 이 기계, 즉 인간의 육체는 없어도 되는 것이다.

영지주의자들이 믿는 것처럼 물질을 창조하는 것이 인간 해방에 적대적인 신이 하는 일이라면 인간 존재가 신의 형상으로 만들어졌다는 생각은 말이 안 된다. 기존 질서에 대한 무조건적 거부와 폄훼 그리고 전면적인 반항은 본질적으로 가혹한 세상에서 인간을 해방한다는 명분으로 정당화된다. 이러한 반항은 역사의 연속성을 단절할 수 있는 형태의 폭력을 요구한다. 전체주의자와 트랜스휴머니스트들 사이에서 나타난 분열적 언어와 역사적 불연속성을 상기해 보자. 우리가 이전 세기 전체주의에서 보았듯이 미래는 더 이상 과거의 성취를 인정하는 것이 아니라 그것을 완전히 부정한다. 트랜스휴머니스트들은 마치 성직자들처럼 40억 년 전 생명체가 등장한 이래 한 번도 보지 못했던 변화

---

*   libertinism은 '자유주의'로도 번역하지만 그럴 경우 liberalism으로 오해될 여지도 있어서 '방종적 자유사상'으로 번역하였다.

로 완전히 새로운 시대가 다가왔다고 설교한다.

기독교에서는 원칙적으로 지위나 능력에 무관하게 모든 사람이 구원받을 수 있지만 영지주의는 소수의 선택된 엘리트만이 깊은 신비를 전수하여 이들만이 세상의 가장 심오한 진리를 공유한다고 단정한다. 오늘날의 신영지주의 학자들 역시 마찬가지로 엘리트만이 역사의 방향을 알고 있으며 대중을 이끌어 나아갈 만큼 깨어 있다고 생각한다. 초기 기독교 지지자들도 인정한 고대의 플라톤적 관점에서 보면 원칙적으로 모든 사람은 양심을 통해 옳고 그름을 알 수 있다. 양심의 빛은 보편적으로 공유하고 있는 합리성과 관계된다. 이것이 우주를 지배하고 우리를 선으로 이끄는 로고스와의 접점이다. 이러한 플라톤적 교리는 고대 아리스토텔레스와 플로티노스*에서 19세기와 20세기 로스미니**와 셸러***에 이르기까지 고대, 중세 그리고 현대 철학의 핵심적인 사조를 관류하며 여러 가지 형태로 면면히 이어졌다.

이와는 대조적으로 영지주의적 관점에서 윤리의 원천인 역사의 방향은 합리적 설득의 대상이 될 수 없다. 이러한 세계관은 정치적, 지적 엘리트 계급을 계몽되지 않은 대중과 분리할 수밖에 없다. 비밀을 전수한 영지주의자들은 역사의 진행 방향을 들여다볼 수 있는 특별한 예지력을 갖는다. 그런 반면 대중은 선전에 좌우될 수 있을 뿐이다. 아무튼 우리가 첫 번째 장에서 보았듯이 언어와 이성이 공통적인 유산이 아니라 도구에 불과하다면 대중의 이성에 호소하는 것은 의미가 없다.

---

*   Plotinus: 로마시대 이집트에서 태어난 그리스 철학자로 신플라톤학파의 창시자로 여겨진다.
**   Antonio Rosmini: 이탈리아의 가톨릭 사제이자 철학자.
*** Max Scheler: 현상학적 방법론에서 두각을 나타낸 독일 철학자.

엘리트들이 펼치는 선전은 선, 정의, 평화, 민주주의, 연대 등 전통적인 도덕 용어를 이용할 수도 있다. 그러나 그런 말들은 근본적으로 의미가 없다. 언어는 권력의 도구이지 진실을 전달하는 수단이 아니다. 이 체제에는 언어의 왜곡이 내재한다. 신어Newspeak는 필연적이다.

델 노체는 고대 영지주의 종교들이 '과학적'이라고 주장하며 20세기에 다시 부상했다고 보았다. 대부분 사람들은 순수한 허무주의적 무신론에 의지해 살아가는 게 어렵기 때문에 다양한 신영지주의적 종교에서 대안을 찾는 경향을 보인다. 과학주의 그리고 이와 연관된 기술주의적 세계관은 이렇게 낡은 종교체계에 기술이라는 새로운 옷을 입힌 것이다. 뉴에이지 운동에서 젠더 이론에 이르는 현대의 다른 사조는 그 본질에서 영지주의와 유사하다. 오늘날 트랜스휴머니스트적 신영지주의자들은 고대의 영지주의자들과 마찬가지로 자신들을 근본적으로 재창조하기 위해 자신의 기술력을 충분히 활용하면 이 고통스러운 물질적 체제에서 벗어날 수 있다고 생각한다. 목표는 근본적으로 새로운 자기 창조를 위해 어떤 형태의 의존도 철저히 거부하는 것이다.

그러나 기술이 개입하여 육체로 구체화된 인간 존재라는 제약과 기정사실에서 벗어나도록 하는 것은 해방이 아닌 결과를 가져올 수도 있다. 지난 몇 년 동안 이러한 프로그램에서 이루어진 초기 실험은 이러한 미래상이 환상이며 결국 디스토피아적 악몽으로 끝날 수도 있음을 시사한다. 의학과 생명공학의 히포크라테스 패러다임이 인간적이며 건강과 인류 번영에 도움이 된다는 것은 오랜 경험을 통해 알 수 있다. 팬데믹으로 겪은 최근의 경험은 기계적 과학주의에 기반을 두고 신영지주의적 유토피아를 꿈꾸는 기술주의 패러다임이 대단히 비인간적이라는 것을 말해 준다.

'생물의학 보안국가'는 의학과 생명공학에서 히포크라테스 패러다임이 아니라 기술주의 패러다임을 편하게 생각한다는 점을 분명히 밝혀 둘 필요가 있다. 팬데믹 동안 우리는 히포크라테스와 그의 선언을 거의 잊고 살았다. 코비드 기간 동안 우리가 품은 위생적이고 죽음이 없는 사회라는 꿈은, 알렉스 구텐탁의 말을 빌리면 "집이 감옥이고 친구와 가족이 건강을 위협하는 세상을 만들었다." "이런 세상에서 아이들은 그 존재만으로 조부모를 죽게 한다는 이야기를 듣는다." 당연히 그는 "즉 가족, 공동체, 문화유산, 사회 영역, 공공 기관, 주민 공유 공간 그리고 자유로운 이동 등 우리가 살 만한 인생을 만들어 주는 것들을 되찾을 시간적 여유가 많지 않다"고 걱정한다.[90]

마티아스 데스멧은 최신 연구서인『전체주의의 심리학The Psychology of Totalitarianism』에서 전체주의 사회는 항상 자연을 이성적으로 통제되는 인공적 시스템으로 대체하려고 한다는 것을 보여 준다. 우리가 본 바와 같이 이것은 정확히 생명공학의 기술주의 패러다임이 인체를 대상으로 행하는 것이다. 첫 번째 장에서 주장했던 바와 같이 이러한 패러다임을 뒷받침하는 과학주의는 본질적으로 전체주의적이다. 떠오르는 '생물의학 보안국가'는 대중 감시, 일시적인 거주 허가, 사고 팔기 위한 임시 교환권 그리고 강제적인 의료 명령 등을 통해 배제함으로써 반체제 분자를 처벌하는 시스템으로, 그 자체가 새로운 형태의 전체주의의 씨앗을 배태하고 있다는 것을 이미 보여 주었다.

우리는 이미 많은 부당하고 해악적인 조치들이 취해지는 것을 사실상 선선히 허용했다. 우리의 일반적인 선의와 시민의식은 부적절한 신뢰와 자기방어적 소심함으로 인해 무의미해졌다. 노선을 바꾸고 결연하게 저항하기에는 너무 늦지도 너무 빠르지도 않다. 위대한 소련의 반체제인

사 알렉산드르 솔제니친을 돌아볼 때다. 솔제니친은『수용소 군도』에서 이렇게 썼다. "다만…… 다만…… 우리가 공동의 위협에 맞서기만 했다면 우리는 그 위협을 쳐부술 수 있었을 것이다. 왜 안 됐겠는가?…… 우리는 자유를 충분히 사랑하지 않았다. 그리고 거기에 더해 우리는 실제 상황을 몰랐다…… 우리는 서둘러 항복했다. 우리는 흔연히 항복했다! 우리는 그 뒤에 일어난 모든 일을 에누리 없이 당해도 마땅했다."[91]

우리가 생각하는 것보다 시간이 많이 지났다. 황혼이 가깝다. 지금 혹은 다음번에 비상사태가 선포되었을 때 명백히 부당하고 부조리하기 일쑤인 명령과 자의적인 제한에 계속 순응한다면 우리는 정상석으로 기능하는 사회로 돌아가지 못할 것이다. 팬데믹이 시작된 이래 시민으로서 보여 준 모든 선의와 이타적 순응은 우리의 시민적 자유를 더 잠식하고, 우리의 건강에 해롭고, 인류의 번영에 피해를 준 더 불합리한 팬데믹 '대책들'로 귀결되었다.

어떤 헌법도 금과옥조로 삼지 않을 인간의 권리가 있다. 그것은 진실에 대한 권리다. 지난 3년 동안 진실에 대한 권리보다 조직적으로 제한받은 권리는 없다. 나는 묻는다. 왜 우리 보건 당국은 거짓말로 인한 피해가 나타난 뒤에야, 예를 들면 공중보건을 증진하는 데 아무 역할도 못한 강제적 조치들 때문에 수만 명이 일자리를 잃은 뒤에야 확실한 진실을 인정했는가? 누가 우리 지도자들에게 책임을 물을 것인가?

미래의 의학적 명령과 다른 강제 조치와 관련해 말하자면 비폭력적 저항과 시민불복종은 권리에 속하며 그것이 바로 대책이다. 시민불복종에 이르는 단호한 저항이야말로 그런 상황에서 용인될 수 있을 뿐아니라 우리가 이 황혼이 저물어 밤이 되는 것을 막아야 한다면 필요한 것이다.

제4장

자유의 회복:
더 뿌리 깊은 미래에서의 인간 번영

그들은 의식하게 될 때까지는

결코 반란을 일으키지 않을 것이며

반란을 일으킨 뒤에야 의식할 수 있을 것이다.

— 조지 오웰, 『1984』

이제 우리는 새로운 비정상의 핵심적인 특징들을 요약할 수 있다. 새로 떠오르는 '생물의학 보안국가'는,

1. 공중보건의 군사화로 시작하여 공중보건에 감시와 통제를 위한 디지털 기술로 증강된 국가 경찰력을 개입시킨다. 이런 구조 속에서 이미 알고 있는 진정한 현재의 행복은 알지 못하고 이론적인 미래 위험에 희생된다.

2. 사회, 환경, 경제 등의 분야에 걸친 다양한 문제들이 공중보건의 문제로 재구성되고 결국 공중보건의 위기로 선언되도록 한다. 이러한 통치 모델은 한번 위기를 선언하고 나면 다음 위기로 넘어가고 그때마다 선포된 비상사태를 관리하기 위한 추가적인 입법이나 초법적인 행정권의 필요성을 제기한다.

3. 진행 중인 비상사태로 인한 예외적인 상황을 합법적 형태로 생각한다. '최악의 경우'를 가정한 위험의 논리가 시민 집단 전체를 조직적으로 통제하는 극단적인 대응책을 합법화하기 위해 이용된다. 공중보건을 지킨다는 명분으로 개별적 인격권이나 프라이버시권이 무시되며 건강이 시민들에게 법적 의무로 부과된다.

4. 알고리즘으로 제어되는 산업의 자동화 시스템을 추진하여 인간은 점점 더 쓸모없게 된다. 인간은 유감스럽게도 에너지와 배설이 필요한 생물학적 생명체에 불과한, 근육, 힘줄, 인대 그리고 뼈의 단순한 집합체로 격하된다

5. 모든 합리성을 도구적으로만 간주한다. 따라서 보편적인 진리를 공유할 가능성을 말살한다. 철학적으로 이러한 국가의 인식론은 과학주의, 형이상학은 유물론, 윤리학은 엘리트 지식인들이 인식하는 역사의 방향이다.

6. 일체의 체현된 물질적 한계를 초월하려고 하는 혁명적인 신영지주의는 종교적 형태를 띤다. 선출되지 않았으면서도 자격을 획득한 관리자급 관료들로 이루어진 엘리트 계급이 이 체제를 관리한다. 스크린과 소프트웨어로 이루어진 가상 세계에서 움직이는 이러한 기술관료들이 육체적 노동의 현실 세계에서 움직이는 사람들의 몸을 제어한다.

7. 그 기원과 정확한 의미가 파시즘과 일치하는 협동조합주의라는 정치적 형태를 취한다. 이 정치체제는 몰개성화와 소외를 극단으로 밀어붙여 전체주의로 갈 수밖에 없는 비인간적인 체제를 구축한다.

지금까지 나눈 이야기가 독자들에게 일정 부분 비관주의를 심어줄지도 모르겠다. 그러나 우리는 새롭게 떠오르는 '생물의학 보안국가'가 등장하는 과정에 저항이 없었던 것은 아니라는 점에서 용기를 얻어야 한다. 더 많은 저항이 필요한 것은 분명하지만 희망적인 저항의 징후가 없었던 것은 아니다.

작년에는 세계 역사상 가장 규모가 큰 저항운동이 있었다. 의료 자유 운동이 미국과 유럽에서 인도네시아, 호주까지 퍼져 나갔다. 그것을 몰랐다고 해도 책망할 일은 아니다. 왜냐하면 미디어에서 거의 다루지 않았기 때문이다. 그러나 소셜 미디어를 통해 공유된 사진과 동영상을 숨기기는 어렵다. 그래서 거기에 관한 내용을 알 수 있다.[1] 전 세계에서 수십만 명이 새로운 비정상에 반대할 자유를 요구하며 들고 일어났다.

이 운동은 2021년 11월 이탈리아 로마에서 대규모 군중이 시작했다. 저항운동은 그곳에서 유럽대륙 전역으로 퍼져 나가 11월 13일에는 체코공화국에서, 12월 10일에는 빈에서, 12월 13일에는 바르셀로나에서 그리고 크리스마스를 며칠 앞두고는 파리에서 대규모 군중이 모였다. 그런가 하면 세계에서 가장 억압적인 생물의학 보안 대책을 시행한 남반구 호주에서는 11월에 여러 도시에서 대규모 집회가 열려 몇 주 동안 계속되었다.

독일인들은 의학적 차별정책에 저항했고 파리 시민들은 자유를 요구했으며 런던 시민들은 오미크론이 기승을 부릴 때 백신 의무 접종과 다른 규제에 반대의 목소리를 냈다. 바르셀로나 시위 참가자들은 의무 접종과 전체주의의 종식을 요구하는 구호를 외쳤다. 이탈리아 사람들은 토리노에서 궐기했고 뉴질랜드 시민들은 팬데믹의 위력에 취한 것 같은 권위적인 총리에 저항했다. 그런가 하면 오스트리아 시민들은 저항운동이 벌어지던 주말 내내 거리를 점거했다. 조지아 트빌리시 같은 예상치 못했던 곳에서도 대규모 시위가 벌어졌다.

이탈리아 정부는 2021년 10월 모든 직장인에게 "접종 없이는 직장 없다no jab, no job"는 접종 명령을 내렸다. 그 당시 이탈리아의 가장 중요한 상업항인 트리에스테의 항만 노동자 가운데 40퍼센트가 백신 접종을 하지 않고 있었다. 그들 대부분은 접종 명령을 따르지 않고 이에 반대하는 파업을 벌였다. 이 파업은 몇 주 동안 계속되었다. 현지 경찰 당국은 결국 파업을 벌이던 노동자들을 항구에서 강제로 쫓아냈다. 이 노동자들은 트리에스테 중심가로 자리를 옮겨 시위를 벌였다. 당국은 다시 시위대를 강제로 해산시켰다. 10월 말 지방정부는 시위가 코비드를 전파할 수도 있다는 얄팍한 보건 안전상의 명분으로 도심에서 모든 시위를 금지했다.[2]

　다른 곳에서의 저항은 좀 더 강력한 보복과 탄압을 당했다. 생물 보안국가는 여러 시위자를 난폭하게 단속했다. 네덜란드에서는 한 시민이 크리스마스 때 열린 노천시장에서 백신 접종 증명이 없다는 이유로 체포되는 과정에서 폭행당했다. 오스트리아 경찰은 캐나다의 기마경찰이 했듯이 백신 접종에 반대하는 시위 참가자들을 체포했다. 폭동 진압복을 입은 벨기에 경찰은 권위적인 본색을 드러내며 접종 명령에 반대하는 시위대에 다가가 소방용 물대포를 쏘았다. 한 동영상은 벨기에 경찰이 무방비 상태의 시위대를 구타하는 것을 보여 주었다. 나중에 이 동영상은 인터넷에서 삭제되었다. 뉴욕 경찰은 뉴욕시에서 연이틀 밤에 걸쳐 시위대의 지도자를 포함해 열 명의 접종 반대자를 체포했다. 그들이 저지른 범죄는? 접종 증명을 휴대하지 않고 퀸스에 있는 두 군데 식당에 앉아 일어나기를 거부한 것이다. 그런가 하면 서방 미디어에 등장하는 백신 옹호자들은 다음과 같은 제목을 붙였다. "감시만이 우리를 코로나바이러스로부터 구할 수 있다." 여기에 눈길을 끄는 문구를 덧붙였다. "우리가 프라이버시의 정의를 바꾸기만 한다면 빅데이터가 팬데믹을 막을 수 있는 도구를 제공한다."[3]

　우리는 이런 대중운동과 용기 있게 여기에 참가하는 사람들로부터 자신감을 얻을 수 있다. '생물의학 보안국가'가 예고하는 미래를 원치 않는 사람은 혼자가 아니다. 항쟁은 길고 힘들 것이다. 우리의 새로운 통치 패러다임은 비상사태를 영속화할 지속적인 위기가 필요할 것이다. 코비드가 그 지속성을 소진하고 더 이상 대중에게 먹히지 않으면 실제든 조작이든 머지않아 다음 비상사태가 선언될 것이다. 지금과 같이 최악의 팬데믹 제한 조치에서 벗어나 있는 시간은 영원히 계속되지 않을 것이다.

희망의 가시적 징후들 가운데 이 책 제1장의 시작 부분에서 우리가 접했던 캐나다 트럭 운전사들이 벌인 자유 호송대Freedom Convoy의 충격을 돌이켜볼 필요가 있다. 오타와에서 몇 주 동안 계속된 자유 호송대 시위에 대한 트뤼도 정부의 야만적인 탄압 이후 자유를 요구하는 다른 시위들이 캐나다 전역으로 퍼져 나가 2022년 2월에는 캘거리, 토론토, 밴쿠버 등지에서 새로운 시위가 벌어졌다. 토론토 도심에서 벌어진 시위에서 참가자들은 "두려움에 대한 자유", "권력 남용 중지" 같은 구호가 적힌 피켓을 들고 국가를 불렀다.[4]

이 용기 있는 캐나다인들은 위험을 알고 있었다. 그들은 오타와에서 벌어진 자유 호송대에 대한 경찰의 폭력 행사를 보여 주는 널리 유포된 동영상을 보았다. 최루가스와 후추 분사액을 사용한 것 외에 기마 경찰이 호송대를 지지하는 군중 사이를 뚫고 지나간 뒤에 토착민으로 확인된 한 노인 여성이 부상당한 것으로 알려졌다.[5] 경찰봉을 휘두르는 경찰관들이 시위대와 시위를 촬영하는 것으로 지목된 한 기자를 구타하는 장면이 비디오로 촬영되었다.[6] 트럭 운전사들이 어쩔 수 없이 트럭을 몰고 오타와 밖으로 나가자 남아 있던 시위자들은 주먹을 맞대고 악수하며 인사를 나눴다. 한 남자는 떠나가는 트럭 운전사들 가운데 한 명에게 "당신이 영웅입니다!"라고 외쳤다.

　오타와의 군중은 강제로 해산되었다. 그러나 호송대와 캐나다 전역에서 그들을 지지하는 사람들은 포기하지 않았다. 트뤼도는 그가 내린 행정명령을 변경하거나 호송대 지도부와 협상하는 대신 비타협적인 물리력을 선택했다. 그러나 이 운동은 괄목할 만한 승리를 거두었다. 캐나다의 다섯 개 주, 즉 온타리오, 앨버타, 서스캐처원, 퀘벡 그리고 프린스 에드워드 아일랜드가 시위가 벌어지는 동안 백신 접종 명령을 철회했다. 앨버타주는 또 학교에서 마스크 착용을 의무화한 조치도 폐지했다. 국가 차원에서 캐나다 정부는 애당초 트럭 운전사들의 불만의 원인이 된 팬데믹으로 인한 국경 통과 제한 조치를 완화했다.

　트뤼도 소속 정당의 일부를 포함해 캐나다 주요 정치인들은 백신 접종 명령에 대해 반대의 목소리를 내고 시위대가 제기한 우려에 공감을 나타내기 시작했다. 경찰이 오타와 시위대를 해산하고 미디어가 호송대를 대놓고 비방했음에도 대중의 지지가 늘어나면서 캐나다의 공공정책은 형세가 바뀌었다. 2022년 2월에 실시된 한 여론조사에서는 절반에 가까운 캐나다 국민이 "오타와에서 있었던 트럭 시위 참가자들이 말하는 모든 것에 동의하지 않을 수도 있지만 그들의 불만은 정당하고 우리의 동정을 받을 만하다"고 응답했다.[7]

　시위가 벌어지는 동안 로이터 통신은 "쥐스탱 트뤼도가 코비드19와 싸우기 위해 백신 의무 접종을 지지한 것은 5개월 전 그가 재선되는 데 도움이 되었다. 그러나 세계 여기저기에서 제한 조치들이 해제되면서 이제 그는 점점 더 외톨이가 되는 것 같다"고 보도했다.[8] 이 보도에서 언급한 바와 같이 여론조사 결과가 나타났다. "시위가 시작되기 전인 1월 12일에서 시위가 진행 중이었던 2월 8일 사이에 트뤼도 정부의 지지율은 6퍼센트가 떨어졌다." 트뤼도는 트럭 운전사들을 "수용할 수 없는 생각"을 가진 "몇 안 되는 극단적 소수집단"이라고 보란 듯이 무시했다. 그러나 이 몇 안 되는 극단적 소수집단이 총리의 지지율을 떨어뜨리며 자신들의 정치적 목표들 가운데 많은 것을 성취했다.

우리는 트럭 운전사들에게서 또 다른 교훈을 얻을 수 있다. 그들은 한결같이 활기차고 평화로웠다. 비관적이고 의기소침해 있는 불길한 예언자가 아니었다. 오타와의 한 기자는 "거기에는 느긋하고 고난에도 굴하지 않는 느낌이 있다. 야영지마다 스피커에서는 음악이 흘러나오고 급조된 포장마차에서는 음식과 커피를 무료로 제공한다. 매일 저녁 7시에 트럭 운전사들은 영어와 프랑스어로 주기도문을 외운다."[9] 캐나다의 다른 지역에서 벌어진 유사한 시위는 때때로 무역로를 봉쇄해 합당한 비난을 받았다. 그러나 특히 분산돼 있으며 자발적인 성격의 시위라는 점을 생각하면 자유 호송대 시위는 놀라울 정도로 평화적이었다. 이들을 대적하는 엄청난 정치적, 경제적 권력과 미디어 그리고 마지막으로 군대화된 경찰력에도 불구하고 이 풀뿌리 노동자 계급의 대중운동은 공공정책상의 중요한 승리를 쟁취하는 데 성공했다. 또한 이 운동은 미국을 비롯한 다른 곳의 유사한 운동에 영감을 주었다. 우리는 여기서 용기를 얻어야 한다. 분명한 목표를 세우고 함께 행동하는 보통 사람들은 무기력하지 않다.

우리도 아직 정치적으로 무능하지 않다. 도움은 흔히 기대하지 않은 곳에서 온다. 그리고 역사는 뜻밖의 일과 예기치 못한 반전으로 점철되어 있다. 2022년 5월 WHO 총회에서 나온 최근 뉴스는 제지할 수 없는 거대한 힘으로 보였던 유행병 조약이 장애물에 봉착했음을 시사한다. 바이든 행정부가 제안한 국제보건규약IHR의 변경이 상당한 저항에 부딪혔다. 하고많은 나라들 가운데 보츠와나가 아프리카 국가들 그리고 다른 당사국들과 연합해 조직적으로 반대를 주도했다. 호주, 영국, 유럽연합 그리고 미국을 비롯한 선진국의 공식 대표들은 수정안을 강력히 지지하는 발언으로 다른 나라들의 참여를 촉구했다. 그러나 그들은 브라질, 브루나이, 나미비아, 방글라데시, 러시아, 인도, 중국, 남아프리카공화국 그리고 이란이 서구가 만든 이러한 생물의학 신식민지 기제를 수용하도록 설득하는 데 실패했다. 브라질은 자국민들이 이러한 수정안을 따르도록 하느니 차라리 WHO에서 완전히 탈퇴하겠다는 뜻을 내비쳤다. 이 싸움이 끝나려면 아직 멀었지만 적어도 현재로서는, 발의된 국제보건규약 수정안이 차기 회의까지 보류되었다.[10]

이 마지막 장에서 나는 의료 자유를 위한 저항운동에 대해 몇 가지 제안을 하고 싶다. 왜냐하면 '생물의학 보안국가'와 그의 협동조합주의자 동맹들이 제안하는 미래보다 우리가 더 나은 미래를 건설하기 때문이다. 물론 나보다 현명한 사람들이 저항, 쇄신 그리고 정책 개혁을 위한 더 창의적이고 효과적인 도구를 제안할 것이다. 인간은 믿을 수 없을 정도로 회복탄력성이 있다. 엄청난 난제에도 불구하고 나는 미래에 대한 희망을 품고 있다. 몇 가지 정책 제안을 내놓기 전에 의미 있는 쇄신과 개혁을 위해 필요한 전제조건이 무엇인지 생각하는 것으로 시작할 필요가 있다.

죽음에 이르는 병

첫 번째이자 가장 필요한 단계는 공포를 극복하는 것이다. 하이데거가 말했듯이 공포는 "우리를 당황하게 하고 '분별력을 잃게' 만들기" 때문이다.[11] 2020년에 공포로 인해 정상적인 생활을 못 하게 되면서 우리는 믿을 만한 권위자들이 알려 주는 확실한 과학적 정보를 저버리고 그 대신 과학적 엄격성과는 동떨어진 신뢰할 수 없는 주장을 무비판적으로 수용했다. 나는 불안감 때문에 무기력해진 환자들을 치료한 다년간의 임상 경험을 가진 정신과 전문의로서 자신 있게 말할 수 있다. 공포에 휩싸였을 때 우리는 명료한 생각이나 온전한 행동을 할 수 없다. 성경에서 "두려워하지 말라"라는 명징한 훈계가 백 번 이상 반복되는 것은 우연이 아니다.

여기에는 당연히 그리고 특별히 죽음의 공포도 포함된다. 잘 알려진 바와 같이 소크라테스는 모든 철학, 문자 그대로 **필로-소피아**phi-lo-sophia, 즉 "지혜에 대한 사랑"은 죽음을 준비하는 것이라고 주장했다. 지혜에 대한 그의 사랑은 그의 말이 아니라 아테네 민주주의의 손에 의해 죽음을 맞을 때 나타났다. 민주주의자들은 진실을 캐묻는 그의 끊임없는 질문, 즉 주로 기득권층의 가식을 드러내는 질문을 참을 수 없었다. 몽테뉴는「철학을 공부하는 것은 죽는 것을 배우는 것이다」라는 글에서 우리에게 상기시켜 주었다. "어디서 죽음이 우리를 기다리고 있는지 확실치 않다. 그러니 어디서든 죽음을 맞을 준비를 하자. 죽음을 미리 생각하는 것은 우리의 자유를 생각하는 것이다. 어떻게 죽을지 아는 사람은 노예가 되지 않는 법을 안다. 어떻게 죽을지 아는 것은 우리를 모든 굴종과 속박에서 자유롭게 한다."[12]

공포는 위축, 무기력, 마비를 가져온다. 그것은 도피와 이탈로 이어진다. 공포는 분리와 고립을 조장하고 이것은 의미 있는 참여와 사회적 연대를 방해한다. 만성적 공포 상태에서는 더 인간적인 미래를 건설하기 위해 아무것도 할 수 없다. 우리는 공포를 극복하기 위한 정신적 자산을 찾아야만 한다. 그러고 나서야 우리는 세계, 즉 우리 앞에 펼쳐진 그대로의 현실에 대한 원초적 열린 마음을 회복하게 될 것이다.

우리는 또 우리의 역사적 기억, 우리의 더 폭넓은 관점을 되찾아야 한다. 팬데믹과 바이러스는 항상 있었고 항상 우리 곁에 있을 것이다. 우리는 서로 보살피며 이런 어려움을 헤쳐 나갈 수 있다. 우리는 공포에 몸을 움츠리거나 절망에 굴복해서는 안 된다. 인간의 존재는 어쩔 수 없이 불확정적이다. 아름다운 나무가 쓰러져 나를 덮칠 수도 있다, 태양이 나를 태울 수도 있다, 맑은 물이 나를 익사시키거나 내 집을 침수시킬 수도 있다, 내 동료가 나를 때리거나 심지어는 죽일 수도 있다. 그렇다고 해도 내가 두려움 속에서 살 필요는 없다. 세상 그리고 이웃들과 단절할 필요는 없다. 우리는 좌절하지 않고, 서로를 적대시하지 않고 어려움을 참고 견딜 수 있다. 적은 통증이나 질병이 아니다. 공포가 적이다. 적은 같은 인간에 대한 증오나 무관심이다.

정치권력과 통치권은 그것에 많은 영향을 끼친 토머스 홉스의 사회계약론과는 반대로 절대 공포에 기반을 두어서 안 된다. 인간은 본질적으로 사회적 동물이다. 우리는 관계를 맺도록 태어났다. 우리의 정치적 삶은 인간의 사회성이라는 근본적인 사실에 기인한다. 함께 어울려 살게 된 우리의 삶은 어떤 원시적인 자연 상태로 시작하지 않는다. "외롭고, 궁핍하고, 야만적이고, 짧은" 인생을 살아가는 원자화된 개인이라면 악몽과 같은 세상에서 안전을 보장해 줄 괴물과도 같은 전체주의 국가가 필요하다. 우리의 정치 생활은 외부의 위협에 대한 대응으로서가 아니라 우리가 처음부터 관계를 맺고 있고 공동체에서 함께 살아가도록 만들어졌다는 사실에 기반을 둔다. 가족의 유대와 사회적 관계는 그야말로 우리 몸에 새겨져 있다. 배꼽을 한번 보라. 안전은 선이다. 그러나 그것이 최고의 선일 수는 없다. 그리고 그것은 국가의 원초적이고 근본적인 목표가 아니다.

정신과 의사로서 나는 사람들의 고통과 괴로움을 매일같이 들여다본다. 나 자신도 심각하고 심신을 쇠약하게 하는 만성적인 통증으로 4년 넘게 누워 지내며 고생하고 있다.[13] 한번은 통증이 너무 심해 20여 분 동안 의식을 잃기도 했다. 풍요로운 인생을 살려면 건강이 엄청나게 중요하다는 걸 나는 안다. 그러나 건강도 지고의 선, 우리의 구원은 아니다. 질병에 걸리지 않고 산다고 해서 반드시 인생이 풍요로워지는 것은 아니다. 또한 질병이나 장애가 있다고 해서 반드시 쓸모없는 존재가 되는 것도 아니다.

현재 우리를 통치하고 있는 정부 당국은 새로운 병원체에 직면해 왠지 모르지만 '생물의학 보안국가'(그리고 그와 관련된 그것의 공포 분위기)가 최선책이라고 생각하게 되었다. 미안하지만 나는 그들이 완전히 잘못짚었다고 생각한다. 인간의 생명이 약한 건 틀림없다. 그러나 우리는 용기와 통찰력으로 새로운 도전에 맞서지 못할 만큼 허술하지 않다.

나는 '새로운 정상'이라는 말에 일면 진실이 있다는 것을 인정한다. 팬데믹 이전의 세상은 대단히 불공평하고 지속 불가능했다고 할 수 있다. 우리는 이전에 해 오던 방식으로 돌아가지는 않을 것이다. 왜냐하면 역사가 그런 식으로 진행하지 않기 때문이다. 우리는 존재하지도 않았던 황금기를 되찾기 위해서가 아니라 현재 우리가 살아가는 유일무이한 상황에서 새로운 방식으로 적용할 불멸의 원리를 찾기 위해 과거를 돌아본다. 우리가 되찾아야 하는 것은 과거가 아니라 역사의 모든 시대에 새로운 형식으로 발현될 수밖에 없는 변치 않고 지속돼 온 유의미한 가치와 원칙이다.

우리가 과거의 정상으로 돌아가지 않을지도 모르지만 우리의 기술관료들이 서둘러 만들려는 미래인 새로운 비정상은 팬데믹 이전 과거보다 훨씬 더 불공평하고 비인간적일 것이다. 우리는 지난 수십 년 동안 모의했고 팬데믹 기간에 실행된 이러한 미래상을 인정할 수 없다. 다음에 어떤 일이 벌어질지 모르지만 그리고 서방의 부르주아 민주주의가 끝난 뒤에 어떤 체제가 나타날지 누구도 정확히 예상할 수 없지만, 우리는 세계의 지배자들과 그들의 이념적 지도자인 트랜스휴머니스트가 상상하는 미래가 그 뒤를 잇게 할 수 없다.

제1장에서 나는 '생물의학 보안국가'를 루이스 멈퍼드가 반세기 훨씬 이전에 말한 메가머신(즉 인간이라는 부속품으로 이루어진 기계)으로 설명했다. 그는 자신의 고전적인 책을 이런 조언으로 끝맺는다. "기계의 신화를 떨쳐 버린 우리에게 다음 단계는 우리 자신이다. 우리가 나가기로 마음먹기만 한다면 기술주의라는 감옥의 문은 경첩이 오래되어 녹슬었어도 저절로 열릴 것이다."[14] 자, 이제 두려움 없이 그 문을 열고 나가 햇빛 속으로 나아가는 일을 시작하자.

그 실천의 첫 단계로 자기검열을 멈추려고 노력하자. 우리가 보았듯이 고전적인 독재는 전체주의 체제와는 다르다. 둘은 똑같지 않다. 독재는 **인민들이 군주를 두려워하기** 때문에 유지된다. 그들은 외부의 처벌을 무서워한다. 전체주의는 **인민들이 그것을 내면화하기** 때문에 유지된다. 그들은 그 체제를 수용하기 위해 학습한다. 독재체제에서 사슬은 외부에 있지만 전체주의 체제에서 사슬은 내면에 있다. 전체주의 체제에서는 사람들이 금제를 내면화하고 자기검열을 하기 때문에 그 많던 외부 감시가 결국 별 필요 없게 된다. 충분히 시간이 지나면 전체주의

사회에서 움짝달싹 못하고 사는 사람들은 말을 삼키거나 무슨 말을 하는지 의식적으로 조심할 필요가 없다. 왜냐하면 그들은 반체제적인 생각을 할 수 없기 때문이다.

이런 상황은 최악의 노예제도, 즉 더 이상 철창이 보이지 않는 내면의 감옥이 된다. 우리가 자기검열을 하고, 우리가 생각하는 것을 말하지 않고, 불편한 질문을 하지 않으면 우리는 차곡차곡 벽돌을 쌓아 내면의 감옥을 만드는 것이다. 키에르케고르는『죽음에 이르는 병』에서 "절망의 분명한 특징은 바로 절망적임을 모른다는 것이다"[15]라고 썼다.

우리가 얼굴을 보여 줄 수 있을 때까지

팬데믹 동안 나는 마스크에 관한 논쟁은 대충 피했다. 나는 락다운과 백신 의무 접종이 관심을 집중해야 할 더 심각한 문제라고 생각했다. 마스크에 대한 과학은 처음부터 분명했다. 코비드 이전에 천으로 만들어졌거나 외과용으로 쓰이는 마스크 혹은 병원 밖에서 사용되는 어떤 마스크가 호흡기 바이러스의 전파를 줄인다는 근거 있는 연구논문은 단 한 건도 없었다. 질병통제센터CDC도 처음에는 이것을 인정했다. 그리고 나서 입장을 번복해 마스크 착용에 찬성하는 권고안을 내놓았다. 추상적인 모델이나 마네킹같이 대단히 부자연스러운 상황을 이용한 엉성하기 짝이 없는 보완 연구논문들이 마스크 착용을 정당화하기 위해 발표되었다. 마스크 착용 정책을 보강하기 위해 이렇게 건성으로 이루어진 연구들에는 임상 결과, 대조 집단 그리고 엄격한 연구방법론이 없었다.

　팬데믹 선포 이전에 실시된 의학 연구의 최적 기준인 열다섯 차례의 무작위 대조군 실험 모두 마스크 착용이 실익이 없다는 것을 확인했다. 그러나 어쩐 일인지 우리는 이런 엄격한 연구를 대수롭지 않다는 듯 눙치고 넘어갔다. 마스크가 (마스크 착용자로부터 다른 사람으로의 전파를 막는) 감염원 통제에 효과가 없다는 것은 오래전부터 알고 있었다.[16] 그런데도 이런 개념은 마스크를 개인적 선택이 아니라 사회적 의무로 규정하기 위해 논외로 취급되었다. 팬데믹 이전의 호흡기 바이러스에 대한 공중보건 지침상에는 마스크가 효과 없다고 되어 있다. 코비드 이전에 이루어진 WHO의 연구에서는 마스크의 효과가 없는 것으로 밝혀졌다. 팬데믹 기간에 나온 마스크에 대한 고급 연구논문은 마스크의 효과가 없다는 것을 확인해 주었다. 마스크에 대한 과학적 논문을 읽어본 사람들에게 이런 결과는 놀랄 만한 게 아니었다.

　우리는 여러 달 동안 SARS-CoV-2가 외과용 마스크로 차단할 수도 있는 호흡기 비말을 통해 전파된다고 들어왔다. 나는 UC 어바인 대학의 감염병 전문가들이 주민토론회에서 이런 거짓말을 반복했던 것을 기억한다. 얼마 지나지 않아 그들 이야기와는 달리 이 바이러스가 비말이 아니라 에어로졸 상태로 전파된다는 것이 밝혀졌다. 안경을 쓰는 사람이라면 누구나 외과용 혹은 천으로 된 마스크를 쓰면 끊임없이 김이 서린다는 것을 알고 있다. 이것은 에어로졸 상태로 전파되는 바이러스가 마스크에 의해 확실히 차단되지 않는다는 것을 의미한다. 또한 마스크 착용에 따른 의학적, 정신적, 사회적 부작용, 그리고 특히 어린이들에게 미치는 해악에 관한 연구뿐 아니라, 환경과 지역별로 마스크를 착용한 사람들과 착용하지 않은 사람들 간의 코비드 임상 결과에서

도 도움이 되지 않았다는 것을 많은 연구를 통해 확인할 수 있었다.[17]

그럼에도 불구하고 마스크 착용 의무는 계속되었다. 나는 마스크 문제에 짜증이 났지만 백신 의무 접종이 더 비윤리적이고 잠재적인 피해가 크기 때문에 거기에 에너지를 쏟지는 않았다. 그러나 지금은 마스크 착용 의무도 사소하게 취급할 수 없는 해악을 끼친다고 생각한다. 유아기의 애착 관계를 약화시키고 불안 장애를 증가시키며 인지적, 정서적 그리고 언어적 발달을 저해하는 것을 보여 주는 기존의 연구에 더해 아동 발달에 미치는 영향에 관해 더 많은 연구가 나오게 될 것으로 보인다. 이미 이루어진 연구에서 나온 초기 결과는 걱정스럽다.

나는 최근 연방정부가 마스크 착용 의무 조치를 해제한 이후 처음으로 비행기 여행을 하고 돌아온 다음 날 아침 신문에서 조지타운, 컬럼비아, 존스 홉킨스 그리고 라이스를 비롯해 여러 대학이 바로 얼마 전 단계적으로 폐지한 캠퍼스에서의 마스크 착용 의무 조치를 다시 시행하고 있는 것을 알게 되었다. 아무것도 모르면서 박애주의자인 체하는 대학 관리들이 대학에 재직하거나 재학 중인 사람들의 입원이나 사망을 조사하는 것은 거의 문제가 되지 않을 테지만 '확진자', 즉 증상과 관계없이 양성반응을 나타내는 사람을 계속해서 강박적으로 추적하고 있다. 마스크 맹신자들은 그래서 증거를 들이대도 누그러지거나 꺾이지 않는다.

팬데믹 기간에 마스크는 신통력으로 감염을 막아 주는 일종의 호신부護身符가 되었다. 마스크의 심리학은 이해하기 어렵지 않다. 코비드 초기에 전 세계적으로 사람을 죽이는 보이지도 않고 알려진 적도 없는 병원체에 관한 무시무시한 뉴스들이 터져 나왔다. 이런 상황은 모든 타인을 나의 존립에 대한 위협으로 만든 무증상 전파라는 신화로 더욱 증폭되었다. 이것은 우리가 바이오 보안 패러다임을 선택하게 하는 또 다른 중요한 요소다.[18] 사람들은 당연히 공포에 질려 어쩔 줄 모른다.

마스크는 사람들이 덜 무력하고 좀 더 보호받는다고 느낄 수 있는 뭔가 구체적인 것을 주었다. 바이러스 전파를 막는 데 실제로 도움이 되는지 안 되는지는 상관없었다. 공중보건 관리들은 이런 심리적인 효과를 알고 있었다. 그들이 가끔 자신들의 '마스크', 즉 가면을 벗을 기회가 있으면 그들 가운데 일부는 심리적인 효과가 바로 마스크가 필요한 이유라는 것을 인정했다. 마스크는 효과는 하나도 없지만 최소한 겁먹은 사람들에게 상황을 통제하는 느낌을 준다는 것이다. 나도 마스크를 쓰고 너도 마스크를 쓰면 나는 더 안전하다고 느낀다. 열심히 마스크를 쓰면 나는 약간 힘이 나는 느낌이 든다. 그리고 그 때문인지 걱정이 덜 된다.

그다음에 이 고전적인 행동 조건화 과정에서 불안감을 줄이기 위한 이런 일상적인 행동은 몇 년 동안 여러 차례 강화되었다. 마스크 해제 조치 이야기가 나왔을 때 많은 사람이 식당이나 극장에서 마스크를 착용하지 않으면 두 번 다시 안전하지 않을 것 같다고 말한 것은 별로 놀랄 일이 아니다. 2022년에 대부분의 마스크 착용 의무가 폐지된 뒤에도 수많은 사람이 마스크를 벗어 버리기 힘들어했다. 내가 치료하던 한 환자는 학교에서 마스크를 쓰지 않기로 한 뒤에도 계속해서 마스크를 쓰겠다고 했다. 그 환자는 코비드가 무서워서가 아니라 얼굴을 보여주고 싶지 않아서라고 속내를 털어놓았다.

마스크 착용이 사람들이 알든 모르든 공포를 다스리는 데 도움을 주기 위해 도입되었지만 결국 이 심리적 미봉책은 공포를 악화시켰을 뿐이다. 마스크를 쓰거나 집에서 나오지 않고 자신을 보호하려고 했던 사람들은 장기적으로는 안심하지 못했고 보이지 않는 공포의 대상인 바이러스에 대한 자신들의 무기력함을 거듭 절감했을 뿐이다. 이것은 무력감을 더 깊게 했다. 마스크는 권력 의지와는 정반대였다. 그것은 무력감에 대한 의지였다.[19] 안전과 마찬가지로 위험도 감각의 필수적인 요소다. 이 양자가 적절히 균형을 유지해야만 한다. 분별없는 위험은 당연히 피해야 한다. 그러나 위험이 완전히 사라지면 우리 내면에 공포 못지않게 우리를 무기력하게 만드는 일종의 권태감이 자리 잡는다. 위험으로부터 자신을 보호하는 것이 모든 위험 요소를 없애는 것을 의미할 수는 없다.

더 의학적인, 신체적 거리두기 대신에 **사회적** 거리두기라는 용어를 사용한 것처럼 마스크를 둘러싼 미묘한 언어의 변화는 뭔가 중요한 의미가 있는 것으로 보인다. 팬데믹 기간에 재미있는 신조어가 등장했다. 마스크가 **얼굴 덮개**face covering가 되었다. 이것은 의사나 간호사들이 수술용 마스크, N95 혹은 다른 개인 방호 장비를 지칭할 때 사용하는 용어가 아니다. 우리는 셔츠를 **가슴 덮개**, 양말을 **발 덮개**, 혹은 반바지를 **국부 덮개**라고 하지 않는다. 왜 **얼굴 덮개**인가?

우리는 모두 여러 가지 명령과 보편화된 엄격한 단속 기제들 때문에 어떤 곳에서는 2년 이상 얼굴을 드러내지 못한 채 지낼 수밖에 없었다. 『메리엄-웹스터 사전』은 '**얼굴 없는**faceless'을 "1a: 특징이나 개성이 없는: 별 특징 없는. //**얼굴 없는** 군중들. 1b: 특정되지 않는: 익명의 // **얼굴 없는** 고발자."로 정의하고 있다.[20] 애플 기기의 사전도 비슷하게 '얼굴 없는'을 "누군지 모르며 비인격적인, 익명의, // **이 규칙을 만든 얼굴 없는 관료들**"로 정의하고 있다. 이런 사전에 나온 섬뜩한 예문을 한 번 주목해 보라.

병원처럼 전파 가능성이 높은 상황에서 N95 마스크를 쓰고 싶어 할까? 앞으로 팬데믹이 발생했을 때 위험성 높은 환경에서 마스크가 제한적이나마 효과가 있을까? 그럴 수 있다 하더라도 어디가 됐건 마스크 착용을 의무화하기 전에 효과를 보여 주는 확실한 증거를 요구해야만 할 것이다. 그리고 공공장소에서 널리 사용되는 마스크는 정확히 측정하기 어렵다고 해서 결코 가볍게 여길 수 없는 심대한 해악을 끼친다는 점을 알아야 한다. 마스크는 개인적인 인간관계를 훼손시켜 우리를 서로 소원하게 만든다. 자문해 보라. 한 어린이가 학교에 가서 하루 종일 한 사람도 웃는 모습을 보지 못한다면 어떤 느낌이 들까? 마스크 착용이 길어지면 정신적인 피해를 준다. 마스크는 우리의 영혼에 상처를 준다.

공포감에 떨면서 아직 마스크를 벗지 않았다면 얼굴을 드러내는 것을 생각해 보라. 더 이상 **얼굴 없이** 지내는 것을 거부하라. 그래서 공포감을 느낀다면 (그야말로) 공포와 정면으로 맞설 때가 됐는지 모른다. 특성과 개성이 없는, 특정될 수 없는, 이름 없는, 잘 모르는, 비인격적인 혹은 처음 보는, 설명할 수 없는 존재가 되도록 다시는 서로 강요하지 말았으면 좋겠다. 얼굴은 소통의 중심이다. 얼굴은 개인적 특질이 가장 많이 나타나는 신체 부위다. 나는 팬데믹 동안 공공장소에서 내 주위의 다른 사람이 무척 보고 싶었던 '얼굴에 대한 갈망face hunger'이라고 표현할 수밖에 없는 것을 느꼈던 때를 기억한다. 우리가 함께 모이는 것이 허용되었을 때도 우리는 함께 **외로울** 수밖에 없었다.

얼굴을 드러낼 수 있기 전까지 우리는 무기력하고 소원한 상태로 남아 필요한 정치적 혹은 제도적 변화를 이룰 수 없을 것이다. 고대 신화에 나오는 큐피드와 프시케의 이야기를 현대적으로 바꾼 제목을 빌려 이야기하자면, 우리가 **얼굴을 가질 때까지** 우리는 어떻게 사회를 번영시키고 사회적 유대를 회복하며 서로 면대면으로 만날 수 있을까?[21]

정상상태

2019년에 온라인에 떠돌던 한 동영상은 홍콩의 시위 참가자들이 9미터 높이에 있는 안면인식 카메라에 올라가는 모습을 보여 준다. 우산을 펼쳐 카메라에 얼굴이 노출되지 않도록 막고 카메라 지지대를 톱으로 잘라 밧줄에 매달아 끌어 내린 다음 카메라를 짓밟고 카메라 전자 부품에 부식액을 부었다.[22] 이 동영상을 보고 나는 기분이 좋았다. 그러나 생체보안 감시체제에서 우리의 프라이버시를 지키기 위해서는 그때그때 게릴라식으로 대응하는 것만 가지고는 분명히 부족할 것이다.

그러나 이와 같은 행동은 비상사태 — 빈번한 폭정의 산파 — 를 통한 거버넌스(통치 방식)의 패러다임이 본질적으로 불안정하다는 것을 암시한다. 엘리트에 대한 미국인들의 널리 퍼진 불신, 판에 박힌 주류 매체에 대한 불신, 역겨운 유명 인사들, 야단치는 학자들은 유익한 신호다. 왜냐하면 이제 많은 사람이 그런 엘리트들이 우리를 속이고 있는 것을 알기 때문이다. 우리는 벌거벗은 임금님이 우리 앞에 서 있는 것을 알고 있다. 그리고 임금님은 갈수록 더 바보같이 보인다.

미국인들은 잇달아 비상사태를 선포하는 체제의 정당성에 대해 점점 더 의심하고 있다. 스탠퍼드 대학의 러셀 버먼Russell Berman 교수가 썼듯이 "많은 약점을 가진 채로 비상사태를 선포해 대는 거대 관료 조직의 권한을 과장하지 말자." 그는 또 지혜롭게 경고한다. "기득권

이론가들이 비상대권*을 정당화하기 위해 이용하는 비생산적 극단주의에 굴복해서도 안 된다." 그 대신 그는 "그들의 시대가 지나갈 것이라는 확신을 갖자"고 조언한다.[23] 저절로 이루어지진 않겠지만 우리는 프라이버시와 자유를 되찾을 수 있다.

비슷하게 정부, 소셜 미디어 회사 그리고 거대 미디어 기업집단에 의한 검열 문제도 법적으로 쉽지 않은 과제지만 풀 수 없는 것은 아니다. 2022년 4월 나는 「헤이 일론 머스크 씨Hey@elonmusk!, WHO를 살 수 있습니까? 지금은 빌 게이츠가 가지고 있는데」라는 글을 올렸다.[24] 일론 머스크는 더 후The Who라는 밴드가 부른 히트곡을 연결하는 링크와 함께 말장난으로 답을 해 왔다. "나는 〈핀볼 위자드Pinball Wizard〉를 좋아합니다!"[25] 농담은 이만하고 우리는 억만장자의 선의에만 의존해서는 트위터와 다른 소셜 미디어 플랫폼에서 언론 자유를 확립할 수 없다. 그 문제는 법적인 해결책이 필요하다.

우리는 민간 기업들은 그렇지 않다고 치더라도 정부가 수정헌법 제1조를 존중해 줄 것을 주장하는 것으로 시작할 수 있다. 2022년 6월 나는 **슈밋 & 랜드리 대 바이든**Schmitt & Landry v. Biden 소송에서 전문가 증인으로 증언했고 한 달 뒤에는 원고로 참여했다.[26] 미주리주 검찰총장인 에릭 슈밋과 루이지애나주 검찰총장인 제프 랜드리는 바이든 대통령과 고위 정부 관료들이 불법적으로 페이스북, 트위터, 유튜브 같은 거대 소셜 미디어 기업들과 검열하고 언론 자유를 제한하기 위해 공

---

* emergency power: 국가 비상사태 때 국가원수(국왕 또는 대통령)가 평상시의 법치주의에 의하지 않고 특별한 비상조치를 취할 수 있는 권한. 국가긴급권(國家緊急權)의 하나로서 넓은 의미로는 계엄선포권도 포함하나 좁은 의미로는 비상조치권(비상명령·비상처분발동권)만을 의미한다.

모했다는 이유로 이들을 상대로 소송을 제기했다. 우리는 소장에서 게시글을 차단하고shadow-ban, 토론자 계정을 차단하고deplatform, 회원 자격을 박탈하고demonetize, 업로드를 지연시키고deboost, 콘텐츠 접근을 제한하고, 사용자들을 일시적 혹은 영구적으로 퇴출시키기 위해 정부가 이들 소셜 미디어 회사들과 어떻게 공모했는지 설명했다.

다시 말해 연방정부는 위헌적인 팬데믹 정책 검열을 소셜 미디어 회사에 외주를 주려고 한다. 슈미트 검찰총장은 "우리는 바이든 행정부에 허위 정보 관리위원회를 해체하라고 했던 것 같다. 그러나 여전히 언론 자유에 대한 미국민의 권리가 매우 심각하게 위협받고 있다. 미국 연방정부는 더 많은 미국민을 침묵시키려는 기도를 멈추어야 한다"라고 언급했다.[27] 전문가로서 증언할 때 나는 트위터와 링크트인에서 개인적으로 겪었던 검열에 관해 설명했다. 그 검열은 바이든 행정부의 지시에 따라 이루어졌다고 우리는 단언한다. 시민들이 헌법으로 보장된 권리를 법정에서 옹호하지 않는다면 헌법은 사문화된다는 것을 잊지 말자.

오늘날의 물신 숭배와 블랙록(운용 자산 10조 달러) 같은 거대 금융 기업과 블랙스톤(자산 8,800억 달러) 같은 사모펀드들이 가진 엄청난 자본을 생각하면 다보스맨의 경제적 약탈은 제어하기 힘든 도전이 될 것이다. 그러나 우리는 방법을 찾아야 한다. 나는 프라이버시와 자유를 지키면서 디지털 ID와 중앙은행 디지털 화폐를 동시에 도입할 수 있다고 생각하지 않는다. 유일한 해결책은 이러한 중앙집권화된 도구들을 전면적으로 거부하는 것이다. 왜냐하면 이런 것들은 바로 감시와 통제를 위해 만들어졌기 때문이다. 우리가 어떤 디지털 화폐를 채택하든 그것은 탈중앙화되어야 한다. 디지털 ID는 우리가 받아들여서는 안 되는 트로이의 목마다.

어떻게 프라이버시를 재확립하고, 언론 자유를 회복하며, 우리 경제체제가 인간적 차원에서 작동하도록 세계 금융을 개혁할 것인지 그 세세한 방법은 고백하건대 내 전문 영역 밖에 있는 문제들이다. 윤리 및 공공 정책 센터의 '빅 테크 프로젝트'에서 일하는 내 동료들은 거대 첨단기업 회사들의 검열에 대처할 수 있는 기대할 만한 제안을 내놓고 있으며 다른 뜻있는 사람들이 프라이버시 문제와 경제 개혁에 관해 연구하고 있다. 바라건대 이 책을 읽는 독자들이 이런 문제들이 '생물학 보안국가'의 등장과 깊이 얽혀 있어서 그 해결을 위해 진지하고 지속적인 노력이 필요하다고 생각해 주면 좋겠다.

나는 여기서 비상사태 선포와 관련된 법적 개선 그리고 아울러 과학 연구기관과 공중보건 기관의 개혁에 대해서만 정책 제안을 하겠다. 이러한 제안들이 포괄적인 것은 아니기 때문에 당연히 우리가 함께 고려해야 할 정책 아이디어들이 많을 것이다. 중요한 점은 강력한 개혁을 요구하는 심각한 문제들이 있다는 것을 적극적으로 공론화하고 폭넓은 합의를 이루어 내는 것이다.

:

좀 더 인간적인 미래를 향한 첫 번째 정치적 단계로서, 함께 행동하는 자유로운 사람들은 공중보건 비상사태를 발동해도 시민들이 수용할 수 있는 것에 엄격한 제한이 있음을 분명히 보여 주어야 한다. 3년이 지난 지금까지도 사실상 우리 모두 이러한 권력의 한계를 표시하는 선을 긋지 않았다. 우리는 함께 일어나 현재 진행되는 비상사태에 대해

'안 돼'라고 큰 목소리로 외칠 때를 놓쳤다.

이 글을 쓰고 있는 2022년 여름 우리는 여전히 연방 차원에서 선포된 비상사태 아래 살고 있다. 내가 사는 캘리포니아주를 비롯한 여러 주와 카운티가 그렇다. 이러한 예외적 상황이 아직도 끝나지 않았다는 것은 우리 정치제도상에 비상대권을 규정한 조항의 폐단을 보여 준다. 그 의미를 이해하는 미국인이라면 현재 벌어지고 있는 상황을 용납할 수 없다고 생각할 것이 틀림없다.

코비드는 전염병이다. 우리는 이 전염병을 영원히 없앨 수 없다. 이 바이러스에 감염되는 최소한 10여 종의, 인간이 아닌 다른 숙주 동물들이 있어서 인간한테서 이 바이러스를 박멸한다고 해도 (그것도 불가능하지만) 바이러스는 인간을 다시 감염시킬 수준의 변종을 만들 때까지 여전히 다른 동물들 사이에 기생할 것이다. 그렇다. 어렸을 때 코비드에 노출된 적이 없는 취약한 노인 인구들이 있다. 그래서 우리는 노인들을 도와주어야 하며 감염 환자들을 조기에 치료할 수 있는 요법을 계속 개선해 나가야 한다.

새로운 독감 시즌이 찾아오는 것과 마찬가지로 새로운 코비드 시즌이 올 때마다 비상사태를 선포할 수는 없는 노릇이다. 우리는 환자들이 새롭게 늘어날 때마다 '급증' 그리고 새로운 변형이 나타날 때마다 '우려 변이'라는 말을 쓰지 말아야 한다. 우리는 매년 새로운 인플루엔자 감염을 겪는다. 그러나 독감이 유행하는 동안 우리는 우려되는 새로운 '변종'으로 인한 '급증'이라고 말하지 않는다. SARS-CoV-2는 항상 우리와 함께 있을 것이다. 그러나 그것이 우리의 보건 시스템을 결코 압도할 정도는 아니다. 오랫동안 코비드 비상사태는 없었다.

우리가 비상사태를 선포할 수 있는 법적 제도를 가질 필요가 있을까? 아마도 그럴 수 있다. 자연은 있는 그대로지만 우리는 때때로 재난을 당한다. 홍수, 지진, 역병 그리고 전염병은 주기적으로 나타났다 사라질 것이다. 이런 것들은 일반적으로 국지적이고 한시적으로 나타날 것이다. 때로는 보통 지방이나 지역 차원에서 당국이 한시적인 비상사태를 선포할 필요도 있을 것이다. 그러나 현재 실시되고 있는 '비상사태'가 '새로운 정상'으로 규정되는 것은 용인할 수 없다. 예외적인 상황은 지극히 예외적으로 남아야 한다.

헌법에 따라 우리 정부 체제의 근간이 된 견제와 균형을 유지하려면 엄격한 법률적 한계가 필요할 것이다. 우리가 만약 대통령이든 주지사든 혹은 공중보건 관리든 행정부의 수반이나 그가 임명한 사람들이 비상사태를 선포할 수 있도록 허용한다면 의회의 비준이나 사법적인 판단(혹은 둘 다)을 받기 전에 그 시한을 엄격히 특정해야 한다. 예를 들면 엄청난 지진이 일어난 직후 같은 급박한 위기 상황에서 투표 결과를 기다리고 싶은 사람은 없을 것이다. 그러나 위기 상황이 계속된다면 법에 따라 한두 주 후 어느 시점에는 투표를 할 수 있다. 몇몇 주는 이미 그와 같은 요건을 마련해 두고 있다. 우리는 합리적 수준의 특수성 안에서 비상사태를 선포할 최소한의 요건을 법으로 규정할 수 있고, 규정해야 한다. 그리고 최소한의 규정은 정기적으로 사법적인 판단을 받도록 해야 한다.

비상사태에서는 통상 행정부가 추가적인 권한을 갖게 된다. 따라서 행정부가 유일하게 엄격히 정해진 시한을 넘겨 비상사태를 지속시킬 권한을 가져서는 안 된다. 우선 2013년에 제정된 국가방위법National Defense Act을 폐지해야 한다. 이 연방법은 백신 홍보에 연방 세출에서 10억 달러를 쓸 수 있도록 하고 주지사들이 신문, 방송과 소셜 미디어에 '허위 정보'를 담은 콘텐츠 관련 규정을 지시할 수 있도록 허용한다. 나보다 더 지혜로운 법조계 인사들이 다른 세부 조항을 고심해서 만들어 낼 수 있겠지만 권력분립과 입법·사법부와의 견제와 균형이라는 기본적인 원칙을 지키면 비상사태가 끝이 없이 이어질 가능성을 최소화할 수 있다. 이러한 원칙을 지혜롭게 적용한다면 비상사태가 하나 끝나면 다음 비상사태로 넘어가는 악습을 끊어 버릴 수 있다. 이런 악습은 제2차 세계대전 이후 점차 미국 정치의 특징이 되어 왔고 지난 3년 동안 부쩍 강화되었다.

예를 들면 2022년 7월 바이든 대통령은 낙태 문제를 해결하기 위해 공중보건 비상사태를 선포할 수 있는 대통령의 "권한이 있는지" 알아보라고 참모들에게 지시했다. 이러한 조치가 시행되면 추가 예산을 지원하고 대법원이 **로 대 웨이드 판결***을 기각함에 따라 주별로 내려진 낙태 제한 조치에 대응할 수 있는 권한을 연방 보건 관리들에게 부여하게 된다.[28] **돕스**Dobbs 재판**에서 연방대법원은 낙태 문제를 해당 주로 돌려보냈다. 바이든의 낙태 접근을 위한 비상사태 선포 시도는 낙태 허용 여부에 대한 권한을 일방적으로 각 주에서 연방정부, 그중에서도 특히 그가 맡고 있는 행정부로 이관하려고 한 것이다. 이와 같은 논쟁적인 문제에 대해 예외적 상황이라는 법적 장치를 동원하면 헌법에 명

---

*   Roe v. Wade: 1973년 1월 22일 미국 연방대법원은 낙태를 처벌하는 법률이 미 수정헌법 제14조의 '적법 절차 조항에 의한 사생활의 헌법적 권리'에 대한 침해로서 위헌이라는 결정을 내렸다.

**   Thomas E. Dobbs, State Health Officer of the Mississippi Department of Health, et al. v. Jackson Women's Health Organization, et al.: 2022년에 열린 이 재판에서 미국 연방대법원이 미국 헌법은 낙태의 권리를 인정하지 않는다고 판결했다. 원고인 미시시피주 보건부의 보건 담당관의 이름을 따 보통 '돕스 재판'으로 불린다.

시된 권한 위임을 피해 가게 될 것이다.

우리가 법체계 안에서 비상사태에 관한 조항들을 유지하기로 한다면 최소한 이런 조항들이 비상사태에 실제로 도움이 된다는 것을 입증할 증거를 요구해야 한다. 다양한 비상사태와 관련된 헌법을 연구한 한 논문은 기대와는 정반대로 "비상헌법이 행정부에 비상사태 관련 권한을 더 많이 부여할수록 자연재해가 일어났을 경우 심각성을 제대로 알리지 않아 더 많은 사람이 죽었다"고 밝혔다. 예상치 못한 결과였기 때문에 이 논문의 저자들은 몇 가지 가능한 설명을 찾아보고 다음과 같은 결론을 내렸다. "가장 그럴듯한 것(설명)은 정부가 자연재해를 자신들의 권한을 늘리는 구실로 삼았다는 것이다."[29] 맙소사. 누가 생각이나 했겠나?

우리는 또한 예외적 상황에 대해 **영구적으로** 제한을 두어야 한다. 정상적인 사회에서는 비상이라고 말할 수 있는 상황에서도 결코 포기해서는 안 되는 인간적, 정신적 미덕이 있다. 우리에게 이것을 상기시켜 줄 책임이 가장 큰 사람들이 몇몇 주목할 만한 예외적 경우를 제외하고는 이런 일을 제대로 하지 않았다. 불행히도 팬데믹 동안에 너무도 많은 종교 지도자와 성직자가 새로운 테크노크라시를 받드는 자발적 사제로 처신했다. 이제 그들에게 맡겨진 공동체를 이끄는 영적 지도자라는 본분으로 돌아갈 때가 되었다.

제도적 개혁

우리의 공중보건 기관들, 과학연구소들 그리고 의료 체계도 우리

를 실망시켰다, 끝. 이러한 기관들에 대한 대중의 신뢰를 회복하는 데
는 수십 년이 걸릴 것이다. 교육을 많이 받은 전문직을 포함해 많은 사
람이 더 이상 의사를 만나려고 하지 않는다. 어떤 사람들은 다시는 병
원에 가지 않겠다고 한다. 사람들은 의학이나 공중보건에 대한 믿을 만
한 정보를 어디서 얻어야 할지 모른다. 우리가 마스크를 쓰고 있는 동
안 팬데믹은 그 자체로 일종의 **마스크를 벗겨 주는** 존재였다. 많은 공공
기관이 이미 내부적으로 얼마나 썩었는지 보여 주었다는 점에서 그랬
다. 이런 공공기관들을 내부에서부터 재건하는 데는 한 세대 이상이 걸
릴 것이다. 많은 경우 낡아 빠진 과거의 구조를 고치려고 하기보다는
완전히 새로운 기관을 만드는 것이 더 생산적일 것이다.

　뿌리 깊은 행정국가*의 이해관계와 기관 자체가 목적으로 변질한
그간의 경과를 볼 때 국립보건원NIH, 질병통제센터CDC, 식품의약국
FDA 등 보건후생부의 관료 시스템에 요구되는 개혁은 당분간 없을 수
도 있다. 새로운 수장들이 유능하고, 정직하고, 좋은 의도를 가진 지도
자들이라고 해도 굳어진 부패 성향을 제어하거나 깊이 뿌리내린 이해
충돌을 도저히 풀지 못할 수도 있다. 한 아이비리그 대학에 교수로 재
직 중인 친구는 대학이 젊은 세대를 희생시키고 있다고 말했다. 혹자는
딥 스테이트deep state로 부르는, 행정국가라는 거대 괴물도 같은 방식
으로 젊은 세대를 희생시키고 있다. 전면적인 개혁이 없다면 적어도 공
중보건 기관들이 가지고 있는 거대한 독점적 권한을 줄여야 한다.

　두말할 나위 없이, 미국의 팬데믹 대응책에 대해 의회에서 초당적

＊　administrative state: 민주주의 국가들 가운데 입법, 사법권보다 행정 기능이 월등히 크
　　고 강한 국가.

으로 조사할 필요가 있다. 나는 대통령이 세 글자 기관, 즉 NIH, CDC, FDA의 수장을 임명할 때 임기를 분명히 정하는 것과 함께 의회의 비준을 받아야 한다고 본다. 제2장에서 나는 제약회사와 관련된, 경제적 이해관계자에 의한 이런 기관들의 규제 포획에 대해 간략히 설명했다. 이러한 금전적 이해충돌을 줄일 수 있는 강력한 방화벽을 세워야 한다. NIH, CDC, FDA 등 모든 규제 기관은 절대 제약회사의 재정 지원을 받지 말아야 한다.

이 분야에서의 '민관협력'은 부패와 기관 포획의 완곡한 표현이며 협동조합주의를 가리는 얄팍한 술수다. 이런 기관의 재정은 의회의 엄격한 감시하에 정부 예산으로 직접 충당되어야 한다. 제약회사들은 그들이 제조하는 다른 약과 똑같이 그들이 생산하는 백신의 안전성 문제에도 책임져야 한다. 일단 손해배상에 대한 면책이 없어지면 이런 회사들은 판매하기 전에 더 적절한 안전성 시험을 하여 한층 더 안전한 제품을 만들 것이다.

또한 제약업계로 이직하는 회전문을 닫아걸 필요가 있다. 규제 기관에 근무하는 사람들의 취업 계약에 퇴직 후 일정 기간(15년도 그리 길지 않을 것이다)은 최근까지 자신들이 규제했던 회사에 취업하지 못하도록 하는 조항을 넣어야 한다. 다른 업계에서 적용하고 있는 경쟁 금지 조항 같은 법적 장치도 도움이 될 수 있다. 제약회사 고위직에 있던 사람이 규제 기관으로 자리를 옮기는 것은 절대 안 된다. 내 친구 로버트 멀론은 제약회사 임원들 다수가 이사로 참여하고 있는 CDC와 NIH 재단은 즉각 해체되어야 한다고 설득력 있게 주장했다. 연구 재원이나 공중보건 정책에 관한 정부의 의사결정에 영향을 주는 민간 기부는 용인될 수 없다. 멀론은, 금전적 이해관계자가 연방정부의 의사결정에 기업들이 부당한 영향을 미치는 것을 막기 위해 만든 연방법을 우회하는 데 이런 재단들을 의도적으로 이용하고 있다고 지적한다.[30]

제약회사들은 현재 자신들이 생산한 약에 대한 임상시험을 직접 하고 있다. 이런 관행은 잠재적인 문제가 있다. FDA 승인에 필요한 임상시험은 공적 재원으로 제약회사와 금전적인 관계가 없는 연구 인력에 의해 이루어져야 한다. 재원은 제약회사의 이익에 부과하는 세금으로 마련해야 한다. 출판된 최종 보고서뿐 아니라 임상시험에 나온 모든 비실명 데이터는 FDA의 데이터베이스로 보관되어 독립적인 분석을 위해 열람할 수 있도록 공개해야 한다. 제2장에서 설명했듯이 이것이 우리가 정보공개법에 따라 화이자 백신 데이터를 청구한 목적이다. 관련된 시민들이 이런 종류의 데이터를 입수하기 위해 비용이 많이 드는 개별적 소송을 하도록 놔둬서는 안 된다.

CDC는 별도의 기능을 가진 두 개의 독립 기관으로 즉각 분리해야 한다. CDC는 한편으로는 현재 과학 데이터 수집 기능을 가지고 각 주에서 역학조사 데이터를 수집해 종합 발표하고 있다. 이런 데이터는 미국 내 의학 및 보건 연구자들에게 매우 중요하다. 다른 한편으로 CDC는 정치적 의미를 지닐 수밖에 없는 공중보건 권고 사항과 정책을 입안하는 일을 책임지고 있다. 때로 이 두 가지 기능은 어긋나거나 정면으로 충돌한다. 예를 들면 2021년과 2022년에 CDC는 데이터를 공개하면 '백신 접종을 주저하는 사람'이 늘어날 수 있다는 이유를 들어 (정책적 기능) 팬데믹에 관한 데이터 발표 (과학적 기능)를 중단하거나 지연시켰다.

이런 서로 다른 기능은 둘 사이에 방화벽을 두고 운영되는 완전히 분리된 두 기관으로 나눠야 한다. 데이터를 발표하는 기능만 가지고 각 주와 다른 정보 출처에서 수집된 데이터를 법에 따라 의무적으로 발표하는 국립 역학조사원을 설치해야 한다. 그다음에 공중보건과 정책 권고안을 책임지는 별도의 기구를 생각해 볼 수 있다. 한 지붕 아래 이러한 기능을 같이 두면 팬데믹 기간에 문제가 불필요하게 복잡해진다.

과학적 연구 결과의 발표와 홍보와 관련해서도 대대적인 개혁이 필요하다. 과학 연구의 많은 전문 분야는 소규모 연구원 커뮤니티를 포함하여, 같은 계통에 있는 선임 학자가 동료의 연구논문 심사를 맡고, 권위 있는 저널에서 편집위원으로 일하며, NIH의 보조금 요청을 검토하고, 학계 동료의 승진 여부에 투표하고, 동료가 다른 기관에 정규직으로 취업하고자 할 때 추천서를 써 준다. 동료 논문 심사라는 개념은 합리적으로 들린다. 그러나 현행 제도에는 심각한 부정적 요소가 있다. 지금 정해져 있는 대로라면 몇 안 되는 고참 연구원들이 과학 분야 학술 연구직의 경력 관리에 필수적인 모든 관문에서 대부분 심사를 맡는다. 논문 출판, 연구비 조달, 승진 그리고 정년 보장.

이런 현실은 후배 교수들이 학자로서의 경력에 피해를 염려하여 심사를 맡은 선배 교수들의 일치된 의견에 이의를 제기하는 것을 통상 꺼리는 문화를 형성한다. 우리는 모든 과학자가 열린 마음을 가지고 토론과 이의제기를 환영한다고 믿고 싶다. 실제로 집단사고를 장려하는 과학 기관 내부에는 강력한 중앙집권화 경향이 있다. 통설은 기성 이해집단이나 영향력을 가진 인물에 의해 이끌어진다. 일반적으로 이 인사들은 조직 내의 젊은 신진 학자들이나 의견을 달리하는 사람들이 자신들의 권위나 영향력에 도전하는 것을 싫어한다. 슬프지만 과학도 나약하고 어리석은 인간의 본성을 벗어날 수 없다. 그리고 과학 연구도 인간이 하는 일에 불과하다.

현재 익명으로 진행되고 있는 동료 논문 심사는 그 과정이 번거롭고 자주 편향성을 보이기 때문에 공개적인 동료 논문 심사 제도로 대체해야 한다. 공개적인 동료 논문 심사 보고서는 심사에 참여한 사람들의 명단을 첨부하여 관련 논평과 동시에 출판될 수 있어야 한다. 이러한 부수적인 논평은 방법론을 비판하거나, 연구의 전후 관계를 연결하거나, 연구 결과의 현저성顯著性과 한계를 설명할 수 있다. 혹은 출판된 논문이 왜 명백히 틀렸고 가치가 없는지 그 이유를 제시할 수도 있다. 비판적인 독자들은 둘 다를 읽고 스스로 결론을 내릴 수 있다. 견실하고 정확한 연구 결과를 내놓은 사람들은 공개적인 토론을 두려워하지 않을 것이다. 새로운 연구 결과물이 나와서 이의제기를 받았다고 생각하는 사람들은 왜 상대방이 틀렸는지 그 이유를 밝혀야 할 것이다.

연구 결과에 대한 데이터 마이닝 및 결과물에 대한 통계학적 방적statistical spinning을 다루기 위해 과학계에서는 연구가 수행되기 전에 연구방법론을 제시하도록 요구하는 제안이 이미 있다. 이렇게 하면 시험이 끝나는 시점에 이루어지는 사후 변경을 예방하고 연구 설계와 발표된 시험 결과의 충실성을 약화시킬 수 있는, 결과만을 따먹으려는 통계적 장난을 막을 수 있다. 발표된 생물의학 연구 결과의 약 85퍼센트가 다른 연구자들의 후속 연구에서 재현될 수 없었다는 것은 수치스러운 일이다.[31] 지금은 널리 알려진 의학 연구에서 반복 실험의 위기*는 발표된 연구 결과의 정확성, 질적 수준 그리고 재현 가능성을 향상할 수 있도록 대대적으로 개혁해야 한다. 나는 과학의 적이 아니라 친구다. 나는 벌거벗은 임금님을 가리키는 어린 소년으로서가 아니라 파티에서

---

* crisis of replication: 과학 실험에서 동일 조건에서는 동일한 결과가 나와야 함에도 불구하고 결과가 달라지는 것을 의미한다.

친구에게 바지 지퍼를 올리라고 조심스럽게 속삭이는 사람으로서 이런 말을 하는 것이다.

여기서 학계가 해야 할 역할이 있다. 완성도와 관계없이 학술 저널에 일단 "발표하든지 사라지든지"라며 압력을 가하는 것은 쓰레기보다 별로 나을 게 없는 설익은 '연구논문'을 산더미로 양산하고 아무도 읽거나 인용하지 않는 허접하고 무의미한 논문을 "끼리끼리 심사하여" 실어 주는 학술지를 남발하는 결과를 가져온다. 학자로서의 성공 여부는 양이 아니라 질로 평가해야 하며 발표한 논문 외에도 교수로서의 다른 기여(강의, 임상 치료, 대학 보직, 지역 봉사활동)를 따져 봐야 한다. 우리의 공중보건 기관들과 마찬가지로 과학 저널들도 광고와 인쇄본 판매 등으로 제약회사에서 돈을 받는 것을 중단해야 한다. 이렇게 되면 동료 논문 심사 저널들을 지원하는 추가적인 재원이 있어야 한다. 그러나 곧 알게 되겠지만 공적 예산에 부담을 주지 않고도 가능한 다른 해결책이 있다.

전에 하버드 대학에서 역학 교수를 지냈으며 지금은 브라운스톤 연구소에 재직하고 있는 내 동료 마틴 쿨도르프Martin Kulldorff는 팬데믹 동안에 가장 온당하고 양식 있는 목소리를 낸 사람들 가운데 하나다. 그는 코비드가 유행하는 동안 가장 우수한 평가를 받은 몇몇 연구논문들은 미국, 영국 혹은 '과학 강국'으로 간주되어 온 나라에서 나오지 않았다고 지적했다. 그런 논문들은 카타르, 이스라엘, 덴마크, 스웨덴 그리고 아이슬란드에서 나왔다. 쿨도르프는 그 한 가지 이유로 이런 나라들의 과학자들은 과학 강국의 과학연구소를 좌지우지하는 주요 '카르텔'로부터 어느 정도 떨어져 있기 때문이라고 주장한다. 이런 나라들의 과학연구소들은, 특히 연구에 필요한 재원이라는 점에서 더 주변부에 밀려나 있다.

역설적으로 이런 상황이 주변부적인 연구가 아니라 팬데믹에 대한 우리의 이해를 증진시킨 혁신적이면서도 중요한 연구를 하도록 만들었다. 이런 곳들은 꼭 했어야 하지만 하지 못한 연구를 주로 했다. 코비드 치료, 자연면역 그리고 백신 효과에 대한 가장 의미 있는 연구논문은 대부분 미국과 영국이 아닌 다른 나라에서 나왔다. 과학사와 의학사를 공부한 사람이라면 누구나 이런 일이 드물지 않다는 것을 알 것이다. 혁신과 중대한 발전은 주로 경직되고 고착된 중심이 아니라 창의적인 주변에서 나온다.

주류 의학 저널들에 있는 몇 안 되는 편집자들이 논문 게재를 좌지우지하는 것을 막기 위해 쿨도르프는 대학마다 소속 교수들이 연구논문을 발표할 수 있는 자체 학술지를 발행할 것을 제안했다. 개방형 동료평가 의견을 낼 수 있는 더 많은 과학계 인사들을 (초빙된 심사위원들뿐 아니라) 폭넓게 참여시키면 편집만으로 과실을 챙기는 학술 저널들이 과학계의 목소리를 제한하는 것을 막을 것이다. 이렇게 제도를 바꾸면 어떤 저널에 게재되었는지가 아니라 인용된 횟수, 시간이 가면서 이루어진 후속 작업 제안과 해당 분야에 기여한 영향에 근거해 그 논문의 중요성이 높아진다. 수십, 수백 년 동안 계속 출판되어 고전이 되는 책과 같이 좋은 논문들은 기억될 것이고 조잡한 논문들은 결국 잊혀질 것이다.

과학 연구를 위한 재정 지원 역시 NIH 내의 소수 그룹에 의해 좌우될 수 없다. 이들 가운데 상당수는 어려운 재선 과정을 거치지 않는 바나나공화국의 대통령처럼 행세하며 수십 년 동안 같은 자리에서 권력을 쥐고 있다. 명목만 있는 직위를 두는 NIH의 현행 시스템은, 앤서니 파우치 같은 사람들이 그들이 이끄는 1차 연구자들과 대학 연구직들로 이루어진 연구팀에 대해 막대한 권한을 행사하도록 허용하여, 한 사람이 한 세대 이상 감염병 연구 과제 전체를 정하도록 하고 있다. 이러한 독점 구조를 깰 수 있는 여러 가지 방법이 있다.

나는 연방정부가 과학 연구를 지원할 수 있도록 각 주에 정액 교부금을 주는 것을 제안한다. 그렇게 함으로써 각 주가 자체적으로 NIH 기관을 설립하는 것이다. 하나의 국립보건연구원 대신에 50개의 주립 보건연구원을 둘 수 있다. 각 주는 매력적인 보조금을 제공함으로써 연구원을 놓고 경쟁할 수 있으며, 또는 시민들에게 영향을 미치는 문제나 질병에 초점을 맞춘 거대 과학연구사업 내의 특정 틈새시장을 개척할 수도 있다. 알래스카는 저체온증, 하와이는 일사병, 워싱턴은 계절성 정서장애 등등. 몇 개 주가 제휴하여 함께 연구비를 마련해 더 많은 자원이 필요하거나 더 넓은 지역에 영향을 미치는 대규모 연구 프로젝트를 추진하는 데도 아무런 문제가 없다.

팬데믹 이전까지는 항상 그래왔듯이, 의사들은 재량에 따라 자유롭게 성분 처방이나 정해진 용도 외 처방을 다시 할 수 있어야 한다. 이것은 오랫동안 연방 법률로 허용되어 왔으며 모든 의학 부문의 일상적인 관행이다. 약국과 병원이 적절한 의학적 평가를 한, 면허를 가진 의사의 처방을 거부할 수 없도록 해야 한다. 동료 의사인 피에르 코리 Pierre Kory 박사는 이 점에 대해 할 말이 더 많다. 들을 만한 이야기라고 생각한다. 의사들은 환자마다 개인적 특성에 맞춰 치료할 재량권이 필요하다. 환자 개개인은, 사람들이 모두 그렇듯이, 독특하고 유일무이하다. 임상에 있는 일선 의사들의 현장 경험에서 나오는 새로운 궁리와 데이터는 하나하나가 상아탑에서 이루어지는 연구 못지않게 새로운 병원체를 다루는 데 있어 긴요하다. 이 두 영역은 영향을 주고받으며 상호 보강할 필요가 있다. 이제 다시 의사를 의사답게 만들어야 한다.

고지에 입각한 동의를 의료윤리의 중심적 위치로 다시 돌려놓아야 한다. 그러나 대중에게 정확한 정보를 제공하도록 해야만 정보에 입각한 동의를 확립할 수 있다. 따라서 자유롭고 중립적인 미디어가 매우 중요하다. 나는 자유로운 과학 언론을 비롯해 정부와 사적 이익집단의 강압에 굴복하지 않는 자유언론이 왜 필요한지 그 이유가 분명히 알려졌으면 좋겠다. 자유로운 언론매체가 없다면 게임은 끝이다. 검열과 과학은 결코 양립할 수 없다. 광고의 역할과 돈과 직결된 낚시성 기사의 유혹을 생각하면 미디어 업계에 만연한 이해충돌은 풀기 어려운 문제다.

한 가지 중요한 방책은 소비자를 상대로 직접 약 광고를 할 수 없게 해야 한다. 거대 미디어 그룹들은 막대한 광고비 수입을 올릴 다른 광고주를 찾아야 할 테고, 제약회사들은 광고비로 쓸 돈을 연구개발에 돌릴 수 있게 될 것이다. 이미 언급한 바와 같이 미국은 텔레비전과 라디오 광고에서 "전문의에게 문의하세요"라는 광고 문구를 허용하는 겨우 두 나라 가운데 하나다. 이런 광고를 처음 보면 다른 나라 사람들은 바로 말도 안 되는 광고라고 생각할 것이다. 의사들은 처방 약을 검증하는 사람들이다. 그것이 학부를 마치고 전문의 자격을 얻기까지 최소 7년의 수련 기간을 거쳐야 하는 이유다. 처방 약을 처방전 없이 약국이나 우편 주문으로 살 수 없는 데는 이유가 있다. 텔레비전에 약을 광고하는 것은 부적절할 뿐 아니라 천박하다. 그것은 의료진에게 해롭고 대중에게 피해를 준다.

현재 벌어지고 있는 과학과 의학의 위기 상황을 염려하는 비판적 지식인들은 많은 제안을 내놓았다. 재현의 위기, 즉 대부분의 과학적 연구논문의 결과를 후속 연구에서 재현으로 논증하지 못하는 문제는 이미 이 분야에서 고민해 온 것이다. 오만과 도를 넘는 자부심은 여전히 끈질긴 유혹으로 남아 과학의 엄격성을 훼손한다. 그러나 이런 시스템을 저지하고, 비뚤어진 유인책을 최소화하며, 과학 분야에서 인간의 욕망, 자존심, 허영심 그리고 질투심으로 인한 부정적 효과를 억제할 수 있는 사려 깊은 방법들이 있다.

특정 제안의 장단점에 대해 우리는 끝없이 논쟁할 수 있으며 논쟁해야 마땅하다. 그러나 우리는 우리의 과학, 의학 그리고 공중보건 기관들이 뭔가 잘못됐고 그것도 심각하게 잘못됐다는 근본적인 합의에서 출발해야 한다. 이러한 심각한 문제를 해결하려면 심도 있는 개혁이 필요하다. 이러한 병폐에 대한 최선의 처방을 놓고 토론할 수 있고 토론해야 하지만 최소한 진단에 대해서는 폭넓은 합의가 이루어지기를 바란다.

이성의 간교함

극작가, 수필가 그리고 반체제 정치인이었던 바츨라프 하벨은 소비에트 제국이 무너진 이후 체코공화국의 대통령으로 선출되었다. 링컨과 처칠 그리고 다른 유명한 예외적인 사례들이 있긴 하지만 대부분의 정치인과는 달리 하벨은 아름다운 산문을 썼다. 「정치와 양심」이라는 뛰어난 글에서 하벨은 현대의 정치 상황을 그가 동유럽에 살면서 겪었던 변화의 관점에서 조명했다. 그는 통치자와 지도자는 어떻게 권좌에 올랐는지와 상관없이 과거에는 그들 각자가 "특정한 얼굴을 가진 개성적인 존재들이었으며 좋건 나쁘건 그들이 한 일에 대해 여전히 개인적 책임을 지고 있었다"라고 말했다.

그러나 현대에 와서 실존적 정치인이 관리자, 관료, 기관원, 테크노크라트로 대체되었다. "직업적 통치자, 심리통제사, 관리 및 심리통제 분야의 기술자 그리고 불명료화가 탈인간화를 가져왔는데, 이것은 기능적 관계로 교차된 결과다." 이들 통치자들은 각자가 "국가라는 기계에서 미리 정해진 역할을 하는 하나의 톱니바퀴다." 오늘날 직업적 통치자는 익명의 권력을 가진, 우리가 알지 못하는 도구다. "과학, 사이버네틱스, 이데올로기, 법, 추상화 그리고 객관성 — 즉 개인과 이웃으로서의 인간에 대한 개인적 책임을 제외한 모든 것."[32] 기술관료들의 공적인 가면을 벗기면 그 밑에는 아무것도 없다. 이것이 생물의학 보안 국가를 관리하는 얼굴 없는 도구다.

하벨이 쓴 것처럼 "이 현명해 보이는 가면과 꾸며진 언사 뒤에 사랑, 열정, 관심, 개인적 의견, 증오, 용기 혹은 잔인함을 드러내며 자연계의 질서에 뿌리박고 있는 인간의 면모는 조금도 없다." 이 모든 것들은 그의 사적 공간에 숨겨져 있다. "이 가면 뒤에서 우리가 볼 수 있는 것이 있다면 그것은 능력이 좀 있는 권력 기술자의 모습일 것이다." 하벨은 그 결과를 "국가는 더욱더 기계같이 된다. 인민은 유권자, 생산자, 소비자, 환자, 관광객 혹은 군인 들로 이루어진 통계적 합창단이다"라고 설명한다.[33] 우리 시대의 지배자와 피지배자는 인간이라는 부품으로 만들어진 이 기계에 포섭되어 있다.

알래스데어 매킨타이어*에서 필립 리프**에 이르기까지 다른 현대 사상가들 역시 이러한 도덕관념 없는 관리자, 계산적인 치료 기술자를 우리 시대 지배자의 전형으로 보았다. 매킨타이어의 설명에 따르면, 이런 관리자는 목표를 항상 자신의 능력으로는 어떻게 할 수 없는 것으로 치부하며 그가 책임질 수 있는 범위를 벗어나 있다고 생각한다. 그의 관심은 기술, 즉 이미 정해진 목표를 추구할 효과적인 수단에 국한된다. 합리성만이 중요하다. 이런 간교한 변명으로 개인적인 이익, 자기 중심적인 계획 그리고 자신의 권한 밖에 있는 권력에 의해 결정되는 외부의 이익을 추구한다. 기술관료는 명령을 따를 뿐이다.

목표는 포장된 기성품으로 온다. 그리고 관리자로서의 정치인은 그러한 목표 추구에 따른 책임을 떠넘길 수 있다. 실제로 팬데믹 기간에 지도자들은 하나같이 '전문가들'이 말한 대로 했다면서 책임을 회피했다. 그러나 그 전문가라는 사람들이 자신(정치인)들의 취향에 맞는 정책을 찬성했기 때문에 선택됐다는 것을 인정해야만 한다. 찬성하지 않는 사람은 누구나 '반反과학자' 혹은 '팬데믹 부인자'라고 욕을 먹었다. 팬데믹 대책을 총괄하는 이러한 유형의 인물은 처음부터 눈에 띄었다. 내가 말했듯이 단순한 관료가 책임 소재도 불분명한 가운데 거대한 권력을 휘두르며 문자 그대로 관료주의가 된다.

이것을 치료하려면 우리는 첫째, 우리의 지도자들이 그들이 내린 결정에 대해 책임지도록 해야 한다. '과학'이나 '전문가' 뒤에 숨어 책임을 회피하는 것이 정치활동의 선호하는 행태로 이어지게 할 수는 없다. 팬데믹 동안 내려진 결정 중에 많지 않은 도표나 그래프를 읽어 보

---

*   Alasdair MacIntyre: 철학자이자 윤리학자. 저술로 『덕의 상실』, 『철학의 과업』 등 다수가 있다.

** Philip Rief: 심리학자이자 철학자. 저술로 『치료상의 승리: 프로이트 이후의 신앙 활용』 등이 있음.

고 내린 것은 없었다. 그렇다. 결정권자들은 다양한 전문 분야의 정보를 얻어야 한다. 코비드 전염병의 상황을 보여 주는 것뿐 아니라 수백 개 다른 분야에서 나오는 정보를 담고 있는 도표와 그래프는 중요한 의미를 갖고 있다.

그러나 이 모든 것이 갖춰진다고 해도 락다운이나 집단 백신 접종 같은 특별한 정책 결정이나 비상사태를 우선 선포하는 것이 정당화될 수 있는지 그 여부를 판단하는 데는 1,000여 개의 정성적인 요소가 작용한다. 불확실성에 직면하여 중대한 결정을 내리는 일은 물론 어렵다. 우리는 실수를 바로 용서할 수 있다. 다만 실수를 인정하고 바로잡을 때만 용서할 수 있다. 그러나 자신들이 내린 결정에 대한 책임을 저버리는 정치적 결정권자들을 계속해서 너그럽게 봐줘서는 안 된다.

허구적으로 뭉뚱그려진 '과학'이 아니라 구체적인 개인들이 내가 이 책에서 비판하는 공공정책을 결정한다. 대부분의 중요한 팬데믹 관련 결정들은 대실책이어서 그것으로 인한 참상은 이루 헤아리기 어렵다. 우리 지도자들의 책임이다. 정도의 차이는 있겠지만 사실 우리 모두의 책임이다. 이른바 대의민주주의 국가의 시민으로서 책임이 있다. 내가 이런 일이 일어나도록 했고 당신도 그냥 놔두었으며 그들 모두가 묵인했다. 그런 상황이 벌어진 것은 우리 탓이다. 민주공화국에서 우리가 얻는 통치자의 수준은 우리 하기 나름이다.

:

이 책의 막바지를 향해 가고 있지만 지금까지 참아 준 독자들이라면 막판에 잠깐 옆길로 빠져 철학적인 이야기를 해도 용인해 줄 것이다. 제3장의 끝부분에서 이야기한 바와 같이 플라톤에서 시작한 서양 철학의 주류는 인간이 합리성의 보편적 형식, 즉 현실의 모든 것을 알려주는 초월적 로고스(이성, 언어, 이치 그리고 명료성을 동시에 의미하는 그리스적 개념)에 참여한다고 주장한다. 보편적 이성에 공동으로 참여하는 것은 과학적 진리를 추구하여 그것을 전달하고 이해하기 위한 전제조건이다.

이 공동 참여를 생각하면 우리는 공동으로 진리를 찾아가는 과정에서 서로 숙고하고 토론할 수 있다. 우리가 검손한 태도로 끈기 있게 노력한다면 실수를 바로잡고 불완전하게나마 우리 자신의 편협하거나 이기적인 관심보다 진리를 더 우선시할 수 있을 것이다. 이성은 단지 술수를 부리는, 수단적이기만 한 권력의 도구가 아니라 그 이상이 될 수 있다. 나와 너는 의견이 다를 수 있다. 그러나 나는 너를 한 개인으로 존중하고 배려한다. 진리를 추구하고 발견할 수 있으며 일단 진리를 찾으면 아마도 그것을 인정할 수 있는 사람이라고 생각한다. 우리는 모두 불완전한 존재로 로고스의 일부다. 그래서 진리 탐구는 끝없이 진행된다. 우리 가운데 어느 개인이나 파벌도 이성을 독점하지 못한다.

500년 전까지 거슬러 올라가고 마르크스로 타의 추종을 불허하게 우뚝 대표되는 현대 합리주의 철학의 한 갈래는 인간의 합리성에 대해 매우 다른 견해를 보여 준다. 헤겔의 뒤를 이어 마르크스는 역사는 필연적으로 인간의 해방을 향해 나아간다고 주장했다. 그러나 이러한 자명한 공리公理는 마르크스가 현실적으로 유효한 것, 즉 역사 발전을 완성할 방법을 찾기 위해 진리 탐구를 포기하는 것을 의미했다. 마르크스의 유명한 말처럼 다른 철학자들은 단지 세계를 이해했지만 중요한 것은 세계를 바꾸는 것이다. 마르크스가 좌불안석하며 그의 철학사상을 실천하기 위해 이론화하던 관념주의적 태도를 버리려고 했던 것도 아니었다. 그의 발언의 근저에는 급진적으로 재정의된 진리와 지식의 개념이 깔려 있다.

그가 생각한 개념에서 인간은 더 이상 이성, 즉 진리, 현실, 우주, 신 혹은 우리를 초월하는 그 어떤 것에 의해 평가되지 않는다. 그 반대로 인간이 이성의 척도다. 이성은 오로지 인간의 목표를 달성하는 데 도움이 되는 실용적 도구일 뿐이다. 마르크스가 볼 때 합리성은 사물의 진리를 찾아내지 못한다. 합리성은 대신에 물질적인 세계를 바꾸는 활동의 동력이다. 마르크스의 용어를 빌리면, 이성은 '실천praxis'의 동인이다. 이성은 있는 그대로의 세계를 파악함으로써 진리를 **인식하지** 못한다. 그야말로 진리는 저 밖에 있어서 우리가 **발견하는** 것이 아니다. 이러한 관점에 따르면 이성은 오히려 혁명적 행동을 통해 세계를 바꿈으로써 진리를 창조한다. 문자 그대로 진리는 **우리가 만드는** 것이다.

마르크스의 제1 명제를 생각해 보자. 역사는 오로지 물질적인 요인과 사회적 조건의 영향을 받아 정해진 방향으로 진행한다. '관념'은 역사의 물결 위에 떠 있는 거품으로, 즉 전적으로 하부의 물질-사회-경제적 힘에서 비롯된 일종의 '상부구조'다. 따라서 이러한 물질과 사회적 힘에 변화가 없으면 인간의 관념도 바뀌지 않는다. 마르크스의 관점에서 역사는 인과적 힘이 없는 관념이 아니라 오로지 비인간적인 물질과 경제적 힘으로 움직인다. 이런 개념이 어떻게 역사는 미래의 유토피아에서 완성된다는 인식과 맞아떨어지는지 그것은 마르크스 사상의 심각한 문제지만 지금은 잠시 제쳐두기로 하자.

우리를 트랜스휴머니스트적인 계획으로 끌어들이는 이런 이론에서 한 가지 결론은 마르크스가 인간 본성 같은 것의 존재를 부인한 최초의 철학자라는 것이다. 인간에게 전승된 것은 없다. 인간성은 우리 스스로 만드는 것일 뿐이다. 이런 관점에서 보면 자유는 **스스로 결정하는 것**일 뿐 아니라 근본적으로 자신이 **스스로 만드는 것**이다. 역사의 오디세이는 유아독존적이며 자기 운명의 주인이 되는 신격화된 자기 창조적 인간으로 귀결될 게 틀림없다. 인간은 고결함이나 어떤 초월적인 것에 의해서가 아니라 정치적, 물질적인 상태를 개조하려는 인간의 노력으로 신성을 부여받는다.

어쨌든 지금 우리가 스스로 자기 자신을 만들 수 없다는 것은 자명하다. 모든 개인은 어머니에게서 태어나고 아버지가 있으며 거기에 의해 결정된다. 우리 각자는 배꼽이 있다. 그러나 마르크스는 우리를 단지 물질이나 경제력의 소산으로 보아 **사회적인** 자기 창조라는 사상을 주창한다. 우리는 정치·경제 활동을 통해 우리 자신을 새로 창조한다. 이러한 수단을 통해 우리는 세계를 완전히 맨땅에서부터 다시 건설한다. 우리는 물질적인 세계를 근본적으로 재창조함으로써 완전히 다른 인간을 만든다. 따라서 이전의 모든 역사와 철저히 단절된 완전한 혁명은 인류를 **무에서부터**ex-nihilo 새로 창조하는 것처럼 완전히 다르게 개조할 수 있다.

이제 이러한 철학의 실제적인 결과를 이야기해 보자. 이러한 견해에 따르면 과학과 기술은 우리의 자기 창조를 가능하게 하는 도구다. 마르크스는 그의 사상이 세상을 이해하는 철학이 아니라 세상에 적합한 철학이라고 말하지 않을 것이다. 합리성은 사물을 내 생각대로 만들기 위해 현실을 조작하는 도구로서 유용할 뿐이다. 이것이 이성의 간교함이다. 사상은 단지 생산 도구에 불과할 뿐이며 어떤 초월적 진리의 반영이 아니다. 사실 마르크스는 사람들이 진리로 받아들이는 사상이 있다면 그것은 노예를 만들 수 있을 뿐이라고 생각했다. 따라서 수많은 마르크스의 후예들이 극단적 상대주의를 따르며 트랜스휴머니스트도 그중 하나다.

이와는 대조적으로 고대의 플라톤적 합리주의 사상에 따르면 인간은 이치를 따지고 생각하며 공동으로 진리를 추구할 수 있다. 이성은 단순히 도구적 수단이 아니다. 이성은 관조적이다. 지식은 그 자체로 본질적 선이다. '이성의 빛'이라는 이러한 개념은 캘리포니아 대학의 교표에 들어 있는 펼쳐진 책 위에 새겨진 교훈에도 나와 있다. Fiat Lux, 빛이 있으라. 인간은 지성의 빛을 통해 세계를 이해할 수 있게 되었다. 사실 창조 그 자체도 바로 로고스, 즉 이성을 통해서 알 수 있다. 현실은 질서정연하고 인식할 수 있는 구조로 되어 인간 정신이 그것을 이해하고 물리학과 다른 과학적 법칙으로 설명할 수 있다. 이성의 빛은 우리의 자유를 침해하지 않는 가운데 부드럽게 동의를 구한다. 우리는 2 + 2 = 4를 '보면' 조금도 강압을 느끼지 않고 흔쾌히 이 명제에 동의한다.

여기서 본론으로 들어가자. 팬데믹 기간에 많은 이들이 데이터와 증거가 왜 코비드에 대한 일부 인사들의 확신이나 공공정책에 영향을 주지 않는 것처럼 보였는지 황당하게 생각했다. 그 이유는 아마도 (이 용어의 의미를 폭넓게 이해하는) 절대적인 플라톤주의자들이 (마르크스의 책을 한 단어라도 읽었는지와는 상관없이 널리 알려진) 절대적인 마르크스주의자들과 소통하려고 노력한 탓일 것이다. 함께 참여하는 이성을 생각하는 사람들은 유물론적, 도구적 이성을 생각하는 사람들이 알아들을 수 없는 말을 했다. 이성의 빛은 이성의 간교함과 교감할 수 없다. 둘 사이에는 접점이 있을 수 없다. 같은 말을 해도 양자에게는 완전히 다른 의미로 들린다. 진리는 우리가 세상에서 발견하는 것인가? 아니면 순전히 우리의 권력 의지가 만들어 내는 것인가? 이 근본적인 물음에 대해 다른 답을 하는 사람들은 과학이나 증거를 놓고 유익한 토론에 함께할 수 없다.

고대와 현대 철학을 관류하는 이 두 가지 근본적인 흐름은 기본적으로 우리에게 **설득**과 **강압** 중에 하나를 선택하도록 한다. 프랑스 철학자 시몬 베유Simone Weil는 제2차 세계대전의 참화를 겪으며 죽기 직전에 쓴 그녀의 역작『뿌리의 필요성The Need for Roots』에서 그 문제를 이렇게 기술했다. "우리는 우주에 폭력과 아울러 다른 원리가 작용한다고 인식하거나 그렇지 않으면 폭력이 인간관계에도 유일무이한 최고 지배자로 군림한다고 인정해야만 한다." 세상을 찢어 놓은 마르크스주의와 파시스트 이데올로기를 고찰하면서 그녀는 "악명 높은 폭력 선동가들은 맹목적이고 기계적인 폭력이 온 세상에서 가장 효율적이라고 생각하며 스스로 부추겼다"고 썼다.[34]

친애하는 독자들이 눈치챘겠지만 나는 엄연한 플라톤주의자다. 최소한 여기서 간략히 정의한 넓은 의미에서는 그렇다. 우리의 자유를 훼손하지 않으면서 부드럽게 동의하도록 만드는 논리 정연한 설득의 빛이 우리가 나아가야 할 유일한 길이다. 폭력 그리고 그의 가까운 사촌 격인 검열과 허위 선전은 공적 담론에 들어설 여지가 없다.

나는 관련 과학 분야의 전문지식을 가진 사람들에게서 배울 수 있는 것이면 모두 배우라고 권장한다. 그들의 조언과 그들이 주는 정보에 관심을 기울이자. 하지만 그것과 아울러 우리는 각자의 논리, 상식 그리고 합리성을 공유할 능력이 있다는 점을 잊지 말자. 따라서 각자의 논리, 상식 그리고 합리성마저 '전문가'에게 의존하지 말자. 건전한 정신을 가진 사람들은 누구나 현실과 맞설 수 있는 이런 능력을 지니고 있다. 또 진리를 알고 절대적으로 진리를 따르는 선택을 할 수 있다. 아울러 거짓과 잘못을 가려내 거부할 수 있다. 진리는 영지주의적 과학기술 엘리트의 전유물이 아니다.

우리 각자는 진리를 추구하고 그것을 이해해 우리 것으로 만들기 위해 열심히 노력해야 한다. 집단사고는 모순적 용어다. 왜냐하면 집단은 생각이 없기 때문이다. 다시 한번 사상의 자유와 그것이 윤리적 행동에 미치는 영향에 대해 베유의 글을 인용해 본다. "어떤 사람의 생각을 표현하는데 명시적이든 은연중이든 '우리'라는 작은 어휘가 앞에 나오는 순간 지성은 무너진다. 지성의 빛이 어두워지면 머지않아 선善에 대한 사랑이 사라진다."[35]

여러분들은 바이러스학, 역학 혹은 다른 어떤 과학 분야의 전문가가 아닐 수도 있다. 그러나 그것은 별로 중요하지 않다. 뻔히 보이는 모순을 발견할 수 있고 조리에 맞지 않은 것을 알 수 있으며 전제에서 결론까지 논리적 추론을 할 수 있다. 과학도 나름대로 유행의 영향을 받으며 '합의된' 판단은 종종 순전히 인간적인 동기로 달라진다는 것을 완벽하게 알아볼 수 있다. 나는 과학을 열렬히 사랑한다. 나는 어렸을 때부터 과학을 즐겨 공부해 왔고 실천해 왔다. 과학은 경이로운 사업이자 매우 고귀하고 선한 일이다.

그러나 과학은 우리가 그것을 하나의 우상으로 숭배하는 순간 우리를 망칠 것이다. 과학자들을 우리가 예언자로 여기는 순간 과학은 우리를 저버릴 것이다.

뿌리의 필요성

제1장 마지막 부분에서 언급했던 선견지명 있는 이탈리아 철학자 아우구스토 델 노체는 우리가 살고 있는 과학주의와 기술주의 사회는 "혁명이 아니라 종교적 차원과 가치의 도덕적 권위를 회복하는 것을 통해서만 극복할 수 있다"고 주장했다.[36] 분명히 말하건대 그는 종교적 차원이라고 하는 것과 종교를 구분했다. 종교적 차원은 계시종교가 답하는 문제들이다. 이 문제들에는 우선 이런 물음들이 포함된다. 왜 나는 여기 있는가? 내 인생의 목적은 무엇인가? 나의 마지막 운명은 무엇인가? 무엇이 번영하는 사회를 구성하는가? 왜 아무것도 없는 것이 아니라 무엇인가가 있는가? 우리는 지금 어디에 있고 어떻게 여기에 왔는가?

이러한 물음을 되묻고 변함없는 윤리적 가치의 권위를 존중하지 않고는 과학주의적이고 기술주의적인 사회는 극복되지 않을 것이다. 오로지 물질적 행복에만 집중하고 이성이 도구적 역할로 격하된 우리 시대의 풍요로운 사회에서 우리는 이런 물음들을 붙들고 애써 답을 구하는 능력을 회복해야만 한다. 모든 전체주의의 핵심적인 특징이 이와 같은 질문을 할 수 없는 것, 즉 이성적 담론의 장에서 특정 질문들을 강제로 배제하는 것이라는 점에서 우리는 이런 질문들을 단순히 개인적 차원에서 삶의 한 부분으로 품고 있을 것이 아니라 끊임없이 공론화하는 것이 중요하다.

우리가 직면한 도전에 대응하기 위해 우리는 새로운 사람이 되려고 할 필요가 없다. 우리는 새로운 신을 찾을 필요가 없다. 우리가 만든 새로운 신적 존재들은 결국 우리를 배신하게 되어 있다. 지난 3년을 돌아보면서 우리는 바이러스와 그에 대한 우리의 대응이 만든 폐허에서 더 뿌리가 있는 인간의 미래를 건설해야 한다. 우리의 문제는 피상적이지 않으며 하루아침에 생긴 것이 아니다. 이제 우리는 이런 문제들을 백년 계획으로 점진적으로 해결해 나가는 것을 생각해야 한다. 적극적으로 나서서 우리 생전에 싹트는 것을 보지 못할지라도 씨를 뿌려야 한다.

내가 캘리포니아의 팬데믹 정책에 반대한다는 의사를 분명히 밝힌 이후 많은 사람이 왜 코비드에 대해 다른 대응책을 쓰는 주로 이사하지 않느냐고 묻는다. 나는 기본적으로 이렇게 대답한다. 캘리포니아에서 일어난 일은 다른 주로 퍼져 나갈 것이다. 우리는 말하자면 선봉에 있다. 그래서 나는 여기 남아 분별력을 찾을 때까지 싸우기로 했다. 이것은 사실이다. 그러나 내 대답의 더 중요한 부분은 단순하다. 나는 내 고향이기 때문에 여기 있다. 나는 태평양 연안 북서부에서 태어나 중서부에서 대학을 다녔고 동부 연안에서 의대를 다녔다. 그러나 나는 다른 어느 곳보다 오랫동안 캘리포니아에서 지금 살고 있다. 나와 내 가족들은 여기에 뿌리를 내리고 있다.

우리는 모두 뿌리내림에 대한 깊은 인간적인 욕구를 지니고 있다. 범세계시민주의적 이동, 즉각적인 디지털 소통 그리고 세계여행으로 특징지어지는 요즘 세상에서 이러한 욕구를 인정하기는 일반적으로 더 어려워졌다. 하지만 나는 뿌리를 내리지 않으면 발흥하는 '생물학 보안국가'를 저지할 가능성은 없다고 확신한다. 나무는 튼튼한 뿌리를 내리고 있을 때만 강풍에 쓰러지지 않는다. 물론 이렇게 말하는 것이 한번 살기 시작한 곳에서 반드시 그대로 살아야 한다는 의미는 아니다. 시몬 베유는 "과거에서부터 전해 오는 고유하고 소중한 자산과 미래에 대한 특정한 소망을 살아 있는 형태로 보존하고 있는 공동체의 삶

에 실질적이고, 적극적이며 그리고 자연스럽게 참여함으로써 인간은 뿌리를 갖는다"고 설명했다.[37]

정확히 말해 우리는 팬데믹 기간에 이러한 공동체의 삶에 참여할 기회를 차단당했다. 바이러스로 인해 병에 걸렸든 걸리지 않았든 상관없이 우리는 모두 지금 뿌리 뽑힌 존재로서 적잖이 고통당하고 있다. 수많은 노동자들을 소모품으로 간주한 팬데믹 정책 때문에 폭발적으로 늘어난 실업의 불행은 분명히 뿌리 뽑힘의 더 지독한 형태에 속한다. 왜냐하면 노동의 존엄성은 인간의 기본적인 욕구이기 때문이다. 베유는 "진정한 위대함의 현대적 형태는 노동의 숭고함에 기반을 둔 문명에 있다"고 썼다.[38] 오늘날 일부 전문가들이 말하는 것과 달리 일자리를 잃었을 때 느끼는 뿌리 뽑힌 것 같은 깊은 상실감은 비디오 게임, 온라인 포르노 혹은 기분전환 약물로는 치료는 말할 것도 없고 완화될 수조차 없다. 이것은 비인도적인 처사로 그치지 않는다. 어떤 한 계층의 뿌리 뽑힘은 필연적으로 사회의 다른 부문으로 암처럼 번져 나갈 것이다.

금전적 이익에 대한 광적인 욕망은 팬데믹 대응책 대부분에 영향을 미쳤을 뿐 아니라 인간의 뿌리를 파괴했다. 냉철한 자세로 진실을 찾는 대신 금전적 이익이나 정치적 술책에 놀아나는 대중매체의 선전에 점점 현혹되는 현상은 우리의 뿌리를 부식시키는 또 다른 독약이 되었다. 우리는 "어린아이가 장미 꽃송이를 꺾어"[39] 그것을 화면에서 명멸하는 "찰나적인 것들"과 바꾸는 것처럼 우리의 과거를 던져 버렸다. 이러한 과거의 상실, 역사의식의 말소 역시 우리의 뿌리 뽑힘의 원인이 되었다. 이것이 내가 프롤로그에서 역사에 관한 이야기로 이 책을 시작한 이유 가운데 하나다.

팬데믹 동안 우리 대다수가 엉터리 선전에 넘어갔다는 슬픈 현실은 오늘날 교육 시스템 역시 뿌리 뽑힘의 원인이라는 것을 시사한다. 히틀러는 선전이라는 주제에 대해 언급하면서 폭력만으로는 사상을 이길 수 없고 그 폭력 안에 아무리 기본적이거나 단순한 것이라도 새로운 생각을 몇 가지 담고 있어야 사상을 이길 수 있다고 말했다. 진정한 의미의 배운 사람들, 말하자면 지식뿐 아니라 감성과 열정 그리고 양심에 대해 전인적 교육을 받은 사람들은 이런 값싼 속임수에 현혹되지 않는다. 우리가 젊은이들에게 가르치는 것은 이런 교육과는 동떨어져 있다. 그 정도로 문제는 우리 문화에 깊게 퍼져 있다. 이 문제에 대한 해결책은 유치원에서부터 시작해야 한다. 사실은 유치원 이전 가정에서부터 그 문제는 시작한다.

뿌리 뽑힘은 자기증식성 질병과 같은 성향을 지니고 있다. 베유가 본 바와 같이 뿌리 뽑힌 사람들은 두 가지 행동으로 대응할 수밖에 없다. "로마제국 시대의 대다수 노예들처럼 죽음과도 같은 정신적 무기력에 빠지거나, 아직 뿌리 뽑히지 않았거나 일부만 뿌리 뽑힌 사람들을 가장 폭력적인 방법으로 반드시 뿌리 뽑도록 만드는 모종의 활동에 투신한다."[40] 테러리스트와 마약 딜러들이 뿌리 뽑힌 사람들 가운데서 하수인들을 모집하는 것은 우연이 아니다. 기업이나 학술기관의 일부 고위 간부들도 아마 이와 같을 것이다.

내가 옳다면 뿌리는 더 인간적인 미래에 인류의 번영을 위해 필요하다. 이것은 그러한 미래를 만들어 나가는 일에 **우리 각자가 역할이 있다는 것**을 의미한다. 우리 가운데 어떤 역할을 할 수 없는 사람은 하나도 없다. 우리 각자는 친구와 이웃에게 연락하여 이러한 첫 번째 모임이나 계획이 아무리 단순하고 소박할지라도 진정한 형태의 뿌리 있는 공동체 건설에 착수할 수 있다. 다른 사람들과 면대면으로 연결되어 자신의 개인적인 노력과 헌신으로 우정을 쌓고, 가족관계를 회복하고, 이웃과 공동체에 혹은 훌륭한 대의명분에 이바지하기 시작하면 그것이야말로 이러한 미래를 건설하는 데 도움을 주는 것이다. 전문가도, 높은 권력과 지위를 가진 사람도 필요 없다. 작게 시작할 수 있다. 작은 것이 아름답다. 앞 대목에서 시사한 바와 같이 우리가 긴밀한 유대관계로 직조된 인간적인 미래를 건설하고자 한다면 각자 역할이 있다는 주체의식을 회복하고 우리 지도자들에게도 각자의 역할과 책임을 요구해야 한다.

2021년 1월, 나는 〈플래닛 락다운Planet Lockdown〉이라는 다큐멘터리 시리즈의 프로듀서와 인터뷰를 위해 마주 앉았다. 인터뷰가 끝나 갈 무렵 그는 이 책의 결론으로 적합해 보이는 두 가지 질문을 했다. 나는 그에게 '생물의학 보안국가'의 개요를 간략히 설명해 준 다음 우리가 몽유병에서 깨어나 반발하지 않으면 조만간 이런 세상이 도래할 것이라고 경고했다. 그러자 그가 물었다. "이런 것들에 저항함으로써 사람들은 무엇을 잃게 된다고 생각합니까?" 나는 다음과 같이 대답했다.

사람들은 저항함으로써 잃을 것이 많습니다. 나는 직업을 잃었습니다. 욕을 먹을 수도 있습니다. 그리고 누군가에 의해 중상모략을 당할 수도 있습니다. 궐기하여 맞서고 튀는 행동을 하면, 시종일관 "좋은 게 좋다는 식으로" 순응하지 않으면 우정과 인간관계를 잃을 수 있습니다. 그러나 얻는 것도 많습니다. 매일 양심에 부끄럽지 않은 마음으로 잠에서 깨어나는 것보다 더 좋은 일은 없습니다. 자녀나 손자, 조카, 즉 다음 세대에게 이런 일들이 벌어질 때 나는 거기에 저항하려고 애썼다고 말할 수 있는 인생을 사는 것보다 더 좋은 일은 없습니다. 나는 어떤 것이 스며드는지, 무엇이 발전하고 있는지를 인식하고 앞으로 일어날 것을 보며 "아니오, 나는 거기에 동참하지 않을 것입니다"라고 말하는 소수 입장을 취한 사람들 중 한 명이었습니다.

나는 그것이 지금 당장 우리게 필요하다고 생각합니다. 내면을 들여다보고 양심을 성찰하여 어느 땅에다 저항의 말뚝을 박을 것인지, 어디에 기준선을 그을 것인지 결정할 필요가 있습니다. 그리고 난 다음에는 역풍과 압력에 부딪혀도 버틸 수 있는 도덕적 용기가 필요합니다. 그래서 그런 행동을 하면 잃는 게 있지만 모든 것을 얻습니다.

내가 대학 당국의 백신 의무 접종 명령에 저항한 이후 세계 곳곳에서 많은 사람이 나를 격려하기 위해 연락해 왔다. 그들은 주로 내가 "역사의 올바른 편"에 있다고 말하곤 했다. 나는 그들이 언젠가는 내가 옳은 일을 했고 내 주장이 정당했다는 것을 사람들이 인정할 것이라는 의미로 이야기했다고 이해하고 그들의 공감과 성원에 감사했다. 그러나 엄밀히 말해 역사는 편이 없다. 역사를 움직이는 보이지 않는 손은 없다. 역사는 어떤 특정 시기에 최선이었던 것만을 후세에 전하거나 진실이 마침내 승리하리라고 보장하지 않는다. 때로 진실은 파묻혀 결코 밝혀지지 못하고 영원히 묻힌 채로 남는다. 현실 세계에서 때로는 불의가 전혀 시정되지 않는다.

헤겔 그리고 미안하지만 마틴 루터 킹 주니어의 주장과는 반대로 역사의 곡선이 반드시 정의를 향해 구부러지는 것은 아니다. '역사의 명령'이라는 도덕 원리는 바로 역사에는 예정된 방향이 없다는 것 때문에 오류다. 문명과 제국의 흥망 그리고 모든 세대마다 맞서 헤쳐 나와

야만 했던 새로운 재난들이 증명하는 바와 같이 도덕은 필연적으로 발전한다는 신화는 그저 신화일 뿐이다. 미래가 현재나 과거보다 필연적으로 더 좋아지는 것은 아니다. 어디서건 순수한 폭력이 지배하는 곳에서 정의는 언제나 닿을 수 없는 비현실적 환상이다.

그래서 나는 역사의 진보적 방향을 믿지 않는다. 나는 기술적이든 정치적이든 앞으로 다가올 어떤 혁명이 미래의 유토피아를 가져올 것으로 생각하지 않는다. 그러나 이런 종류의 역사적 결정론의 반대가 허무주의는 아니다. 그것은 신의 섭리대로 된다는 생각이다. 이런 생각은 우리가 역사 속에서 전개되는 더 큰 드라마의 등장인물이라는 것을 기정사실로 한다. 우리는 우리가 아닌 다른 작가이자 감독이 쓴 대본에 따라 무대에서 연기하는 배우다. 우리는 우리가 아닌 다른 지휘자가 지휘하는 오케스트라의 연주자다. 나는 17세기 철학자 지암바티스타 비코Giambattista Vico가 내린 신의 섭리에 대한 고전적 정의를 좋아한다.

인간 스스로 이 세계를 만들었다는 것은 진실이다……. 하지만 의심할 바 없이 이 세계는 보통 다양하고 때로는 서로 반대되며 항상 인간 스스로 의도했던 특정한 결과에 초연한 정신의 소산이다. 인간은 지구상의 인류를 보전하기 위해 항상 더 큰 목적에 공헌할 작은 목적을 성취해 왔다.**41**

우리는 모든 결말을 예견할 수 없다. 그리고 모든 결과를 예측할 수 없다. 가장 지혜로운 사람도 가까운 미래를 제대로 내다볼 수 없다. 그러므로 역사의 짧은 순간에 주어지는 작은 목적들이 우리가 제대로 이해할 수 없는 더 큰 목적을 위해 쓰인다고 믿는 것은 엄청난 위안이었다. 우리가 할 수 있는 일은 더 큰 역사적 드라마에서 배우로서의 역할을 충실히 하는 것뿐이다. 우리가 개인적 혹은 집단적으로 성공한다는 보장은 없다. 하지만 우리가 우리의 역할을 거부한다면 우리는 반드시 실패할 것이다. 성공은 항상 정해져 있지 않다. 하지만 어쨌든 성공은 최종적으로 우리의 책임이 아니다. T. S. 엘리엇이 내가 제1장에서 인용한 「네 곡의 사중주Four Quartets」에서 썼듯이 "우리는 다만 노력할 뿐이다. 나머지는 우리의 일이 아니다."

힘이 정의를 구현하지 못한다는 것이 정의가 비현실적이라는 의미는 아니다. 정의는 선한 마음을 가진 사람들의 마음속에서 충분히 현실적이다. 하지만 그것은 누군가가 뿌리 뽑으려 해도 뽑을 수 없는 하나의 이상이다. 베유는 "정의를 인간의 마음에서 지워 버릴 수 없다면" 과학이 발견할 수 없다고 해도 "그것은 이 세계에 현실로 존재한다. 그렇다면 잘못된 것은 과학이다."[42] 그렇지 않다면 더 정확하게 잘못된 것은 과학적 지식만이 진정한 지식의 형태라는 이데올로기다. 도덕적 지식의 영역도 그에 못지않게 현실적이다. 그리고 결코 완전히 잊히거나 지워질 수 없다.

끝으로 앞에서 인용한 다큐멘터리 인터뷰로 돌아가고자 한다. 나에게 '생물의학 보안국가'에 저항하면 무엇을 잃게 되느냐고 물은 다음, 인터뷰어는 이런 질문으로 끝맺었다. "이것을 통해 다른 사람에게 도움이 되는 말을 마지막으로 한마디 하신다면?" 나는 그날 대답했던 것과 같은 말로 이 책을 맺으려고 한다. 그 순간 뜬금없는 대답이 머리에 떠올랐다.

역사는 틀에 박힌 것이 아닙니다. 미래는 과거에 의해 미리 결정되지 않습니다. 역사는 개개인의 결정으로 만들어집니다. 사회적, 경제적, 정치적 그리고 온갖 종류의 다른 힘들이 분명 인간의 역사와 우리의 집단적 행동을 형성하는 작업에 작용합니다. 그러나 궁극적으로 인간은 자유롭고 합리적인 개인입니다. 그들은 선을 분별해 자유롭게 선을 선택하거나 다른 길을 선택해 추구할 수 있습니다. 그래서 제가 드리고 싶은 말씀은 미래는 미리 정해져 있지 않다는 걸 잊지 마시라는 겁니다. 미래는 분명히 지금 우리가 어떤 일을 하느냐에 달려 있습니다. 10년, 20년, 혹은 30년 안에 깨어난다면 우리는 모두 다음 세대에게 인간적이고, 살 만하고, 정의롭고, 자유로운 세상을 반드시 물려주기 위해 결과가 어찌 됐든 떨쳐 일어나 할 수 있는 일을 다 했다고 말하고 싶을 거라고 생각합니다.[43]

자, 이제 가서 일할 시간이다.

우리는 항상 우리가 보는 것을 말해야 한다.
이것은 어려운데 무엇보다
특히 우리는 항상 우리가 보는 것을 보아야 한다.

— 샤를 페기

시애틀, 2030

2030년, 당신은 부인 그리고 자녀들과 함께 워싱턴주 시애틀에 살고 있다.[1]

코비드 팬데믹 이후 세상은 달라졌다. 세계적으로는 미국과 중국 간에 긴장감이 높아졌다. 보수적인 논객들은 우리가 새로운 냉전 국면에 접어들었다고 끊임없이 떠들어댄다. 심지어 일부는 중국의 군사력이 계속 팽창하기 때문에 열전으로 비화하지 않을까 걱정한다. 그러나 별로 믿지 않는다. 어쨌든 중국은 러시아가 아니다. 중국이 독재국가일지는 모르지만 무분별한 선동정치가가 이끌어 가는 불량국가는 아니다. 인도와 아프리카에서 부족들 간에 벌어진 산발적인 충돌을 제외하면 코비드 팬데믹이 종식된 뒤로 실패로 끝난 러시아의 우크라이나 침공을 잇는 대규모 국제분쟁은 없었다.

많은 정치풍자가들이 우스갯소리를 하는 가운데 몇몇 논객은 "로봇이 우리를 더 잘 다스린다!"는 밈이 선언하는 것처럼, 정치인들도 다른 많은 산업과 마찬가지로 자동화 대상이라고 주장하지만 정부에 대한 시민들의 신뢰 수준은 코비드 시절 이후 일반적으로 나아졌다. 대부분 시민들은 선출직 공직자들을 완전히 퇴출시키지 않고 인공지능으로 보강된 지배구조를 통한 과학적 관리 방식을 수용한 중도적인 입장을 지지한다. 이러한 입장은 12년 전인 2018년 세계경제포럼에서 명확히 설명되었다.

> 정부 지도자들이 보여 주는 분명한 결점에도 불구하고 당분간은 로봇으로 이들을 대체하는 것은 가능하지도 적절하지도 않아 보인다……. 궁극적으로 더 현실적이고 바람직한 시나리오는 AI와 자동화가 인간의 경쟁자나 대체재가 아니라 정부 지도자들이 더 좋고 더 공정하며 더 포괄적인 결정을 내릴 수 있도록 효과적으로 활용하고 때로는 따를 수 있는 도구라는 것이다.[2]

국경 넘어 캐나다에서는 프랑스어를 사용하는 급진적인 퀘벡 분리주의자들이 2006년에 캐나다 하원에서 퀘벡 국가를 인정했기 때문에 영토적 주권을 갖는다고 주장하면서 다시 소요 사태를 일으켰다. 임기를 한 번 건너뛰어 재선된 쥐스탱 트뤼도 총리는 2006년 의회 결의안에 나온 '국가'라는 용어는 문화-사회적인 의미이지 법적인 의미로 사용된 것이 아니라고 주장한다. 지난해만 해도 네 건 이상의 차량 폭발이 과격 분리주의자들과 관련돼 있었다. 그리고 중무장한 캐나다 기마경찰대가 오타와의 붙박이 동상이 된 것처럼 보였다.

캐나다 경찰을 찍어 온라인에 올라온 사진을 보면 때로 나치 돌격대원 같다고 생각할 것이다. 하지만 이와 반대로 북부 지역에서 국내 테러분자들에 의한 테러는 속수무책이다. 뭔가 조치를 취해야 한다. 퀘벡 분리주의 운동 지도자들은 폭탄 테러는 자신들의 대의를 악마화하려는 위장 전략이지 자신들의 소행이 아니라고 부인한다. 그러나 그들 그룹 말고는 그 이야기를 믿는 사람은 거의 없다. 다른 주에서 온 일부 장거리 트럭 운전사들이 분리주의자들에 가담하거나 최소한 퀘벡 깃발을 흔들었지만 이들 대부분이 프랑스어는 한 마디도 못 했다. 2024년 그들의 트레일러 두 대를 연결한 트럭들은 모두 인터넷으로 연결되었고 엔진에는 정부가 비상시에 작동할 수 있는 시동정치 스위치가 장착되었다. 그래서 과거와 같은 트럭 행렬로 항의 시위를 벌일 위험성은 오래전에 사라졌다.

미국 사회에서는 현금이 완전히 사라졌다. 과거에 통용되던 달러화폐가 지금은 대부분 사라졌고 더 이상 받아주는 데도 없다. 진즉에 거리에서의 가치를 상실했다. 몇몇 남은 신기술 반대자들은 학대받는 여성들이 관계를 청산할 때를 대비해 현금을 숨겨 놓을 수도 없고 중고품 판매 행사나 길거리 노숙자들에게 적선하는 것도 불가능해졌다고 불평한다. 할머니 할아버지 들은 손자의 손에 살짝 현금을 건네주거나 생일 축하 카드에 돈을 넣어 줄 수 없다. 길거리 공연자들은 팁을 바라고 모자를 내놓지 않는다. 아이들의 돼지저금통은 쓸모없어졌고 이의 요정*은 이제 찾아오지 않는다.

그러나 어쨌든 도시의 노숙자들은 돈을 구걸하지 않는다. 시애틀은 대부분의 노숙자들이 집이 아니라 텐트, 음식, 가상현실 그리고 신종 합성마약인 레버리를 제공해 주면 만족하고 조용히 지낸다는 것을

---

*   tooth fairy: 밤에 어린아이의 침대 머리맡에 빠진 이를 놓아두면 이것을 가져가고 그 대신에 동전을 놓아둔다는 상상 속의 존재.

시청 공무원들이 확인하고 나서 통제 불능이던 노숙자 문제를 마침내 해결했다. 신종 마약은 혀 밑에 넣으면 잘 녹는 알약 형태로 되어 있어서 사회적 보수주의자들이 불만을 품었던 주사기 교체 지급 사업을 폐지했다. 워싱턴주는 2027년에 레버리를 합법화시켰으며 이 마약은 왈라왈라*에 있는 공장에서 값싸게 대량생산된다.

처음에 조현병이 있는 노숙자들이 때로 본의 아니게 시에서 지급한 VR 기기를 파손했지만 레버리를 고용량으로 투여하면 그들의 간헐적인 난동을 진정시켜 이런 문제들을 대부분 해결했다. 정신적 질병이 있는 나머지 노숙자들을 위해 실효성 있었던 정부 프로그램으로 시애틀은 그들의 광고 문구대로 "사실상 부서뜨릴 수 없는" 산업용 VR 기기를 공급하는 계약을 군사 하청업자들과 맺었다. 노숙자들은 킹 카운티에서 공짜로 제공하는 레버리, VR 그리고 튼튼한 텐트가 있는 인근 발라드 지역으로 옮겨가 더 이상 다른 사람들을 괴롭히지 않았으며 시내 중심가 보도에서 배변하는 일도 드물어졌다. 고등학교 중퇴자들은 종종 버스를 타고 그 지역으로 가서 노숙자들과 어울리거나 그들 말로 R&F, 레버리와 판타지**를 함께했다. 이들 가운데 일부는 결국 영원히 R&F의 인생을 살기로 선택하는 지경에 이르렀다. 레버리는 지금 가장 일반적인 유전자와 뇌파 기록에 맞춰 합성된, 각각 색깔이 다른 9개 종류가 나와 있어 개인적으로 선택할 수 있다. 헬스앱 알고리즘에 따라 파란색 레버리가 가장 잘 듣는 사람들이 있다. 이들도 스트레스가 심할 때는 특별히 오렌지색 레버리가 필요하다. 그러나 일반적으로 사람들

---

*　　Walla Walla: 미국 워싱턴주 남동부에 있는 카운티.
**　Reverie & Fantasy: 합성마약인 레버리(Reverie)를 복용하고 환각 상태에 빠진 것을 의미한다.

은 마약을 멀리한다. 경영진이 마약이 직원들의 생산성을 떨어뜨릴지 모른다고 염려하는 마이크로소프트 같은 회사에서는 레버리를 하면 눈 밖에 나는 경향이 있다.

하지만 회사의 보건 프로그램은 작년에 화이자가 제조하고 FDA가 승인한 새로운 인지능력 강화제인 킨Keen을 무료로 제공한다. 이것도 역시 비슷하게 색깔이 다른 6종으로 생산돼 개인의 특성에 맞게 선택할 수 있다. 유전자 서열과 뇌파 특성에 따라 녹색 킨이 아침에 일을 시작하는 데 도움이 되는 사람이 있는데, 특히 간밤에 숙면을 취하지 못한 다음 날 효과가 있다. 평상시에 킨이 필요하다고 느끼지 않는 사람들은 여전히 시애틀의 대표적인 음료인 구식 에스프레소를 마신다.

이제 미국에 거주하는 모든 사람은 디지털 신분증을 가지고 있다. 5년 전까지만 해도 차량관리국만 디지털 운전면허증을 발급했고 인쇄된 여권은 4년 전에 단계적으로 폐지되었다. 이러한 발전이 가져온 편리함을 부정할 수 없다. 디지털 신분증에는 모든 의료기록과 응급치료에 필요한 정보가 들어 있어서 불의의 사고를 당하거나 쓰러졌을 때 본인은 물론 의사나 구급요원이 그 정보를 쉽게 이용할 수 있다. 작년에 산악자전거 핸들바 위로 나가떨어져 쇄골이 부러진 사람에게 이게 도움이 되었다. 새로운 의료 요법 때문이긴 하지만 자신의 나이가 마흔다섯이라는 것을 잊고 자전거길에서 뛰어오르지 말았어야 했다. 헬스앱과 접속된 생체인식 AI 덕분에 정기적인 건강관리를 위해 의사를 찾아가는 횟수가 이전보다 줄었다.

웨어러블 생체인식 반지는 심박 변이, 수면 단계, 체온, 피부 전도도傳導度 그리고 산소포화도를 시시각각 추적관찰하여 데이터를 스마트폰으로 보낸다. 신형 방수 반지는 샤워할 때도 뺄 필요가 없어서 오른손 무명지에 평생 끼고 다닌다. 이 생체인식 반지는 혈압을 측정하기 위해 때때로 수축하면서 부드럽게 손가락을 압박한다. 스마트폰에는 매월 바늘로 찔러 샘플을 채혈하라는 안내 메시지가 뜬다. 이 역시 스마트폰과 접속되는 작은 도구로 집에서 할 수 있다. 분기별로는 작은 막대기에 소변을 적셔 가정용 검사 도구에 집어넣도록 한다.

생체인식 반지는 시대착오적인 물건이다. 친구들은 아직도 그 반지를 끼고 있느냐고 힐책하며 반지로 측정하는 정보는 정밀하지 못하다고 놀린다. 대다수 사람들과 마찬가지로 이들은 약 일 년 전에 나노 기술을 이용한 체내 삽입형 장치로 바꿨다. 이 장치는 혈압과 피부 전도성을 측정하기 위해 보이지 않을 만큼 작게 요측측부동맥 위 피부에 새겨진 그래핀으로 된 생체전기저항 문신[3]에서 정보를 받는다. 동료는 "블루-레이와 HD 스트리밍을 사용하는 세계에서 아직도 VHS를 쓰고 있다니"라고 말한다. 어떤 이유에서인지 피부에 0.5센티미터짜리 원통을 집어넣는 것을 꺼림칙하게 여기는 특이한 사람도 있다. "어이 공룡 씨, 심장에 심박조율기를 부착하지 않겠다는 거야?"라고 절친은 놀린다. 아마도 내년쯤에는 그 사람도 하게 될 것이라고 본다.

모든 약에는 이제 나노 기술이 들어가 있는 것을 고맙게 생각한다. 알약 하나하나에는 약이 위에서 녹으면 전파 신호를 헬스앱으로 보내는 작은 알갱이 같은 것이 들어 있다.[4] 이제는 아침에 약을 먹었는지 잘 기억나지 않으면 전화에서 확인할 수 있다. 의사들과 건강보험 회사들은 환자와 고객이 약을 처방한 대로 복용하는지 추적관찰할 수 있게 된 것을 높이 평가한다.

거의 모든 사람이 안경을 쓰고 있다. 시력을 높이기 위해서가 아니다. 친구들 대부분은 스마트폰을 피하에 있는 생체인식 ID 칩이나 생체

인식 반지와 접속되는 멋진 스마트 안경으로 교체했다. 뒤늦게 주문한 사람들도 있지만 공급망에 문제가 있어서 배송이 늦어지고 있다(2028년에도 역시 여러 차례 락다운이 있었다). 이웃 사람은 호주머니에 넣기에는 너무 크고 핸드백을 가지고 다니는 것도 익숙하지 않아서 휴대전화를 놓고 다니곤 했는데 신형 레이밴 스마트 안경은 편하게 얼굴에 걸칠 수 있다고 설명한다. 게다가 안경의 렌즈를 화면으로 이용하고 싶지 않거나(사실 안경렌즈는 최신식 스마트폰 화면보다 못하다), 배터리가 방전되었을 때는 더 큰 공용 스크린이 어디든지 거의 있어서 안면인식 ID나 지문으로 개인정보에 접근할 수 있다.

국립보건원NIH가 돈을 대고 민간기업이 운영하는 빅데이터 기반의 헬스앱 알고리즘은 생체 정보를 유전자 배열, 구조·기능적 전신 스캔 그리고 가족 구성원들의 헬스앱 분석 자료와 자동으로 연결되는 가족력 등과 결합하여 실시간으로 분석한다. 매주 받은 편지함에는 보고서가 들어오고 전화기에는 건강 상태를 개선하고 여러 질병에 걸릴 위험을 낮출 수 있는 약과 다른 제품에 대한 권고문과 함께 수면 상태, 스트레스 강도, 운동, 식사 등에 관한 알림이 뜬다.

소셜 미디어에 나오는 "의사와 상의하세요"라는 광고는 이제 놀랄 정도로 개별화되어 실명으로 개인에 맞는 권고사항의 장점을 설명해 준다. 식품의약국FDA 규제조항의 변경으로 광고에 나오는 많은 약들은 더 이상 처방이 필요 없다. 헬스앱 알고리즘이 대부분 진단을 내리고 알아서 치료 방법을 권고할 수 있다. 따라서 몇 년 전보다 건강관리를 위해 의사를 찾는 횟수가 훨씬 줄었다. 생체 정보 감시로 인해 사회 안전도 개선되었다. 대부분의 자동차들이 자율주행을 하면서 음주운전으로 인한 사망이 많이 감소했다. 사람이 운전하는 자동차는 알고리즘이 법적 한계를 초과하는 혈중알코올 수치를 감지하면 시동이 걸리지 않는다.

작년까지만 해도 독감이나 코비드가 유행하는 계절에는 모든 공공장소에서 디자인과 기능성이 개선된 N99 마스크를 써야 했다. 주위에는 마스크 착용을 거부하며 여전히 몇 달 동안 거의 외출하지 않는 사람들이 있었다. 하지만 대부분은 마스크를 써서 모두가 안전한 것이 최선책이라는 데 동의했다. 종종 백신으로 얻은 면역력이 신종 코비드와 인플루엔자를 막지 못한다. 계속해서 백신 연구를 힘들게 하는 문제다. 작년에 시애틀이 안면인식 ID를 이용한 안전 및 감시 시스템을 도입하면서 마스크 의무 착용이 해제되었다. 마스크는 이 시스템을 원활하게 운용하는 데 방해물이 되었다. 안면인식 ID 시스템이 온라인에 접속된 첫해 시애틀에서 과거 몇 년 동안 증가 추세를 보이던 좀도둑과 공공기물 파손 같은 범죄가 마침내 줄었다.

생체인식 반지에서 정보를 얻는 헬스앱이 침대에 누워 있는 동안 활력 징후와 신체 움직임을 분석하여 최근 상황에 따른 발기부전이 있고 아내와의 신체적 접촉이 줄었다는 것을 아는 듯해 좀 불편할 수도 있다. 소셜 미디어에는 존슨 & 존슨이 만든 새로운 발기부전 치료제인 풀섬Fulsome 광고가 넘쳐난다. 그러나 보통 때는 번거롭게 의사를 찾아가지 않고도 건강 상태, 적절한 식사, 신체 활동, 약물요법 등을 쉽게 추적관찰할 수 있으니 고마운 일이다.

의사와 상담이 필요한 경우 직접 방문을 원격 의료로 거의 대체했다. 고맙게도 전립선 건강을 관찰하려고 해마다 받았던 직장 건강검진은 옛날이야기가 되었다(생체측정 알고리즘이 더 잘 진단한다). 오늘 아침 신문에는 대장내시경이 조만간 사라진다는 기사가 실렸다. 그래도 불평할 일이 없다. 유방조영술이 없어진다는 소식에 아내도 불평하지 않는다.

신청으로 가입할 수 있는 프로그램 중에는 일 년에 두 번 개인 맞춤형 DNA/mRNA 백신을 소포로 받는 것도 있다. 소포를 받아 집에서 자신이 직접 주사를 놓을 수도 있고 주삿바늘에 민감한 사람들은 근처 약국에 가지고 가서 맞을 수도 있다. 헬스앱을 열면 스스로 편안하게 주사를 놓는 데 필요한 모든 것을 알려 주는 동영상을 볼 수 있다. 지난 해 주사를 한 번 맞았는데 일상적인 운동 습관을 바꾸지 않고도 근육량이 8퍼센트 늘어난 사람도 있다. 한 동료는 킨Keen보다 효과적인 인지 능력 강화제가 있다고 주장한다. 그녀는 그 주사를 맞으면 브리지게임 실력이 좋아지고 작업 능률을 높여 준다고 믿는다. 그녀가 하루는 휴게실에서 "내 워크앱에 따르면 프로그래밍을 하는 시간이 14퍼센트가 줄었어. 한번 맞아 봐"라고 말한다. 그 말을 듣고 제품의 이름을 받아 적는다. 발전은 좋은 것이다.

아직도 외상으로 물건을 살 수 있지만 구식 플라스틱 신용카드는 더 이상 사용하지 않는다. 여덟 살 난 딸은 수표를 긁는다는 얘기는 들어 보지도 못했다. 10여 개의 온라인 계정에 더 이상 로그인하거나 패스워드를 집어넣을 필요가 없어서 좋다. 디지털 ID는 모든 것과 연동되어 있다. 신속한 홍채 스캔으로 모든 계정에 접근해 구매할 수 있으며 표를 산 모든 장소에 입장할 수 있다. 이러한 스캔 데이터는 사회적 책임 지수ISR: Index of Social Responsibility 점수와 연동되어 5년 전보다 훨씬 더 신속하게 공항의 보안검색대를 통과할 수 있도록 한다.

장애인법Americans with Disabilities Act 덕분에 홍채 스캔이 불가능할 수 있는 백내장이나 다른 안과 질환이 있는 사람들은 안면인식 ID로 모든 장소에 입장할 수 있다. QR 코드를 스캔하거나 애플 페이를 사용할 필요가 없지만 아직도 아이폰 16을 쓰는 사람들이 있다. 그래서 활동하는 동안에도 전화기가 호주머니에 들어 있는 시간이 더 늘었다. 전화기를 집에 놓고 와도 별로 신경 쓸 일이 없다. 심지어는 공항에 갈 때도 그렇다. 공항에는 지난번 시애틀에서 샌프란시스코로 갔을 때 자료가 다 저장되어 있기 때문에 홍채 스캔 하나면 탑승권과 디지털 ID를 비롯해 모든 게 문제없을 것이다.

:

이런 편리함과 향상에도 불구하고 옥에 티가 있다는 것을 알 수 있다. 당신의 조카인 조던은 열아홉 살에 어려움을 겪고 메타암페타민에 중독되었다. 마약을 살 돈을 벌려고 마약을 파는 중범죄를 저질러 경찰에 체포되었다. 그리고 징역을 살다가 감옥에서 신앙을 갖게 되었다. 12단계의 갱생 프로그램을 이수하고 석방된 뒤 2년 동안 맑고 온전한 정신으로 바르고 정직하게 살고 있다. 조던은 언젠가 한곳에 정착해서 가정을 이루고 싶어 한다. 그러나 감옥에서 출소한 이후 지금까지 일자리 구하기는 어렵고 면접을 볼 기회도 쉽지 않다. 그는 일을 하려고 하지만 그의 인생은 완전히 진퇴양난이다. 그는 온라인 대학에 등록해서 준학사 학위를 따 봤자 취업에 별 도움이 안 된다고 사실상 확신한다.

조던은 사회에 진 빚을 갚고 생활 태도를 바로잡았지만 민간 기업들은 여전히 그의 전과 기록, 마약 복용 그리고 금융거래 정보를 조회한다. 이런 정보들 가운데 어떤 것들은 법률상 개인정보 보호가 적용되고 그를 차별에서 보호하기 위한 법도 있지만 기업들은 쉽게 다른 사회 신용지표에서 충분한 데이터를 수집·조합하여 그의 전력을 거의 정확하게 재구성한다. 몇 년 동안 한 번도 물건을 살 수 없는 곳이 감옥 말고는 어디 있겠는가? 시장 거래에 공백이 있기 전에 특정 지역에서 그가 이동한 동선을, 해당 기간에 각성제를 남용한 사실을 보여 주는 생체 측정 정보와 결합하면, 메타암페타민 혹은 코카인 중독 전력이 99.2퍼센트의 정확도로 확인된다.

조던은 연방준비은행에서 매달 보편적 기본소득을 디지털 예금 형식으로 받겠지만 그의 실질적인 구매 활동은 제한적이다. 그래서 그 몇 푼 안 되는 돈은 대부분 그의 디지털 계좌에 남아 있다. 정부는 그 돈으로 교육을 받거나 녹색교통 수단을 이용하라고 권장한다. 그러나 그는 그 돈으로 하고 싶은 다른 일들이 있다. 그는 코스트코와 월마트에서는 쇼핑을 할 수 있지만 그가 가지고 있는 개인별로 실명화된 디지털 화폐는 홀푸드* 와 메이시스** 에서는 별로 반기지 않고 노드스트롬*** 이나 삭스**** 에서는 받지 않을 게 확실하다. 그가 복권에 당첨된다고 해도 그의 사회적 책임 지수로는 결코 포시즌 호텔에서 숙박할 수 없을 것이다.

조던은 지금도 시내에 있는 대부분의 레스토랑에 예약할 수 없으

---

*   Whole Food: 아마존의 자회사인 식품 슈퍼마켓 체인으로 유기농식품을 비롯한 고급 식품을 주로 판매한다.

**   Macy's: 1858년에 롤랜드 허시 메이시(Rowland Hussey Macy)가 창업한 미국 대중 백화점으로 미국 전역에 500여 개의 체인 백화점이 있다.

*** Nordstrom: 미국 시애틀에 본사가 있는 고급 백화점.

**** Saks: 원래 명칭은 Saks Fifth Avenue로 1867년 앤드루 삭스가 뉴욕에서 창업했다.

며 시애틀 심포니나 피프스 애비뉴 극장*과 파라마운트 극장**의 입장권을 살 수 없다. 요금을 두 배로 내지 않는 한(사회적 책임 지수에 의해서 입장권 가격이 결정되기 때문에) 낮에 영화를 관람할 수 있는 입장권만 예매할 수 있다. 그래서 그가 격식을 차려 데이트할 때 만나는 여성을 데리고 가기는 어렵다. 그뿐 아니라 아파트를 얻으려고 할 때마다 금방 알게 되지만 주택을 선택할 수 있는 여지도 대단히 제한적이다. 그는 혼자 살 수도 있었지만 이런 장애 요소들 때문에 최근 고향으로 돌아가 형 내외와 함께 산다. 그 정도면 그가 괜찮은 여성과 결혼할 가능성을 관에 못을 박듯 완전히 막아 버린 것이다. 그가 부모님 집 지하실에 있는 VR룸에서 몰입형 영화나 스포츠 중계를 보며 지내도 관심을 보이는 사람은 거의 없다. 조던은 지금 어찌할 줄 모른 채 의기소침해 있다. 다시 메타암페타민에 빠져들거나 부랑자들과 어울려 레버리와 판타지의 생활을 하게 되지나 않을지 걱정스럽다.

여러 가지 다른 수단이 있지만 워싱턴주 시애틀은 사회적 책임 지수를 채택했다. 이 점수가 괜찮은 사람은 조던이 겪었던 것 같은 어려움은 겪지 않는다. 하지만 정치적 성향과 자선 기부금에 따라 때로는 경쟁이 심한 거래에서 순위가 뒤로 밀리기도 하고 친구들이 받는 특전을 제대로 누리지 못한다. 직장에서는 그 때문에 퇴직 때까지 승진이 제한된다. 그러나 이런 것들은 감으로 느끼는 것이기 때문에 입증하기가 불가능하다. 스스로 인정하고 싶지 않겠지만 아마도 어떤 뉴스를 클릭해서 보는지, 어떤 웹사이트를 방문하는지 더 유념해 보게 될 것이다.

---

*   5th Avenue Theatre: 1926년에 개관한 시애틀의 유명한 뮤지컬 극장.
** Paramount Theatre: 1928년에 개관한 시애틀의 다목적 공연장으로 시애틀의 랜드마크들 가운데 하나다.

자녀들에게는 무엇을 구매하고 무엇을 보고 듣는지 극도로 조심하고 어디를 가고 온라인이나 대면으로 누구와 사귀고 소셜 미디어에서 어떤 게시글에 '좋아요'를 누르고 누구를 팔로우하는지 유념하라고 충고한다. 그들이 이런 일을 세심히 하지 않으면 대학에 입학할 가능성이 줄어들 수 있다. 이것 역시 증명할 수는 없지만 이제는 사실이라는 것을 모두가 알고 있다. 3년 전에 이런 충고를 하자 아이들은 피해망상이라고 했다. 하지만 이제 아이들과 친구들 모두 이것을 이해하고 스스로 신중하게 처신한다.

작년에 한 차례 세계적인 기후 락다운이 있었다. 지금은 이런 락다운을 RRP, 즉 재생 및 유예 기간Rejuvenation & Reprieve Period이라고 한다. 시애틀은 이것을 적극적으로 받아들였다. 그러나 이런 RRP는 매년 코비드 시즌에 뒤따라 실시되었다. 가까운 타코마에서는 이 때문에 시 전역에서 폭동이 일어났다. 오래전부터 '시애틀의 겨드랑이'로 알려진 남쪽에 있는 이 도시는, 재택근무를 할 수 없는 블루칼라 노동자들이 선택할 수 있는 적절한 대중교통수단이 없었다. 노동자들의 자동차는 모두 인터넷에 접속되어 있어서 지난번 RRP에 그들의 생체 정보에 건강상 위급 상황이라 병원에 가야 한다고 나타나지 않으면 시동이 걸리지 않았다.

타코마 폭동 이후 대부분의 사람들은 시애틀-타코마 국제공항에 갈 때를 제외하고는 인터스테이트 5번을 따라 시애틀 남쪽으로 차를 몰고 가는 것을 피한다. 시애틀 북쪽 에버렛 신공항은 확장할 계획이 있고 새로운 허브 국제공항이 될 것으로 보인다. 타코마와 주변 지역은 여전히 검게 탄 황무지처럼 보인다. 타코마시는 경찰관과 소방관을 채용하는 데 어려움을 겪고 있으며 청소부도 턱없이 부족하다. 떠날 수 있는 주민들은 모두 타코마를 떠났다. 그들 대부분은 보즈먼 근처에서 최근 발견된 리튬 광산에 취업하기 위해 몬태나주로 이주했다. 새 차들은 배터리로 움직여야 하고 '가솔린 시대'의 구식 자동차들이 눈에 보이지 않게 되면서 주유소들은 문을 닫고 있다. 다른 타코마 주민들은 일자리를 찾아 왈라왈라의 레버리 공장으로 갔다. 주민들이 소수 남아 있지만 도시는 타버린 유령도시처럼 보인다.

오래된 타코마 돔 농구장을 반체제 무정부주의자들이 무단 점거하고 있다는 소문이 나돈다. 하지만 경찰은 근처에 가지 않으려고 하고 대부분의 시민들은 그런 소문이 도시형 전설*이라고 무시한다. 대도시 밖으로 많이 나다니지 않는 사람들은 텔레비전이나 소셜 미디어에서 그런 일을 본 적이 없기 때문에 그런 가능성을 무시하지만 미국 내 다른 곳에서도 시민들의 소요 사태가 점점 심각한 문제가 되고 있다는 소문이 있다. 그런 이야기를 하면 조던의 아버지 같은 사람들은 "그건 포퓰리즘적인 선전에 불과하다"고 말한다. 그래서 가족들이 모인 자리에서는 그런 이야기를 더 이상 하지 않는다. 무엇이 진실인지, 어디서 정확한 정보를 얻을 수 있는지, 더 알기 힘들어진 것 같다는 생각을 종종 한다.

시애틀에 있는 워싱턴 대학UW은 데이터 과학을 연구하기 위한 최고의 교육기관이다. 마이크로소프트사에서도 워싱턴 대학 출신을 많이 채용한다. 풀먼Pullman에 있는 워싱턴 주립대학WSU은 과학기술, 약학 그리고 생산관리 분야에서 유명하다. 정부의 재원이 UW와 WSU에 집중되고 기술로 돈을 번 자선가들의 기부금으로 학교 기금도 커졌

---

*   urban legend: 근거 없이 사람들 사이에 퍼지는 황당한 이야기.

지만 시애틀 북쪽으로 약 150킬로미터 떨어진 벨링햄에 있는 웨스턴 워싱턴 대학WWU은 서서히 정부의 지원이 끊기고 손 큰 자선가들에게 기부금도 받지 못하고 있다. 웨스턴 워싱턴 대학은 소규모 지역경제를 강조하고 환경운동의 세계적인 기업화에 반대하며 에코모더니즘*을 배격하고 전통적인 방식의 환경보호주의를 지지하는 '그래놀라 롤러'** 정규직 교수들이 많은 것으로 여전히 명성이 높다.

버켄스탁 샌들을 신고 "작은 것이 아름답다" 혹은 "메가머신을 해체하자"는 구호가 씌어진 티셔츠를 입은 WWU 학생들은 레이첼 카슨Rachel Carson과 에른스트 슈마허Ernst Friedrich Schumacher가 쓴 책을 읽는다. 20세기 초 길버트 체스터턴Gilbert Keith Chesterton과 힐레어 벨록Hilaire Belloc의 경제적 분배주의 이론은 캠퍼스 내의 기발한 가톨릭 하위 문화와 일부 개신교도 학생들 사이에서 보란 듯이 되살아나고 있다. WWU 학생회와 교수진은 여전히 합성 레버리보다는 자연산 마리화나를 선호한다. 역사와 철학은 학생들 사이에서 인기 있는 전공과목이다. 물론 고등교육에서 인문학 분야의 재정 지원은 최악의 상태에 있다.

웨스턴 워싱턴 대학의 낡은 컴퓨터 센터는 괴팍한 반골 프로그래머들의 본산이다. 그들은 은퇴를 거부하고 프라이버시의 상실에 대해 끝도 없이 불만을 늘어놓으며 알고리즘에 의한 지배체제를 비난한다. 재정 지원이 줄어들면서 WWU에 입학하는 학생 수도 줄고 대학 직원들이 시애틀이나 풀먼으로 이주하면서 벨링햄의 인구도 줄었다. 이 도

---

*   ecomodernism: 경제적으로 번영을 추구하면서도 환경을 보호할 수 있다는 수정주의적 환경보호론.

**   granola roller: 눌린 귀리나 보리 같은 소박한 음식을 먹으며 지구를 사랑하는 근본주의적 환경보호론자들을 지칭하는 말로 쓰인다.

시에는 2012년에 영국 프레스턴의 '공동체를 위한 부의 형성'*이라는 파격적인 개혁을 모델로 삼는 많은 지역협동조합이 자리 잡고 있다. 그러나 협동조합은 지금 주민들이 타지로 이주하면서 고객들이 줄어 고전하고 있다. 벨링햄의 반체제적 하위문화를 형성해 온 사람들도 해가 갈수록 줄고 있다.

10여 년 전에 보건진료소로 전환된, 벨링햄의 오래된 성 누가 병원은 절반이 비어 있다. 남은 입주자들은 대부분 자연요법 치료사와 지압요법 치료사들이다. 이들은 '바이오의약-산업 복합체biopharma-ceutical-industrial complex'에 가담하지 않은 상태에서 영업을 하며 신종 합성 대마보다 자연산 재래종 대마초를 의료용으로 사용한다. 몇몇 완화치료 의사들과 같은 공간에서 일하고 있는데 이들은 의사면허는 있지만 치매가 있는 노인 환자들을 안락사시키는 것을 거부해 전문의 자격은 3년 전에 취소되었다. 이 도시에는 유일하게 대증요법으로만 치료하는 의사들이 있다. 이들은 이 병원에 왜 의학의 수호성인인 "경애하는 거룩한 의사"**의 이름이 붙었는지 알고 있으며 진료실 벽에 히포크라테스 선서를 프린트해 걸어 놓고 있다.

사회적으로 대접받지 못하는 이런 현대사회에 대한 비판자들과는 대조적으로 모든 정치인과 대부분의 유권자는 미국 경제가 호황이고 워싱턴주가 진보의 선봉이라는 점에서는 캘리포니아주를 앞서고

---

* community wealth building : 영국 랭커셔 프레스턴에서 시작된 일종의 지역단위 사회주의 운동으로 최저생활임금 확대, 신용협동조합 같은 공동체 은행, 공적 연금 투자, 노동자 지분 참여, 지자체의 조달과 연계된 사업 등을 통해 공동체와 구성원들의 부를 증식한다는 목표를 설정하고 있다.
** Dear and Glorious Physician: 재닛 미리엄 콜드웰의 소설 제목으로, 의학의 수호성인인 성 누가를 소재로 삼고 있다.

있다는 데 동의하는 것 같다. 제약, 의료기기 그리고 새로운 데이터 스토리지 회사 주식 같은 기술 관련 주식들은 상승세를 나타내고 있다. 데이터가 새로운 석유 같은 자원이 되면서 아마존 웹 서비스*는 두 가지 주요 경쟁 상대와 맞서게 되었다. 소수의 환경보호론자들은 워싱턴주 동부에 있는 엄청난 규모의 데이터 저장시설이 가솔린 자동차들보다 많은 에너지를 사용하고 더 큰 탄소발자국을 남긴다고 비판하지만 대다수 기후 전문가들은 그들을 무시한다.

　　주문 후 6시간 내 도착을 보장하는 아마존은 식품을 비롯한 거의 모든 상품을 드론으로 배송한다. 제프 베조스는 킹 카운티의 시의원들이 그가 물류창고를 지을 더 넓은 땅을 확보할 수 있도록 토지 용도 변경을 승인해 주기만 하면 시애틀에서 주문 후 4시간까지 배송 시간을 단축할 수 있다고 확신한다. 아마존은 또 광역 시애틀 지역과 스티븐스 고개** 후면 지역을 연결하는 대중교통수단을 개선하는 데 보조금을 주라고 시 당국에 로비 활동을 하고 있다. 아마존의 임원과 일부 고위 간부를 제외하고는 직원들 가운데 캐스케이드산맥 서부에 살 수 있는 사람은 아무도 없다.***

　　마이크로소프트의 소프트웨어 기술자로 부사장 지위까지 올라간 사람의 생활 수준은 팬데믹 이후 3년 동안 향상되었다. 지금은 테슬라 SUV와 미니밴을 리스로 타고 있으며 여름에는 워싱턴 호수에 나가 회

---

*　　Amazon Web Services: 클라우드 컴퓨팅 플랫폼을 제공하는 아마존의 자회사.

**　　Steven's Pass: 워싱턴주 킹 카운티와 첼란 카운티를 가로지르는 캐스케이드산맥에 있는 높은 고개(1,238m)로 스키장으로 유명하다.

***　캐스케이드산맥 서부 지역은 시애틀의 도심 지역으로 주거 비용을 비롯해 물가가 비싸기로 악명 높다.

원제로 빌려주는 수상스키 보트를 탄다. 가족들은 여름이면 매년 유럽으로 휴가를 가 단기 임차한 집에서 지낸다. 마운트 베이커에서 스키를 타곤 했지만 이제는 겨울이 되면 수준을 높여 잭슨 홀이나 아스펜으로 스키 여행을 간다.* 주식투자 종목은 강세를 보이고 있으며 기술주와 빅데이터 주가 큰 비중을 차지한다.

2023년 이탈리아 볼로냐의 시범운영이 성공적으로 끝난 뒤 시애틀시 당국은 4년 전에 팔로 알토, 산호세, 그리고 샌프란시스코와 시민 생활의 모든 부분에 '디지털 거버넌스' 원리가 개입하는 미국 최초의 스마트 시티를 만들겠다고 발표했다. 이 사업은 "시민들이 어디에 있든 공공과 민간이 참여하여 시민에게 봉사하는 생태계"를 만들겠다고 약속했다. 시애틀시는 최근 세일즈포스**와 스마트-시티 모델을 업그레이드하기 위한 통합형 시민 관계 관리 플랫폼을 만드는 계약을 체결했다. 이러한 발표가 나오면서 최신 기술에 능한 젊은 전문가들이 이 지역으로 많이 유입되고 있다.

지금은 WEF의 상근 자문역으로 있는 마크 베니오프Marc Benioff가 은퇴한 이후 피터 슈왈츠Peter Schwartz가 세일즈포스의 수석부사장에서 새로운 CEO로 승진했다. 슈왈츠의 인물소개에는 그가 "시나리오 플래닝에 관한 전문성을 가지고 미래에 대한 대안적 관점을 만들기 위해 기업, 정부 그리고 연구기관에서 일한 국제적인 명성을 가진 미래학자이자 비즈니스 전략가"[5]라고 나와 있다. 세일즈포스는 최근 본사

---

* Jackson Hole과 Aspen은 각각 와오밍주와 콜로라도주에 있는 유명한 스키 리조트다. 마운트 베이커는 시애틀 북쪽에 있는 성층화산으로 이곳에 스키 리조트가 있다.
** Salesforce: 고객 관리 솔루션을 중심으로 한 클라우드 컴퓨팅 서비스를 제공하는 기업으로 캘리포니아주 샌프란시스코에 있다.

를 시애틀에서 워싱턴 호수 바로 건너편에 있는 벨뷰로 옮겼다. 그래서 12년 전에 시애틀 대학가에 집을 구입한 사람들은 집값이 훨씬 더 상승하는 혜택을 보았다.

시애틀의 나이 든 보헤미안들 가운데 음모론을 좋아하는 사람들은 시애틀의 새로운 신기술 재벌인 피터 슈왈츠가 전에 CIA와 관계를 맺고 있었고 2009년에 록펠러 재단이 돈을 대 작성한 팬데믹 대응 시나리오 〈락 스텝Lock Step〉의 저자라는 것을 사람들에게 알려 주고 싶어 한다. 〈락 스텝〉은 신기하게도 실패한 코비드 대응책을 예측한 가상 워게임이다. 오래전에 나온 몇몇 책에서 이른바 근거가 되는 문건이라는 것을 인용했지만 인터넷에서는 아무도 그런 문건을 찾지 못했다. 대부분 시애틀 주민들은 이런 괴짜들의 말을 무시하고 슈왈츠를 믿는다. 그는 자전거로 출근하고 최근에는 시애틀 심포니에 100만 달러를 기부했으며 새로운 오페라 극장을 짓는 데도 돈을 지원할 계획이고 등산을 계속해 왔다. 그리고 내년에는 레이니어산을 오르고 싶어 한다. 그의 나이를 생각하면 대단한 일이다.

물론 새로 이주하는 사람들 때문에 교통 체증도 심각하다. 시 당국이 약속한 지하철망은 아직도 건설 중이다. 시애틀의 호수들이나 퓨젓사운드를 가로질러 다리를 더 놓기도 어렵다. 팬데믹 이후 몇 년 동안 많은 사람이 계속해 재택근무를 하면서 교통 사정이 나아지기도 했지만 새로운 이주자들이 다시 교통 체증을 유발했다. 그러나 거의 전적으로 집에서 일하고 쇼핑하므로 시호크스Seahawks의 미식축구를 보러 갈 때만 교통 체증을 겪는다. 마이크로소프트를 통해 지난 3년간 시즌 티켓을 구매해 경기를 즐긴 사람들은 신기술이나 금융 분야에 취업하지 못한 친구들의 부러움을 산다.

탄소발자국과 에너지 사용을 줄여야 하기 때문에 작년에 지붕에 태양광 패널을 설치한 사람도 있다. 시애틀은 연중 9개월이 흐린 날씨지만 시 당국은 이런 사람들의 높은 사회적 책임 지수ISR 점수에 대한 보상으로 스페이스 니들, 시애틀 과학센터, 시내 중심가에 있는 빨랫감을 쌓아 놓은 것 같은 건물이지만 친구가 시애틀에 왔을 때 데려가기 좋은 로큰롤 박물관의 입장권뿐 아니라 미식축구 경기장의 모든 매점과 주차장에서 20퍼센트를 할인해 주었다. 마이크로소프트 직원들은 ISR 점수가 상위 25퍼센트 이내에 들어가면 회사의 보상책으로 (재택근무할 때는 많이 이용하지 않지만) 구내식당에서도 할인받는다. 그리고 동료들과 12개월 동안 누가 ISR 점수가 높은지 경쟁해서 1,000달러를 딴 더 행복한 사람도 있다. 이 직장에 다니는 사람들은 회사에서 월간 팀별 이메일에 각자의 ISR 점수를 공지하면서 점수에 대한 경쟁이 심해졌다.

그러나 시애틀의 모든 주민이 그런 혜택을 공유하는 것 같지는 않다. 조카 또래 청년들을 예로 들어 보자. 자유부동성불안自由浮動性不安과 심신증心身症 발병률이 크게 늘었다. 모든 사람이 주기적으로 치료가 필요한 계절성 정서장애를 겪고 있는 것으로 보인다. 새로운 약들이 일부 부작용을 완화해 주지만 만성피로증후군과 특발성 만성통증은 기록적인 수준에 이르렀다. 최근 UW 의대 학생들 사이에서 정신과 전공이 점점 인기가 높아지고 있다는 뉴스가 있었다. 정신 건강 관리에 대한 수요가 높아져서 이 분야 의사들의 보수가 이제는 피부과 그리고 정형외과 의사의 보수와 맞먹는다. 정신과 의사들은 종래에 써 오던 항정신병약, 불안완화제, 기분안정제 그리고 항우울제뿐 아니라 인지 강화제와 기분보조제 같은 신약도 투여한다.

경제성장과 기술 발전에도 불구하고 코비드 팬데믹 이후 여러 해 동안 누구나 주위에 자살한 사람이 몇 명쯤은 있는 것 같다. 비숍 블란쳇과 시애틀 프렙 같은 지역 사립 고등학교의 웹사이트나 홍보자료는 대학 입학 실적을 자랑할 뿐 아니라 학생 여덟 명에 한 명꼴로 상담교사를 두고 있다고 강조한다. 이것은 아이들의 등록금이 올라간다는 것을 의미하는 게 분명하다. 그러나 아이들을 공립학교에 보내려는 친구나 동료는 없다. 이런 학교에는 ISR 점수가 낮은 가정 출신 아이들이 많이 다닌다. 작년에 이 지역에 있는 공립 고등학교에서 학생 9명이 자살했다. 사립 학교에서도 매년 자살하는 학생이 나온다. 마이크로소프트의 부사장을 역임한 바 있는 워싱턴주 주지사는 '정신 건강 팬데믹'을 선포하고 이 문제에 공공 재정을 더 많이 투입하겠다고 약속했다.

확실한 것은 아니지만 느낌상으로는 암도 늘어났다. 아는 사람들 가운데 백혈병과 림프종 같은 혈액암으로 개인 맞춤형 화학요법 치료를 받는 경우가 이상하게 많다. 만성 의학적 질병과 원인을 알 수 없는 자가면역과 신경계 질환도 증가했는데, 특히 정기적으로 DNA/mRNA 치료를 받을 수 있는 사람들 사이에서 그랬다. 사실 새로 나온 백신은 일부 사람들이 이전에 맞았던 백신 때문에 악화됐다고 생각하는 문제를 해결하는 것처럼 보였다. 그러나 다시 말하지만, 이런 문제에서 허구와 사실을 가려내기는 쉽지 않다. 사람들은 대부분 가족이 이런 질병들 가운데 하나에 걸리기 전까지는 전염병학에 관심을 보이지 않는다. 사람들은 주로 자신들이 사용하는 헬스앱의 알고리즘을 믿는다.

평상시 당신은 나이에 비해 건강하다고 생각한다. 하지만 2년 전에 10주 연속 손에 감각이 없고 얼얼한 증상이 계속된 적이 있었다. 담당 의사도 원인을 설명할 수 없었다. 의사는 뉴론토젠Neurontogen이라는 새로운 약을 처방해 주었는데 이 약이 도움이 되는 것 같았다. 스키 슬로프에서 손이 얼었을 때를 제외하곤 마침내 이 원인 모를 증상이 사라졌다. 지난번 맞은 mRNA 주사는 근육량뿐 아니라 스키를 할 때 지구력을 높여 주었다. 이것저것 따져 보면 10년간 주사를 맞기로 계약한 것은 잘한 것이다.

꞉

당신의 개인적인 생활은 약 6개월 전부터 아내 때문에 난관에 봉착했다. 그녀는 계절적 정서장애와 만성피로로 고생하는데 아직 효과적인 약물요법을 찾지 못했다. 워크앱의 알고리즘 때문에 당신은 더 촉박해진 마감 시간을 맞추기 위해 일하는 시간을 늘릴 수밖에 없다. 최근 생산성 측정 기준은 몇 년 전의 그것과는 다르다. 집에서 스트레스를 받으면 직장에서 일에 집중할 수 없다고 생각한다. 최근 부부싸움을 한 뒤로 당신이 이용하는 소셜 미디어와 뉴스 매체에는 틴더* 그리고 유사한 데이트 및 파트너 소개 앱 광고가 많이 눈에 띈다.

작년에 워싱턴, 오레곤, 캘리포니아 그리고 다른 10여 개 주가 건강과 안전이 증명된 에로틱 에스코트 서비스를 합법화했다. 생체 정보와 위치 데이터를 이용한 SSSW, 즉 위생적이고 안전한 섹스 워크Sanitary and Safe Sex Work가 등장했다. '매춘'이라는 구식 용어는 '간통'의 전철을 밟았다. 높은 세금을 부과하는 레버리와 함께 이러한 서비스업

---

*   Tindr: 즉석 데이팅 앱 중 하나.

에서 걷는 세금으로 워싱턴주는 올해 고대하던 흑자예산을 편성했다. 블루체크 인증 표시가 있는 SSSW 서비스는 서비스 제공자와 고객 모두 법에 따라 ARG, 즉 항생제 내성 임질antibiotic resistant gonorrhea을 비롯해 성병에 대한 생체 정보 검사를 받아야 한다. 2028년에 처음 발견된 ARG라는 이 대단히 고약한 균은 성 혁명sexual revolution을 시작한 지 60년 만에 거의 멈춰 세울 뻔했다. 검사 결과에 대한 보증은 고객들에게는 추가적인 마음의 평화를 제공하며 높은 가격을 정당화하는 데 도움을 준다. 시애틀에서 블루체크 승인을 받은 세 개의 SSSW는 시에서 보조금을 받을 자격이 있기 때문에 이 회사들은 보조금을 받아 경찰관과 소방관에게 60퍼센트 할인된 가격으로 서비스를 제공한다.

이것으로 시애틀 경찰청은 2020년 조지 플로이드 항의 시위 기간에 캐피틀 힐 자치구 점거 시위 이후 이때까지 시 당국을 힘들게 한 경찰관 채용난을 마침내 해결했다. 시장의 지원이 미흡해 아직 꽃시절이라고 할 수 없는 시애틀 경찰은 캐피틀 힐 점거 시위 사태 때 성난 시위대가 나중에 파괴한 동부지청 청사를 포기했다. 이후 몇 년 동안 시애틀에서 근무하려는 경찰관이 거의 없었다. 그러나 새로운 SSSW 에스코트 특혜를 주자 경찰서와 소방서에 근무할 인원을 충원할 때 채용 인원보다 많은 사람이 지원하게 되었고 그중에는 특히 독신 남성이 많다. 이러한 발전은 중심가에 설치된 안면인식 카메라 시스템과 함께 시애틀의 안전과 보안을 증진시켰다. 시애틀은 이제 자랑스럽게도 미국의 5대 안전 도시 가운데 하나로 꼽힌다.

SSSW 에스코트 서비스 회사들은 전문직, 특히 출장을 자주 다니는 전문직을 대상으로 고도로 세련된 맞춤형 판매 전략을 펼친다. 이러한 서비스를 이용하는 전문직은 비인증 회사들의 가격이 상당히 저렴

한데도 한결같이 블루체크 인증을 받은 회사를 찾는다. 건강 검사 기능 외에 블루체크 회사들은 이러한 거래가 고객들의 ISR 점수에 부정적 영향을 주지 않는다는 것을 보장한다. 소셜 미디어에 올라오는 광고를 보면 SSSW는 이미 특정 고객의 취향, 예를 들면 젊고 날씬하며 흑갈색 머리의 백인 여성을 좋아한다는 것을 알고 있는 게 분명하다. 직장 동료들 가운데는 출장 중에 이런 서비스를 이용하는 사람들이 늘고 있지만 부인에게는 출장 중에 결코 그런 부류들과 어울리지 않는다고 안심시켰다.

하지만 부인과 크게 다툰 뒤에 샌프란시스코로 출장을 갔을 때 외롭고, 오해받고, 버림받았다는 기분이 든다. 짐 찾는 곳에서 짐이 나오기를 기다리는 동안 순간 호기심을 이기지 못하고 충동적으로 SSSW 에스코트 광고를 클릭한다. 예쁘고 날씬하며 흑갈색 머리를 한 미녀들의 사진이 팝업된다. 가장 마음에 드는 여성의 사진을 터치하니 20초도 안 돼 그 여성에게 화상통화가 연결된다. 그녀는 자신을 "자동차와 이름이 같은 포르셰"라고 소개하며 묻는다. "내일 팔로 알토에서 회의에 참석하기 전에 시간 있으세요?"

그녀가 어떻게 스탠퍼드 대학에서 회의가 있는지 알고 있는지 의아해하면서 중얼거린다. "저기, 그럴 것 같은데요……."

"오케이, 10분 안에 짐 찾는 곳 밖에서 기다릴게요." 그렇게 말하고 그녀는 바로 전화를 끊는다.

'운송 서비스'에 대한 알림이 즉시 표시되어 차량 제조사와 모델, 즉 뒷좌석에 충분한 공간이 있는 플러그인 에스컬레이드를 알려준다. 문자 메시지를 클릭하면 우버와 리프트처럼 생긴 전용 앱이 열린다. 이미 하지 않기로 마음을 고쳐먹었지만 서비스 회사는 호텔까지 교통편이 무료라고 광고한다. 이번만 하고 나면 언제든지 그만둘 수 있다고 생각한다.

예의 에스컬레이드가 멈춰 서자 뒷자리에 타기 전에 잠시 주저한다. 여성은 매력적이고 매우 나긋나긋하다. 상상한 것보다 훨씬 수준이 높다. 사실 포르셰는 당신이 가장 좋아하는 영화배우와 외모며 목소리가 닮았다. 그녀가 블루 레버리 알약과 선호하는 음료를 건네준다. AI의 발달로 대다수 레스토랑에서 웨이트리스들은 당신이 메뉴를 보기도 전에 무엇을 주문할지 예상한다. 그러니 포르셰가 당신이 18년산 맥켈란 싱글 몰트를 좋아한다는 것을 안다고 해서 놀랄 일은 아니다. 이 '교통편'이 무엇을 의미하는 것인지 혼란스러워지고 불안감은 높아진다. 그래서 진정하려고 스카치 한 모금으로 레버리를 목으로 넘긴다.

얼마 지나지 않아 포르셰는 에스컬레이드 뒷좌석에서 유혹의 강도를 높이기 시작한다. 처음에는 그녀가 접근하는 것을 살짝 밀쳐 내지만 그녀가 당신의 기호에 맞게 뿌리고 나온 향수는 감미롭고 목소리는 다정하며 무릎을 스치는 손길은 고혹적이다. 술을 다 마셨는데도 차는 팔로 알토에 있는 호텔까지 절반밖에 못 왔다. 그리고 무슨 일이 벌어지고 있는지 제대로 알지 못한 채 희롱하다 전희에 빠져든다. 이전에 스카치와 복용했을 때보다 확실히 용량이 높은 레버리의 효과를 느낀다.

후끈 달아오른 분위기를 깨며 갑자기 전화기가 진동음을 내고 여덟 살 난 딸이 보낸 문자가 뜬다. "제 신발 어디에 있는지 아세요?" 갑자기 얼얼했던 감각과 레버리의 몽롱함이 사라지며 정신이 번쩍 든다. 아내와 아이들을 떠올리며 어쩌다 이 지경까지 오도록 정신을 놓았나 하는 생각이 든다. 포르셰에게 더듬거리며 말한다. "미안해. 당신 때문이 아니라…… 나 이거 못할 거 같아." 그녀는 이해하고 기분 나쁘거나 싫은 내색을 하지 않는다. 그녀의 어투가 전보다 약간 사무적으로 변하긴 했지만 여전히 다정다감하다. 그녀는 "취소해도 음료수 값과 요금의 20퍼센트가 취소 수수료로 청구될 거예요. 그리고 은행 거래 내역에는 '호텔 교통비'로 나타날 겁니다"라고 설명한다. "동의합니다"를 클릭할 때 깨알 같은 글씨로 적힌 거래 조건을 읽는 것을 잊었던 것 같다. 그러나 어쩌랴.

에스컬레이드가 호텔에 정차했을 때 혹시라도 누가 차에서 내리는 걸 보지나 않을까 걱정이 된다. 어쨌든 실리콘 밸리에는 직업상 아는 사람들이 많다. 청하지도 않았는데 포르셰는 SUV에서 내리는 걸 도와주려고 손을 잡고 함께 내린다. 그리고 재빨리 볼에 가볍게 키스하고 손을 흔들어 작별 인사를 하며 말한다. "마음 바뀌면 앱으로 메시지 보내세요." 차가 떠나자 주변을 살펴보았다. 다행히 아는 얼굴이 보이지 않는다. 사흘 뒤에 온전하고 맑은 정신으로 귀가해 일하는 시간을 줄이겠다고 약속했다. 부부관계를 회복하는 데 집중한다. 그리고 소파 뒤에서 신발을 찾는다.

:

다음 달 어느 아침 식사 자리에서 카푸치노를 마시며 매주 업데이트되는 마이크로소프트의 이메일 공지를 읽는다. 사용자인 마이크로소프트는 그들이 해 오던 DNA 프로그래밍 연구가 이제 동물실험에서 인간을 대상으로 한 실험 단계로 넘어갔다고 막 발표했다. 마이크로소프트의 바이오 컴퓨팅 책임자인 앤드루 필립스Andrew Phillips 박사는 이 프로젝트가 시작되던 2016년에 다음과 같이 설명했다. "살아 있는 세포 안에서 작동하며, 예를 들면 어떤 세포가 암세포인지 가려내고 암세포일 경우에 죽여 버리는 일을 하는 바이오컴퓨터를 상상해 보라."[6] 이 기술은 DNA 변이라는 과정을 이용한다. 그가 설명한 대로 "DNA는 컴퓨터와 마찬가지로 프로그램으로 조작할 여지가 매우 많고 우리는 DNA 분자로 이루어지는 복잡한 작용 전체를 프로그래밍 할 수 있다." 마이크로소프트가 특허를 낸 DNA 분자 회로 프로그래밍 소프트웨어를 생명공학에 활용할 가능성은 무한하다. "궁극적으로 우리는 그것을 이용해 분자 차원에서 작동하는 생체 컴퓨터를 만들 수 있을 것"이라고 필립스 박사는 주장한다. 신나는 뉴스라고 생각하며 이렇게 미래지향적인 회사에서 일하고 있는 것을 만족스러워한다.

《시애틀타임스》를 인터넷으로 본다. 첫 번째 주요 뉴스는 런던 경찰이 범죄를 사전에 탐지해 예방하는 예지 AI를 시험 운용하고 있다는 소식을 전해 준다. 잘될 것 같다. 두 번째 주요 뉴스가 눈길을 끈다. 왜냐하면 하는 일과 관계가 있기 때문이다. 그것은 거대한 초국적 데이터 스토리지 회사 가운데 하나에서 일어난 대규모 데이터 유출 사건을 다룬 기사였다. 사이버 보안과 정보 전문가들은 미국이 아니라 해외에 주범이 있을 것으로 믿는다. 외국 정부일 가능성도 배제하지 않는다. 이와 같은 데이터 보안 해킹은 지난 몇 년 동안 드물지 않게 일어났기 때문에 대단찮은 일로 생각한다. 당신의 전문 영역이 프라이버시나 암호화가 아니라 데이터 압축과 큐레이션*이기 때문에 다른 몇몇 동료들과는 달리 그날 직장에서 열린 비상대책팀 회의에도 참석할 필요도 없

---

*   curation: 지장된 데이터를 분류하고 배열하는 일.

을 것이다. 그것에 대해 불만스러울 일은 없다.

　이 회의에는 데이터 손상을 최소화하기 위해 협력하는 다양한 국적을 가진 사람들이 주로 참석한다. 현재 국제법은 대부분 데이터 프라이버시와 보호 규정을 규율한다. 이렇게 함으로써 각국 시민들 간의 협력과 마이크로소프트 같은 다국적기업들에 대한 일관된 규제가 쉬워졌다. 마이크로소프트는 이제 외국에서 여러 가지 복잡미묘한 규제조항들을 회피하기 위해 변호사를 덜 고용해도 된다. 2020년 9월 7개국이 '애자일 네이션스 차터Agile Nations Charter'[7]에 서명한 이래 미국을 비롯해 수십 개의 다른 국가도 서명하여 전 세계적으로 거의 표준인 통일된 국제 규정에 따라 데이터의 자유로운 흐름을 만들었다. 이런 추세와는 반대로 소수의 불량국가들이 자국의 인터넷 시스템을 폐쇄적으로 만들기 시작해 망 중립이라는 개념은 여전히 정책 실무자들 사이에서 뜨거운 쟁점이 되고 있다.

　애자일 넷*의 옹호론자들은 인터넷이 폐쇄적 네트워크의 집합으로 후퇴하면 데이터 공유와 AI가 전면적으로 실현되지 못할 것이라고 우려한다. 하지만 그럴 가능성은 없어 보인다. 대부분 국가들이 인터넷을 관리하기 위한 일관된 범세계적 규제 시스템에 분명히 찬성하고 있기 때문이다. 미국 민주, 공화 양당 정치인들은 선거구 주민들에게 데이터 공유와 오픈 액세스 문화를 장려하고 있다. 개방성을 추구하는 애자일 넷은 자연스럽게 국내외의 출처에서 나오는 역정보를 추적·감시하는 향상된 AI가 필요하다. 정보 큐레이션을 검열이라고 부르는 사람은 이제 아무도 없다. 당신은 2024년까지 당신이 포함시킨 수많은 혼

＊　　Agile Net: 데이터 공유와 오픈 액세스 환경의 인터넷.

란스러운 정보의 바다에서 우리가 어떻게 헤엄치고 있었는지 기억할 것이다. 이제는 새롭고 간결한 정보 흐름 체계가 이전의 백가쟁명식 온라인에 비해 진보된 것이라고 너나 할 것 없이 모두가 동의할 것이다.

최근의 데이터 유출 사건에 관한 기사가 나온 지 이틀 뒤, 여름방학 동안 마이크로소프트에서 일하는 중국인 대학생 인턴 사원으로부터 전화가 걸려 온다. 그는 그날 만나서 커피 한잔할 수 있겠냐고 묻는다. 그 친구가 당신이 맡고 있는 데이터 압축이나 데이터 큐레이션에 관심이 있는 게 아닌가 생각한다. 다음 세대에게 멘토 역할을 적극적으로 해 왔기 때문에 만나기로 약속한다. 그 약속을 한 날 아침, 형이 전화를 걸어와 조던이 다시 메타암페타민에 빠졌다고 한탄한다. 그 이야기를 듣고 나니 우울한 기분에 휩싸인다. 장래가 촉망되는 젊은 프로그래머를 만나 조언해 주는 것이 기분전환에 도움이 되길 바란다. 하지만 회사 근처 스타벅스에서 그 인턴 사원과 마주 앉자마자 뭔가 잘못됐다는 느낌이 든다.

그는 당신이 맡고 있는 데이터 큐레이션 알고리즘으로 들어갈 수 있는 비밀경로를 알기 위해 협조가 필요하다고 말한다. 눈을 가늘게 뜨고 그를 노려본 다음 혼란스러운 마음으로 카푸치노 잔을 내려다보았다. 지금 그가 하는 말을 제대로 알아들은 건가. 그의 영어는 물론 훌륭하지 않다. 그러고 나서 그(중국인 대학생)는 스마트폰을 꺼내 녹음된 것을 들려준다. 녹음된 파일에서 흘러나오는 목소리의 주인공이 당신이라는 것뿐 아니라, 이름이 누구였더라? 포르셰의 목소리도 들린다. 이게 에스컬레이드 뒷자리에서 나눈 대화라는 게 분명해진다. 인턴 사원이 녹음을 앞부분으로 돌린다. 그녀의 음란한 이야기와 당신의 키스 소리가 들린다.

인턴 사원이 전화기 화면을 다시 넘겨 에스코트 회사에 지불한 암호화되지 않은 거래수수료 계산서에 이어 차에서 내릴 때 당신 귀에 대고 작별 키스하는 포르셰의 사진을 보여 준다. 그 사진은 팔로 알토 거리에 옛날 전신주들처럼 산재해 있는 수많은 안면인식 카메라 타워들 가운데 하나가 찍은 것이 분명했다. 인턴은 "나는 이미 당신의 인터넷 검색 기록과 그 이상의 자료들을 가지고 있다"고 말한다. 그가 당신에 대해서 그 밖에 또 어떤 정보를 알고 있는지 머리를 쥐어짠다. 그러나 에스코트와의 밀회 장면이면 그것으로 충분하다.

"저를 도와주실 거죠." 인턴 사원은 사무적인 어조로 단조롭게 다시 말한다. "시스템에 접근하기 위해 당신의 홍채 스캔이 필요해요. 내일 당신 부인과 아이들에게 받은 편지함으로 내가 뭔가를 보내길 원치 않으시죠." 에스코트 만남을 일찍 중단했다고 말하면 아내가 믿어 줄까? 생각해 보지만 소용없는 일이다. 아내가 당신의 말을 믿어 준다고 해도 이미 엎지른 물이다. 아내에게 그것을 설명할 길이 없고 아이들에게는 더욱 그렇다.

"옛날 책에 나오듯이 빅 브라더가 항상 보고 있는 것 아닙니까?" 어안이 벙벙한 상태로 회심의 빈정대는 미소를 날리는 상대를 쳐다본다. 그래. 조지 오웰의 소설을 읽었었지. 하지만 맙소사. 이건 공상과학 소설 『1984』가 아니다. 이것은 공상과학 소설에 나오는 디스토피아적인 상상의 세계가 아니다. 이것은 실제 삶이고 여기는 2030년 시애틀이다. 갑자기 식은땀이 흐르고 입이 마른다. 머리가 아뜩해지고 숨이 가빠진다. 활력 징후와 피부 전도성이 갑자기 달라진 것을 감지한 헬스 앱이 극도로 높아진 스트레스 정도를 표시한다. 아이폰의 시리가 음성으로 대화를 중단시킨다.

지금 공황발작이 일어난 것 같습니다. 길 건너 CVS 약국에 가면 로라제 팜이 있습니다. 진단과 처방 코드는 근처 모든 약국에 공유되어 있습니다. 심장마비 가능성을 배제하기 위해 의학적 검토가 필요할 수도 있습니다. 왼쪽 팔에 방사형으로 퍼지는 흉통은 심장마비의 전형적인 증상입니다. 흉통이 있으면 "예"라고 대답하세요. 가장 가까운 응급실은 4.5킬로 미터 떨어진 하버뷰 메디컬 센터에 있습니다. 구급차를 부르고 싶으시면 "병원"이라고 말하세요…….

비정상의 정상화

〈내 인생은 나의 것〉이라는 흘러간 유행가가 있다. 그 노래는 "내 인생에 간섭하지 말고 내게 맡겨 달라"고 당연한 이야기를 외려 당연하지 않은 듯 외친다. 내 인생이 내 것이듯, 내 몸의 주인 또한 나 아닌 다른 사람이 될 수 없다. 내가 내 몸의 주인이 아닌 내 인생은 생각할 수 없다. 몸에 관한 한 우리 각자는 철저히 배타적 주체. 내 몸이 느끼는 쾌락과 고통은 타인이 대신해 줄 수도, 나눌 수도 없다. 타인은 기껏해야 공감할 수 있을 뿐이다. 그러기에 모든 유심론도 몸이라는 유물론적 조건을 전제하지 않고는 무의미하다. 정신이 몸을 이끌고 간다고 할지 모르지만 그 정신은 이미 몸에 담겨 있다. 정신의 고양을 위한 금욕과 고행도 몸을 통해 이루어진다. 따라서 내 신체에 가해지는 모든 행위는 나의 동의 없이 이루어질 수 없다. 인과응보적 처분 그리고 인식 능력이 없는 사람이나 생명과 신체가 일촉즉발의 위험에 놓인 응급 상황에서만 예외를 인정할 수 있다.

아론 케리아티의 『새로운 비정상』을 읽으며 번뜩 한동안 이러한 자명한 원칙을 소홀히 하고 무시했다는 깨우침이 들었다. 아무리 전염병이 창궐한다지만 내 몸으로 겪는 죽음이나 고통 역시 배타적이다. 따라서 내 몸에 가해지는 수술과 주사 등 모든 의료 행위는 내 동의하에 이루어져야 한다. 그리고 그 동의를 받기 전에 충분한 정보를 제공받아야 한다. 나는 그 의료 행위의 목적, 방법, 효과와 부작용 그리고 거부할 경우의 대안에 대해 충분히 알아야 한다. 그다음에 외부의 조작이나 강요가 없는 상태에서, 완전한 자유의사로 동의가 이루어져야 한다. 이것은 의료윤리의 가장 기본적인 원칙이다.

코비드19 팬데믹을 겪으며 나는 세 차례 백신 접종을 했다. 1차는 아스트라제네카 백신이었고 2차와 3차는 모더나의 mRNA 백신이었다. 세 차례 모두 의사는 백신의 효과나 부작용에 대해 아무런 설명이 없었다. 그냥 기계적으로 주사를 놓았다. 체온을 측정하면서 간호사가 내미는 동의서에 간단히 사인을 한 것이 전부였다. 주사를 놓는 의사나 주사를 맞는 사람이나 정보에 입각한 동의가 있어야 한다는 인식이 희박했다. 어차피 선택의 여지가 없다는 분위기였다. 접종 증명 없이는 출입국은 물론 식당과 커피숍 출입에도 제한을 받았다. 동의하지 않으면 불이익이나 불편을 겪게 될 것이라는 공포가 있었다. 그것은 자발적인 동의가 아니라 사실상 암묵적인 강제였다. 지하철을 비롯한 대중교통을 이용할 때는 제한을 받지 않았는데, 그것은 많은 인원을 일일이 통제할 수 없는 물리적인 한계 때문이었을 것 같다. 공중보건을 명분으로 삼았지만 많은 사람이 날마다 조밀하게 모여드는 공간에서는 백신 패스 검사나 거리두기도 불가항력적으로 무시될 수밖에 없었다. 아이러니가 아닐 수 없다.

모더나와 화이자의 mRNA 백신은 그 효과와 부작용이 확실히 검증되지 않은 가운데 처음으로 대규모 집단에 대한 접종이 실시되었다. 당연히 이 백신의 특성에 대해서 충분한 설명이 있어야 했다. 이전에 접종되었던 백신들과는 근본적으로 다른 백신이었다. 나는 이 백신의 위험에 대해 이 책을 읽는 동안 처음으로 자세히 알게 되었다. 연일 TV에 나와 접종을 권유하고 홍보하던 사람들은 과연 이 백신에 대해 얼마나 알고 있었을까? 이 백신의 효과가 검증되지 않았으며 RNA 역전사reverse transcription같이 유전자에 결정적인 영향을 미치는 역효과가 있다는 것은 왜 설명하지 않았을까?

케리아티는 UC 어바인 의과대학의 정신과 교수이자 의료윤리위원장으로 '정보에 입각한 동의'라는 의료윤리의 원칙이 팬데믹 상황에서 공중보건과 공공의 안전을 명분으로 무시되고 있는 현실에 저항했다. 그는 의료 현장의 일선에서 의료윤리의 제1원칙을 지키려다 결국 해직되었다. 『새로운 비정상』은 그의 저항과 그 과정에서 드러난 생물의학 보안국가라는 새로운 전체주의적 체제를 향해 가는 거대한 사회 전환social transformation 그리고 그 전환을 추동하는 세력들에 관한 보고서다. 그리고 매우 인상적인 에필로그는 이러한 전환이 가져올 디스토피아적 현실에 대한 예언적 우화다.

케리아티가 우려하는 생물의학 보안국가를 상징하는 '새로운 비정상'은 다섯 가지 핵심어로 요약할 수 있다.

락다운lockdown: 락다운은 공중보건의 비상사태에서 공공의 건강과 안전을 위해 내려졌다. 일단 민주적 절차를 거치지 않는 행정명령에 의한 비상사태는 너무도 쉽고 자의적으로 선포되었다. 그리고 국가의 행정력이 초법적으로 개인의 삶을 통제하도록 허용했다. 국가권력은 강제 격리,

휴교, 휴업, 출입과 이동 제한, 거리두기 등 삶의 모든 부면에 걸쳐 세세하고 깊게 침입했다. 한번 내려진 락다운은 해제되었지만 그 여파는 광범위하게 여전히 지속되고 있다. 락다운의 여파로 빚더미에 허덕이는 소상공인들은 한 가지 예에 불과하다. 테크노크라트들은 공공의 안전을 명분으로 비상사태를 선포하고 락다운 조치를 내렸다. 그들은 과학과 전문성을 내세워 모든 정책을 결정했다. 락다운은 "세상의 새로운 주인"으로 떠오른 테크노크라트의 위세를 보여 주었다. 케리아티는 조지 오웰이 『1984』에서 예견한 디스토피아가 그들에 의해 구현되고 있음을 경고한다.

바이오디지털 감시biodigital surveillance: 테크노크라트들은 사회 구성원들을 통제하는 데 이 기술을 이용한다. 지문, 홍채, 안면, 보행 같은 생체 특성을 통한 신분 확인과 동선 감시, 유전자 감식과 디지털 진료 기록 같은 개인 건강정보를 통한 질병 전파 위험 감시 그리고 휴대전화 위치 추적과 금융 거래 정보 등을 이용한 개인 활동 감시, 인터넷 검색 기록 등을 통한 사상적 성향 감시 등으로 인간은 이미 투명한 어항 속에 들어 있는 물고기와 같은 존재가 되었다. 바이오디지털 감시로 부지불식간에 프라이버시와 공민권은 침해되고 이런 기술로 수집된 정보는 차별, 낙인찍기, 권력 남용에 악용된다. 2020년 이른 봄 대구에서 벌어졌던 사태를 상기해 보자. 사람들에게 일련번호를 붙여 가며 동선을 낱낱이 공개하던 것이 불과 3년 전 일이다. 그 당시 아무렇지도 않았고 아무 문제의식도 없었다. 생체 감시의 기제는 공포를 틈타 정당화된다. 하지만 생체 감시 기술을 통제할 법적, 윤리적 규범은 허술하고 미흡하다.

트랜스휴머니즘transhumanism: 과학과 기술의 힘으로 인간의 능력을 향상시켜 생물로서 갖는 인간의 한계를 초월한다는 사고체계다. 이것을 추종하는 인간들은 모두 합리적 이성을 내세운다. 합리적 이성에 기반한 과학의 힘으로 인간을 생로병사의 질곡에서 해방시킨다는 것이다. 실제로 과학기술의 발전과 함께 인간은 '향상'되었다. 선진국을 중심으로 한 기대수명의 지속적인 연장은 그 확실한 증거다. 이제 인간은 유전자 조작을 넘어 두뇌와 컴퓨터를 연결하는 뉴로컴퓨팅neurocomputing을 실험하고 있으며 노화를 늦추거나 정지시키는 연구에서도 어느 정도 성과를 거두고 있다. 그러나 인간의 능력을 어디까지 '향상'시킬 수 있을 것인가. AI의 등장으로 트랜스휴머니스트들은 육체는 헐크로, 두뇌는 아인슈타인으로, 감성과 지성은 괴테로 조합되는 인간이 가능할 것이라고 한껏 고무되었을 것이다. 트랜스휴머니즘의 사고체계에서는 못할 것도 없다. 그들이 지향하는 목표는 전인적인 인간이 아니라 초인적인 인간, 휴먼 갓 human God이다. 그러나 그런 향상을 선취한 신인류new human에 의한 구인류old human의 억압과 착취 가능성을 배제할 수 없다. 경제적 불평등은 사회적 불평등으로 전이될 것이다. 능력주의meritocracy 경쟁도 이미 기울어진 운동장에서 이루어지고 있다. 트랜스휴머니즘은 아예 운동장을 둘로 나눠 놓을 것이다.

테크노크라트technocrat: 이들은 기본적으로 합리주의를 추종하는 엘리트 행정가들이다. 이들 역시 과학기술의 힘을 숭상한다. 그들은 공공의 복리를 위해 과학기술적 방법론과 데이터를 근거로 정책을 결정한다. 그러나 결과에 대한 책임은 지지 않는다. 모든 피해는 공공의 안녕을 추구하는 과정에서 발생한 어쩔 수 없는 부작용이고 그 원인은 자신들의 오류가 아니라 과학기술이 갖는 한계 때문이고 그들이 참조한 전문가들의 잘못된 조언 때문이다. 팬데믹은 지나갔다. 공식적인 용어로 말하면 국제 공중보건 비상사태Public Health Emergency of International Concern는 종료되었다. 하지만 이 비상사태의 피해자는 엄연히 존재하고 지금도 피해의 여파는 이어지고 있다. 하지만 가해자는 눈에 보이지 않는 바이러스가 전부다. 모든 정책은 테크노크라트들이 과학자와 전문가의 자문을 받아 결정하고 집행했다. 공포감에 가위눌린 대부분의 사람들은 군소리 없이 따랐다. 그리고 케리아티처럼 이의를 제기하며 거부한 일부 사람들은 불이익을 감수해야 했다. 백신의 효과는 검증되지 않았지만 부작용은 적지 않았다. 케리아티에 따르면 사적 이익을 추구하는 전문가 집단과 제약 기업을 규제해야 할 테크노크라트들은 이들에게 포획되어 있었다. 그들은 때로 거대 제약회사의 대리인 역할을 했다. 케리아티는 기술관료들의 규제 포획Regulatory Capture을 여러 가지 사례를 들어 자세히 다룬다.

협동조합주의Corporatism: 다양한 사회경제적 이해관계를 대표하는 단체corporation를 중심으로 사회체제를 구성하자는 정치경제 이데올로기다. 노동조합, 직능 단체, 기업가 단체 등 서로 다른 기능을 하는 단체들을 국가 공동체의 의사결정 과정에 참여시키자는 것이니 원론적으로는 나쁠 게 없다. 그러나 케리아티가 『새로운 비정상』에서 말하는 것은 국가 조합주의다. 특권적 이해집단이 국가 경영을 장악해 민주적 참여를 가로막고 국가권력을 독점하는 것이다. 무솔리니의 파시즘 같은 체제가 되는 것이다. 기술관료들을 중심으로 한 엘리트 그룹과 거대 기업집단 같은 기득권의 지배는 강화된다. 반면에 대다수 하층계급의 민중들은 의사결정 과정에서 배제되어 사실상 피지배계급으로 전락한다. 다원적인 지배구조로 국가는 이해집단의 조정자 역할을 할 뿐이라고 선전하지만 실상은 비민주적 거버넌스로 귀결된다. 케리아티가 보기에는 이렇게 될 조짐이 이미 가시화되고 있으며 다보스에서 열리는 세계경제포럼WEF에 참가하는 사람들은 이러한 이데올로기에 포섭되어 있다. 세계경제포럼을 주도하는 클라우스 슈밥은 이미 『COVID-19: The Great Reset』(한국어판 『클라우스 슈밥의 위대한 리셋』)에서 그러한 속내를 드러낸다.

2022년 10월 7일 기준 코로나 백신 1차 접종이 87.9퍼센트, 2차 접종이 87.0퍼센트에 달한다. 그리고 3, 4차 접종율도 50퍼센트를 웃돈다. 2022년 사망자는 전년에 비해 5만 5,100여 명이 늘었다. 전년의 네 배가 넘는 엄청난 증가율이다. 백신 접종률이 낮았던 2021년보다 사망자가 대폭 증가한 원인에 대해 납득할 만한 설명이 없다. 그것은 오로지 바이러스 변이, 기저질환 그리고 의학적 한계 때문이다. 그것은 누구의 책임도 아닌 그저 '안타까운 현실'일 뿐이다. 백신 운송 과정을 TV로 생중계까지 할 정도로 백신 접종 캠페인은 떠들썩했다. 수많은 전문가와 관료가 언론에 나와 접종만이 살길이라고 떠들어 댔다. 공포에 가위눌린 사람들은 누구도 그들의 주장에 토를 달지 않았다.

전문적인 영역일수록 진실을 알기 어렵다. 대세를 거스르는 진실은 내가 불편하고 남을 불편하게 만든다. 그래서 관료 집단, 학계, 전문직 직능 집단은 그 자체로 견고한 침묵의 나선을 형성하며 내부고발은 정의감의 발로가 아니라 돌출행동으로 낙인찍히기 십상이다. 이미 익숙해져 있는 기존의 신념 체계나 상식 그리고 집단 이익을 배반하기 때문이다.

진실이 밝혀졌다고 해서 모든 문제가 쾌도난마식으로 해결되는 것은 아니다. 그럼에도 불구하고 진실을 감춰 두고는 인류 문명을 이끌어 온 어떤 가치도 무의미해진다. 진선미 가운데 진이 그냥 맨 앞에 있는 것이 아니다. 진실은 모든 윤리와 가치규범의 근본이다. 팬데믹은 지났지만 팬데믹 대응조치에 숨겨진 진실을 밝히지 못하면 우리는 또 무방비 상태로 새로운 팬데믹을 맞게 될 것이다. 케리아티는『새로운 비정상』으로 정상으로 향하는 진실의 도정에 하나의 이정표를 세우고 있다.

프롤로그: 뉘른베르크, 1947

1   Francis Galton, "Eugenics, Its Definition, Scope, and Aims," *American Journal of Sociology* 10, no. 1 (1904): 5

2   Samantha Young, "California Lawmakers Seek Reparations for People Sterilized by the State," *Washington Post,* April 25, 2018, https://www.washingtonpost.com/national/health-science/california-lawmakers-seek-reparations-for-people-sterilized-by-the-state/2018/04/25/2a873578-4869-11e8-8082-105a446d19b8_story.html.

3   "Laughlin's Model Law," Harry Laughlin and Eugenics, 2020, https://historyofeugenics.truman.edu/altering-lives/sterilization/model-law/

4   Cited in Andrea Patterson, "Germs and Jim Crow: The Impact of Microbiology on Public Health Policies in Progressive Era American South," *Journal of the History of Biology* 42, no. 3 (Fall 2009): 529–59, http://users.clas.ufl.edu/davidson/Jim%20Crow%20America%20Spring%202016/Jim%20Crow%20America%20course%20readings/week%2011%20Health,%20Life%20and%20Death/Patterson%202009.pdf.

5   Cf. Thomas C. Leonard, *Illiberal Reformers: Race, Eugenics, and American Economics in the Progressive Era* (Princeton: Princeton University Press, 2017).

6   Steve Usdin, "New Documents Reveal FDR's Eugenic Project to 'Resettle' Jews during World War II," Tablet, April 29, 2018, https://www.tabletmag.com/sections/arts-letters/articles/m-project-franklin-delano-roosevelt-jews.

7   Buck v. Bell, 274 U.S. 200 (1927), https://supreme.justia.com/cases/federal/us/274/200/.

8   Bleecker Van Wagenen, *Preliminary Report of the Committee of the Eugenic Section of the American Breeder's Association to Study and to Report on the Best Practical Means for Cutting*

off the Defective Germ-Plasm in the Human Population(Adelphi, Wisconsin: The Eugenics Education Society, 1912), https://readingroom.law.gsu.edu/cgi/viewcontent.cgi?article=1073&context=buckvbell.

9   Edwin Black, "Hitler's Debt to America," *The Guardian*, February 5, 2004, https://www.theguardian.com/uk/2004/feb/06/race.usa.

10   Robert N. Proctor, *Racial Hygiene: Medicine under the Nazis* (Cambridge, Massachusetts: Harvard University Press, 1988), 95-117.

11   Ibid.

12   Nuremberg Code, from *Trials of War Criminals before the Nuernberg Military Tribunals under Control Council Law* No. 10. Nuernberg, October 1946-April 1949, vol. 2(Washington, D.C.: U.S. Government Printing Office, 1949), 181-82.

13   Jess Craig, "The Controversial Quest to Make a 'Contagious' Vaccine," *National Geographic*, March 18, 2022, https://www.nationalgeographic.com/science/article/the-controversial-quest-to-make-a-contagious-vaccine.

14   Pat Hagan, "The Vaccine That Spreads Immunity by Passing Itself On like a Virus," *Daily Mail*, February 21, 2022, https://www.dailymail.co.uk/health/article-10536697/The-vaccine-spreads-immunity-passing-like-virus.html.

15   Ibid.

16   Ibid.

제1장 가둠: 생물의학 보안국가

1   Katherine Fung, "Banks Have Begun Freezing Accounts Linked to Trucker Protest," *Newsweek*, February 18, 2022, https://www.newsweek.com/banks-have-begun-freezing-accounts-linked-trucker-protest-1680649.

2   Peter Shawn Taylor, "Frozen: How Canada's Banks Betrayed Their Customers during the Emergencies Act," *C2C Journal*, May 4, 2022, https://c2cjournal.ca/2022/05/frozen-how-canadas-banks-betrayed-their-customers-during-the-emergencies-act/.

3   Canadian Civil Liberties Association (@cancivlib), "The federal government has not met . . . ," Twitter, February 14, 2022, 7:36 p.m., https://twitter.com/cancivlib/status/1493383579983917057?s=20&t=ZmFKBeKEE6ZkRBq1lnSNoA.

4   Douglas Farrow, "Complacency and Complicity: A Rejoinder by Douglas Farrow," Theopolis Institute, March 10, 2022, https://theopolisinstitute.com/conversations/complacency-and-complicity-a-rejoinder-by-douglas-farrow%EF%BF%BC%EF%BF%BC/.

5   "Summary of Terrorism Threat to the U.S. Homeland," Department of Homeland
     Security, February 7, 2022, https://www.dhs.gov/ntas/advisory/national-terrorism
     -advisory-system-bulletin-february-07-2022.
     그 공고문에는 다음과 같은 내용이 포함되어 있다. "작금의 고조된 환경을 위협하는 주요
     요인들 가운데는 잘못되고 오도되어 유포된 이야기가 들어 있다. 이런 이야기들은 불화
     를 야기하거나 미국 정부기관에 대한 신뢰를 훼손한다. 예를 들면 코비드19에 관한 잘못
     된 혹은 오도된 이야기들이 온라인에서 널리 퍼지고 있다……. 이런 의도를 가진 불만 세
     력들이 2021년에 폭력적 극단주의자들의 공격을 선동했다. 코비드19와 관련한 규제 조
     치들이 계속해서 줄어들고 상용 시설과 정부 시설에 대한 접근 기회와 대중 집회가 늘어
     나면서 개인들이 거의 혹은 전혀 사전 경고 없이 폭력적 행동을 할 기회가 증가했다고 할
     수 있다. 그런가 하면 국내의 폭력적 극단주의자들은 2020년 이후 코비드19 방역 대책,
     특히 코비드19 백신과 마스크 의무 조치를 폭력을 정당화하는 데 이용하고 있으며 계속
     해서 이러한 극단주의자들이 이런 조치와 관련 있는 정부, 보건기관, 교육기관을 공격하
     도록 구실을 제공할 수 있을 것이다." 이 공고문은 그런 폭력 사태의 실제 사례를 하나도
     인용하지 않고 있다. 아마 인용할 사례가 없기 때문인 것 같다.

6   Nina Jankowicz et al., "Malign Creativity: How Gender, Sex, and Lies Are Weaponized
     against Women Online," Wilson Center,2021https://www.wilsoncenter.org/publication/
     malign-creativity-how-gender-sex-and-lies-are-weaponized-against-.women-online.

7   Nina Jankowicz (@wiczipedia), "The biggest challenge in identifying this content
     . . . ," Twitter, January 25, 2021, 10:10 a.m., https://twitter.com/wiczipedia/
     status/1353722007138009088.

8   Nina Jankowicz (@wiczipedia), "Trump speech is definitely the most presidential thing
     he's ever done . . . ," Twitter, January 13, 2021, 6:32 p.m., https://twitter.com/wiczipedia/
     status/1349499639452594181.

9   el gato malo, "the disinformation governance board would be the american 'ministry of
     truth,'" bad cattitude (Substack), April 27, 2022, https://boriquagato.substack.com/p/
     the-disinformation-governance-board.

10   Gerald F. Seib, "In Crisis, Opportunity for Obama," Wall Street Journal, November 21,
     2008, https://www.wsj.com/articles/SB122721278056345271; Stewart D. Friedman,
     "Do Not Waste This Crisis," Harvard Business Review, November 25, 2008, https://hbr.
     org/2008/11/dont-waste-this-crisis.

11   Giorgio Agamben, Where Are We Now?: The Epidemic as Politics (Lanham, Maryland:
     Rowman & Littlefield, 2021).

12   Luke Kemp, "The 'Stomp Reflex': When Governments Abuse Emergency Powers," BBC
     Future, April 28, 2021, https://www.bbc.com/future/article/20210427-the-stomp-
     reflex-when-governments-abuse-emergency-powers.

13   Agamben, Where Are We Now?, 9.

14   생물보안 모델의 개념과 기본 특징은 파리에서 보건의 역사를 가르치는 패트릭 질버만
     이 2013년에 쓴 역작 『미생물 폭풍』에 잘 설명되어 있다. Tempetes microbiennes. Essai sur

la politique de securite sanitaire dans le monde transatlantique(Paris: Gallimard, 2013). 이러한 시민적 의무 캠페인에 관한 질버만의 설명은 401-403쪽, 405쪽에 나와 있다. 이 책은 아직 영어로 번역되지 않았다. 나는 후원자들과 질버만이 코비드 팬데믹을 주제로 쓴 짧은 책 『잊어버린 우한』과 함께 이 책을 영어로 번역하고 있다. 생물보안에 관해서는 질버만의 책이 기본이다.

15 Cited in Russell A. Berman, "State of Emergency," First Things, no. 324 (June/July 2022), 19-25, https://www.firstthings.com/article/2022/06/state-of-emergency.

16 Ibid.

17 Ibid.

18 Giorgio Agamben, "Biosecurity and Politics," Strategic Culture Foundation, June 2, 2020, https://www.strategic-culture.org/news/2020/06/02/biosecurity-and-politics/; Deidre McPhillips, "Gates Foundation Donations to WHO Nearly Match Those from U.S. Government," *U.S. News & World Report,* May 29, 2020, https://www.usnews.com/news/articles/2020-05-29/gates-foundation-donations-to-who-nearly-match-those-from-us-government.

19 Pepe Escobar, "How Biosecurity Is Enabling Digital Neo-Feudalism," Strategic Culture Foundation, May 15, 2020, https://www.strategic-culture.org/news/2020/05/15/how-biosecurity-is-enabling-digital-neo-feudalism/.

20 Zylberman, *Tempetes microbiennes.*

21 Agamben, "Biosecurity and Politics."

22 Lydia Ramsey Pflanzer, "A Report That Helped Convince Trump to Take Coronavirus Seriously Projected That 2.2 Million People Could Die in the US If We Don't Act," *Business Insider,* March 17, 2020, https://www.businessinsider.com /coronavirus-uk-report-projects-2-million-deaths-without-action-2020-3?op=1.

23 Agamben, "Biosecurity and Politics."

24 Ibid.

25 Escobar, "How Biosecurity Is Enabling Digital Neo-Feudalism."

26 Berman, "State of Emergency."

27 Brennan Center for Justice, *A Guide to Emergency Powers and Their Use*(New York: Brennan Center for Justice, 2019), https://www.brennancenter.org/media/4976/download.

28 Zylberman, *Tempetes microbiennes,* 445. Cf. "Zylberman's Biosecurity Strategy Studies," The Indomitable Neoliberals FC, February 17, 2021, https://corpcoinc.wordpress.com/2021/02/17/zylbermans-biosecurity-strategy-studies/.

29 Alex Gutentag, "The Great Covid Class War," The Bellows, December 16, 2020, https://www.thebellows.org/the-great-covid-class-war/.

30 Michael Tracey, "Academia Is Establishing a Permanent Surveillance Bureaucracy That Will Soon Govern the Rest of the Country," Michael Tracy (Substack), September 21, 2021, https://mtracey.substack.com/p/academia-is-establishing-a-permanent.

31 Ibid.

32   Ibid.

33   Ibid.

34   Ibid.

35   Ibid.

36   Michael Tracey (@mtracey), "98% of students and faculty at Georgetown are vaccinated . . . ," Twitter, September 14, 2021, 9:50 p.m., https://twitter.com/mtracey/status/1437957019055579137.

37   Michael Tracey (@mtracey), "At USC Law School, the Dean has repeatedly urged students to confront and report on 'community members . . . ,'" Twitter, September 20, 2021, 8:12 p.m., https://twitter.com/mtracey/status/ 1440106732223705088.

38   Jay Greene, "Amazon's Employee Surveillance Fuels Unionization Efforts: 'It's Not Prison, It's Work,'" Washington Post, December 2, 2021, https://www.washingtonpost.com/technology/2021/12/02/amazon-workplace-monitoring-unions/.

39   Ibid.

40   Ibid.

41   Ibid.

42   Cf. Eugene McCarraher, The Enchantments of Mammon: How Capitalism Became the Religion of Modernity(Cambridge, Massachussetts: Harvard Belknap Press, 2019), 650.

43   Lauren Aratani, "Robots on the Rise as Americans Experience Record Job Losses amid Pandemic," The Guardian, February 27, 2020, https://www.theguardian.com/technology/2020/nov/27/robots-replacing-jobs-automation- unemployment-us.

44   Cf. McCarraher, Enchantments of Mammon, 482.

45   World Economic Forum, The Future of Jobs Report (Geneva: World Economic Forum, 2020), https://www.weforum.org/reports/the-future-of-jobs-report-2020.

46   Greene, "Amazon's Employee Surveillance."

47   Paul Kingsnorth, "Chasing the Dragon: Thoughts on St George's Day," The Abbey of Misrule (Substack), April 23, 2022, https://paulkingsnorth.substack.com/p/chasing-the-dragon.

48   Brackets in the original. Jay Greene and Chris Alcantara, "Amazon Warehouse Workers Suffer Serious Injuries at Higher Rates Than Other Firms," Washington Post, June 1, 2021, https://www.washingtonpost.com/technology/2021/06/01/amazon-osha-injury-rate.

49   "Do Not Allow Jeff Bezos to Return to Earth," Change.org, https://www.change.org/p/

50   Emily Kirkpatrick, "There's Now a Guillotine Set Up Outside Jeff Bezos's Mansion," Vanity Fair, August 28, 2020, https://www.vanityfair.com/style/2020/08/jeff-bezos-guillotine-protest-amazon-workers.

51   I owe these anecdotes to Paul Kingsnorth, who writes about the machine in, among other Substack articles in the series, "A Thousand Mozarts," The Abbey of Misrule(Substack), July 3, 2021, https://paulkingsnorth.substack.com/p/a-thousand-mozarts?s=r.

52   Cited in Paul Kingsnorth, "Blanched Sun, Blinded Man," The Abbey of Misrule

(Substack), May 26, 2021, https://paulkingsnorth.substack.com/p/blanched-sun-blinded-man?s=r.

53 Ibid.

54 Ibid.

55 Ibid.

56 Patrick Kingsly, "Israel's Spy Agency Will Track Omicron Patients' Phones, at Least through Thursday," *New York Times,* November 29, 2021, https://www.nytimes.com/live/2021/11/29/world/omicron-variant-covid/israel-covid-phone-tracking.

57 Noe Chartier, "Gov't Can't Be Trusted with Cellphone Tracking amid Pandemic: Former Ontario Privacy Commissioner," *Epoch Times,* December 29, 2021. https://www.theepochtimes.com/govt-cant-be-trusted-with-cellphone-tracking-amid-pandemic-former-ontario-privacy-commissioner_4182404.html.

58 Joseph Cox, "CDC Tracked Millions of Phones to See If Americans Followed COVID Lockdown Orders," *Vice,* May 3, 2022, https://www.vice.com/en/article /m7vymn/cd-tracked-phones-location-data-curfews.

59 Yves-Alexandre de Montjoye et al., "Unique in the Crowd: The Privacy Bounds of Human Mobility," *Scientific Reports* 3, no. 1376 (2013): 1–5, https://doi.org/10.1038/srep01376.

60 Cox, "CDC Tracked Millions."

61 ACLU (@ACLU), "BREAKING: Newly declassified documents reveal that the CIA has been secretly conducting massive surveillance programs . . . ," Twitter, February 10, 2022, 7:51 p.m., https://twitter.com/ACLU/status/ 1491937850887180288.

62 Ron Wyden and Martin Heinrich, letter to Avril D. Haines and William J. Burns, April 13, 2021, https://www.wyden.senate.gov/imo/media/doc/HainesBurns_WydenHeinrich_13APR21%20-FINAL.pdf; "Wyden and Heinrich: Newly Declassified Documents Reveal Previously Secret CIA Bulk Collection, Problems with CIA Handling of Americans' Information," Ron Wyden: United States Senator for Oregon, February 10, 2022, https://www.wyden.senate.gov/news/press-releases/wyden-and-heinrich-newly-declassified-documents-reveal-previously-secret-cia-bulk-collection-problems-with-cia-handling-of-americans-information.

63 Ross Anderson, "The Panopticon Is Already Here," *The Atlantic,* September 20, 2020, https://www.theatlantic.com/magazine/archive/2020/09/china-ai-surveillance/614197/.

64 Jeremy Weissman, *The Crowdsourced Panopticon: Conformity and Control on Social Media* (Lanham, Maryland: Rowman & Littlefield, 2021), 39.

65 Jeremy Bentham, *Panopticon* (London: T. Payne, 1791).

66 George Orwell, *Nineteen Eighty-Four* (London: Secker and Warburg, 1949), 1–2.

67 Quoted in Taylor Dotson, "The Twitter Surveillance State," *New Atlantis* 79 (Winter 2022), https://www.thenewatlantis.com/publications/the-twitter-surveillance-state.

68   Ibid.

69   Ibid.

70   D. T. Max, "The Public-Shaming Pandemic," New Yorker, September 28, 2020, https://www.newyorker.com/magazine/2020/09/28/the-public-shaming-pandemic.

71   Ibid.

72   Zylberman, *Tempêtes microbiennes*, 405.

73   Robert F. Kennedy Jr., *The Real Anthony Fauci: Bill Gates, Big Pharma, and the Global War on Democracy and Public Health* (New York: Skyhorse, 2021), 382.

74   Ibid.

75   centerforhealthsecurity, "Event 201 Pandemic Exercise: Highlights Reel," YouTube, November 4, 2019, https://www.youtube.com/watch?v=AoLw-Q8X174&list=PL9-oVXQX88esnrdhaiuRdXGG7XOVYB9Xm.

76   Ibid.

77   Rockefeller Foundation and Global Business Network, *Scenarios for the Future of Technology and International Development* (New York: Rockefeller Foundation, 2010), 18, https://www.unapcict.org/resources/ictd-infobank/scenarios-future-technolog-and-international-development.

78   Ibid., 19.

79   Ibid., 19, 21.

80   "NTI | Bio, Munich Security Conference Convene Global Leaders for Annual Tabletop Exercise on Reducing High-Consequence Biological Threats," NTI, March 18, 2021, https://www.nti.org/news/nti-bio-munich-security-conference-convene-global-leaders-annual-tabletop-exercise-reducing-high-consequence-biological-threats/.

81   Chris Morris, "U.S. Government Places $119 million Order for 13 Million Freeze-Dried Monkeypox Vaccines," *Fortune*, May 19, 2020, https://fortune.com/2022/05/19/monkeypox-vaccine-purchase-2022-us-government/.

82   Robert W. Malone, "Monkey Pox: Truth versus Fearporn," Who Is Robert Malone (Substack), May 21, 2022, https://rwmalonemd.substack.com/p/monkey-pox; Caden Pearson, "California, Illinois Join New York to Declare Monkeypox States of Emergency," *Epoch Times*, August 1, 2022, https://www.theepochtimes.com/illinois-california-governors-declare-monkeypox-states-of-emergency_4636793.html.

83   Zylberman, Tempetes microbiennes; cf. also: Committee on Government Reform, *One Year Later: Evaluating the Effectiveness of Project BioShield, Hearing before the Committee on Government Reform, House of Representatives* (Washington, D.C.: U.S. Government Printing Office, 2005), https://www.govinfo.gov/content/pkg/CHRG-109hhrg23143/pdf/CHRG-109hhrg23143.pdf.

84   WEF, "A Cyber Attack with COVID Like Characteristics," YouTube, March 29, 2021, https://www.youtube.com/watch?v=Gm-7mcR86QU.

85   Wikipedia, s.v. "Article 48 (Weimar Constitution)," May 29, 2022, https://en.wikipedia.

org/wiki/Article_48_(Weimar_Constitution).

86   Kemp, "The 'Stomp Reflex.'"

87   Daniel Spencer and Panetta McGrath, "12 Commandments to Avoid AHPRA Notifications," MIPS, February 28, 2022, https://support.mips.com.au/home/12-commandments-to-avoid-ahpra-notifications.

88   "Professional Expectations regarding Medical Misinformation and Disinformation," FSMB, April 2022, https://www.fsmb.org/siteassets/advocacy/policies/ethics-committee-report-misinformation-april-2022-final.pdf; Kylee Griswold, "Top Medical Licensure Board Creates Misinformation Policy – Because What Could Go Wrong with a Science Hive Mind?," The Federalist, May 11, 2022, https://thefederalist.com/2022/05/11/top-medical-licensure-board-creates-misinformation-policy-because-what-could-go-wrong-with-a-science-hive-mind/.

89   Augusto Del Noce, *The Crisis of Modernity*, trans. Carlo Lancelloti (Montreal: McGill-Queen's University Press, 2014), 232.

90   Agamben, *Where Are We Now?*, 49.

91   Del Noce, *Crisis of Modernity*, 89.

92   소포클레스가 쓴 고대 그리스 비극은 오이디푸스의 딸에 관한 이야기다. 이 연극은 테베의 내전을 일으킨 반란군들은 매장할 수 없다는 테베왕의 칙령을 중심으로 한다. 주인공인 안티고네는 왕의 명령을 따라야 하는 시민의 의무와 그녀의 오빠를 묻어야 하는 가족으로서의 당연한 의무 사이에서 번민한다. 그녀는 "가장 오랫동안 책망할 사람은 산 자가 아니라 죽은 자"라고 한탄한다. "살아 있는 사람을 기쁘게 하는 시는 짧다. 그러나 죽은 자를 사랑할 시간은 영원하다." 그녀는 왕의 명령을 어기고 오빠를 묻어 주기로 고통스럽지만 용감한 선택을 한다. 왕 앞에 잡혀갔을 때 안티고네는 그녀의 행동이 왕의 칙령을 위반한다는 것을 알고 있었다고 인정한다. 하지만 인간의 법보다는 신의 계율을 따라야만 한다고 주장한다. 그녀에게 사형을 선고한 후에 왕은 결국 안티고네의 용기에 감동해 그녀를 감옥에서 석방하도록 결정한다. 그러나 왕의 마음이 바뀐 것을 모르는 안티고네는 돌에 맞아 죽지 않기 위해 목을 매단다.

93   Eric Voegelin, "The Origins of Totalitarianism," *Review of Politics* 15, no. 1 (January 1953): 68–76, http://www.jstor.org/stable/1404747.

94   Del Noce, *Crisis of Modernity*, 153.

95   Ibid., 290.

96   Ibid., 90.

97   Ibid., 91.

98   Augusto Del Noce, *The Age of Secularization*, trans. Carlo Lancelloti (Montreal: McGill-Queen's University Press, 2017), 29.

99   Ibid., 85.

100   Ernst Nolte, *Three Faces of Fascism: Action Francaise, Italian Fascism, National Socialism* (New York: Mentor, 1969), 308–9.

101   이것은 이러한 이데올로기를 과거와의 단절이라고 보는 더 폭넓은 주장을 어쩔 수 없이

축약한 것이다. 이러한 주장은 2020년 7월 12일에 사이먼 웨일 정치철학 센터(Simone Weil Center for Political Philosophy)에 올라온 내 기고문 「오늘날 반파시스트들의 숨겨진 파시즘」에 나와 있다. https://simoneweilcenter.org/publications/2021/2/14/the-latent-fascism-of-todays-anti-fascists.

102   Mattias Desmet, *The Psychology of Totalitarianism* (White River Junction: Chelsea Green, 2022).

103   팬데믹 기간에 우리의 사회적 집단행동에 적용된 르네 지라르의 의태 전염과 희생양 만들기 이론뿐 아니라 데스멧의 집단 형성 이론에 대해서는 내 기고문 「집단 형성, 의태 전염 그리고 희생양 만들기」를 참조하기 바란다. Human Flourishing (Substack), April 13,2022, https://aaronkheriaty.substack.com/p/mass-formation-mimetic-contagion.

104   Agamben, *Where Are We Now?*, 10 – 11.

105   Ibid., 58.

제2장 락다운 & 락아웃: 새로운 사회 패러다임

1   Kimiko de Freytas-Tamura, "Footage Reveals New Details in Tourist Melee at N.Y.C. Restaurant," *New York Times*, September 18, 2021, https://www.nytimes.com/2021/09/18/nyregion/carmines-vaccination-fight.html.

2   Joseph Goldstein and Matthew Sedacca, "Why Only 28 Percent of Young Black New Yorkers Are Vaccinated," *New York Times*, August 12, 2021, https://www.nytimes.com/2021/08/12/nyregion/covid-vaccine-black-young-new-yorkers.html.

3   Nick Corbishley, *Scanned: Why Vaccine Passports and Digital IDs Will Mean the End of Privacy and Personal Freedom* (White River Junction: Chelsea Green, 2022), 1.

4   Ibid., 94.

5   Michel Foucault, *Discipline & Punish: The Birth of the Prison*, trans. Alan Sheridan (New York: Vintage Books, 1995), 195 – 228.

6   Corbishley, *Scanned*, 21 – 22.

7   S. V. Subramanian and Akhil Kumar, "Increases in COVID-19 Are Unrelated to Levels of Vaccination across 68 Countries and 2947 Counties in the United States," *European Journal of Epidemiology* 36, no. 12 (2021): 1237-40, https://pubmed.ncbi.nlm.nih.gov/34591202/.

8   Sarah A. Buchan et al., "Effectiveness of COVID-19 Vaccines against Omicron or Delta Symptomatic Infection and Severe Outcomes," medRxiv (January 28, 2022), https://doi.org/10.1101/2021.12.30.21268565.

9   "WHO Warns against Blanket Boosters, as Vaccine Inequity Persists," United Nations, December 22, 2021, https://news.un.org/en/story/2021/12/1108622; Jemima McEvoy, "WHO Calls for Pause on Covid Booster Shots until 2022," *Forbes,* September 9, 2021, https://www.forbes.com/sites/jemimamcevoy/2021/09/08/who-calls-for-pause-on-covid-booster-shots-until-2022/?sh=426732257f9a.

10   UK Health Security Agency, *COVID-19 Vaccine Surveillance Report: Week* 1 (London: UK Health Security Agency, 2022), https://assets.publishing.service.gov.uk/government/uploads/system/uploads/attachment_data/file/1045329/Vaccine_surveillance_report_week_1_2022.pdf; Frederik Plesner Lyngse et al., "SARS-CoV-2 Omicron VOC Transmission in Danish Households," medRxiv, December 27, 2021, https://doi.org/10.1101/2021.12.27.21268278; Christian Holm Hansen et al., "Vaccine Effectiveness against SARS-CoV-2 Infection with the Omicron or Delta Variants Following a Two-Dose or Booster BNT162b2 or mRNA-1273 Vaccination Series: A Danish Cohort Study," medRxiv, December 21, 2021, https://doi.org/10.1101/2021.12.20.21267966. For a summary of the key findings of these studies cf. Paul Alexander, "NEGATIVE EFFICACY: U.K. Health Agency First 'COVID-19 Vaccine Surveillance Report' of 2022, Collates Infection Rate Data for the Final Weeks of 2021 (Weeks 49-52); A DEVASTATING REPORT," Substack Alexander COVID News Evidence-Based Medicine (Substack), January 7, 2022, https://palexander.substack.com/p/uk-health-security-agency-first-covid?s=r&utm_campaign=post&utm_medium=web; cf. also, Alex Berenson, "Has Covid Vaccine Efficacy Turned Negative?," Unreported Truths (Substack), January 6, 2022, https://alexberenson.substack.com/p/has-covid-vaccine-efficacy-turned.

11   Heba N. Altarawneh et al., "Effects of Previous Infection and Vaccination on Symptomatic Omicron Infections," *New England Journal of Medicine* 387, no. 1 (2022): 21-34, https://www.nejm.org/doi/full/10.1056/NEJMoa2203965.

12   Apoorva Mandavilli, "The C.D.C. Isn't Publishing Large Portions of the Covid Data It Collects," *New York Times,* February 20, 2022, https://www.nytimes.com/2022/02/20/health/covid-cdc-data.html.

13   Oliver Barnes and John Burn-Murdoch, "Covid Infections Surge to Record-High for Over-70s in UK," *Financial Times,* March 16, 2022, https://www.ft.com/content/b4bf71b1-0b60-41fd-b445-ce13379a270c.

14   Helen McArdle, "Public Health Scotland Pulls Covid Case Rate Data over Claims It 'Demonstrates Conclusively' That Vaccines Are Not Working," *Herald of Scotland,* February 17, 2022, https://www.heraldscotland.com/news/19932323.public-health-scotland-pulls-covid-case-rate-data-claims-demonstrates-conclusively-vaccines-not-working/.

15   Allie Simon, "Calif. Colleges Demand COVID Booster Compliance: Shut Off WiFi,Threaten Punishments," The College Fix, April 1, 2022, https://www.thecollegefix.

com/calif-colleges-demand-covid-booster-compliance-shut-off-wifi-threaten-punishments/.

16   "Fauci: 'We Should Not Get So Fixated on This Elusive Number of Herd Immunity,'" Grabien, March 15, 2021, https://grabien.com/story.php?id=328251.

17   Jaimy Lee, "Is Herd Immunity a Realistic Concept? Fauci Calls It 'Elusive' and 'Mystical,'" MarketWatch, May 7, 2021, https://www.marketwatch.com/story/is-herd-immunity-a-realistic-concept-fauci-calls-it-elusive-and-mystical-11620148465.

18   Ohio Department of Health, "What's in the Vaccine?," YouTube, April 16, 2021, https://www.youtube.com/watch?v=-Gg5ETxxspA.

19   Mandavilli, "The C.D.C. Isn't Publishing Large Portions."

20   Jesus Jimenez, "Washington State Allows for Free Marijuana with Covid-19 Vaccine," *New York Times,* June 7, 2021.

21   Aaron Kheriaty and Gerard V. Bradley, "University Vaccine Mandates Violate Medical Ethics," *Wall Street Journal,* June 14, 2021.

22   Ibid.

23   The entire panel is available for viewing at Senator Ron Johnson, "COVID-19: A SECOND Opinion," Rumble, January 24, 2022, https://rumble.com/vt62y6-covid-19-a-second-opinion.html. An edited version with my remarks is available at KanekoaTheGreat, "Dr. Aaron Kheriarty Full Highlights | Senator Ron Johnson COVID-19: A Second Opinion," Rumble, January 25, 2022, https://rumble.com/embed/vqmilm/?pub=4.

24   Johnson, "COVID-19"; KanekoaTheGreat, "Dr. Aaron Kheriarty."

25   Jonathan Isaac and Aaron Kheriaty, "COVID Mandates Prevent Americans from Getting Back in the Game," Fox News, January 10, 2022, https://www.foxnews.com/opinion/covid-coronavirus-vaccine-mandates-biden-nba-jonathan-issac.

26   Kyle Harper, *The Fate of Rome: Climate, Disease, and the End of an Empire* (Princeton: Princeton University Press, 2019).

27   Michael Barbaro, Alexandra Leigh Young, Neena Pathak, Stella Tan, and Michael Simon Johnson, "The Coronavirus Goes Global," *The Daily,* February 27, 2020, https://www.nytimes.com/2020/02/27/podcasts/the-daily/coronavirus.html; Donald G. McNeil Jr., "To Take On the Coronavirus, Go Medieval on It," *New York Times,* February 28, 2020, https://www.nytimes.com/2020/02/28/sunday-review/coronavirus-quarantine.html.

28   Alex Gutentag, "The Great Covid Class War," The Bellows, December 16, 2020, https://www.thebellows.org/the-great-covid-class-war/.

29   Alex Berenson, "Fifteen Days," chapter 6 in *Pandemia: How Coronavirus Hysteria Took Over Our Government, Rights, and Lives* (Washington, D.C.: Regnery Publishing, 2021).

30   Aaron Kheriaty, "The Impossible Ethics of Pandemic Triage," *New Atlantis,* April 3, 2020, https://www.thenewatlantis.com/publications/the-impossible-ethics-of-pandemic-triage.

31   Mariana Mazzucato, "Avoiding a Climate Lockdown," Project Syndicate, September 22, 2020, https://www.project-syndicate.org/commentary/radical-green-overhaul-to-avoid-climate-lockdown-by-mariana-mazzucato-2020-09.

32   Gutentag, "Great Covid Class War."

33   Jonas Herby, Lars Jonung, and Steve H. Hanke, "A Literature Review and Meta-Analysis of the Effects of Lockdowns on COVID-19 Mortality," *Studies in Applied Economics* no. 200 (January 2022): 2.

34   Ibid.

35   World Health Organization, *Report of the WHO-China Joint Mission on Coronavirus Disease 2019 (COVID-19)* (Geneva: World Health Organization, 2020), https://www.who.int/publications/i/item/report-of-the-who-china-joint-mission-on-coronavirus-disease-2019-(covid-19), 19.

36   Jan Jekeliek, "Jeffrey Tucker: How the US Adopted CCP-Inspired COVID-19 Control Policies, a Timeline," *Epoch Times*, May 7, 2022, https://www.theepochtimes.com/jeffrey-tucker-how-the-us-adopted-ccp-inspired-covid-19-control-policies-a-timeline_4440770.html.

37   Jeffrey A. Tucker, "The China Model Unravels in Shanghai," Brownstone Institute, April 11, 2022, https://brownstone.org/articles/the-china-model-unravels-in-shanghai/.

38   "About WHO," World Health Organization, 2022, https://www.who.int/about/.

39   Oona Hathaway and Alasdair Phillips-Robins, " COVID-19 and International Law Series: Reforming the World Health Organization," Just Security, December 11, 2020, https://www.justsecurity.org/73793/covid-19-and-international-law-series-reforming-the-world-health-organization/

40   Associated Press, "WHO Chief Praises China's Virus Fight, Urges More from World," Yahoo! News, February 15, 2020, https://nz.news.yahoo.com/chief-praises-chinas-virus-fight-145551598.html; "Statement on the Second Meeting of the International Health Regulations (2005) Emergency Committee regarding the Outbreak of Novel Coronavirus (2019-nCoV)," World Health Organization, January 30, 2020, https://www.who.int/news/item/30-01-2020-statement-on-the-second-meeting-of-the-international-health-regulations-(2005)-emergency-committee-regarding-the-outbreak-of-novel-coronavirus-(2019-ncov).

41   Tedros Adhanom Ghebreyesus (@DrTedros), "In many ways, #China is actually setting a new standard . . . ," Twitter, January 30, 2020, 4:40 p.m., https://twitter.com/DrTedros/status/1222982869871669251.

42   Freddie Sayers, "Neil Ferguson Interview: China Changed What Was Possible," UnHerd, December 26, 2020, https://unherd.com/thepost/neil-ferguson-interview-china-changed-what-was-possible/.

43   Andrew Scheuber, "Chinese President Sees UK-China Academic Partnerships at Imperial," Imperial College London, October 21, 2015, https://www.imperial.ac.uk/

news/168497/chinese-president-sees-ukchina-academic-partners-hips/.

44 Tucker, "The China Model Unravels."

45 "Shanghai Lockdown Risks Becoming Biggest Crisis of Xi's Tenure," Bloomberg, April 7, 2022,https://www.bloomberg.com/news/articles/2022-04-07/shanghai-lockdown-risks-becoming-biggest-crisis-of-xi-s-tenure.

46 Joe Wang, "Desperation and Despotism in Shanghai," Brownstone Institute, May 7, 2022, https://brownstone.org/articles/desperation-and-despotism-in-shanghai/.

47 Ibid.

48 "Covid Zero Defended in China as Shanghai Cases Top 21,000," Bloomberg, April 7, 2022 https://www.bloomberg.com/news/articles/2022-04-08/china-s-covid-zero-policy-defended-as-shanghai-frustration-grows#xj4y7vzkg.

49 CNBC Television, "Shanghai Patient Mistaken for Dead Sparks 'Lockdown' Horror," YouTube, May 2, 2022, https://youtu.be/lMGjcr3aAak.

50 Aaron Kheriaty, MD (@akheriaty), "Biomedical security state, Chinese edition. Shanghai lockdowns . . . ," Twitter, April 24, 2022, 11:59 a.m., https://twitter.com/akheriaty/status/1518243297101111298; Aaron Kheriaty, MD (@akheriaty), "Biomedical security state, Chinese edition . . . ," Twitter, April 17, 2022, 3:35 p.m., https://twitter.com/akheriaty/status/1515760838115618818.

51 Corbishley, *Scanned,* 57-58.

52 Alyssa Rosenburg, "The Baby Formula Shortage Is an Outrage. A Sane Country Would Fix It," *Washington Post,* May 10, 2022, https://www.washingtonpost.com/opinions/2022/05/10/abbott-baby-formula-shortage-needs-solutions/.

53 Aaron Kheriaty, "The Other Pandemic: The Lockdown Mental Health Crisis," Public Discourse, October 4, 2020, https://www.thepublicdiscourse.com/2020/10/71969/.

54 Ibid.

55 Mark E. Czeisler et al., "Mental Health, Substance Use, and Suicidal Ideation during the COVID-19 Pandemic — United States, June 24-30, 2020," *Morbidity and Mortality Weekly Report,* 69, no. 32 (2020): 1049-57, https://www.cdc.gov/mmwr/volumes/69/wr/mm6932a1.htm?s_cid=mm6932a1_w; Kheriaty, "The Other Pandemic."

56 Kheriaty, "The Other Pandemic."

57 "Multiple Causes of Death 1999-2020," CDC Wonder, December 2021, https://wonder.cdc.gov/wonder/help/mcd.html; Aaron Kheriaty, MD (@akheriaty), "The other pandemic. . . ," Twitter, March 24, 2022, 8:11 p.m., https://twitter.com/akheriaty/status/1507132969487462422.

58 Aaron M. White et al., "Alcohol-Related Deaths during the COVID-19 Pandemic," *Journal of the American Medical Association* 327, no. 17 (2022): 1704-6, https://jamanetwork.com/journals/jama/fullarticle/2790491.

59 Lucy Craft, "Suicide Claimed More Japanese Lives in October Than 10 Months of COVID," CBS News, November 13, 2020, https://www.cbsnews.com/news/japan-

suicide-coronavirus-more-japanese-suicides-in-october-than-total-covid-deaths/.

60 William Wan, "Pandemic Isolation Has Killed Thousands of Alzheimer's Patients while Families Watch from Afar," *Washington Post,* September 16, 2020, https://www.washingtonpost.com/health/2020/09/16/coronavirus-dementia-alzheimers-deaths/.

61 Ann Case and Angus *Deaton, Deaths of Despair and the Future of Capitalism* (Princeton: Princeton University Press, 2021); cf. also Aaron Kheriaty, "Dying of Despair," First Things no. 275 (August/September 2017), https://www.firstthings.com/article/2017/08/dying-of-despair.

62 Houston Community College, "COVID-19 PSA-Alone Together," YouTube, May 24, 2020, https://www.youtube.com/watch?v=JjVUzY6lSRA.

63 Hannah Arendt, *The Origins of Totalitarianism* (New York: Harcourt Brace Jovanovich, 1973), 478.

64 White et al., "Alcohol-Related Deaths."

65 Luke Money, Matt Stiles, and Colleen Shalby, "California's Secret Weapon in COVID-19 Success: We Are Not Skeptical about the Vaccine," *Los Angeles Times,* May 1, 2021, https://www.latimes.com/california/story/2021-05-01/minimal-vaccine-hesitancy-fuelscalifornias-covid-recovery; Collen Shalby and Hayley Smith, "California's Huge COVID-19 Vaccine Expansion Relies on Trust. Will Cheaters Stay Away?," *Los Angeles Times,* March 16, 2021, https://www.latimes.com/california/story/2021-03-16/californias-covid-19-vaccine-expansion-relies-on-honor-system-you-have-to-try-to-trust.

66 Kristie E. N. Clarke et al., "Seroprevalence of Infection-Induced SARS-CoV-2 Antibodies-United States, September 2021-February 2022," *Morbidity and Mortality Weekly Report,* 71, no. 17 (2022): 606-8, https://www.cdc.gov/mmwr/volumes/71/wr/mm7117e3.htm.

67 Sivan Gazit et al., "SARS-CoV-2 Naturally Acquired Immunity vs. Vaccine-Induced Immunity, Reinfections versus Breakthrough Infections: A Retrospective Cohort Study," *Clinical Infectious Diseases* (2022), https://www.ncbi.nlm.nih.gov/pmc/articles/PMC9047157/pdf/ciac262.pdf.

68 Shai Efrati et al., "Safety and Humoral Responses to BNT162b2 mRNA Vaccination of SARS-CoV-2 Previously Infected and Naive Populations," *Scientific Reports* 11, 16543 (2021), https://doi.org/10.1038/s41598-021-96129-6; Rachel K. Raw et al., "Previous COVID-19 Infection but Not Long-COVID Is Associated with Increased Adverse Events Following BNT162b2/Pfizer Vaccination," *Journal of Infection,* 83, no. 3 (September 2021): 381-412, https://doi.org/10.1101/2021.04.15.21252192; Noam Barda et al., "Safety of the BNT162b2 mRNA Covid-19 Vaccine in a Nationwide Setting," *New England Journal of Medicine* 385 no. 12 (2021): 1078-90, https://www.nejm.org/doi/pdf/10.1056/NEJMoa2110475?articleTools=true; Cristina Menni et al., "Vaccine Side-Effects and SARS-CoV-2 Infection after Vaccination in Users of the COVID Symptom

Study App in the UK: A Prospective Observational Study," Lancet *Infectious Diseases* 21, no. 7 (2021): 939–49, https://doi.org/10.1016/S1473-3099(21)00224-3.

69   Andrew Bostom et. al, "How College COVID Vaccine Mandates Put Students in Danger," The Federalist, July 5, 2021, https://thefederalist.com/2021/07/05/how-college-covid-vaccine-mandates-put-students-in-danger/.

70   Ibid.

71   Aaron Kheriaty, "The Physician's Vocation," Mercatornet, September 14, 2018, https://mercatornet.com/the-physicians-vocation/23584/.

72   내가 해고당한 뒤에 기대하지 않았던 곳에서 지지하는 사람들이 나타났다. 재판을 해 보면 누가 친구인지 알게 된다. 해고당하기 전에 만난 적도 없던 UCLA의 한 교수는 나에게 연락을 해 격려해 주었다. 그는 UCI 총장에게 편지를 보내 설명했다. "나는 케리아티 박사와 일하거나 만난 적이 없지만 그의 생명윤리에 관한 학문적 연구뿐 아니라 고지에 입각한 동의와 생체 감시에 대해 그가 현재 대중을 향해 쓰고 있는 글에서 많은 것을 배웠다(가을학기에는 그가 쓴 논고들 가운데 하나를 교재로 삼아 가르칠 것이다)." 나는 그의 이야기에서 놀라움과 동시에 교훈을 얻었다. "케리아티 박사가 다른 교수들이 거의 시도하지 않는 방법으로 내 교수법에 영향을 주었다는 사실은 아무리 강조해도 지나치지 않다." 이 교수는 계속해서 설명했다. "케리아티 박사는 강의실 밖에서 학자로서 확신에 찬 용기를 보여 준 보기 드문 스승이다. 그는 해고되었지만 코비드 대응 계획에 관한 소통의 적극적 주체가 아니라 수동적인 객체가 된 대학에 있는 다른 많은 사람을 계속 대변하고 그들에게 영감을 불어넣고 있다." 그리고 다음과 같이 결론을 내린다. "의과대학의 정교수인 케리아티 박사를 정당한 절차를 거치지 않고 해고한 것은 나를 뼛속까지 흔들어 놓았다. 나뿐 아니라 학문적 자유와 탐구 정신에 대한 대학의 사명을 염려하는 다른 사람들도 충격을 받았다." 공개적으로 나서서 발언한 사람은 이 교수만이 아니다. UCI의 전직 부총장이자 초대 총장의 아들 역시 나를 대신해 편지를 썼다. 그는 UC 어바인이 교수를 부당하게 해고함으로써 대학으로서의 사명을 저버렸던 역사적 사례를 인용했다. 그는 "학문의 자유를 침해하고 데이빗 색슨 박사 같은 교수를 해고했던" 1950년대의 충성 서약을 언급했다. 색슨 교수는 재임용되어 UCLA의 학장이 되었고 마침내 캘리포니아 대학 총장에 올랐다. 그는 또 셔우드 로우랜드 교수를 해고하라는 기업과 다른 과학자들의 집요한 압력 속에서도 로우랜드 교수 편에 섰던 한 전임 총장의 교훈적 사례를 인용했다. 나중에 로우랜드 교수가 노벨화학상을 수상했을 때 그의 결정이 옳았다는 것이 입증되었다. 물론 좋은 아이디어가 나오자마자 과학계에서 항상 환영받은 것은 아니다. 하지만 대학의 제도적 부패가 심해지는 와중에도 여전히 이렇게 좋은 사람들이 학계에 있다는 데 감사한다. 우리 학생들 역시 마찬가지다. 나는 학생과 레지던트들이 보고 싶은 것은 물론이고 어떤 어려움이 닥쳐도 대학의 숭고한 이상을 위해 헌신하는 동료들과 함께 일하던 때가 그립다. 그러나 나는 또한 대학의 부패가 막장에 도달한 것을 우려한다. 널리 알려진 인정받는 이야기지만 고등교육은 심각한 위기에 처해 있다. 그 결과 새로운 교육기관은 이런 대학들의 폐허 위에 건설될 필요가 있을 것이다.

73   Jacobson v. Massachusetts, 197 U.S. 11 (1905), https://supreme.justia.com/cases/federal/us/197/11/.

74 "Smallpox," Centers for Disease Control and Prevention, https://www.cdc.gov/smallpox/clinicians/clinical-disease.html.

75 *Buck v. Bell*, 274 U.S. 200 (1927), https://supreme.justia.com/cases/federal/us/274/200/.

76 Mattias Desmet, *The Psychology of Totalitarianism* (White River Junction: Chelsea Green, 2022), 81.

77 Clarke et al., "Seroprevalence of Infection-Induced SARS-CoV-2 Antibodies."

78 John P. A. Ioannidis, Cathrine Axfors, and Despina G. Contopoulos-Ioannidis, "Population-Level COVID-19 Mortality Risk for Non-Elderly Individuals Overall and for Non-Elderly Individuals without Underlying Diseases in Pandemic Epicenters, Environmental Research 188, no. 109890 (2020), https://doi.org/10.1016/j.envres.2020.109890; John P. A. Ioannidis, "Infection Fatality Rate of COVID-19 Inferred from Seroprevalence Data," *Bulletin World Health Organization* 99, no. 1 (2021): 19-33, http://dx.doi.org/10.2471/BLT.20.265892.

79 Ioannidis, Axfors, and Contopoulos-Ioannidis, "Population-Level COVID-19 Mortality Risk"; Ioannidis, "Infection Fatality Rate of COVID-19."

80 Sarah Tanveer et al, "Transparency of COVID-19 Vaccine Trials: Decisions without Data," *BMJ Evidence-Based Medicine,* August 9, 2021, https://ebm.bmj.com/content/early/2021/08/08/bmjebm-2021-111735.

81 "Public Health and Medical Professionals for Transparency," 2022, https://phmpt.org/.

82 Hugh Black et al., "Allocation of Scarce Critical Resources under Crisis Standards of Care," UC Bioethics Working Group, June 17, 2020, https://www.ucop.edu/uc-health/reports-resources/uc-critical-care-bioethics-working-group-report-rev-6-17-20.pdf.

83 PHMPT v. FDA, No. 21-1058 (N.D. Tex. 2022).

84 "5.3.6 CUMULATIVE ANALYSIS OF POST-AUTHORIZATION ADVERSE EVENT REPORTS OF PF-07302048 (BNT162B2) RECEIVED THROUGH 28-FEB-2021," PHMPT, February 28, 2021, https://phmpt.org/wp-content/uploads/2021/11/5.3.6-postmarketing-experience.pdf.

85 Ibid.

86 Rebecca Strong, "Putting Big Bad Pharma Back on Trial in the COVID-19 Era," Medium, February 16, 2021, https://medium.com/@bexstrong/big-pharma-corruption-and-lawsuits-amidst-covid-vaccine-c734a494b776.

87 Chris Pandolfo, "The Federal Government Paid Hundreds of Media Companies to Advertise the COVID-19 Vaccines while Those Same Outlets Provided Positive Coverage of the Vaccines," *Blaze Media,* March 3, 2022, https://www.theblaze.com/news/review-the-federal-government-paid-media-companies-to-advertise-for-the-vaccines.

88 Strong, "Putting Big Bad Pharma Back on Trial."

89 Ibid.

90 Charles Piller, "Is FDA's Revolving Door Open Too Wide?," Science 361, no. 6397 (July 2018): 21, https://www.science.org/doi/full/10.1126/science.361.6397.21.

91   Jeffrey Bien and Vinay Prasad, "Future Jobs of FDA's Haematology-Oncology Reviewers," *British Medical Journal* 354, no. i5055 (2016), https://doi.org/10.1136/bmj.i5055.

92   Maryanne Demasi, "From FDA to MHRA: Are Drug Regulators for Hire?" British Medical Journal 377, no. o1538 (2022), https://www.bmj.com/content/bmj/377/bmj.o1538.full.pdf.

93   Joel Achenbach, "NIH Halts $100 Million Study of Moderate Drinking That Is Funded by Alcohol Industry," *Washington Post,* May 18, 2018, https://www.washingtonpost.com/news/to-your-health/wp/2018/05/17/nih-halts-controversial-study-of-moderate-drinking/.

94   Alexander Tin, "Moderna Offers NIH Co-Ownership of COVID Vaccine Patent amid Dispute with Government," CBS News, November 15, 2021, https://www.cbsnews.com/news/moderna-covid-vaccine-patent-dispute-national-institutes-health/.

95   "NIH Officials Profiting from COVID-19 Vaccine," Informed Consent Action Network, 2021, https://www.icandecide.org/nih-officials-profiting-from-covid-19-vaccine/.

96   Adam Andrzejewski, "Substack Investigation: Fauci's Royalties and the $350 Million Royalty Payment Stream HIDDEN by NIH," Open the Books, May 16, 2022, https://www.openthebooks.com/substack-investigation-faucis-royalties-and-the-350-million-royalty-payment-stream-hidden-by-nih/.

97   Judith Garber, "CDC 'Disclaimers' Hide Financial Conflicts of Interest," Lown Institute, November 6, 2019, https://lowninstitute.org/cdc-disclaimers-hide-financial-conflicts-of-interest/; see also "Citizen Petition to CDC," U.S. Right to Know, November 5, 2019, https://usrtk.org/wp-content/uploads/2019/11/Petition-to-CDC-re-Disclaimers.pdf.

98   Caroline Chen, "FDA Repays Industry by Rushing Risky Drugs to Market," ProPublica, June 26, 2018, https://www.propublica.org/article/fda-repays-industry-by-rushing-risky-drugs-to-markek.

99   Strong, "Putting Big Bad Pharma Back."

100 Søren Ventegodt, "Why the Corruption of the World Health Organization (WHO) Is the Biggest Threat to the World's Public Health of Our Time," *Journal of Integrative Medicine & Therapy* 2, no. 1 (2015): 5; K. M. Gopakumar, "WHO: Do Financial Contributions from 'Pharma' Violate WHO Guidelines," Third World Network, December 8, 2015, https://archive.globalpolicy.org/home/270-general/52830-who-do&financial-contributions-from-pharma-violate-who-guidelines.html; Deidre McPhillips, "Gates Foundation Donations to WHO Nearly Match Those from U.S. Government," *U.S. News and World Report,* May 29, 2020, https://www.usnews.com/news/articles/2020-05-29/gates-foundation-donations-to-who-nearly-match-those-from-usgovernment; cf. also Strong, "Putting Big Bad Pharma Back."

101 Catherine Cheney, "'Big Concerns' over Gates Foundation's Potential to Become Largest WHO Donor," Devex, June 5, 2020, https://www.devex.com/news/big-concerns-over&gates-foundation-s-potential-to-become-largest-who-donor-97377.

102   "Our Partners," CDC Foundation, 2022, https://www.cdcfoundation.org/partner-list/
       corporations.

103   Paul Thacker, "Covid-19: Researcher Blows the Whistle on Data Integrity Issues in
       Pfizer's Vaccine Trial," *British Medical Journal* 375, no. n2635 (2021), https://pubmed.
       ncbi.nlm.nih.gov/34728500/.

104   Strong, "Putting Big Bad Pharma Back."

105   Fernando Polack et al., "Safety and Efficacy of the BNT162b2 mRNA Covid-19 Vaccine,"
       New England Journal of Medicine 383, no. 27 (December 2020): 2603-15, https://www.
       ncbi.nlm.nih.gov/pmc/articles/PMC7745181/.

106   Strong, "Putting Big Bad Pharma Back."

107   David Healy, "Disappeared in Argentina," Dr. David Healy, March 1, 2022, https://
       davidhealy.org/disappeared-in-argentina/.

108   Josh Guetzkow, "Is Subject #12312982 the Key to Proving Pfizer Vaccine Trial Fraud?:
       The Story of Augusto Roux," Jackanapes Junction (Substack), May 22, 2022, https://
       jackanapes.substack.com/p/is-subject-12312982-the-key-to-proving?s=r.

109   Ibid.

110   Healy, "Disappeared in Argentina."

111   Ibid.

제3장 감금된 인간: 다가오는 기술관료적 디스토피아

1   Cited in Nick Corbishley, *Scanned: Why Vaccine Passports, Mandates, and Digital IDs Will
       Mean the End of Privacy and Personal Freedom* (Hartford, Vermont: Chelsea Green, 2022),
       72.

2   George Orwell, *Nineteen Eighty-Four* (London: Secker and Warburg, 1949), 155.

3   Caylan Ford, "Like COVID-19, Digital Passports Could Be with Us Forever," The Hub,
       November 19, 2021, https://thehub.ca/2021-11-19/caylan-ford-like-covid-digital-
       passports-could-be-with-us-forever/.

4   Allison Gardner, "Contact-Tracing Apps: There's No Evidence They're Helping Stop
       COVID-19," The Conversation, October 21, 2020, https://theconversation.com/
       contact-tracing-apps-theres-no-evidence-theyre-helping-stop-covid-19-148397.

5   Luke Kemp, "The 'Stomp Reflex': When Governments Abuse Emergency Powers," BBC,
       April 28, 2021, https://www.bbc.com/future/article/20210427-the-stomp-reflex-
       when-governments-abuse-emergency-powers.

6   Madhumita Murgia, "England's NHS Plans to Share Patient Records with Third Parties,"

Financial Times, May 26, 2021, https://www.ft.com/content/9fee812f-6975-49ce-915c-aeb25d3dd747.

7   Madhumita Murgia and Max Harlow, "NHS Shares English Hospital Data with Dozens of Companies," *Financial Times,* July 26, 2021, https://www.ft.com/content/6f9f6f1f-e2d1-4646-b5ec-7d704e45149e.

8   Rob Davies, "NHS App Storing Facial Verification Data via Contract with Firm Linked to Tory Donors," *The Guardian,* September 15, 2021, https://www.theguardian.com/society/2021/sep/15/nhs-app-storing-facial-verification-data-via-contract-with-firm-linked-to-tory-donors.

9   George Orwell, "Politics and the English Language," *Horizon* no. 76 (April 1946).

10   George Orwell, *Nineteen Eighty-Four* (London: Secker and Warburg, 1949), 29-30.

11   Ibid., 126.

12   Ibid., 18-19.

13   Giorgio Agamben, *Where Are We Now: The Pandemic as Politics* (London: Rowman & Littlefield, 2021), 75.

14   Ibid., 77.

15   Klaus Schwab and Thierry Malleret, *COVID-19: The Great Reset* (Geneva: World Economic Forum, 2020).

16   Ibid., 12.

17   Ibid., 142.

18   Ibid., 93.

19   C. S. Lewis, *The Abolition of Man* (New York: HarperCollins, 2015).

20   Corbishley, *Scanned,* 52-53.

21   Peter S. Goodman, *Davos Man: How the Billionaires Devoured the World* (New York: Custom House, 2022).

22   Ibid.

23   Alex Gutentag, "Revolt of the Essential Workers," Tablet, October 25, 2021, https://www.tabletmag.com/sections/news/articles/revolt-essential-workers.

24   Carol Roth, "Lockdowns Were a Gift to Big Business Designed to Kill Small Biz," *New York Post,* July 5, 2021, https://nypost.com/2021/07/05/lockdowns-were-a-gift-tobig-biz-designed-to-kill-small-biz/.

25   Gutentag, "Revolt of the Essential Workers."

26   Alex Gutentag, "The Great Covid Class War," The Bellows, December 16, 2020, https://www.thebellows.org/the-great-covid-class-war/.

27   Goodman, *Davos Man.*

28   Andrew Stuttaford, "The Great Reset: If Only It Were Just a Conspiracy," *National Review,* November 27, 2020, https://www.nationalreview.com/2020/11/the-great-reset-if-only-it-were-just-a-conspiracy/.

29   Iain Davis, "What Is the 'Global Public-Private Partnership'?" OffGuardian, October

20, 2021, https://off-guardian.org/2021/10/20/what-is-the-global-public-private-partnership/.

30   Joan Dzenowagis and Gael Kernen, *Connecting for Health: Global Vision, Local Insight; Report for the World Summit on the Information Society* (Switzerland: World Health Organization, 2005), available via the WayBack Machine at https://web.archive.org/web/20210403084237/https://apps.who.int/iris/bitstream/handle/10665/43385/9241593903_eng.pdf?sequence=1&isAllowed=y.

31   Schwab and Malleret, *COVID-19*.

32   Ibid., 92.

33   Michael Rectenwald, "What Is the Great Reset?," Michael Rectenwald , November 7, 2021, https://www.michaelrectenwald.com/great-reset-essays-interviews/what-is-the-great-reset.

34   Giorgio Agamben, "Communist Capitalism," trans. Richard Braude, Ill Will, December 15, 2020, https://illwill.com/communist-capitalism.

35   Ibid.

36   Cited in Schwab and Malleret, *COVID-19*.

37   "World Health Assembly Agrees to Launch Process to Develop Historic Global Accord on Pandemic Prevention, Preparedness and Response," World Health Organization, December 1, 2021, https://www.who.int/news/item/01-12-2021-world-health-assembly-agrees-to-launch-process-to-develop-historic-global-accord-on-pandemic-prevention-preparedness-and-response. 실무 그룹의 보고서는 WHO의 보고서 *Report of the Member States Working Group on Strengthening WHO Preparedness and Response to Health Emergencies to the Special Session of the World Health Assembly*에서 찾아볼 수 있다.(Geneva: World Health Organization, 2021), https://apps.who.int/gb/ebwha/pdf_files/WHASSA2/SSA2_3-en.pdf.

38   Keean Bexte, "#StopTheTreaty: WHO Allows Brief Feedback on Global Pandemic Treaty," The Counter Signal, April 12, 20221, https://thecountersignal.com/who-allows-brief-feed-back-on-global-pandemic-treaty/.

39   "Strengthening WHO Preparedness for and Response to Health Emergencies," World Health Organization, April 12, 2022, https://apps.who.int/gb/ebwha/pdf_files/WHA75/A75_18-en.pdf.

40   Ibid., 8.

41   "The WHO Pandemic Treaty and Our Health Care Sovereignty," Leslyn Lewis, https://leslynlewis.ca/blog/the-who-pandemic-treaty-and-our-health-care-sovereignty/.

42   Albert Hold, "Checking Covid 19 Certificates: World Health Organization Selects T-Systems as Industry Partner," Telekom, February 23, 2022, https://www.telekom.com/en/media/media-information/archive/covid-19-who-commissions-t-systems-648634.

43   Connie Chen and Emily Hochberg, "CLEAR Is One of the Best Ways to Skip Airport

Lines, and It's Easier to Sign Up Than TSA Precheck," *Business Insider*, October 6, 2021, https://www.insider.com/guides/travel/clear-airport-security-review-how-it-works.

44 ID2020, "Immunization: An Entry Point for Digital Identity," *Medium*, March 28, 2018, https://medium.com/id2020/immunization-an-entry-point-for-digital-identity-ea37d9c3b77e.

45 Seth Berkley, "Immunization Needs a Technology Boost," *Nature* 551, no. 273 (2017), https://doi.org/10.1038/d41586-017-05923-8.

46 ID2020, "Immunization."

47 Corbishley, *Scanned*, 95.

48 John Thornhill, "India's All-Encompassing ID System Holds Warnings for the Rest of the World," *Financial Times*, November 11, 2021, https://www.ft.com/content/337f6d6e-7301-4ef4-a26d-a4e62f602947.

49 Varshi Rani, "Another City Is Using Crime Control as an Excuse for Facial Recognition Surveillance," *Vice*, November 27, 2020, https://www.vice.com/en/article/n7ve4q/varanasi-india-using-facial-recognition-surveillance-technology.

50 Liza Lin and Newley Purnell, "A World with a Billion Cameras Watching You Is Just around the Corner," *Wall Street Journal*, December 6, 2019, https://www.wsj.com/articles/a-billion-surveillance-cameras-forecast-to-be-watching-within-two-years-11575565402; cf. Corbishley, *Scanned*, 119-20.

51 Corbishley, *Scanned*, 105.

52 Tobias Adrian and Tommaso Mancini-Griffoli, "A New Era of Digital Money," International Monetary Fund, June 2021, https://www.imf.org/external/pubs/ft/fandd/2021/06/online/digital-money-new-era-adrian-mancini-griffoli.htm.

53 Alex Gutentag, "The Great Reset Is Real," Compact, March 22, 2022, https://compactmag.com/article/the-great-reset-is-real.

54 Shoshana Zuboff, *The Age of Surveillance Capitalism: The Fight for a Human Future at the New Frontier of Power* (New York: PublicAffairs, 2019).

55 Patrick Deneen, "The Unholy Marriage of Marx and Ayn Rand," Compact, April 22, 2022, https://compactmag.com/article/the-unholy-marriage-of-marx-and-ayn-rand.

56 "China Releases e-Yuan Cryptocurrency and Investors Are Going All-In," Yahoo! Finance, May 20, 2020, https://finance.yahoo.com/news/china-releases-e-yuan-cryptocurrency-180000183.html.

57 Ibid.

58 David Gura, "The U.S. Is Considering a Radical Rethinking of the Dollar for Today's Digital World" NPR, February 6, 2022, https://www.npr.org/2022/02/06/1072406109/digital-dollar-federal-reserve-apple-pay-venmo-cbdc.

59 Gutentag, "The Great Reset Is Real."

60 Douglas Farrow, "Whether There is a Moral Obligation to Disobey the Coercive Mandates," Theopolis Institute, January 27, 2022, https://theopolisinstitute.com/

conversations/whether-there-is-a-moral-obligation-to-disobey-the-coercive-mandates/.

61 Balze Halze, "Yuval Noah Harari: 'Covid Is Critical . . . to Legitimize Total Biometric Surveillance," YouTube, May 21, 2022, https://www.youtube.com/watch?v=BoRMdsEnwBM&t=130s.

62 Ibid.

63 Ibid.

64 Ibid.

65 Ibid.

66 "Yuval Noah Harari: Covid-19 May Bring New Surveillance Era," BBC News, April 28, 2020, https://www.bbc.com/news/av/technology-52441339.

67 World Economic Forum, "Will the Future Be Human? — Yuval Noah Harari," YouTube, January 25, 2018, https://www.youtube.com/watch?v=hL9uk4hKyg4.

68 "Transhumanism-Klaus Schwab and Dr. Yuval Noah Harari Explain the Great Reset/Transhumanism Agenda," Rumble, February 8, 2022, https://rumble.com/vufrgx-tranhumanism-klaus-schwab-and-dr.-yuval-noah-harari-explain-the-great-reset.html.

69 World Economic Forum, "Will the Future Be Human?"

70 Athens Democracy Forum, "Dialogue: The Geopolitics of Technology," YouTube, October 6, 2021, https://youtu.be/KlFMEeOer3E.

71 Red Voice Media, "Harari: Useless People —Religious Ideas from Silicon Valley Will Take Over the World," Rumble, April 8, 2022, https://rumble.com/v10axoy-harari-useless-peoplereligious-ideas-from-silicon-valley-will-take-over-the.html.

72 Ibid.

73 Yuval Noah Harari, "Will the Future Be Human? — Yuval Noah Harari at the WEF Annual Meeting 2018," YouTube, January 31, 2018, https://www.youtube.com/watch?v=npfShBTNp3Q.

74 C. S. Lewis, *That Hideous Strength* (New York: HarperCollins, 1945), 169–70.

75 Ibid.

76 Christine Stabell Benn et al., "Randomised Clinical Trials of COVID-19 Vaccines: Do Adenovirus-Vector Vaccines Have Beneficial Non-Specific Effects?," preprints with *The Lancet*, April 5, 2022, http://dx.doi.org/10.2139/ssrn.4072489.

77 T. J. Britt et al., *Group Life COVID-19 Mortality Survey Report* (Schaumburg, Illinois: SOA Research Institute, 2022), https://www.soa.org/globalassets/assets/files/resources/research-report/2022/group-life-covid-19-mortality.pdf.

78 Markus Alden et al., "Intracellular Reverse Transcription of Pfizer BioNTech COVID-19 mRNA Vaccine BNT162b2 In Vitro in Human Liver Cell Line," *Current Issues in Molecular Biology* 44, no. 3 (2022): 1115–26, https://www.mdpi.com/1467-3045/44/3/73/htm#B39-cimb-44-00073.

79 "Technology Futurist, Geopolitics Expert, Entrepreneur, Sci-Fi Novelist, Keynote Speaker," Jamie Metzl, https://jamiemetzl.com/.

80 Jamie Metzl, "Miraculous mRNA Vaccines Are Only the Beginning," *Newsweek*, February 12, 2021, https://www.newsweek.com/miraculous-mrna-vaccines-are-only-beginning-opinion-1567683.

81 Leon R. Kass, *Life, Liberty, and the Defense of Dignity: The Challenge for Bioethics* (New York: Encounter Books, 2004), 4.

82 Metzl, "Miraculous mRNA Vaccines."

83 Cf. Eugene McCarraher, *The Enchantments of Mammon: How Capitalism Became the Religion of Modernity* (Cambridge, Massachussetts: Harvard Belknap Press, 2019), 487.

84 Stefano Zamagni, "A Talk for the Simone Weil Center on Pandemic and Technocracy," Simone Weil Center, October 28, 2021, https://simoneweilcenter.org/publications/2021/10/28/a-talk-for-the-simone-weil-center-on-pandemic-and-technocracy. My panel discussion with Zamagni and others is available at SWC, "Simone Weil Center: Technocracy and the Pandemic, featuring Gov. Jerry Brown, Dr. Jay Battarcharya," YouTube, October 6, 2021, https://www.youtube.com/watch?v=AQzcfyMtPRU&t=215s.

85 Zamagni, "A Talk for the Simone Weil Center."

86 Ibid.

87 Ibid.

88 Augusto Del Noce, *The Crisis of Modernity*, trans. Carlo Lancellotti (Montreal: McGill-Queen's University Press, 2014), 24.

89 Ibid.

90 Gutentag, "The Great Covid Class War."

91 Jonathan Lange, "We Didn't Love Freedom Enough," *Kemmerer Gazette*, July 9, 2020, https://kemmerergazette.com/article/we-didnt-love-freedom-enough.

제4장 자유의 회복: 더 뿌리 깊은 미래에서의 인간 번영

1 Aaron Kheriaty, "Biosecurity Surveillance Regime: The Resistance, Part 1," Human Flourishing (Substack), December 19, 2021, https://aaronkheriaty.substack.com/p/biosecurity-surveillance-regime-the.

2 Corbishley, *Scanned*, 83.

3 Kheriaty, "Biosecurity Surveillance Regime"; Bruno Macaes, "Only Surveillance Can Save Us from Coronavirus," *Foreign Policy*, April 10, 2020, https://foreignpolicy.com/2020/04/10/coronavirus-pandemic-surveillance-privacy-big-data/.

4   Rowan (@canmericanized), "Canada Proud —Pro freedom anti mandate demonstrators pause in front of Toronto's Eaton Centre to sing the national anthem," Twitter, February 19, 2022, 4:13 p.m., https://twitter.com/canmericanized/status/1495144540293980164.

5   Ian Miles Cheong (@stillgray), "Remember this image. Remember what Trudeau did to Canada," Twitter, February 18, 2022, 6:52 p.m., https://twitter.com/stillgray/status/1494822254835765248.

6   Ezra Levant (@ezralevant), "1. I just spoke with Alexa Lavoie, our brave reporter who was just assaulted by Trudeau's police . . . ," Twitter, February 19, 2022, 10:46 a.m., https://twitter.com/ezralevant/status/1495062352735186944.

7   Darrell Bricker, "Nearly Half (46%) of Canadians Say They 'May Not Agree with Everything' Trucker Convoy Says or Does, But . . . ," Ipsos, February 11, 2022, https://www.ipsos.com/en-ca/news-polls/nearly-half-say-they-may-not-agree-with-trucker-convoy.

8   Steve Scherer, "Pandemic Fatigue a Challenge for Canada's Trudeau amid Protests," *U.S. News and World Report*, February 17, 2022, https://www.usnews.com/news/world/articles/2022-02-17/analysis-pandemic-fatigue-a-challenge-for-canadas-trudeauamid-protests.

9   Nate Hochman, "What the Ottawa Trucker Convoy Achieved," *National Review*, February 26, 2022, https://www.nationalreview.com/2022/02/what-the-ottawa-trucker-convoy-achieved/#slide-1.

10   James Roguski, "We Won," James Roguski (Substack), May 28, 2022, https://jamesroguski.substack.com/p/we-won.

11   Martin Heidegger, *Being and Time*, trans. Joan Stambaugh and Dennis Schmidt (Albany: State University of New York Press, 2010), 137.

12   Michel de Montaigne, *Selected Essays*, trans. James Atkinson and David Sices (Indianapolis: Hackett, 2012), 17.

13   In 2015 I ruptured a disk, which was followed by two spine surgeries. Scars from the injury and surgery tethered a large nerve root in my spine, causing severe pain any time I was not lying down. The severe pain lasted four and a half years, and I continue to experience chronic pain, though it is no longer debilitating.

14   Lewis Mumford, *The Myth of the Machine: The Pentagon of Power* (New York: Harcourt Brace Jovanovich, 1970), 435.

15   Søren Kierkegaard, *The Sickness unto Death: A Christian Psychological Exposition for Upbuilding and Awakening,* ed. Howard V. Hong and Edna H. Hong, vol. 19, Kierkegaard's Writings (Princeton, New Jersey: Princeton University Press, 1983), 45.

16   Th. Goran Tunevall, "Postoperative Wound Infections and Surgical Face Masks: A Controlled Study," *World Journal of Surgery* 15 (1991): 383-87, https://doi.org/10.1007/BF01658736.

17   내 동료이자 친구인 폴 알렉산더는 브라운스톤 연구소의 의뢰로 마스크에 대한 연구

논문들에 도움이 될 만한 요약본 『마스크의 비효율성과 해악에 대한 150여 개의 비교 연구 논문과 논고』를 편찬했다. "More than 150 Comparative Studies and Articles on Mask Ineffectiveness and Harms," Brownstone Institute, December 20, 2021,https:// brownstone.org/articles/more-than-150-comparative-studies-and-articles-on-mask-ieffectiveness-and-harms/.

18 Zachary J. Madewell et al., "Household Transmission of SARS-CoV-2: A Systematic Review and Meta-Analysis," *JAMA Network Open,* December 14, 2020, https:// jamanetwork.com/journals/jamanetworkopen/fullarticle/2774102.; Shiyi Cao et al., "Post-Lockdown SARS-CoV-2 Nucleic Acid Screening in Nearly Ten Million Residents of Wuhan, China," *Nature Communications* 11, no. 5917 (2020), https://doi. org/10.1038/s41467-020-19802-w.

19 Giorgio Agamben, *Where Are We Now: The Pandemic as Politics* (London: Rowman & Littlefield, 2021), 94.

20 Merriam-Webster.com Dictionary, s.v. "faceless," https://www.merriam-webster.com/ dictionary/faceless.

21 C. S. Lewis, *Till We Have Faces: A Myth Retold* (New York: HarperOne, 2017).

22 Denise Sosa (@DeniseS0718), "Hong Kong: people are cutting down facial recognition towers," Twitter, May 3, 2022, 10:30 p.m., https://twitter.com/DeniseS0718/ status/1521678543796817920.

23 Russell A. Berman, "State of Emergency," *First Things,* no. 324 (June/July 2022), https:// www.firstthings.com/article/2022/06/state-of-emergency.

24 Aaron Kheriaty (@akheriaty), "Hey @elonmusk, can you also buy the WHO? It is currently owned by Bill Gates," Twitter, April 19, 2022, 12:59 p.m., https://twitter.com/ akheriaty/status/1516461418022727680.

25 Elon Musk (@elonmusk), "I love Pinball Wizard!" Twitter, April 19, 2022, 10:52 p.m., https://twitter.com/elonmusk/status/1516610727641063425.

26 *Schmitt & Landry v. Biden,* no. 22-1213 (W.D. La. 2022), https://ago.mo.gov/docs/ default-source/press-releases/mo-la-v-biden-filed-petition.pdf?sfvrsn=3d20bca5_2.

27 "Missouri Attorney General Files Motion for Preliminary Injunction in Lawsuit Challenging Social-Media Censorship," Eric Schmitt: Missouri Attorney General, June 22, https://ago.mo.gov/home/news/2022/06/14/missouri-attorney-general-files-motion-for-preliminary-injunction-in-lawsuit-challenging-social-media-censorship.

28 Anna Kaplan, "Biden Weighs Public Health Emergency for Abortion Access — Here's What That Means," *Forbes,* July 10, 2022, https://www.forbes.com/sites/ annakaplan/2022/07/10/biden-weighs-public-health-emergency-for-abortion-access-heres-what-that-means/.

29 Christian Bjørnskov and Stefan Voigt, "You Don't Always Get What You'd Expect —on Some Unexpected Effects of Constitutional Emergency Provisions," SSRN, June 3, 2018, https://ssrn.com/abstract=3189749.

30   Robert W. Malone, "The Illusion of Evidence-Based Medicine," Who is Robert Malone (Substack), March 28, 2022, https://rwmalonemd.substack.com/p/the-illusion-of-evidence-based-medicine?s=r.

31   John P. A. Ioannidis, "Why Most Published Research Findings Are False," *Public Library of Science Medicine*, August 30, 2005, https://doi.org/10.1371/journal.pmed.0020124.

32   Vaclav Havel, "Politics and Conscience," in *The Czech Reader*, ed. Jan Bažant et al. (Durham: Duke University Press, 2010).

33   Ibid.

34   Simone Weil, *The Need for Roots*, trans. Arthur Wills (London: Routledge, 2002), 11.

35   Ibid., 27.

36   Augusto Del Noce, *The Age of Secularization*, trans. Carlo Lancelloti (Montreal: McGill-Queen's University Press, 2017), 31.

37   Weil, *The Need for Rootso*, 43.

38   Ibid., 97.

39   Ibid., 119.

40   Ibid., 47.

41   Giambattista Vico, *The New Science f Giambattista Vico*, trans. Thomas Goddard Bergin and Max Harold Fisch (Ithaca, New York: Cornell University Press, 1948), 382.

42   Weil, *The Need for Roots*, 241.

43   "Aaron Kheriaty, MD — Full Interview — Planet Lockdown," Source Peertube, February 2022, https://tube.source.news/w/3dc44ef7-d699-4bca-b2f9-6e12d8c6be1b.

에필로그: 시애틀, 2030

1   독자들이 참고할 내용: 가상의 약물(레버리, 킨, 풀섬, 뉴론토겐 등)을 제외하고 에필로그에 언급된 모든 기술은 아직 널리 적용되고 있지 않다고 해도 언제든지 사용할 수 있다. 나는 여기서 '생물의학 보안국가'가 이런 기술을 이용해 사회를 어디로 이끌고 갈지 추측해 보았다. 그러나 기술 그 자체는 공상과학 소설이 아니다.

2   Zeger van der Wal and Yifei Yan, "Could Robots Do Better Than Our Current Leaders?" World Economic Forum, October 17, 2018, https://www.weforum.org/agenda/2018/10/could-robot-government-lead-better-current-politicians-ai/.

3   Cf. Dmitry Kireev et al., "Continuous Cuffless Monitoring of Arterial Blood Pressure via Graphene Bioimpedance Tattoos," Nature Nanotechnology, June 20, 2022, https://doi.org/10.1038/s41565-022-01145-w.

4   Albert Bourla, CEO of Pfizer, explained the technology of electronic compliance pills in his talk to the World Economic Forum in 2018. The video is available at kalibhakta, "Albert

Bourla at World Economic Forum 2018 Is Excited about Electronic Compliance Pills,"
YouTube, December 28, 2021, https://www.youtube.com/watch?v=1NR1b2NmD4A.

5   Cf. "Peter Schwartz," SalesForce, https://www.salesforce.com/au/blog/authors/peter-
schwartz.

6   Microsoft Research, "Programming DNA," YouTube, September 20, 2016, https://youtu.
be/sL2I8Fqu9HI.

7   Cf. "Agile Nations Charter," Government of Canada, https://www.canada.ca/en/
government/system/laws/developing-improving-federal-regulations/modernizing-
regulations/agile-nations.html.

부록

1. UNESCO 「생명윤리와 인권 보편선언 Universal Declaration on Bioethics and Human Rights」

국제연합의 공식 기구인 유네스코(UNESCO)가 2005년 10월 19일 제33차 총회에서 191개 회원국의 만장일치로 생명윤리에 관해 채택한 최초의 세계적, 보편적 인권과 윤리 원칙에 관한 선언이다. 인류가 지켜 나가야 할 생명윤리의 기본 원칙으로 국제사회가 생명윤리 법제를 만들 때 기본 지침이 되고 있다. 우리나라 역시 이 선언의 원칙들에 비추어 관련 법제들을 제정하고 정비해 가고 있다. 여기서는 이 책의 내용과 관련하여 '백신 접종 강요나 또는 그 시도는 반인륜적 범죄에 해당한다'는 관계 조항만 소개하고, 전체 내용은 유네스코 웹사이트(https://www.unesco.or.kr)에서 확인할 수 있다.

생명윤리와 인권 보편선언

제6조 동의

a) 예방, 진단, 치료를 위한 의료 행위는 당사자가 사전에 충분한 정보를 바탕으로 인지하고 자유롭게 동의할 경우에만 행할 수 있다. 동의는 적절한 곳에 명시해야 하고, 당사자에 의해 어떠한 이유에서든 불이익이나 손해 없이 어느 때나 철회할 수 있다.

b) 과학 연구는 당사자가 사전에 명백히 잘 알고서 자유롭게 동의할 경우에만 행할 수 있다. 정보는 적절해야 하고 이해하기 쉬운 형식으로 제공되어야 하며 동의 철회를 위한 방법을 포함해야 한다. 동의는 어떠한 이유에서든 불이익이나 손해 없이 어느 때나 당사자가 철회할 수 있다. 이 원칙에 대한 예외는 이 선언에 명시된 원칙과 조항들(특히 제27조) 그리고 국제인권법에 따라서 국가들이 채택한 윤리적, 법적 기준들에 부합되는 경우에만 인정될 수 있다.

c) 한 무리의 사람들 또는 공동체에 대하여 행해지는 연구와 같은 특별한 경우에, 관련 집단 또는 공동체의 법적 대표의 추가적 동의가 요구될 수 있다. 어떤 경우라도 공동체의 집단적 동의 또는 공동체 지도자나 다른 기관의 동의가 개인의 사전 인지에 의한 동의를 대체할 수 없다.

⋮

제18조 의사결정과 생명윤리 문제에 대한 검토

a) 의사결정에서, 특히 이해가 충돌하는 진술 및 지식의 적절한 분배에서 전문성, 정직성, 성실성, 투명성이 증진되어야 한다. 생명윤리 문제들을 다루고 정기적으로 검토할 때 최선의 과학 지식과 방법을 이용하도록 모든 노력을 기울여야 한다.

b) 관련 개인과 전문가 및 사회 전체가 정기적으로 대화에 참여해야 한다.

c) 충분한 정보에 근거한 다원적인 대중 토론의 기회를 촉진하여야 한다. 이때 관련된 모든 의견이 표출되도록 노력해야 한다.

---

2. 전 세계 코비드 최고회의 Global Covid Summit 선언문

2022년 5월 '전 세계 코비드 최고회의'의 1만 7,000여 명의 의사와 과학자는 코로나19로 인한 의료 비상사태의 해제를 요구하고, 코로나 대응조치의 문제점과 그 안에 감춰진 불순한 의도, 무엇보다 의료 현장에서 가장 기본적으로 지켜야 할 히포크라테스 선서에 기반한 의료윤리가 붕괴된 현실을 고발하고 그에 대한 성찰과 대책을 요구하며 선언문을 발표했다. 여기에 참여한 수많은 과학자와 의사는 학자적 권위를 가졌고 또 전문성을 갖췄지만 백신과 정부의 팬데믹 대응정책에 다른 의견을 표명했다는 이유로 음모론자로 몰리거나 허위 정보 제공자로 내몰려 소셜 미디어에서 퇴출되기도 했다. 그들의 의견에 모두 동의할 수 없다고 해도 그들이 팬데믹 기간에 제기한 다음과 같은 문제는 충분히 경청할 만하다고 여겨 여기에 제시한다. 구체적인 내용은 전 세계 코비드 최고회의 웹사이트(https://globalcovidsummit.org/news/declaration-iv-restore-scientific-integrity)에서 확인할 수 있다.

전 세계 코비드 최고회의 선언문

1. 우리는 선언한다. 데이터를 통해 확인한 결과 COVID-19 실험적 유전자 치료 주사를 중단해야 한다.
2. 우리는 선언한다. 의사들이 생명을 구하는 치료를 하는 것을 방해받아서는 안 된다.
3. 우리는 선언한다. 팬데믹을 연장하고 부패를 조장하는 국가적 비상사태를 종료해야 한다.
4. 우리는 선언한다. 의료 프라이버시가 다시는 침해되어서는 안 되며, 모든 여행과 사회적 제한 조치는 중단되어야 한다.
5. 우리는 선언한다. 마스크는 지역사회에서 공기를 통한 호흡기 바이러스로부터 효과적인 방법이 되지 못하며 된 적이 없다.
6. 우리는 선언한다. 백신 접종으로 인한 피해, 사망 및 고통에 필요한 재정과 연구가 확립되어야 한다.
7. 우리는 선언한다. 교육, 직업, 병역, 의료를 포함하여 어떤 경우에도 백신 접종을 거부한다는 이유로 기회를 박탈해서는 안 된다.
8. 우리는 선언한다. 수정헌법 제1조 위반과 정부, 빅테크 기업 및 언론사의 의료 검열을 중단하고 권리장전이 지켜져야 한다.
9. 우리는 선언한다. 화이자, 모더나, 바이오테크, 얀센, 아스트로제네카 및 그 협력자들은 환자와 의사에게 백신의 안정성과 그 효과에 관한 정보 제공을 보류하고 의도적으로 누락했기에 즉시 사기 혐의로 기소되어야 한다.
10. 우리는 선언한다. 정부와 의료기관이 책임을 져야 한다.

새로운 비정상

생물의학 보안국가의 탄생

2023년 10월 21일 1판 1쇄

지은이 아론 케리아티
옮긴이 서경주
편집 정진라 **디자인** 조민희
인쇄·제책 혜윰·나래

발행인 김영종 **펴낸곳** (주)도서출판 진지
등록 제2023-000075호 **주소** (우) 03176 서울특별시 종로구 경희궁 1가길 7
전화 070-5157-5994 **전자우편** z@zinji.co.kr
블로그 blog.naver.com/zinjibook **페이스북** facebook.com/zinji.co.kr

ISBN 979-11-984766-0-9 03300